ECONOMIC LAW

(CIVIL & BUSINESS LAW)

16TH EDITION

（第 16 版）

经济法

（民商法）

高程德◎著

SHANGHAI PEOPLE'S PUBLISHING HOUSE

上海人民出版社

高程德

高程德，东吴大学法律系本科毕业，北京大学经济系研究生毕业，历任东吴大学法学院、华东政法学院助教，最高人民检察院研究员，清华大学政治经济学讲师，北京大学光华管理学院教授、博士生导师。曾任北京大学学术委员会委员、经济研究所所长、工商管理研究所所长、经济学院副院长，中美经济学教育交流委员会委员，维也纳经济大学、韩国中央大学客座教授，法国巴黎大学、日本丽泽大学、澳门大学访问学者，全国人大《证券法》起草小组副组长，中国国际咨询公司专家委员会委员，东友律师事务所高级顾问。主要研究领域：企业管理、民商法、国际票据管理。

主要论著有：《公司组织与管理》、《经济法（民商法）》、《国际票据管理》、《中国证券市场发展的趋势》、《中国的经济改革》；主编《企业管理》、《现代公司理论》、《西方企业规范管理集成》、《中国公司法实务》、《中国证券市场研究》等。

曾获北京大学教学优秀奖，被北京大学学生会、研究生会评选为“最受学生爱戴老师”之一，被北京大学经济学院授予“终身教书育人奖”，享受国务院特殊津贴，入选国家重点图书出版规划项目《20世纪中国知名科学家学术成就概览》。

序

经济管理法制，是我国整个社会主义法制的重要组成部分。为了有效地组织整个社会经济生活，必须把各项经济活动纳入法治的轨道。所谓“法治”，就是用体现人民意志、反映客观经济规律的法律作为管理经济的准绳，而不凭个人意志办事。任何人，从普通公民到国家领导人，任何组织，从一般企业到国家领导机构，都必须依法办事，以法律作为判断是非的标准。我们必须建立适应现代经济管理和经济体制改革需要的完备的经济管理法制，包括完备的经济立法和周全有效的经济司法制度。只有把我国经济管理法制全面地建设起来，真正做到有法可依、有法必依、执法必严、违法必究，没有任何凌驾于法律之上的特权人物，使法律成为人们心目中的真正权威，这样才能保障经济体制改革的顺利进行，加快社会主义现代化的建设，同时也才能在我国实行高度的民主。经济体制改革离不开法制建设，两者密切相连，没有严格的法制，再好的经济体制改革方案也不能保证其实施，这也是国内外经验的总结。当前经济体制全面改革蓝图的制定和实施，越来越尖锐地把加强经济管理法制建设任务提到全国人民面前。本书在阐述经济管理法制方面作了有益的工作。

高程德教授(博士生导师)，是我在东吴大学法学院执教时的同学。于东吴大学毕业后又去北京大学经济系当研究生。他对经济管理有一定的研究，又有相当基础的国际国内法律知识，曾在最高人民检察院工作，以后长期从事经济管理方面的教学和实际工作。他现在北京大学管理学院任教。本书已出版发行一百余万册，在国内外颇有影响。本书是他多年来在不断修改补充原有著作的基础上写成，在《民法通则》规定的基础上对一些单行经济法规作了深入浅出的阐述，在经济法学的教学与研究中，独树一帜，别具风格，深得学生的好评。对于大学工商、经济管理系师生及经济工作者学习经济法，学会组织国内建设和发展对外经济关系方面有重要的参考价值，同时对国外的读者了解我国的经济法律规定，也是一本很好的著作，并具有研究的价值。

倪徵燠

于海牙国际法院

1991年1月

前言

我在北京大学经济管理专业开设“经济法”课程是从1978级起始的，本书是为此而写的教材。鉴于经济管理专业的学生一般没有学过法律，对法律的一些基本概念与规定，特别是民事法律的基本概念与规定不了解，比如，不了解民事权利主体、民事权利与民事义务的关系、法人制度、民事法律行为、物权、债权、代理与时效、合同制度、民事责任等，这样就不可能真正理解掌握各种具体的、单行的商事经济法律。比如，公司法、证券法、票据法、保险法、专利法、商标法、著作权法，以及反不正当竞争法、消费者权益保护法、海商法等。

民法的规定是调整财产关系（即商品经济关系）及人身关系（即人们基于生命健康权、姓名权、名称权、肖像权、名誉权、财产继承权、专利权、商标权、著作权等发生的关系）的法律规定。人身关系本身虽然不是商品经济关系，但它与商品经济关系有着极其密切的联系。从经济法是国家为调整经济关系而制定的法律规范概念出发，则民法也可以说是经济法，而且我认为是基本的经济法。世界上最著名的民法典——拿破仑法典（即法国民法典）对商品经济的发展起了极大的推动作用。民法对其他的经济法规具有指导的意义，民法的一些基本规定都适用于其他的经济法规。民法对其他的商事经济法律来说是一般法，也即基本法，而其他商事经济法律对民法来说则是特别法。一般法与特别法在法律效力上的关系是：如果其他的商事经济法律不违背民法的规定或者民法允许其他商事经济法律另有规定的，则其他商事经济法律的效力就优先于民法。但如果其他商事经济法律违背民法的规定，而民法又没有规定其他商事经济法律可以另行规定的，则其他商事经济法律应遵守民法的规定。

民法是以调整商品经济关系中的一般条件作为对象，而单行商事经济法律是以调整具体的经济活动作为对象。因此单行的商事经济法律中包含商品经济关系的规范，则可以视为民法在该商事经济法律调整的经济活动中的补充和发展。

本书第一章至第七章是阐述民法的基本原则与规定，第八章至第十八章是阐述一些具体的商事经济法律。第十九章是由于侵权行为所应承担损害赔偿责任，也是与经济问题直接相关。第二十章财产继承本身虽不属于商品关系，但是涉及人死后财产的归属问题。财产继承权是从所有权派生出来的一种财产权利，因此它与所有权有着密切的关系。继承法也是民法中的一个组成部分。第二十一章是关于民事经济纠纷的处理,也就是如何进行仲裁或民事诉讼。由于经济管理专业开设有微观经济的课程,比如,企业管理、财政与税收、银行与信贷、金融与证券、会计与统计、市场营销等,如果再讲这些方面的法律规定,内容容易有重复之处,而且经济管理专业不可能对法律方面的课程安排很多的学时。因此本书选择了经济管理专业学生需要掌握,但又精简了一些与该专业其他课程内容有重复的商事经济法律。经过三十年的教学实践,我认为这样的结构,能使学生掌握一些基本的与经济有关的民事经济法规,从而起到举一反三的效果。因此本书也可称为民商法。我在北大光华管理学院对本科生开民商法的课程,用此教材。因学时有限,主要讲授第一章至第七章及第十九章;另外我还对研究生从法律的角度开设公司组织与管理和国际票据管理等课程。

法学界对经济法调整的对象,经济法是不是一个独立的法律部门,民法与经济法的关系等问题有许多不同的学派,对这些问题本书都没有作专门的探讨。因为经济管理专业的学生学习这门课的目的在于在实际经济工作中应用。至于法学界一些不同的学术见解 ,完全可以根据百家争鸣的精神,各抒己见。对不同的教学对象可以有不同体系结构的教学内容,既不必把自己的观点强加于他人,也不应该把教学内容强求统一。教学效果(包括在校与工作中的学生与干部)是检验教学内容的唯一标准。如果把适用于法律专业的经济法教材照搬到经济管理专业,则往往事与愿违。反之亦然。

由于民商法是门交叉的学科,因此,要掌握它必须具备经济与法律两方面的知识,缺少任何一个方面,必然使研究工作不能深入,教学水平不能提高,在实际应用时也易发生问题。因此只有把经济与法律的知识结合起来,两者相辅相成,相得益彰,才能真正掌握民商法,从而把这门学科推向新的高峰。要达到这样的目的,则法学家必须学点经济学,而经济学家必须学些法律知识。就一般而言,法学家侧重维护的是公正,经济学家侧重维护的是效率,但在处理实际问题时,事情也并非总是这样,在绝大多数的情况下,经济手段和法律手段往往是殊途同归。但愿这本书能为培养既懂经济又懂法律的经济管理专业的学生及干部作出些微的贡献。由于我的水平有限,本书难免有不当之处,尚希读者不吝指正。

在此,感谢广大读者多年来对拙作的大力支持。

高程德

于北京大学蓝旗营小区

2010 年 2 月(庚寅年春)

目录

1 序 倪徵燠

1 前　言

1 第一章　民事法律关系

1 第一节　民事法律关系的概念
2 第二节　民事法律关系的要素
22 第三节　法律事实

24 第二章　民事法律行为

24 第一节　民事法律行为的概念
26 第二节　民事法律行为的分类
29 第三节　民事法律行为的形式
30 第四节　附条件的法律行为与附期限的法律行为
35 第五节　民事法律行为的有效条件
38 第六节　可以变更或者撤销的民事行为
40 第七节　无效或撤销的民事行为的财产后果

41 第三章　物权法

41 第一节　物权的概念
42 第二节　物权的发生和消灭
44 第三节　所有权
52 第四节　保护所有权的方法
56 第五节　国家、集体和私人所有权

58 第六节 业主的建筑物区分所有权
60 第七节 所有权以外的物权
69 第八节 相邻关系

72 第四章 债的一般规定

72 第一节 债的概述
77 第二节 债发生的根据和债的变更
81 第三节 债的履行
82 第四节 债的不履行
86 第五节 债的消灭

89 第五章 代理

89 第一节 代理的概念
92 第二节 代理权的产生和终止
96 第三节 代理权的滥用、无权代理和表见代理

99 第六章 时效

99 第一节 时效的概念及意义
100 第二节 诉讼时效
102 第三节 诉讼时效中止与中断
104 第四节 占有时效
105 第五节 除斥期间

106 第七章 合同法

106 第一节 合同的概念
107 第二节 合同的订立程序
114 第三节 合同的形式和主要条款
118 第四节 订立合同的基本原则
121 第五节 合同的效力
124 第六节 合同的履行
130 第七节 合同的变更和转让
133 第八节 合同的权利义务终止

134 第九节 违约责任

140 第八章 国际货物买卖合同

140 第一节 国际货物买卖合同的概念
141 第二节 国际货物买卖合同的内容

153 第九章 公司法

153 第一节 公司法和公司的概念
155 第二节 有限责任公司的设立和组织机构
163 第三节 股份有限公司的设立和组织机构
171 第四节 股份有限公司股份的发行和转让
173 第五节 公司董事、监事、高级管理人员的资格和义务
175 第六节 公司债券
178 第七节 公司财务、会计
179 第八节 公司合并、分立、增资、减资
181 第九节 公司解散和清算
183 第十节 外国公司的分支机构
184 第十一节 法律责任

185 第十章 证券法

185 第一节 证券法与证券的概念
188 第二节 证券发行
192 第三节 证券交易
200 第四节 上市公司的收购
203 第五节 证券交易所与证券公司
207 第六节 证券登记结算机构与证券服务机构
208 第七节 证券业协会及证券监督管理机构
210 第八节 法律责任

211 第十一章 票据法

211 第一节 票据的概念与种类
211 第二节 票据的性质与作用

217 第三节 汇票
233 第四节 本票
234 第五节 支票
236 第六节 票据的法律责任

238 第十二章 保险法

238 第一节 保险制度的意义及保险的种类
243 第二节 保险合同
250 第三节 人身保险合同
252 第四节 财产保险合同
255 第五节 保险公司的设立与管理
257 第六节 保险代理人和保险经纪人

259 第十三章 专利法

259 第一节 专利法的概念
261 第二节 专利法的基本内容
276 第三节 专利制度国际化的发展

282 第十四章 商标法

282 第一节 商标与商标权
285 第二节 商标法的主要内容
293 第三节 保护商标权的国际公约

297 第十五章 著作权法

297 第一节 著作权的概念
300 第二节 著作权的内容
304 第三节 著作权的归属
307 第四节 著作权的保护期间
308 第五节 著作权中行使财产权利的限制
309 第六节 著作权许可使用和转让合同
311 第七节 邻接权
314 第八节 法律责任

318 第十六章 反不正当竞争法

318 第一节 反不正当竞争法的概念与作用
320 第二节 市场交易的基本原则
322 第三节 不正当竞争行为
335 第四节 对不正当竞争行为的监督检查
336 第五节 法律责任

338 第十七章 消费者权益保护法

338 第一节 消费者权益保护法的概念
340 第二节 消费者的权利
344 第三节 经营者的义务
348 第四节 国家与社会对消费者合法权益的保护
350 第五节 争议的解决与法律责任

355 第十八章 海商法

355 第一节 海商法的概念
356 第二节 船舶航行权和沿岸国管辖权
360 第三节 海上货物运输合同
367 第四节 船舶租用合同
369 第五节 共同海损
372 第六节 单独海损
373 第七节 海上保险合同
377 第八节 时效

378 第十九章 侵权责任法

378 第一节 侵权责任的概念与意义
378 第二节 侵权责任的法律特征
379 第三节 构成侵权责任的条件
387 第四节 侵权责任的特殊规定
392 第五节 承担侵权责任的赔偿原则与方式

395 第二十章 继承法

395 第一节 财产继承的概念
395 第二节 法定继承
400 第三节 遗嘱继承
402 第四节 “五保户”、“孤寡户”遗产和无人继承遗产的处理
403 第五节 财产继承权的接受、放弃和剥夺

406 第二十一章 仲裁与民事审判

406 第一节 仲裁
415 第二节 涉外仲裁
421 第三节 民事审判
426 第四节 民事审判程序

433 附 录

433 最高人民法院关于适用《中华人民共和国民事诉讼法》执行程序若干问题的解释
438 中华人民共和国涉外民事关系法律适用法

第一章 民事法律关系

第一节 民事法律关系的概念

民事法律关系，是指社会关系（即人与人的关系）为民事法律规范调整时所形成的权利、义务关系。人们（包括自然人、法人和其他组织）之间随时发生着大量的、各种各样的具体社会关系，比如，生产关系、政治关系、法律关系、道德关系、家庭关系、友谊关系等。在这些社会关系中属于民法调整的对象而被其所调整时，就使这些具体的社会关系具有民事法律关系的性质，形成某种民事法律上的权利义务关系，由国家确认，并保障其实现。民事法律关系中有很大一部分是以法律形式反映商品经济关系，所以也可称为经济法律关系。比如，买卖关系中买受人（买主）与出卖人（卖主）之间发生一定的权利与义务关系，即买受人享有取得所买东西的权利，承担支付一定金额的义务；出卖人享有取得一定金额的权利，承担将出卖物交给买受人的义务。买受人与出卖人之间的这种社会关系则为民事法律关系，也是经济法律关系。民事法律关系中还包括家庭、婚姻、继承等社会关系。

民事法律关系具有以下四个特点：

第一，民事法律关系是一种人与人之间的关系。这种人与人之间的关系不同于生产关系，生产关系的存在和发展是不以人们的意志为转移的，而民事法律关系是依法产生的。比如，什么人可以参加民事法律关系，存在什么权利和义务，都是由法律加以规定的，而法律是贯彻着制定法律的人的意志。比如，一方侵犯了另一方的财产权，这就违背了法律有关财产权保护的规定，就要承担侵权赔偿的法律责任。

第二，民事法律关系是符合法律规定的社会关系。并不是所有的社会关系都是民事法律关系，因为社会关系的范围很广泛，比如，亲属、朋友、同学、同事、邻居等等之间的一般关系。只有那些符合法律规定，具有以民事权利和民事义务为内容的社会关系，才是民事法律关系。比如，甲与乙是老朋友，他们之间的关系并不是民事法律关系，但如他们合伙投资开一家商店，则在这件事上，他们之间的关系就是民事法律关系了。其他，如双方发生了买卖、租赁、运输、保险等关系也是这样。

第三，民事法律关系是以双方当事人的权利义务为内容，并用强制力保证其实现。如果当事人一方不履行自己的义务，对方可以通过一定的司法机构，要求强制负有义务的人履行义务，或使他承担相当的法律责任。比如，甲企业不履行合同中规定的义务，乙企业即可通过法院强制甲企业履行。

第四，民事法律关系中当事人的法律地位平等。当事人遵循自愿、公平、等价有偿、诚实信用的原则，建立民事法律关系。当事人各方都是平等的民事主体，不应存在上下级的隶属关系或一方有特权地位。

第二节　民事法律关系的要素

任何一个民事法律关系，都包括着主体、客体和内容等三个要素。如果缺少其中一个，就构不成民事法律关系；变更其中任何一部分，就不再是原来的民事法律关系了。

一、民事法律关系的主体

民事法律关系的主体，是指参加民事法律关系，享受权利与承担义务的当事人。如出卖人与买受人是买卖关系的主体；托运人与承运人是运输关系的主体。享受权利的人是权利主体，承担义务的人是义务主体。在大多数情况下，民事法律关系的当事人既是权利主体又是义务主体。比如，买卖合同，出卖人负有将出卖物交付对方所有的义务，同时有请求对方支付货款的权利；相反，买受人有权请求对方交付出卖物，同时负有支付货款的义务。每个民事法律关系中，必须有两个以上的主体，才能在他们之间构成权利和义务关系。能够取得权利义务主体的资格称为有主体资格，主体资格是法律规定的。法律给予各种民事法律关系主体以权利能力和行为能力，是确定他们在民事法律关系中的法律地位的根据。法律上承认的民事法律关系主体主要有两种：自然人即公民与法人。

(一) 民事权利能力与民事行为能力

民事权利能力，是指民事主体能够依法享有民事权利和承担民事义务的资格。具有权利能力也就是具有义务能力，因此也可称为权义能力。

权利能力和权利这两个概念是不相同的。权利是指法律赋予人们享有的某种权益，表现为享有权利的人有权作出一定的行为和要求他人作出相应的行为。比如买卖，甲给乙钱，乙给甲货。在必要时可请求有关国家机关(法院、行政机关)以强制性的协助实现其权益。权利能力是一种作为民事法律关系主体的资格，这种资格是法律赋予的，不论主体是否已经形成一定民事法律关系，其权利能力总是存在的。具有权利能力的主体要实际取得权利，还必须参加一定的民事法律活动，与他人发生民事法律关系。如法律规定每个人都有购买商品的权利能力，但要实际取得商品的权利，还必须参与买卖的民事法律关系；又如法律规定每个公民都有取得继承权的资格（权利能力），但是，只有那种有遗产可继承的人，才有继承遗产的权利，而且必须在被继承人死亡后，继承权（权利）才可能实际取得。所以，权利能力是一种资格，是取得权利的前提，不是权利本身。也就是说，权利能力的这种资格对于权利来说，还只是一种可能性，它依附在一个人的身上，但还没有体现在具体的民事法律关系之中。比如，凡是民事法律关系的主体都有权利能力，都可以进行民事法律活动。但这只是一种资格，还不是权利。只有利用这种资格参加到具体的民事法律关系中去，这种资格才能成为一种民事权利。比如，某人到某公司去应聘，只有当某公司录取他的时候，他才有与某公司订立劳动合同的权利。而权利则是权利能力通过具体民事法律关系体现出来。权利不是一种可能性，而是一种现实性，是法律保证民事法律关系主体享有的一种实际利益。

民事行为能力，是指民事主体能够以自己的独立行为依法享受民事权利和承担民事义务，从而使民事法律关系发生、变更或消灭的资格。比如，某人能独立地处分自己的财产或与他人发生买卖关系、租赁关系、运输关系等，并对自己的行为承担独立财产责任的能力，如侵害他人财产承担赔偿责任。

行为能力和权利能力是不同的。权利能力是参加民事法律关系享有民事权利和承担民事义务的资格。行为能力是以自己独立的活动去实际参加民事法律关系的资格。具有行为能力的人首先需要有权利能力，权利能力是行为能力的前提。但是有权利能力的人不一定都有行为能力。比如，公民有权购买商品，但要订立买卖合同，则需要有行为能力。只有权利能力而无行为能力的人，如未成年人，只能在他人代理或协助下进行民事法律活动，参加民事法律关系。

行为能力既指合法的行为能力，也包括违法的行为能力。比如，某人有独立处理自己财产的能力，也有对自己的过失致他人损害，而承担赔偿责任的能力。

（二）公民的民事权利能力与民事行为能力

1. 公民的民事权利能力

这是指公民依法享有民事法律关系的权利和承担民事法律关系的义务的资格。公民的民事权利能力始于出生，终于死亡。即从出生的时候起就取得了民事权利能力，到死亡的时候，民事权利能力才消灭。人出生之后，就成为国家的公民，依法享有民事权利能力,比如,婴儿一出生就有继承遗产的资格。未出生的胎儿虽然是没有权利能力的,但是在财产继承中,为了保护未来权利主体的利益,对于继承开始时尚未出生的胎儿,一些国家法律都规定为他保留应该继承的份额,称特留份。这是属于特殊的权利能力。公民的权利能力不因民族、种族、性别、职业、家庭出身、宗教信仰、教育程度、财产状况、居住期限而有所差别。公民之间,其民事权利能力是一律平等的。

公民的民事权利能力,除法律特别规定外,任何单位和个人都不得限制和剥夺。公民的权利是可以依据法律的规定被剥夺,比如,虐待父母的人可以剥夺其继承父母遗产的权利。公民本人也可放弃其应享的权利,比如,放弃继承权或把自己的财产赠送给他人。

公民的民事权利能力终于死亡。公民死亡后,当然不能再成为民事权利义务的承担者,其民事权利能力随即消失。但是,著作权中的署名权、修改权和保护作品完整权,作者死亡后,由其继承人或者受遗赠人保护,不因作者死亡而丧失。

由于社会生活的复杂性和它引起的民事法律关系的复杂性,关于公民死亡问题,在法律上区分为两类:自然死亡和宣告死亡。这两类死亡的情况不同,但产生的法律后果是相同的。

(1) 自然死亡,又称生理死亡,即生命的终止。其特点一般是呼吸或心跳停止。对于死亡,民事法律所要求的,只认定它的生理事实,即是呼吸与心跳均告停止,而不要求像刑法那样弄清死亡的原因,如病死、被害死、自杀等。只要确认死亡就足以引起民事权利能力的消灭。

(2) 宣告死亡,又称认定死亡。这是指公民因失踪而认定他已死亡,可以引起与生理死亡同样的法律后果,其民事权利能力也随之消灭。宣告死亡的制度是十分重要的,它可以消除因当事人长期生死不明而引起的民事权利义务关系长期不稳定状态,如财产、债权、债务、婚姻等关系的处理。否则,既不利于利害关系人的合法权益,也不利于社会经济秩序的稳定和发展。

我国民法通则规定,公民下落不明满 2 年的(指离开他的住所),亲属、债权人等利害关系人可以向人民法院申请宣告他为失踪人。失踪人的财产由他的配偶、父母、成年子女或者关系密切的其他亲属、朋友代管。没有以上规定的人或者以上规定的人无能力代管,或者代管有争议的,由人民法院指定的人代管。失踪人所欠税款、债务和应付的其他费用,由代管人从失踪人的财产中支付。

公民有下列情况之一的,利害关系人可以向人民法院申请宣告他死亡:

(1) 下落不明满 4 年的;

（2）因意外事故下落不明，从事故发生之日起满 2 年的；战争期间下落不明的，下落不明的时间从战争结束之日起计算。

人民法院受理宣告失踪人死亡案件后，应当发出寻找失踪人的公告，公告期间为 3 个月。公告期间届满仍无失踪人生存的消息，法院可作出宣告死亡的判决。

法院判决中确定的死亡日期，视为失踪人死亡的日期。自被宣告死亡时起他的权利能力即告终止。他的继承人就可按照法定程序继承遗产；他的债权债务关系也可按法律规定处理等等。

被宣告死亡的人重新出现或者确知他没有死亡，经本人或者利害关系人申请，人民法院应当撤销对他的死亡宣告。

被撤销死亡宣告的人有权请求返还财产。依照继承法取得他的财产的公民或者组织，应当返还原物；原物已不存在，应当给予适当的补偿。这样处理人民内部纠纷，既避免了财产关系长期处于不稳定状态，又保证了被宣告死亡的人一旦返回时应享有的权利。对于婚姻关系的处理，如被宣告死亡的配偶未再婚，则自然恢复；如已结婚，则保护后一种婚姻。

2. 公民的民事行为能力

公民的民事行为能力，是指公民以自己的行为依法行使民事权利和承担民事义务的资格。比如，某个人能以自己独立的行为与人签订有法律效力的合同。所有公民都具有民事权利能力，但不是任何公民都有民事行为能力。法律要求公民达到一定年龄，以及能够对自己的行为及其可能产生的法律后果具有认识能力和判断能力，才具有行为能力。比如，婴儿出生就有继承权，有取得遗产的权利能力，但是，不到一定年龄，不能独立处理自己继承的财产。法律这样规定的目的，主要是为了保护未成年人和患有精神病人的合法权益，同时也是为了维护正常的经济、社会秩序。因为，当公民不具备独立处理自己事务的能力时，很可能做出对自己及社会不利的法律行为，而使自己或社会蒙受损失。因此，行为能力与权利能力是不同的，它不是从公民一出生就有的，也不是一切公民都有的，而是根据他们的年龄或者精神状态的不同情况，享有不同的行为能力。按我国《民法通则》规定，一是具有完全民事行为能力的人，能够独立行使民事权利，承担民事义务。年满 18 周岁的成年人，是具有完全民事行为能力的人。16 周岁以上不满 18 周岁的公民，以自己的劳动收入为主要生活来源的，比如，16 周岁的公民到公司当实习生，视为完全民事行为能力人；二是限制民事行为能力人。年满 10 周岁以上的未成年人和不能完全辨认自己行为后果的精神病人，是限制民事行为能力人。限制民事行为能力人能够行使与自己年龄、智力和精神健康状态相适应的民事活动。比如，买些生活上的必需品及价格较低的普通商品等;其他民事活动,由他的法定代理人代理,或者征得他的法定代理人的同意;三是无民事行为能力人,不能独立行使民事权利。不满10周岁的未成年人和完全不能辨别自己行为后果的精神病人,是无民事行为能力人。无民事行为能力人的民事活动,由他的法定代理人代理。

对于精神病患者及其他精神失常不能独立处理自己事务的人,经利害关系人申请,人民法院在查明事实后,可以宣告为无行为能力人。

无行为能力人所进行的民事活动、行为能力受限制的人所进行的依法不能独立进行的民事活动,都不发生法律效力。比如,禁止其管理自己的财产等民事活动。

对精神病患者宣告为无行为能力,是在一定时期内对其行为能力的一种限制,而不是其行为能力的终止。所以,根据精神病患者健康恢复的状况,经本人或利害关系人申请,人民法院可以宣告他为限制民事行为能力人或者完全民事行为能力人。

所以,公民要有民事行为能力,必须具有意识能力及达到一定年龄。公民的民事行为能力也是随着公民的死亡而消灭,即终于死亡,但不是始于出生。

(三)法人的基本特征和意义

1. 法人的基本特征

法人,是指具有民事权利能力和民事行为能力,依法独立享有民事权利和承担民事义务的组织。企业、机关、事业单位、社会团体等组织符合法定条件的都可以成为法人。比如,国有企业、集体所有制企业、私人企业、在我国领域内设立的中外合资经营企业、中外合作经营企业和外资企业,企业之间或者企业、事业单位之间联营组成的新的经济实体、有独立经费的机关以及具备法人条件的事业单位、社会团体等。在经济活动中,企业法人是主要的。国家机关作为法人是因为它在进行某些经济活动时,应该以法人的身份而不是以其行政职能机构的面目出现。比如,它到工厂订购产品,或与农民订立农产品收购合同时,就是以法人资格出现的,应该按照平等、自愿和有偿的原则办事。只有当它行使国家机关的权力职能时,它就不是以法人的身份出现了。比如,依法征税、征地及交通管制等。

法人的本质是法律对一定的社会组织赋予法律上的人格。这种法律上的人格使法人成为除自然人以外的民事法律关系权利义务主体,从而使它具有主体所应有的民事权利能力和民事行为能力。

法人应当具备以下四个条件:

第一,依法成立。一个组织要成为法人,首先必须经过一定的法律程序,即完成核准、登记手续,才能取得法人资格。法人是具有一定权利能力和行为能力的主体,法人一旦设立即具有了主体资格,而其活动又可给国家经济生活带来好坏不同的影响。因此，法人的设立必须经过一定国家机关的审查、核准登记，以便加强国家的监督，使法人组织符合于社会的需要。

在我国领域内设立的中外合资经营企业、中外合作经营企业和外资企业，具备法人条件的，必须依法经工商行政管理机关核准登记，才能取得中国法人资格。

有独立经费的机关从成立之日起，具有法人资格。具备法人条件的事业单位、社会团体，依法不需要办理法人登记的，从成立之日起，就具有法人资格；依法需要办理法人登记的，经核准登记，取得法人资格。核准登记包括两方面的内容：一方面给企业以法律上的人格即相当于公民的权利能力和行为能力；另方面是批准它们所生产经营的范围及方式。

第二，有独立的财产或者经费。这是保证法人能独立进行经济活动，承担民事责任的物质基础。如果没有独立的财产或者经费，就无法独立承担民事责任，债权人的权益就无法保障。我国的国有企业，有企业法人财产权。现代企业制度要使企业拥有独立的法人财产权，通过法人财产权的确立，使企业真正成为自主经营，自负盈亏的商品生产者和经营者。现代企业制度的基本特征是："产权清晰、权责明确、政企分开、科学管理。"事业单位、国家机关和其他由国家创办的组织的财产，是指国家拨给它并授权它独立经营管理的必要财产或者经费。这种财产和国库的财产是分立的。至于集体经济组织或者集体经济联营组织的法人独立的财产就是指它们所有的或者共有的财产。法人与法人之间的财产，以及法人与它的成员个人的财产都是相分立的。

法人有独立的财产，除了保证它能够独立进行经济活动，承担民事责任的物质基础外，同时也排斥他人对法人财产的干预。

法律对于企业法人的独立财产如果没有具体的、明确的要求，允许企业任意从事超出主管部门核准之外的生产经营活动，不仅会破坏等价交换的原则，而且不利于社会商品经济秩序的稳定。某些不法分子成立各类一无资金、二无设备、三无技术力量、四无职工的"皮包公司"，挂着"法人"的招牌进行招摇撞骗，非法集资。有的对外签订标的达数十万、数百万甚至数千万元的合同，从中骗取大量的定金、预收款、手续费以至货物或货款；有的转手倒卖、买空卖空，谋取各种非法所得。有一些企业虽然没有从事违法活动，但由于本身没有独立的财产，或财产数量与它的经营规模极不相符，也随意经营、乱签合同，结果发生债务便无力偿还，即使债权人起诉到法院，法院作出了判决，也难以执行，最后往往由债权人自己承担损失。债权人的正当权益不能得到应有的保护，社会主义市场经济的正常秩序难以建立起来。

我国法律赋予企业以法人资格，是要使它依法独立自主、自负盈亏。所谓独立自主,就意味着企业要以自己的意志依法占有、使用、收益和处分其财产,但独立自主是以企业具有一定的财产为前提的。所谓自负盈亏,就意味着企业要独立地享受经济利益并独立地承担财产责任。企业要独立享受经济利益,就要以一定的财产为物质基础,生产出为社会所需要的产品,并且通过交换实现其产品的价值。而企业独立的财产责任,即企业法人的财产有限责任,是指企业以自己的财产对其债务承担责任,如果企业不具有偿还其债务的财产,那么有限责任也等于没有责任。所以,企业必须具有真正独立所有的财产,才能够成为法人,并且从事各种生产经营活动。

第三,有自己的名称、组织机构和场所。法人除了要有自己的名称、场所外,还必须要有组织机构。组织机构包括两个方面的内容:整个法人必须形成一个组织,成为一个整体,公司、工厂等法人必须有自己的管理机构,比如,理事会、董事会、管委会等。法人的机构、职能、权限、活动的范围和方式等都要用章程、条例等固定下来。代表法人行使职权的负责人,是法人的法定代表人,凡属法人事务范围内的行为,都可代表法人进行。

法人以它的主要办事机构所在地为住所。

第四,能够独立承担民事责任。法人对自己的法律行为所产生的法律后果承担全部法律责任,比如,签订经济合同,在经营管理中出现亏损,以及在经济活动中欠了债务等,都要由法人负责。因此,法人是用自己的名义进行民事活动,享有民事权利,承担民事义务,而不是以领导机构、负责人或代理人的名义享受权利和承担义务。法人内部的所属机构,不能独立承担民事责任,所以不是法人。比如,车间、科室等。

企业法人对它的法定代表人和其他工作人员以法人名义从事经营活动,由于违约或其他原因而给他人造成经济损失的,承担民事责任,因为他不是代表个人,而是代表企业,所以不能由于企业领导人的更换,而免除企业法人应该承担的责任。

企业法人有下列情形之一的,除法人承担责任外,对法定代表人可以给予行政处分、罚款,构成犯罪的,依法追究刑事责任:

(1) 超出登记机关核准登记的经营范围从事非法经营的;

(2) 向登记机关、税务机关隐瞒真实情况、弄虚作假的;

(3) 抽逃资金、隐匿财产逃避债务的;

(4) 解散、被撤销、被宣告破产后,擅自处理财产的;

(5) 变更、终止时不及时申请办理登记和公告,使利害关系人遭受重大损失的；

（6）从事法律禁止的其他活动，损害国家利益或者社会公共利益。

以上四个条件，是取得法人资格必须同时具备的。如果不具备这些条件，就不是法人。

因此，法人是一个独立地享受民事权利和承担民事义务的主体。有人认为公司及其所属工厂都是法人，称为“两级法人”。一些企业集团公司实行所谓多级法人制，有一级法人、二级法人、三级法人，而二级、三级法人并不具有完全独立的权利。把法人分为“上级法人”与“下级法人”；“大法人”与“小法人”，前者管后者，这是违背在法律面前(法)人(法)人平等原则的，法人是法律平等主体的规定。这只能是强化行政手段而削弱经济手段和法律手段，是不符合保障企业的合法权益，增强其活力，成为社会主义市场经济主体的精神的。比如，有的法人还有一个什么“挂靠单位”，该单位本身也是法人。当依附于“挂靠单位”的法人不能承担对外债务时，就由“挂靠单位”来承担，这样法人应当“能够独立承担民事责任”的特征就没有了。甚至还有的“小法人”利用“大法人”进行违法犯罪的事。

企业法人登记主管机关是国家工商行政管理局和地方各级工商行政管理局。企业法人登记注册的主要事项有：企业法人名称、住所、经营场所、法定代表人、经济性质、经营范围、经营方式、注册资金、从业人数、经营期限、分支机构等。

2. 法人的分类

法人从不同的角度也可以分为以下几种：

（1）从由谁创立来分，可以分为集体法人和国家法人。前者是由若干个人或团体自愿结合成的集体，个人或团体是该集体的成员。比如，公司、企业集团、农工商联合体、合作社以及社会团体等；后者是指由国家、地方政府创设的机关、企事业单位等。

（2）从活动的内容和创设的目的来分，可分为企业法人和事业法人。前者从事生产和经营，以取得利润、扩大积累、创造财富为目的，如工业、农业、商业等企业；后者是从事经济经营以外的社会活动，如文教、卫生、学术等事业的国家机关和社会团体。企业法人是法人中数量最多的一种，是社会经济活动的主要力量，分布于国民经济各个部门。从事工业、农业、商业、交通运输、建筑、金融等行业的各种工厂、公司、商店等大都属于企业法人的范围。

（3）从法人有无组织成员来分，可分为社团法人和财团法人。前者是由一定数量的成员组成。社员大会或社员代表大会是它的意思机关。后者没有组织成员，它以财产为组织基础，财产来源于捐献人。法人的意思、活动的范围、目的、形式都决定于捐献人。如由个人捐献行为而成立的科学、卫生、福利、教育、文艺、慈善等基层组织,都属这类法人。比如,郭沫若奖金基金委员会、宋庆龄奖金基金委员会、霍英东教育基金会等。

(4) 从按照法人成立的目的不同来分,可分为营利法人与公益法人。前者以营利为目的,后者以公益为目的。比如,福利机构、慈善机关等。

3. 法人的本质

法人是国家政权为了维护社会经济秩序,促进经济发展,而赋予那些由国家、集体或个人组成的团体的一种法律的形式。法人在形式上是拟制的人。法人本是个组织,而不是一个人,现在法律上赋予这种组织以一个人的资格,具有民事权利能力与民事行为能力。因此,法人是对自然人而言的一种法律上的人。

古代罗马法里已经出现有关法人制度的一些规定,虽然还没有法人这一术语。罗马法规定:“团体的权利义务为其所独有,与属于团体的各个人无干。”这就是团体具有了法人的特征。在此以前,团体的财产属个人所有,是所有组成团体的人共有财产。团体和个人是一个人格,对团体财产的处分,需要所有组成团体的人的同意。在订立契约时,需要全体成员到场。参加诉讼时,需要全体成员到庭。这对于那些需要集资进行的经济活动,是很不方便的。后来,团体和个人逐渐形成了两个不同的人格,于是就产生罗马法中的以上规定。团体即法人的法律行为可以由其少数代表进行。

法人制度是随着资本主义的发展而日趋完善,但是直到 1896 年的德国民法典才第一次出现了“法人”的名称,对法人作了比较系统的规定。从此,世界各国民商法或有关法律中都有法人的规定。资本主义国家的“股份有限公司”,就是法人的最充分发展的形式。这种形式的法人,资本家个人的财产和责任与公司的财产和责任完全分开。比如,某有限公司欠债 1000 万元,股东入股 900 万元,那么就以这 900 万元来清偿,而股东未入股的财产是不能用来清偿的。这样就可以既加速社会资本的集中,促进资本主义经济的发展,又可以保障资本家获得最大限度的利润,而承担最低限度的风险。资本家可以运用经济组织的法人制度,选择对自己最有利的途径,进行投资。资本家可以在这个公司投资,又可在那个公司投资。即使其中一个公司亏了本,他仍可以在其他公司中获得盈利。这样,法人制度有效地保证了他们获得最大限度的利润,使他们在经营中能够立于不败之地。公司法人的这种组织形式在社会主义市场经济的国家里也是可以利用的。

4. 我国确立法人制度的意义

目前,世界上大多数国家的经济法律,都确立了法人制度。这种制度本身尽管是私有制和商品经济的产物，但是，我们可以运用这种法律形式来为社会主义的经济基础服务。在我们国家里，商品生产和商品交换将长期存在和发展。在商品生产和商品交换中，具备法人条件的各种组织，它们是我们国家市场经济活动和其他经济法律活动的主要参加者。因此，国家应当确立这些组织的法人地位，真正实行法人治理结构。

我国确立法人制度的意义主要有以下几点：

首先，我国经济体制改革所要解决的一个重要问题是如何处理国家和国有企业之间的关系。过去，国家对企业管得过多过死，由政府机构直接经营企业，所有权与经营权高度结合，统一归国家行使。企业的人、财、物由国家机关直接经营管理，企业的产、供、销由国家机关直接安排，企业完全成了国家机关的附属物。这样，实际上就是不承认企业是一个独立的法人，压抑了我国经济的活力。因此，国家必须扩大国有企业有自己独立的产权，成为独立核算、自主经营、自负盈亏，具有自我积累、自我改造、自我发展的法人，而不再是国家直接经营管理的"国有企业"了。国家只享有宏观调控的必要权力。国家机关不再直接经营管理企业，其主要职能是通过经济手段、法律手段和适当的行政手段来间接调控国民经济有计划、按比例发展。国家的财产通过股份的形式，投资于企业，作为企业的股东。这样，企业就成为独立的、直接的商品生产者和经营者。这种改革不仅增强了企业的生机和活力，而且可以促进国民经济的巨大发展。

其次，我国经济体制改革的主要目标是要建立和发展社会主义的市场经济。我国过去落后的商品经济是不可能实现经济现代化的。而法人制度，是建立现代企业制度，发展市场经济的必要条件。因为法人制度承认了企业的独立地位，企业可以商品生产者及所有者的身份，以平等主体的法律地位，进入市场而进行商品交换，从而加强了千百万个企业之间的经济联系，达到发展市场经济的目的。

法人与公民一样作为平等主体，则必须是相互间地位平等，在民事活动中没有高低贵贱之分，其法律地位是完全平等的，而不是从属的。就法人而言，不论是企业法人、机关法人、事业单位法人或社会团体法人，它们的法律地位都是平等的；就企业法人来说，不论是国家所有、集体所有、混合所有还是一人所有（一个自然人股东或者一个法人股东所办的公司），都有自己独立的、互不从属的平等地位，不然就不可能正常地进行民事活动，发展商品经济。平等是商品生产和商品交换的根本要求，这样就有利于建立社会主义市场经济的新秩序。

再次，明确了企业的法人地位，这就使企业的利益具有法律的保障。因为作为法人，它可以独立经营、自负盈亏，当上级行政部门和其他机关侵犯企业的利益时，法人可以向人民法院起诉,请求保护。否则,企业应有的经济权利及其他合法权益得不到应有的法律保障。

企业成为法人后,一方面可以使企业摆脱从属和依附的地位,克服吃“大锅饭”的弊端;另一方面,使企业独立承担责任,国家不必再像过去那样,为国有企业的亏损进行无休止的补贴,承担无限责任。过去一些企业由于经营管理不善,以致亏损,损害了其他单位的利益也无人负责,无法追究其法律责任,因为企业的一切都由国家包下来。企业成为法人,政企分开,则可把责、权、利完全结合于企业本身。长期亏损的企业应该破产或被兼并。这样使所有企业经营引入积极的竞争机制。这就把企业的内在动力充分发挥出来,有利于经济体制改革的顺利进行,建立现代企业制度。

最后,我国的对外经济往来不断地扩大,对外开放是实现经济现代化的重要途径。法人制度是适应涉外经济活动的需要,不论是在我国开设的中外合资经营企业、中外合作经营企业、外商独资企业,或者对外进行经济技术合作、资金引进,以及我国的一些单位向外国投资,外商及港、澳、台同胞和内地企业订立合同,都需要有关法人方面的法律规定,给予涉外企业以法律上的保障。比如,允许他们的产品在国内市场销售;允许外商所得利润汇出;产品价格订得合理;税收、外汇平衡、争议的解决等等都有法律规定,以保护法人的权益,也就是维护了投资者的合法经济利益,使他们消除不必要的疑虑,减少到我国来投资的风险,法律上严格保障外商的合法权益,从而提高他们与我国进行经济合作的兴趣。

综上所述,法人制度的确立对于我国经济体制改革,建立和发展市场经济具有直接的关系。可以说,法人制度既是从传统的计划经济体制转向市场经济体制的直接要求,也是把生产经营的投资主体转到企业,提高企业追求效益,承担责任能力的一个重要方面。

(四) 法人的民事权利能力和民事行为能力

1. 法人的民事权利能力

法人的民事权利能力,是指法人作为民事法律关系主体,参与民事活动,享有及承担民事法律关系的权利、义务资格。

法人的民事权利能力与公民的民事权利能力的基本涵义是一致的,但又有其本身的特点:

第一,权利能力的产生与消灭不同。法人的权利能力从法人成立时起发生,于法人终止时终止,即始于登记,终于解散。这与公民的权利能力发生消灭不同,公民的权利能力是从出生时发生,死亡时消灭,即始于出生,终于死亡。

第二,权利能力的限制不同。法人的权利能力的范围决定于法律、行政法规、章程中所规定成立该法人的具体目的。每个法人的权利能力因业务范围的不同，而有所区别。比如，工业、农业、商业等不同的法人，就从事不同的工作。公民之间的权利能力一般没有区别，公民的权利能力都是普遍、平等一致的，也就是每个公民都享有同等的权利能力。

第三，权利能力的范围不同。法人当然不能享有公民所特有的那种权利能力。比如，结婚、继承、收养等；公民也不具有法人的某些权利能力，如经营某种专属法人所作的业务。

法人也有某些具有人身性质的权利能力，如使用自己的名称和商标的权利，法人和公民一样，可以享有荣誉权、发明权、著作权等。法人的名称和商标被人冒用，它的名誉和荣誉受到侵犯时，有权依照诉讼程序请求终止冒用和侵犯，也有权要求赔偿因此而造成的经济损失。

2. 法人的民事行为能力

法人的民事行为能力，是指法人以自己的意思进行经济活动，取得民事权利和承担民事义务的资格。法人的民事行为能力与它的民事权利能力同时产生，一起消灭。法人的民事行为能力的范围不能超出它的民事权利能力允许的范围，也就是法人必须在法律、行政法规规定的，或者核准、登记的业务范围内（包括多种经营），开展业务活动，并承担对国家和社会应尽的义务。不经有关部门的批准，企业不能随便生产经营与其业务无关的产品或服务。所以，法人的民事行为能力的范围和它的民事权利能力的范围是一致的。如果法人的民事行为超出它的民事权利能力的范围，即它的行为超出其业务范围，它的行为无效，严重的还要承担法律责任。这方面也和公民的民事行为能力不同，公民的民事行为能力并不和他的民事权利能力同时产生，它们的范围也不相一致。

企业如果由于调整，需要转产，必须经有关部门核准。不能什么利大就生产、经营什么，毫无限制，超出了核准登记的业务范围，微观经济处于无序状态，宏观调控也难以控制，这样势必影响社会经济秩序。比如，电子公司买卖汽车；机械公司经营化肥；糖果店卖农药。有的公司以技术咨询为名行经商之实。这种情况法律规定是不允许的，违反者要罚款或责令关闭。在我国经济体制改革中，一方面要扩大企业自主权，使企业成为有一定权利义务的法人；另一方面，法人也要遵守法律的规定，它的行为能力不能超越其权利能力。否则，就丧失了法人的意义，违背了建立法人的目的，整个社会经济秩序混乱，企业的自主权也就没有作用了。因此，法人的行为能力超出它的权利能力的现象必须严格禁止，这样才能真正发展商品生产及市场经济。

(五) 企业法人的变更和终止

企业法人的变更,是指其改变名称、分立、合并、迁移、转产、停产或者其他重大改变。企业法人的变更必须经主管机关批准,按照设立时的程序办理变更登记。

企业法人分立、合并,原企业法人的权利义务应由变更后的法人享有和承担。这样有利于维护正常的经济秩序,保护债权人的合法权益。

企业法人的终止,是指从法律上终止法人的资格。企业法人由于下列原因之一终止:

1. 依法被撤销。这是指依照法律或者主管机关的决定撤销;

2. 解散。这是指企业法人的行为严重违反法律或者社会公共利益,经人民法院宣告解散;

3. 依法宣告破产。这是指企业经营管理不善,负债达到其实有资产的一定比例以上,且不能清偿到期债务,由人民法院裁定宣告企业破产;

4. 其他原因。

企业法人终止,应当向登记机关办理注销登记并公告。

企业法人解散或被撤销的,应当由其主管机关组织清算小组进行清算。企业法人被宣告破产的,应当由人民法院组织有关机关和有关人员成立清算组织,进行清算。清算组织是以清算企业法人债权、债务为目的而依法成立的组织。它负责对终止的企业法人的财产进行保管、清理、估价、处理和清偿。清算时如果资不抵债,企业以其所有的财产承担民事责任。

企业之间或者企业、事业单位之间的横向经济联合,根据不同的情况,有不同的规定:

企业之间或者企业、事业单位之间联营,组成新的经济实体,具备法人条件的,经主管机关核准登记,取得法人资格。这种法人之间的紧密联合,组成新的法人,以联营各方投入的财产和资金,独立承担民事责任;企业之间或者企业、事业单位之间联营,共同经营、不具备法人条件的,是法人之间的合伙。这种比较松散联营的债务由联营各方按照出资比例或者协议的约定,以各自所有的或者经营管理的财产承担民事责任。依照法律的规定或者协议的约定负连带责任的,承担连带责任。企业之间或者企业、事业单位之间联营,按照合同的约定各自独立经营的,它的权利和义务由合同约定,各自承担民事责任。

(六) 个体工商户、农村承包经营户

公民在法律允许的范围内,依法经核准登记,从事工商业经营的,为个体工商户。个体工商户可以起字号。农村集体经济组织的成员,在法律允许的范围内,按

照承包合同规定从事商品经营的，为农村承包经营户。

个体工商户及农村承包经营户不是法人。他们都是以公民的身份从事民事法律活动，本人就是民事法律关系的主体，不必另外取得法人的资格。他们的合法权益受法律保护，他们的债务，个人经营的，以个人财产承担；家庭经营的，以家庭财产承担。以公民个人名义申请登记的个体工商户和个人承包的农村承包经营户，用家庭共有财产投资，或者收益的主要部分供家庭成员享用的，其债务应以家庭共有财产清偿。

（七）个人独资企业

个人独资企业，是指依照我国《个人独资企业法》在中国境内设立，由一个自然人投资，财产为投资人个人所有，投资人以其个人财产对企业债务承担无限责任的经营实体。

设立个人独资企业应当具备下列条件：

1. 投资人为一个自然人；
2. 有合法的企业名称；
3. 有投资人申报的出资；
4. 有固定的生产经营场所和必要的生产经营条件；
5. 有必要的从业人员。

个人独资企业投资人在申请企业设立登记时明确以其家庭共有财产作为个人出资的，应当依法以家庭共有财产对企业债务承担无限责任。

个人独资企业有下列情形之一时，应当解散：

1. 投资人决定解散；
2. 投资人死亡或者被宣告死亡，无继承人或者继承人决定放弃继承；
3. 被依法吊销营业执照；
4. 法律、行政法规规定的其他情形。

个人独资企业财产不足以清偿债务的，投资人应当以其个人的其他财产予以清偿。

由于个人独资企业的投资人为一个自然人（公民），自然人本来就是民事法律关系的主体，因而个人独资企业不是法人。

（八）合伙企业

合伙企业，是指由各合伙人订立合伙协议，共同出资、合伙经营、共享收益、共担风险，并对合伙企业债务承担无限连带责任的营利组织。随着经济的发展，许多个体劳动者联合经营，城市的合作经济、农村的联合体中，也有相当数量属于合伙企业。合伙企业可以起字号,但也要依法经核准登记,在核准登记的经营范围内从事经营。

合伙人应当对出资数额、盈余分配、债务承担、入伙、退伙、合伙终止等事项,订立书面协议,这样可以预防发生纠纷。合伙人投入的财产,由合伙人共同管理和使用。合伙企业的经营活动,由合伙人共同决定,合伙人有执行和监督的权利。合伙人可以推举一名或数名合伙人执行合伙事务,不参加执行事务的合伙人有权监督执行事务的合伙人。

全体合伙人对合伙企业的利润和亏损,依照协议约定的比例分配和分担。合伙企业对其债务,应先以其全部财产进行清偿,合伙企业财产不足清偿到期债务的,各合伙人则应承担无限连带清偿责任。

合伙人退伙,书面协议有约定合伙企业经营期限的,按书面协议处理,除非发生合伙人难于继续参加合伙企业的事由或其他合伙人严重违反合伙协议约定的义务等;书面协议未约定的,原则上应予准许,但因其退伙给其他合伙人造成损失的,应当考虑退伙的原因、理由以及双方当事人的过错等情况,确定其应当承担的赔偿责任。

合伙企业,没有独立的人格,不是民事法律关系的主体,各合伙人是民事法律关系的主体,因而合伙企业不是法人。

(九) 国家是民事法律关系的特殊主体

国家是民事法律关系的特殊主体。国家不是法人,国家规定法人制度,并且对它们实行总的领导,国家本身并不按照法人制度组成和进行活动,而只是在一定情况下,比如,发行公债、对外贸易时,才作为民事法律关系的主体。

国家以国库财产进行民事法律活动,承担财产责任。

国家授权国家机关、企业、事业单位经营管理国家财产,并且规定它们行使经营管理权的范围。国家机关在法律、行政法规规定和特别授权的情况下,可以用国家的名义进行民事法律活动。作为民事法律关系主体的国家机关,主要是国家行政机关中的经济管理机关。

二、民事法律关系的客体

民事法律关系的客体,是指民事法律关系中权利和义务所共同指向的事物,在法学上又叫标的。这就是主体享有民事权利和履行民事义务的目标。没有客体,民事权利和义务就失去目标,从而就会落空。如双方当事人只约定成立买卖关系,而未指定买卖什么东西,那么这项民事法律关系,将因缺乏客体而不能成立。

民事法律关系的客体包括物、行为和智力成果等三个内容。

物,在经济学上是指人类能够控制和具有使用价值和价值的物质,在法学上是指在法律关系中可以作为财产权利对象的物品或其他物质财富。同一种物在不同社会制度的国家里其法律地位不同。比如,城市土地,在资本主义国家里可以私有,而在社会主义国家里土地则为公有。物是民事法律关系最普遍、最重要的条件。

行为,是指民事法律关系的主体为了行使民事权利或履行民事义务而进行的活动。如运输关系中,其客体就是把旅客或货物运送到一定目的地的行为,而不是旅客或货物本身。用自己的材料请人加工一件物品,加工人的劳动便是民事法律关系的客体。

智力成果,是指人的脑力劳动的成果,如文艺作品和科学发明,便是著作权关系和发明权关系的客体。公民从事智力活动所取得的成果,享有智力成果权。智力成果权包括:著作权即版权(著作包括:文字、口述、音乐、戏剧、曲艺、舞蹈、美术、摄影、电影、计算软件等作品)、专利权、商标权等知识产权,以及发现权、发明权和其他科技成果权等。

三、民事法律关系的内容

民事法律关系的内容,是指民事权利和民事义务。民事法律关系的当事人,通过享受民事权利和负担民事义务,把他们间的社会关系反映出来。

(一) 民事权利

民事权利,是指民事主体在具体的民事法律关系中所享有的权利,也就是受国家强制力保障的一种权利。具体表现为享有权利的人有权作出的一定的行为和要求他人作出相应的行为(履行义务),在必要时可请求有关国家机关(法院、行政机关)以强制性的协助实现其权益。

民事权利的含意可作如下理解:

第一,享有民事权利的人,在法定范围内根据自己的意志进行一定行为的可能性。比如,享有财产所有权的人,就有可能对自己的所有物进行占有和支配,从中取得合法权益,如出租自己的房屋。

第二,享有民事权利的人,可以要求他人(负有义务的人)作出一定的行为,以便实现自己的权利或不影响自己的权利。比如,他人不法占有所有物时,所有人可以请求法院令其返还。

第三,因他人的行为而使民事权利不能实现时,享有权利的人有权请求国家强制机关加以保护。比如,财产被他人损坏,所有人可以请求法院判决赔偿。

民事权利可分为以下六类:

1. 财产权与人身权

财产权是一种具有物质财富内容或直接体现经济利益的民事权利。它的具体表现是财产所有权、债权、经营权、承包权、使用权、财产继承权等。还包括无形财产权,如著作权、专利权、商标权等。财产权是民事权利中主要的一种。

人身权是一种与人身不可分离而又没有直接经济内容的民事权利,也称人身非财产权。人身权是随着人的身份而来的权利,它包括人格权和身份权两种。

人格权,是指在法律上享有民事主体资格所具有的权利。也是与民事主体不可分离的,在其存续期间始终存在的民事权利。人格权包括生命健康权、姓名权、肖像权、名誉权、荣誉权、婚姻自主权等。

国家依法保护公民的人身健康和生命。公民的身体受到伤害,刑法、民法等法律都要保护。其中包括公民的人身自由权受到侵犯,侵犯者要承担法律责任。

姓名权包括公民有权决定使用和依照规定改变自己的姓名,禁止他人干涉、盗用、假冒。法人、个体工商户、个人合伙享有名称权。企业法人、个体工商户、个人合伙有权使用和依法转让自己的名称。

任何单位与个人,未经本人同意,不得使用公民肖像。比如,有些单位或个人未经本人同意,使用他人像片做广告、印挂历或展出,这都是对公民肖像权的侵犯,要承担法律责任。

公民、法人享有名誉权、荣誉权和隐私权。公民的人格尊严受法律保护,禁止用侮辱、诽谤等方式损害公民、法人的名誉,禁止非法剥夺公民、法人的荣誉称号。如果受到侵犯,受害人有权要求恢复名誉,消除影响,赔礼道歉,并且可以要求赔偿损失。

公民享有婚姻自主权,禁止买卖、包办婚姻和其他干涉婚姻自由的行为。婚姻、家庭和老人、母亲、儿童、残疾人,受法律保护,妇女享有同男子平等的民事权利。

身份权,是指产生于某种关系或行为的民事权利。也就是基于一定的身份关系而发生的民事权利。身份权包括亲权(父母对未成年子女监护的权利)、监护权(保护无行为能力人和限制行为能力人合法权利的权利)、财产继承权、著作权、发明权、专利权、商标权等。

人身权本身虽然没有财产的内容,但这些民事权利与财产权有着密切的联系。

比如，人身权受到侵害，就会发生损害赔偿的问题。人身权一般不能像财产权那样可在主体之间相互转让。比如，著作权就包括人身权与财产权，又称精神权利和经济权利。精神权利主要指，作者有权以合法的方式发表作品、在作品上署名或不署名、要求他人承认并尊重其作者的身份和保护作品的完整性、修改已经发表的作品等；经济权利主要指，作者有权以复制、表演、播放、展览、发行、出租、摄制电影、录音录像或翻译、改编等方式使用其作品，以及因他人以上述方式使用其作品而获得经济报酬。作者的著作权是一种专有权利，未经作者同意或法律许可，其他人不得占有与行使，否则便是侵犯权利。

2. 绝对权与相对权

它是从权利的性质和义务人是否特定来分的。绝对权是指除权利主体之外，其他不特定的任何人都负有不得妨碍和侵犯的义务。绝对权是请求一般人不为一定行为的权利，也就是请求世界上其他所有的人不要侵害其权利的权利，所以也叫“对世权”。它是对一切人的权利。它的特点有二：一是义务人是不特定的，任何人都负有不得妨害其权利的义务；二是请求内容限于不行为，即要求他人不去侵犯他的权利行使。故绝对权的实现一般不必借助于义务主体的行为，比如，人身权和财产所有权，它们都不必借助于他人的积极行为便可实现。

相对权，是指特定的权利主体对特定的义务主体所享有的权利。相对权的实现一般需要借助于特定的义务主体的积极行为。也就是请求特定人为一定行为或不为一定行为的权利。它的特点也有二：一是义务人是特定的；二是请求的内容不限于不行为，所以也叫“对人权”。比如，债权就是相对权，它表现为债权人只对债务人享有请求权，而且只有借助债务人履行债务的行为，其债权才能实现。其他如损害赔偿请求权、抚养请求权等也是相对权。相对权因特定人履行特定的义务，而使权利得到实现。

任何民事权利都不是超越法律、不受限制或制约的。绝对权和相对权都不是指权利是绝对的或相对的，而是根据权利制约的义务主体的范围，即不特定的任何人还是特定人来划分的。

3. 主权与从权

主权利与从权利是按民事权利相互关联、相互依存的程度来划分的。在相互关系、相互依存的两个以上的民事权利中，凡是不依赖其他权利而独立存在的民事权利称为主权利；凡是以其他民事权利的存在为前提或依靠其他权利而存在的民事权利为从权利。比如，抵押权是从权利，抵押权所担保的债权是主权利。抵押权是为担保主债权才设立的，它依附于主债权，主债权消灭，抵押权亦随之而消灭。

4. 形成权、支配权与请求权

形成权是由当事人一方的意思,使现已成立的民事法律关系发生变化的权利。形成权有使未发生效力的民事法律关系发生效力。比如,法定代理人对限制行为能力的人与他人订立的合同加以承认,这个合同也就有效了,这叫追认权。又如对某合同由于对方违约,而行使解除权,那个合同关系就消灭了,这叫解除权。对显失公平的法律行为,受害人有撤销的权利,即撤销权,这些权利都叫形成权。

支配权是权利人得直接使权利发生作用的权利,即直接取得权利内容的利益。也就是权利人可以直接支配权利客体的权利。比如,财产所有权,所有人可以对其所有物直接使用或处理;抵押权人由于债务人不履行债务,依法将抵押物拍卖补偿其债务。还有如人格权,也属于支配权。

请求权是请求他人为一定行为或不为一定行为的权利。比如,债权。享受这种权利的权利人,不能直接使权利发生作用,也即不能直接取得这种权利内容的利益。权利人只能请求他人为一定行为,而由其行为间接取得其利益。比如,买受人得请求出卖人给付出卖物,这是债权。债权人虽有此权利,但不能直接取得利益,必须出卖人(债务人)为此特定行为,将出卖物交出,债权的内容才能实现。又如,某物的所有人,对于侵害其所有物的人,可请求返还、赔偿,或者请求其不侵害,也就是请求他不作为。

5. 抗辩权

抗辩权是对抗请求权的权利。比如,他人向你行使请求权,要你交货或还钱,你有某种理由而加以拒绝,法律也允许你有这种权利。抗辩权分永久抗辩权与延期抗辩权。永久抗辩权,就是他人所请求的给付,有永久拒绝履行的权利。比如,请求权已经消灭时效,债务人就有永久抗辩权;延期抗辩权也称一时抗辩权,这种抗辩权的作用,可以使请求权的效力暂时被排除。比如,由于他方当事人未为对待给付,另一方就可拒绝自己的给付。像履行合同时,他方未交货,另一方就有权拒绝付款,并可提出同时履行的抗辩;但这种抗辩,只能在他方未给付前提出,一旦他方给付后,另一方即不得再行使抗辩权,所以是延期之抗辩,而非永久的抗辩。

6. 既得权与期待权

既得权是已经享受的权利,也就是权利成立的条件已全部实现,即既得利益。比如,财产所有权。

期待权是将来可能取得的权利,现在由于条件未实现,权利还不能得到,而将来有实现的可能。在条件未成立前,当事人有可能取得权利的希望,因此也叫希望权。比如,附条件的权利,像财产继承权,要等被继承人死亡后,才能实现。

(二) 民事义务

民事义务，是指负有义务的人必须作出一定行为或禁止其作出一定行为，以保证权利人的权利获得实现。民事义务是在民事关系中法律规定人们应该履行的某种作为或不作为。

民事义务的含义可以理解如下：

第一，负有民事义务的人必须进行或不进行一定的行为。其目的是为了实现对方的民事权利或不影响对方的民事权利。比如，债务人履行债务，就可以使财产所有人的利益得到充分满足。这是作为的义务。又如，不去侵犯他人的财产所有权，也可以使财产所有人的利益得到充分的满足，但这是不作为的义务。负有作为义务的一方，如果不作为（如不履行债务），就是违反义务；负有不作为义务的一方，如果作为（如侵犯他人的财产权），就是违反义务。

第二，民事义务不是无限度的，负有义务的人，只需在法定范围内进行或不进行一定的行为。比如，当地地方法规规定在某些地区禁止摆摊进行个体经营买卖活动。就在该地区不能设摊，而在其他地区仍可设摊。

第三，民事义务一般是应该自觉履行的，但既然是法律规定的义务，也就不能不是国家强制下的一定约束。如果不履行或不适当履行义务，国家就要干涉，要受法律制裁。

民事义务可分为两类：

1. 积极义务与消极义务。前者是一定作为的义务；后者是不作为的义务。

2. 独立义务与从属义务。前者是独立存在的义务，比如，履行债务；后者是从属于独立义务的义务，比如，从属于债务的保证债务。

(三) 民事权利与民事义务的关系

1. 权利与义务总是对等的。其含义包括：

(1) 权利与义务是同时存在的，是相互适应和相互制约的。在民事法律关系中享受权利的人也必然要履行某种义务。一方当事人有了某种权利，同时也就意味着另一方当事人负有相应的义务。因而，只有权利而无人负担义务，或者只有义务而无人享有权利的情况一般是不存在的。比如，买卖合同中，出卖人将出卖物交给对方所有，是他的义务，要求对方交付价款则是他的权利；相反，买受人应交付价款是他的义务，而要求对方交付出卖物，则是他的权利。不能一方只享受权利而不履行义务；另一方只承担义务而不享受权利。权利和义务是一个矛盾体的两个方面，权利的内容总是通过与之相适应的义务来表现的。

(2) 民事主体不履行义务就必然损害其他民事主体的权利，因此应承担民事责任。民事义务与民事责任是两个既有联系但又有区别的不同概念,两者易被混用。义务不履行时才发生责任,责任是不履行义务时在法律上所处的状态。承担民事责任的方式,根据具体情况,法律有各种规定。

在实际生活中往往出现权利与义务不对等的现象,这都是违背权利与义务对等原则的。比如,旅客违背了铁路局、民航局的规定要罚款,但经营火车、飞机客运的单位由于管理上的问题而误点却没有赔偿旅客的具体规定。

2. 权利与义务总是和一定的主体联系着的。这是因为权利的实现,义务的履行,都要通过人的活动。没有主体,权利义务是无法存在的。比如,以合同形式出现的民事法律关系,必须通过作为民事法律关系主体的双方当事人的意志才能产生。否则,合同是不可能成立的。可见,权利与义务只能是相互适应地存在于民事法律关系之中,只能是民事法律关系的一个要素,而不是离开民事法律关系抽象地存在着的。

3. 民事法律关系是凭借权利与义务把当事人的财产关系表现出来、确定下来,并以国家的强制力量保证其实现的法律形式。比如,买卖关系、借贷关系、租赁关系、运输关系、保险关系等。要建立市场经济秩序,必须要通过民事权利义务关系的这种法律形式。

第三节 法律事实

法律事实,是指法律所确认的能够引起民享法律关系设立、变更和终止的客观现象。比如,合同的成立,即在当事人之间发生权利义务关系;灾害发生了,就可以引起保险公司的赔偿责任;人的死亡,能引起抚养关系的消灭和继承关系的发生。因此,签订合同、灾害发生、人的死亡,都是法律事实。

在社会生活中,任何社会现象都不是永远不变的,民事法律关系也是这样,它不断地在产生着、改变着、消灭着。比如,向一个工厂订购一批货,买卖关系这个法律事实就发生了。工厂供给了一部分货,买卖关系的内容就变化了,也就是法律事实有变化。全部供完了货,买卖关系这个法律事实就消灭了。

法律事实可以是自然现象,也可以是人的活动,前者是指法律事件,即与个人意志无关的客观现象;后者是指人(自然人与法人)的有意识的活动。然而并不是所有的自然现象和人的活动都可以成为法律事实。比如,刮风、下雨等自然现象;散步、看书等人类活动都不是法律事实,因为它不能引起民事法律关系的产生、改变和消灭。客观事实只有由法律规定将它和一定法律后果联系起来,才能成为法律事实，有法律意义。如暴雨成灾，使铁路运输中断，可以免除不履行合同给对方造成的损失的责任；签订合同、签署遗嘱等人的活动能产生民事法律关系。

此外，能够引起法律后果的行为还包括行政行为，比如，计划信贷合同是按照政府的信贷计划而签订的；司法行为，比如，法院的判决等。

仅有法律规定，而没有法律事实，固然不能引起现实生活中民事法律关系的产生、改变和消灭；如果发生的客观现象并不合乎法律规定，同样也不会引起相应的法律后果。比如，甲提出向乙购买一批货，乙只是口头随意答应，而未具体磋商，更没有正式签订合同。后来乙不卖给甲，甲不能因此去法院控告乙违反合同而要求赔偿损失。

任何民事法律关系的设立、变更和终止，都不能离开法律事实。有的民事法律关系的产生、变更和消灭，只需要一个法律事实，有的要几个法律事实。引起某一民事法律关系产生、变更或消灭的几个法律事实的总和，称为民事法律关系的“事实构成”。只有“事实构成”的几个法律事实完全具备，民事法律关系才能产生、变更或消灭，否则就不能。比如，甲厂与乙店订立供应合同，合同规定如甲厂在年内增产，则供应乙店一批货。甲厂与乙店订立合同是一个法律事实；甲厂增产也是一个法律事实。只有这两个事实都具备时，才能产生甲厂与乙店之间的供应关系。如只有订立合同，而甲厂不增产；或甲厂增产，而未与乙店订立合同，都不能产生甲厂与乙店之间的供应关系。

法律规范、法律事实和民事法律关系是三个既不相同又有联系的概念。三者的关系是：法律规范是确定法律事实的依据；法律事实是引起民事法律关系产生、变更、终止的原因；民事法律关系，则是法律事实引起的结果。比如，我国有关法律规定：公民个人所有的房屋可以出租或出卖。这项规定，就是法律规范。某人将其所有的 3 间房屋出卖，这种行为符合法律规定，能引起一定法律后果，所以是法律事实。所有人出卖这 3 间房屋，则与买方之间形成房屋买卖关系，双方都因此而享有一定权利，承担一定义务，从而产生房屋买卖的民事法律关系。

第二章　民事法律行为

第一节　民事法律行为的概念

民事法律行为，是指公民、法人及其他组织设立、变更、终止民事权利和民事义务的合法行为。在社会生活中，公民、法人和其他组织为了生产和生活的需要，大量从事着以设立、变更或者终止民事权利和义务为目的的各种民事行为。比如，购买产品、托运货物、销售产品、租赁设备、借贷货币、加工承揽等而签订的经济合同。这些都是为了产生一定的民事法律关系而进行的合法行为，因此都是民事法律行为。

民事法律行为有如下三个特征。

一、当事人为了取得一定的民事法律后果而进行的行为

行为是受人的意志支配的，并有一定目的的活动。民事法律行为，是指具有法律意义的意志表现，也就是指以产生、改变或终止一定的民事法律关系为目的的意志表现。所以，法律行为是法律事实的一种，但与其他法律事实是有区别的。其他法律事实是指客观发生的、会引起一系列民事法律关系的事件。比如，人的出生与死亡、地震造成的灾害等与当事人的意志无关的事件。民事法律行为是人的主观上为了引起民事法律关系，而故意进行的一种合法行为，目的是取得一定民事权利和承担相应民事义务的法律后果。比如，进行商品买卖，就是为了在付出一笔价金后，取得一定的商品所有权；订立房屋租赁合同，就是为了在一定期间内获得使用住宅的权利和相应地负担交付租金的义务。所以，民事法律行为也可说是人为的法律事实。只有具有民事行为能力的权利主体，包括公民、法人和其他组织等，才能进行民事法律行为，这就把民事法律行为与其他也能产生民事法律后果的法律事实区别开来。

二、意思表示是民事法律行为的基本特征

人的意志是产生民事法律行为的前提,但人的内在意志只有通过一定形式在客观上表现出来,使他人了解,才能具有法律意义。这种能够产生民事法律关系的内在意志表现于外部的行为叫意思表示。这种意思表示必定是为了引起一定的法律后果,即为了今后享受一定的民事权利和负担相应民事义务,或者为了改变、结束原先存在的民事权利义务关系。比如,投保人去保险公司投保财产险,保险公司接受了,双方签订保险合同,保险法律关系就发生了。这个作为民事法律行为后果的保险合同的成立,是因为双方都有欲发生保险关系的意思,由于有了双方意思表示的一致才有这个保险合同的产生。没有意思表示就没有法律行为,也就不可能产生民事法律关系。

不是任何意志表现都具有法律意义的意思表示。比如,在讨论会上发表意见或约对方外出旅游,虽然表示了意思,但这些意思都与民事法律关系无关,也就是不产生民事权利与民事义务,就不能认为具有法律意义的意思表示。

从意思表示要能看出表意人内部的意思,如果从表示行为看不出什么意思,如口头表示,口齿不清或胡言乱语,别人听不懂;书面表示,文句不通,词不达意,别人也不能够理解,这都不能起意思表示的作用。除非是众所周知的习惯语,比如,灭火,许多人都叫"救火",但并不是不让火灭掉。

意思表示与民事法律行为有联系,但也有区别。在许多情况下,一个单独的意思表示并不能导致表意人期望的法律后果,只有双方意思表示一致,才能成立民事法律行为。比如,订立合同的法律行为。当然,少数的单独意思表示也可成立民事法律行为,比如,立遗嘱。这时意思表示和民事法律行为就很难区分,但这是少数情况,并不能根据这种情况就把意思表示与民事法律行为等同起来。

三、民事法律行为必须是合法行为

当事人为了能够达到预定的法律后果,他所作的法律行为必须符合或不违背法律的规定,也不能违反社会公共利益,法律才给予他所意图引起的法律后果,他的行为才是民事法律行为。否则,他的行为就被法律禁止;或者不可能取得预期的法律后果,就不是民事法律行为。因此,民事法律行为必须是合法行为。比如,男女结婚必须进行婚姻登记,否则就不可能成为合法的夫妻关系。

合法行为可分为民事法律行为和其他合法行为两种。民事法律行为是主要的合法行为。其他合法行为与民事法律行为不同,这种行为的特点是行为人并不一定要有产生、改变或终止一定民事法律关系的意思表示,其所以有民事法律后果,完全是由于法律的直接规定。如公民拾得遗失物,就应该负担归还原主的义务,如原主不明,则应上缴国家。

人的行为除了合法行为外,还有违法行为。违法行为,就是指受法律禁止的、侵犯他人权利和合法利益的行为,如损坏他人财物的行为。由于它的存在,可以使受害人和加害人之间发生赔偿债务关系。又如没有履行法律规定作出一定行为的义务。比如,子女不赡养父母。违法行为同样可以引起民事法律关系的产生、改变和终止。

民事法律行为,是指行为人的合法行为,而民事行为则包括合法的民事行为与非法的民事行为;有效的民事行为和无效的民事行为。合法的民事行为与有效的民事行为即民事法律行为。前者指法律有明确规定,后者指法律无明确规定也不符合禁止性规定。

第二节　民事法律行为的分类

民事法律行为一般可分为如下七类:

一、双方、多方的民事法律行为和单方的民事法律行为

双方的民事法律行为,是指必须双方当事人的意思表示一致而成立的法律行为。比如,买卖行为、合伙行为、联营行为等。这种法律行为必须由双方协同进行。但他们各自的具体目的,在绝大多数情况下并不一致。比如,买卖合同中,出卖人要求取得货币,买受人则要求取得商品。在有的情况下,双方具体目的是一致的,如两个公司同意合并成立一个新的公司。

多方的民事法律行为,是指在法律关系中有 3 人、4 人、5 人或更多人,即三方、四方、五方及更多方的关系。三方的,比如,保险关系中,保险公司是保险人,还有投保人、受益人。又比如,合伙,好几个人共同出资经营某一事业,则有三方、四方、五方以及多方,各方都是平等的当事人。

单方的民事法律行为,是指仅依当事人一方的活动,即可引起民事法律后果的

行为。这种法律行为不必要征得对方的同意，比如，某人承认其代理人超出代理权的某种行为。只要有一方的意思表示，就有法律效力，不需要任何人同意。还有如债务的免除、继承权的放弃等行为。

这是从行为人的多少这个角度来划分的，也是民事法律行为的主要分类。

二、无偿的民事法律行为和有偿的民事法律行为

无偿的民事法律行为，是指当事人一方为了对方的利益，履行某项义务时，并不要求对方承担对等的义务。这种民事法律关系是没有对价关系的。比如，赠送、无息贷款、继承等。一般说，凡是单方的法律行为都是无偿的。

有偿的民事法律行为，是指双方当事人在为对方履行某项义务时，有权要求对方为自己承担相应的义务。这种民事法律关系是有对价的。比如，买卖、租赁、加工承揽等。一般说，凡是双方、多方的法律行为都是有偿的。

某些民事法律行为只能是有偿的，比如，买卖；或只能是无偿的，比如，赠送；但有些民事法律行为按照当事人的协议，可能是有偿的，也可能是无偿的，比如，有息借贷或无息借贷；有报酬的委托或无报酬的委托等。在现实的经济生活中，有偿的法律行为占绝大多数。等价有偿是民法所调整财产关系的一个重要特征。我们必须通过法律手段更自觉地利用价值规律，为发展社会主义市场经济服务。

这是从有没有对价这个角度来划分的。区别有偿与无偿的意义在于确定当事人民事权利义务的范围不同，责任有别。

三、诺成的民事法律行为和要物的民事法律行为

诺成的民事法律行为，是指仅以当事人一方的意思表示，经他方承诺即告成立的法律行为。也就是自当事人意思表示一致之时起，法律行为就成立，民事权利与民事义务也随之产生。比如，合同成立于当事人达成协议之时，一方违背合同要承担法律责任。

要物的民事法律行为，是指除意思表示外，还需要以实物的交付作为成立要件的法律行为。如不交付实物，仅凭双方当事人意思表示一致，还不能产生权利义务关系。比如，财产捐助，捐助人表示愿捐助若干钱或物给某单位，他必须把

钱或物交付，赠与的法律行为才能成立。否则，赠与人在赠与财产的权利转移之前可以撤销赠与。但我国合同法规定，具有救灾扶贫等社会公益、道德义务性质的赠与合同或者经过公证的赠与合同，赠与人不交付赠与的财产的，受赠人可以要求交付，即赠与人不可以撤销赠与合同。

以上是从是否以实物交付为有效前提来划分的。

四、有因的民事法律行为和无因的民事法律行为

有因的民事法律行为又叫要因行为，是指以原因的存在或合法为有效条件的行为。比如，买卖行为，买方承担支付价金的义务，在于使卖方承担转移货物所有权的义务，此相互为原因的两个财产给付义务，合为一个买卖的法律行为，即为有因行为。如果一方不承担义务，则另一方也不承担义务。有因行为，如其原因不存在，其行为即归于无效。

无因的民事法律行为又叫不要因行为，是指不以原因的存在或合法为有效条件的行为。比如，甲开一汇票给乙以代替现金而交货款，以后即使甲乙间买卖合同被撤销，比如，乙不交货，甲撤销了这合同，则甲原来开出的这张汇票的原因现在不存在了，但该汇票并不因之而无效，就是说乙如已用这张汇票向丙购买一批货，则丙仍可凭这张汇票去银行兑现，甲仍应负支付这张汇票的责任。这种情况下乙应该将货款退还给甲。对于无因行为所产生法律关系的效力不发生影响，在欠缺原因时，只是发生返还不当得利的问题。

以上是从原因存在与否为有法律效力前提来划分的。

五、要式的民事法律行为和不要式的民事法律行为

要式的民事法律行为，是指要履行一定形式才能成立的法律行为。比如，成立公司、不动产所有权的转移、结婚、立遗嘱等都需要履行一定的手续。

不要式的民事法律行为，是指成立这种法律行为不需要任何形式。比如，一般即时结清的买卖合同、公民间的相互借贷。

各国法例，民事法律行为除法律有规定外以不要式为原则，但当事人对不要式的法律行为约定要有一定方式，也为法律所允许。比如，即时结清的买卖合同双方

当事人约定公证。但如法律规定必须履行一定方式的，而当事人约定不履行或加以变更，这种约定不能有效。比如，不动产所有权转移必须到有关部门登记。当事人约定不履行这个方式，这种民事行为当然无效。

这是从要不要履行一定方式来划分的。

六、独立的民事法律行为和附属的民事法律行为

独立的民事法律行为，是指有独立实质内容的法律行为。一般是指行为人仅凭自己的意思表示，即可成立的法律行为。比如，立遗嘱。附属的民事法律行为，是指某种法律行为不具有独立的意义，只是补充独立的民事法律行为。比如，他人所做的民事行为，你同意或反对。

七、物权民事法律行为和债权民事法律行为

物权民事法律行为，是指取得、丧失或改变物的权利的法律行为。比如，出卖人转移其货物给买受人，买受人交付价金。债权民事法律行为，是指以债权债务发生为内容的法律行为。比如，出借人把钱借给借入人。

第三节　民事法律行为的形式

民事法律行为必须通过某种方式把行为人的意思表示反映出来，才能成立。没有某种方式反映，就产生不了法律后果。这种意思表示的方式，就是法律行为的形式。对法律行为采取什么形式，可以由当事人协商决定。有些情况，法律也可直接规定，用法律直接规定的形式，称为法定形式。

民事法律行为的形式主要有以下四类：

(一) 口头形式

口头形式，是指用口头谈话的方式进行意思表示，比如，面谈、电话接洽而成立的法律行为。这种形式的优点是简便易行、直接、迅速。缺点是缺乏文字根据，发生争议时不易取得确切的证明。凡价款不多，即时给清的法律行为可采取这种方式。比如，商店里商品的零售买卖。而后果重大、内容复杂的法律行为，不宜采用。

(二) 书面形式

书面形式,是指用写成书面文件的方式进行意思表示,比如,企业之间订立的书面合同。为保证书面文件内容的真实性、可靠性和法律效力,双方当事人必须在文件上签名盖章。书面形式包括以下三种情况:

1. 一般书面形式,即见之于笔墨,不论是书写、打字、印刷都可以;
2. 经过审核登记的书面形式;
3. 经过公证、鉴证的书面形式。

书面形式的优点是发生争议时,有凭证根据,对于确定权利义务关系,预防和处理财产纠纷,都具有重要作用;缺点是较麻烦。

(三) 推定行为

推定行为,是指当事人用语言文字以外的有目的、有法律意义的积极活动来表达他的意志,称为推定行为。当事人虽然在当时没有用口头或书面形式来进行意思表示,但是从他的积极活动中,可以推定他已表达了关于产生、改变或消灭一定民事法律关系的意志。比如,供应合同期满以后,供方仍继续供应产品,需方也接受,这就可以推定双方已经取得关于延长原有合同期的协议。

(四) 默示

默示,是指当事人没有进行任何积极行为,而以沉默表示自己的意思,称为默示。默示只有在法律有明文规定或在习惯上已为大家所承认的情况下,才能看作是意思表示的一种形式,不能作任意扩大的理解。比如,法律规定甲企业接到乙企业的合同草案后,在规定期限内未作答复,就认为已经表示同意,甲乙之间的合同就已成立。如法律没有规定,则在乙企业规定的时间内未作答复,则视为甲企业拒绝,甲乙之间的合同未成立。

第四节　附条件的法律行为与附期限的法律行为

一、附条件的法律行为

附条件的法律行为,是指当事人以将来不确定实现的事实的发生与否限制其法律行为效力的发生或存续的意思表示。这就是法律规定,法律行为可以附条件,附条件的法律行为在符合所附条件时生效或原来已生效的法律行为不再继续生效。

附条件的法律行为的作用，在于它可以使当事人对不确定事实具有法律意义。在一般情况下，法律行为只能直接反映当事人的某种需求，而不能反映该需求的动机。为了解决这类问题，只需把动机作为条件规定在合同中就可。比如，甲工厂向乙工厂订购一批价低质次的材料，目的是为了甲工厂对某台设备如技术改造成功后使用，这样可降低产品成本。如果技术改造失败就不购买。甲工厂购买的动机就作为附条件订立在买卖合同之中，从而防止了甲工厂由于技术改造不成功而产生损失的问题。

条件主要有以下四类：

（一）停止条件

这是指限制法律行为效力的发生，等事实实现时，效力始行发生的条件。在事实实现前，即条件成就前，法律行为的效力不发生。比如，甲乙两工厂达成协议，明年甲厂把一批货卖给乙厂，但必须丙厂不要。丙厂不要这批货的事实就是条件。这个条件实现了，甲厂必须把货卖给乙厂。这是指法律行为效力的发生。附停止条件的法律行为，是指法律行为已经成立，当事人之间的权利与义务关系也已经明确，但是权利义务处于停止状态。等条件成就时，双方才开始享受权利与履行义务。停止条件又称延缓条件。

（二）解除条件

这是指限制法律行为效力的存续，等事实实现时，效力即行终止的条件。在事实实现前，即条件成就前，法律行为继续有效。比如，目前甲厂不断供货给乙方，但它们事先约定，丙厂如要甲厂的货，甲厂就不再继续供货给乙厂。这里丙厂要甲厂的货是条件，是使甲厂与乙厂之间供货合同的法律行为效力消灭的条件。附解除条件的法律行为，是指法律行为已经发生了效力，当事人已经行使权利或承担义务。只是当条件成就时，甲乙双方的权利与义务就随之失去效力。

（三）肯定条件

这是把某一事实的发生作为条件的成就。比如，甲厂与乙厂约定，如今年增产，则供应乙厂一批货。甲厂增产，即属于肯定条件，又称积极条件。

（四）否定条件

这是指以某一事实不发生作为条件的成就。比如，甲厂与乙厂约定，如今年甲厂不发生停电事故，则供应乙厂一批货。甲厂不发生停电事故即是否定条件，又称消极条件。

肯定条件和否定条件都可以作为停止条件，也可以作为解除条件。这样，就可以再分为四种条件：

1. 肯定的停止条件的成就与不成就。作为肯定的停止条件的事实发生时，就是肯定停止条件的成就；反之，就是肯定停止条件的不成就。肯定停止条件成就时，法律行为就发生效力；作为肯定停止条件的事实如果已经确定不可能发生，法律行为即为无效。比如，某电冰箱厂与某商店约定，如果该厂在今年内增产 1000 台，则卖给某商店 100 台。如果该厂在 1 年内达到了原定增产的数量，合同即生效。该厂应按合同规定向该商店交付电冰箱 100 台。如果 1 年内未达到原定增产数，合同即不生效。

2. 否定的停止条件的成就与不成就。作为否定的停止条件的事实不发生时，就是否定的停止条件的成就；反之，就是否定的停止条件不成就。否定的停止条件成就时，法律行为就生效；否定的停止条件不成就时，法律行为就不生效。比如，某航空公司与甲单位约定，如果 3 天内乙单位退所订之票，就将退票售与甲单位。乙单位在 3 天内果然退票，则航空公司与甲单位的协议生效，航空公司应按协议售票给甲单位。如果 3 天内乙单位取走了票，则协议不生效。

3. 肯定的解除条件的成就与不成就。作为肯定的解除条件的事实发生时，就是肯定的解除条件的成就；反之，就是肯定的解除条件不成就。肯定的解除条件成就时，法律行为就无效。作为肯定的解除条件的事实如果已确定不可能发生，法律行为就变成不附条件的法律行为。比如，某运输公司把 10 辆大轿车租给某单位，约定的条件是：如果在租期 3 个月内，运输公司有新的任务，该单位应将车还给运输公司。因此，如果在 3 个月内运输公司有了新的任务，租赁合同即不再继续发生效力，某单位应将租赁的汽车交还给运输公司。如果已肯定在 3 个月内运输公司没有新任务，租赁合同就变成不附条件的法律行为。

4. 否定的解除条件的成就与不成就。作为否定的解除条件的事实如不发生，就是否定的解除条件的成就；反之，就是否定的解除条件不成就。否定的解除条件成就时，法律行为就失效。否定的解除条件不成就，则成为不附条件的法律行为。比如，某甲借给某乙 5 万元，期限 1 年，约定的条件是：如果 3 个月内某甲拿不到奖金，某乙应偿还所借的钱。假如已经肯定某甲在 3 个月内不可能得到奖金，借贷合同即失效，某乙应偿还所借之款；如果在 3 个月内某甲得到了奖金，则借贷合同就变成不附条件的法律行为。

附条件的法律行为的作用，在于把将来可能发生的情况作为条件规定在合同中。这样，行为人就可以事先保证将来不论出现合同中规定的哪种情况都可以达到自己的目的。比如，某电冰箱厂与某商店约定，如果该厂在今年内增产 10 万台，则卖给某商店 1000 台。如果该厂在 1 年内达到了原定增产的数量，则就可达到预定的销售计划。如果达不到原定增产的数量，则就不销售给商店，也不必负任何责任。这样行为人就可以避免了预计可能发生的某种事实给他造成的困难。附条件的法律行为可使当事人对不确定事实的发生与否具有法律意义。

条件必须符合以下五个要求：

1. 条件必须是进行法律行为时尚未发生的事实。如果是已经发生了的，就不是条件。比如，甲对乙说，你去年考上大学，我现在给你一笔生活费。乙已考上大学，是客观上已确定的事实，就不是条件。

2. 作为条件的事实可能出现，也可能不出现，当事人对此是无法预知的。必然会出现或根本不可能出现的事实，就不成其为条件，比如，明年5月1日，甲赠送某物给乙；或明年4月31日，乙赠送某物给甲。

3. 条件必须是当事人双方协议选定，而不是法律规定的。法律规定的，就不成其为条件。比如，法律规定的死亡保险，人死了保险公司要赔钱，这就不属于条件。

4. 附停止条件的法律行为，条件不能违法。以做不法行为为停止条件的行为，应认为无效。比如，甲对乙说："你去把丙的房子烧掉，我送你5万元。"这种行为就当然无法律效力，还要追究甲的法律责任。但如以不法内容作为解除条件，情况就不同，比如，甲对乙说："我每月供给你生活费，但如果你赌博或做其他违法行为就停止供给。"如乙出现了此行为，甲当然可以主张解除条件已成就，不再供乙的生活费。

5. 当事人不得为了自己的利益恶意地促成或阻碍条件的成就。恶意促成条件成就的，应该当作条件没有成就，恶意阻碍条件成就的，应该当作条件已成就。比如，甲公司与乙公司约定，明年甲公司把一批货卖给乙公司，但必须丙公司不要。乙公司为了要甲公司的货，向丙公司污蔑甲公司产品质量低劣。在这种情况下，丙公司虽不买，但甲公司也可以不卖货给乙公司。

附条件法律行为的当事人，不能以自己的行为损害相对人在条件成就时享有的权利，否则要负法律责任。比如，甲与乙正式约定，在1年内乙找到工作时，将甲的1间房租给乙。后来乙很快就找到工作，但甲已将此房租给他人，则乙可向甲要求履行原来的协议，或要求违约赔偿。

有些法律行为按其性质不可附条件。比如，结婚，以与特定人结婚或不结婚为条件的行为应认为无效。又如，有些地区的婚姻登记机关不依法办事，对结婚登记附加种种条件，如有的要登记者交集资款项数千元；有的让交计划生育保证金数千元。这种条件的内容就是干涉他人的婚姻，违反了婚姻法上的婚姻自由原则。还有非婚生子女的认领、行使解除权、撤销权、选择权等,如附条件,则此条件无法律效力,甚至有的还要承担法律责任。

我们要正确地认识附条件法律行为的特点,区分各种条件对法律行为的效力所起的不同作用。进行这种法律行为的当事人,一定要遵守有关法律、行政法规,按照法律行为的内容,行使或履行依条件的成就为转移的权利或义务。只有这样,才能保护当事人的合法权益,发挥附条件的法律行为在经济生活中的积极作用。

二、附期限的法律行为

附期限的法律行为,是指当事人以将来确定发生的事实,限制其法律行为效力的发生或存续的意思表示。比如,某年某月某日、战争停止之日、生日等等。如基本建设、租赁、借贷、保管、运输等合同的履行都有一定的期限。

期限与条件的区别:期限是指将来确定发生的事实的到来;条件是指将来不确定发生与否的事实。

期限分为以下三类:

(一) 始期与终期

始期,是指使法律行为的效力发生的期限。在期限未届至之前,法律行为虽已成立但不发生效力。比如,供应合同规定明年 4 月 1 日交货。在此期限之前权利人不能要求义务人履行其义务。始期又称停止期限或延缓期限。

终期,是指使法律行为效力终止的期限。附终期的法律行为,在成立时即生效力。终期届满时,其效力终止。比如,租赁合同规定租期 5 年,期限届满,租赁关系就不存在。终期又称解除期限。

(二) 确定期限与不确定期限

确定期限,是指将来事实的发生及发生的时期都已确定。比如,合同中订明某年某月某日交货或付款。

不确定期限,是指事实的发生虽已确定,但其发生的时期不确定。比如,某人死亡之时;两国交战后停战之日。

(三) 法定期限与约定期限

法定期限,是指法律规定的期限。

约定期限,是指由当事人的意思而附加的期限。

期限具体是指期日与期间。期日,是指不可分的时间。比如,某年某月、某日某时。期间,是指由一期日至另一期日经过的时间。比如,某日至某日、某月至某月或某年至某年。

时间与经济法律关系的产生、变更与终止有密切的关系,因此,必须充分重视时间在法律上的地位与作用。

第五节　民事法律行为的有效条件

民事行为的内容和形式都符合法律规定的,是有法律效力的民事行为,即民事法律行为。民事法律行为从实施时候起,就发生法律效力。法律行为的有效条件,就是确定其民事行为是否有法律效力的原则界限。

民事行为有法律效力,必须具备如下四个条件:

一、行为人具有相应的民事行为能力和权利

进行民事活动的当事人,必须具有相应的民事行为能力,也就是必须具有法律规定的相应的资格。

公民必须具有民事行为能力,才能进行民事法律活动。无民事行为能力人实施的民事行为,限制民事行为能力人依法不能独立实施而进行的民事行为无效。英美法规定未成年人与成年人订立合同后,未成年人可以撤销或否认此合同,成年人则不可,如果双方都是未成年人,则双方都可撤销或否认。未成年人撤销合同必须返还已得的利益。未成年人与成年人订立购买生活必需品而数额不大的合同,则未成年人不能撤销。生活必需品包括食物、衣服等。间歇性精神病人的民事行为,确能证明是在发病期间实施的,应当认定无效。行为人在神志不清的状态下所实施的民事行为,也应当认定无效。比如,一个精神病人私自把家里的摄像机低价卖给信托商店,则其行为没有法律效力,监护人可以要求退回。

行为人具有行为能力,还必须具有为这种法律行为的权利。比如,房屋的所有人对该房屋有出卖的权利,而该房屋的承租人则不能出卖该房屋。

没有取得法人资格的组织,不能以法人名义实施民事法律行为。法人超越其业务活动范围的民事行为是无效的。

二、当事人所为的民事法律行为，应与其真实意志相符合

当事人在从事民事法律行为时所作的意思表示，应当是他自己的真实意志。民事法律行为的一个重要特点是行为人自主、自愿、自由。

在民事活动中，双方当事人的法律地位是完全平等的，必须遵循自愿、公平、等价有偿、诚实信用的原则，一方不能强迫另一方服从自己。因此，法律规定在以下情况下进行的民事行为无效：

(一) 欺诈的民事行为

欺诈的民事行为，是指一方当事人故意告知对方虚假情况，或者故意隐瞒真实情况，诱使对方当事人作出错误的意思表示。比如，甲公司伪称有一批优质产品出卖，乙公司信以为真而购进，实际是假冒、劣质产品。另外，交易习惯或法律规定某种特殊商品出卖人应告知买受人真伪的义务，出卖人未告知的，比如，古玩。

欺诈必须使对方陷于错误认识，诱使对方与之进行民事行为。如只有前者，而无后者，则不成立欺诈而为的民事行为。比如，某甲为了显示自己识货，故意向乙吹嘘某厂的产品质量如何好，其实该产品质量并不好。但甲本人并未代理该厂与乙订立购货合同，而由乙自己与厂方订立购货合同，则甲不属于欺诈。

英美法规定，一方欺骗另一方签订合同，受骗方得以“非我所为”为辩护，要求法院确认合同无效。受骗方有举证的责任。

在处理这种民事行为时，应该把欺诈行为和由于欺诈而进行的民事行为区别开来。欺诈行为本身应该适用刑法，对欺诈者进行处理。同时，由于欺诈而使对方在不明真相情况下所进行的民事行为又适用民法关于这种民事行为是违反自愿原则，因此根本无效。

(二) 胁迫的民事行为

胁迫的民事行为，是指以给公民及其亲友的生命健康、荣誉、名誉、财产等造成损害或者以给法人、其他组织的荣誉、名誉、财产等造成损害为要挟，迫使对方作出违背真实的意思表示。胁迫可能是肉体上的，比如，伤害生命、健康；也可能是精神上的，比如，散布谣言、诽谤名誉、揭发隐私；也可能是财产方面的，比如，损坏财产。胁迫可能直接加于行为人，也可能加于行为人的亲友。胁迫是可能成为事实的、足以使他人产生恐惧的行为。如果胁迫的内容不可能实现或不足以使他人产生恐惧的行为，不构成胁迫。比如，甲对乙说：“你不同意我的要求将被车压死。”在处理这

种胁迫的民事行为时，同样也应该把胁迫行为和由于胁迫而进行的民事行为区别开来。对于后者，被胁迫的人违反了自愿原则，所以，由于被胁迫而进行的民事行为，也是根本无效的。

（三）乘人之危的民事行为

乘人之危的民事行为，是指一方当事人乘对方处于危难之机，为牟取不正当利益，迫使对方作出不真实的意思表示，严重损害对方的利益。这是指乘人在危急之中，使其明知不利，而又不得不进行这种事与愿违的民事行为。比如，高利贷。

（四）恶意串通，损害国家、集体或者第三人利益的民事行为

当事人双方为了达到某种非法目的，损害国家、集体或者第三人的利益，恶意串通，而进行虚伪的法律行为。这种民事行为似乎有法律行为的形式，但是当事人并不想真正实行这种从形式到内容的民事法律关系。比如，甲为了逃债，假意把自己的财产赠送给乙。这种赠送行为是虚假的，应认为无效。又如，某港商与内地某厂订立来料加工合同，实际来料并未加工，而在市场上高价出售，以逃避当时应纳的税。

另外，当事人双方以合法形式掩盖非法目的。比如，甲送乙一大笔钱，名为赠送，实际是甲借乙的高利贷的利息。又如，一些私人企业假借集体企业、残疾人企业之名等，以达到偷税漏税的目的。

三、不违反法律或者社会公共利益

民事活动应当遵循自愿的原则，但是不得违反法律或者社会公共利益。公民或法人及其他组织进行任何民事行为，都必须遵守法律和社会公共利益，否则没有法律效力。比如，走私贩毒，非法买卖股票、外汇等。又如，采取行贿受贿手段或以权谋私，利用特权低价购进市场紧缺商品然后高价倒卖，使国家、集体及个人遭受损失的行为，都是没有法律效力，而且是要受法律制裁的。法律没有规定的民事活动，应当遵守国家政策。

民事法律行为不仅内容不得违反法律，形式也不得违反法律及行政法规。凡是法律规定必须采取某种形式的法律行为，必须遵照法律规定，否则无效。比如，买卖房屋，除了订立买卖合同外，还必须双方到房管部门办理过户登记手续。如果买卖双方只是订立买卖房屋的契约而双方并未去登记，则卖主变卦不卖，法律并不保护买主。

四、不得破坏国家对经济的宏观调控

社会主义市场经济仍需国家宏观调控，市场与计划作为调节手段必须正确结合。国家指令性计划是必须执行的,比如,国家指令要某企业必须卖给灾区企业一批货。不得破坏国家对经济的宏观调控,扰乱社会经济秩序。

公民和组织在从事民事活动时,应当遵守上述四个条件,否则所实施的民事行为无效。

附条件的民事行为,如果所附的条件是违背法律规定或者不可能发生的,则应认定该民事行为无效。

无法律效力的民事行为,无须任何人主张,当然不发生法律上的效力,所以任何人可以主张为无效,也可以对任何人主张无效。在诉讼时也不必等待当事人主张,人民法院应以职权认定它无效。

民事行为部分无效,不影响其他部分的效力的,其他部分仍然有效。比如,甲存在乙处1万元,乙未征得甲的同意把自己的2万元与甲的1万元都借贷给丙,则甲所有的1万元借贷无效,乙的2万元借贷有效,丙的损失由乙承担。

无效的民事行为,从行为开始起就没有法律约束力,也就是绝对无效。

民事法律行为从成立时起就具有法律约束力。行为人非依法律规定或者取得对方同意,不得擅自变更或者解除。这样有利于保障当事人的合法权益;有利于维护正常的生活、经济秩序;有利于吸引外资、发展对外贸易、技术交流。

第六节　可以变更或者撤销的民事行为

当事人的意思表示有瑕疵,不符合其真实意志的民事行为,是可以变更或者撤销的。这也是指违反了当事人自愿原则的民事行为。但是这种民事行为在没有被变更或撤销前,仍具有法律效力,只是这种法律效力处于不稳定的状态。当事人一方如果提出变更或撤销要求,该项民事行为便可变更或撤销。被撤销的民事行为则从行为开始起就无效。

下列民事行为,一方有权请求人民法院或仲裁机构依法予以变更或者撤销:

一、行为人对行为内容有重大误解的民事行为

重大误解的民事行为,是指行为人因对行为的性质、对方当事人、标的物的品种、质量、规格和数量等的错误认识,使行为后果与自己的意思相悖,并造成较大的损失。如果当时行为人没有误解就不会进行这种行为,而且误解要达到重大的程度。比如,甲误以为乙交给他使用的租赁物为乙卖给他的,这是对行为性质的误

解。又如甲以为某幅画是某名画家的真迹(出卖人也以为这样),但事实上是一幅临摹的作品,这是对标的物的误解。又如,某人误认甲为乙,把东西送给甲,这是对当事人的误解。

误解与欺诈的相同点,都是引起一方的错误认识;其不同点,一方的错误认识是欺诈者主观上故意引起,误解是由于误解人自己认识错误,而不是由于一方欺诈。但不是重大的误解的民事行为,是不能予以变更或者撤销的。比如,误以甲厂产品为乙厂产品而购买(甲厂的产品并没有假冒仿造)。

二、显失公平的民事行为

显失公平的民事行为,是指一方当事人利用自己的优势或者利用对方没有经验,致使双方的权利与义务明显违反公平、等价有偿的原则。

在有偿行为中,虽然有对价关系,但不能使对方显然有重大不利,这种不利是法律所不允许的。比如,有的出租车司机大大超过规定收费。

在法律许可的范围内,自愿接受不等价的条件,不能认为是显失公平。也不能把一般的不等价作为这种民事行为的构成条件。

对于重大误解或者显失公平的民事行为,当事人请求变更的,人民法院或仲裁机构应当予以变更;当事人请求撤销的,人民法院或仲裁机构可以酌情予以变更或者撤销。

对可以变更或者撤销的民事行为撤销与否,由有变更或者撤销权人的意思决定。它是一种单方的法律行为,如相对人确定,应向相对人为之。在未变更或者撤销前法律行为虽属有效,但有随时被变更或者撤销的可能,对相对人很不利,所以法律对于变更或者撤销权的行使,都规定有行使期间。如在规定的期间内不行使,则变更或撤销权就归于消灭,民事行为就完全有法律效力。具有撤销权的当事人自知道或应当知道撤销事由之日起一年内没有行使撤销权,当事人才请求变更或撤销的,人民法院不予保护,或“自债务人的行为发生之日起5年内没有行使撤销权的,该撤销权消灭”。这是指具有撤销权的当事人不知道,不是由于主观原因,而是由于客观原因不知道或不可能知道。比如,一些生产企业或销售商弄虚作假,欺骗消费者。利害关系人(受损害一方)有权请求法院或仲裁机构改变或撤销原民事行为。

可以撤销的民事行为,未撤销前仍有效,经撤销后才看作自始无效。它的效力虽不稳定,但和“效力未定行为”仍有不同。效力未定行为,如限制行为能力人未得法定代理人允许的民事行为,这种行为的效力根本不确定,既非无效,也不是有效,必须经法定代理人承认、拒绝承认或相对人的催告或撤回,才能确定它的效力。可以撤销的民事行为不过是它可以被撤销,在未被撤销前仍是有效,并不是处于效力不确定状态。所以,这种民事行为是属于相对无效。

国外许多国家法律规定,由于欺诈、胁迫、乘人之危等民事行为,不是无效的民事行为,而属于可以撤销的民事法律行为。我国合同法规定,一方以欺诈、胁迫的手段或者乘人之危,使对方在违背真实意思的情况下订立的合同,受损害方有权请求人民法院或者仲裁机构变更或撤销。但如损害国家利益的,这类合同无效。

第七节　无效或撤销的民事行为的财产后果

民事行为被宣布无效或撤销后,由此产生的一切财产后果,必须予以及时适当的处理。凡尚未履行的,不得履行;正在履行的,应立即终止履行。如果已经部分地或全部地履行,就必须采取一定的措施加以纠正,以保护当事人的合法权益和国家的利益。当事人应根据下列不同情况承担民事责任:

双方都无过错,比如,双方都没有行为能力、重大误解等,适用双方返还的原则,即双方都应当把按照该民事行为所得的一切财物退还给对方。

一方有过错,另一方无过错,比如,欺诈、胁迫、显失公平、重大误解等的情况下,适用单方返还的原则,即有过错的一方应当把非法或不该得的财物退还受损害的一方,并应赔偿对方所受的损失。

双方都有过错的,应当各自承担相应的责任。按照责任的主次、轻重来承担经济损失中与其责任相适应的份额。

双方恶意串通,实施民事行为损害国家、集体或者第三人利益的,应当追缴双方取得的财产,收归国家、集体所有或者返还第三人。双方取得的财产,应当包括双方当事人已经取得和约定取得的财产。比如,甲非法卖走私手表 100 块给乙,价款 10 万元,乙已给 5 万元,则除 100 块手表与 5 万元国家追缴没收外,还应追缴没收乙尚未给付的 5 万元。

第三章　物　权　法

第一节　物权的概念

物,是指具有经济价值并可为人们实际支配和利用的一切物质对象。

物权,是指国家、集体、自然人、法人和其他的组织依法享有支配特定物的权利。这里所称的物,主要是指不动产和动产。法律规定权利作为物权客体的,依照其规定。比如,著作权、专利权、商标权等。物权分为三种:所有权、用益物权和担保物权。

物权是生产资料所有制的法律形态,它的基础是生产资料所有制。所有制是一定社会经济关系的基本制度,是生产资料归谁占有,归谁支配的经济形式。所有制在人类社会一开始存在时便存在着,而且将永远存在下去。物权是一定历史时期人们之间物质资料占有关系在法律上的表现。

所有制和物权的关系,就是经济基础和上层建筑之间的关系,所有制形式归根到底决定着物权的性质和内容。物权制度又反过来确认和保护作为经济基础的所有制形式。中国古代的一些政治思想家,比如商鞅、管仲等都很重视物权,他们提出"百人逐一兔"的"定分止争"、"定分止乱"学说,也就是说要明确物权才能停止争端与纠纷,才能使社会秩序安定。

物权规定的,表面上看来是人对物的权利,实质上反映的是人对人的权利。作为商品,当它交换的时候,就不仅是商品生产者和商品的关系,而且是反映了生产者和消费者的关系,物权制度正是反映了这种商品交换关系的特点,所以,它实质上也是人与人之间的关系。

因此,物权是对物权与对人权的统一体,这两者是不可分割的。对物权是对人权的内容,没有对物权,也就没有对人权。比如,某物不归某人所有,某人也就没有向别人提出请求收回该物的权利;另一方面,对人权又是对物权的实质,权利始终是一种法律关系,人对物的权利必然表现为人和人之间的法律关系。

因此,物权有以下两个特征:

第一,物权具有绝对性。这就是所有人对物的占有和支配权(包括使用和处分),这种权利是决定物的命运的权利。只有所有人才具有这种权利,所有人是唯一有权决定物的命运的人。因此,它是绝对权(是指在法律规定的合法范围之内)。

第二,物权具有排他性。 这就是说,某人对某物具有所有权,同时也就排除了其他人对该物也有所有权。除法律规定的限制外,任何人不得加以干涉和妨碍。因此,它又是一种独占权。

总之,物权作为所有者的权利,就是所有者在法律规定的范围内独立自主地(按照自己的意愿)、不受任何第三者妨害地占有、使用、收益及处分自己财产的权利。

国家、集体、私人的物权和其他权利人的物权受法律保护,任何单位和个人不得侵犯。

因此,各国物权法的调整对象是物权的归属关系以及对物的利用而发生的财产关系。制定物权法,对明确产权关系,充分发挥物的效用,维护社会经济秩序,促进经济发展,具有重要意义。

第二节　物权的发生和消灭

物权是一种民事法律关系,它是通过一定的法律事实而发生和消灭的。

一、物权的发生

物权的发生方法,可分为两大类:

(一) 原始取得

凡所有人取得物的所有权是最初的,不是从原所有人那里转移来的,或者说不是以原所有人的所有权为根据的,就称原始取得。其中包括:

1. 生产。这是指通过自己的劳动对自然界的占有、利用和改造,创造出新的物质财富。

2. 收益。这是指由生息物产生出来的孳息。孳息分为自然孳息,比如野生果树所生果实、野马所生幼崽;人工孳息,比如耕种土地收获粮食;法定孳息,比如利息、租金。

3. 没收。这是指剥夺所有权。任何剥夺都是不承认被剥夺者原来的权益。比如,对个人或单位进行违法活动的财产予以没收,物权法只是保护合法的所得。

4. 无主财产。这是指权利人不明或没有权利人的财产,其中包括无人继承的遗产、权利人不明的隐藏物、埋藏物以及无人认领的拾得遗失物。在我国,这些财产依照法律规定均应归国家所有。

（二）继受取得

这是指新的权利人对财产取得所有权，是根据法律规定从原权利人那里取得财产的一种方法，又叫传来取得。比如买卖、赠与、继承等。这种取得物权的方法是人们常见的、大量的。

在继受取得方法中，物权的转移是通过交付的方式表现出来的。所谓交付，就是出让人将物交与受让人，即转移物的占有。

无论是原始取得或继受取得物权，都不得违反法律规定。除法律另有规定外，自交付时发生效力；不动产所有权的设立、变更、转让和消灭，应当到不动产所在地的登记机关登记，从记载于不动产登记簿时发生效力。未经登记不发生物权效力，但法律另有规定的除外。

物权合法转移后，一方翻悔的，不予支持。物权尚未按原协议转移，一方翻悔并无正当理由，协议又能够履行的，应当继续履行；如果协议不能履行，翻悔方应当承担赔偿损失等违约责任。

二、物权的消灭

物权的消灭，也就是通过一定的法律事实，使权利人的物权不再继续存在。财产所有权消灭的方法有以下五种：

（一）物权客体的消灭

物权的客体一般是物，如物在自然状态上已不存在，毁灭或消耗，因此物权也就消灭了。物的消灭有的是根据所有人的意愿，有的不是根据所有人的意愿。所有物本身消灭也叫绝对消灭。

（二）物权的转让

权利人自愿把所有物转让给他人，自己的物权即归消灭。转让对于受让人来说，是继受取得了物权，而对于转让人来说，则是消灭了物权。

（三）物权的抛弃

权利人将所有物抛弃，原所有权即消灭，该物成为无主财产。另外，依法享有所有权的人不愿取得，而予以放弃。比如，放弃应继承的遗产。

（四）因国家行政命令或法院的判决

这是指国家行政机关或司法机关按照法律、行政法规强制权利人转移物权。这种强制转移物权可以是无偿的。比如，作为法律惩处方法的没收；也可以是有偿的，比如，国家依法征购、征用集体所有或个人使用的土地。

(五) 物权主体的消灭

这是指公民的死亡、法人的终止及其他组织的解散。公民死亡后,他的物权就消灭,财产转移给继承人所有。法人终止及其他组织解散后,经过清算,它对原来财产的物权也归消灭。

上述(二)、(三)、(四)、(五)种情况,由于原物权虽已消灭,但产生了新的物权,物权本身仍存在,只是更换了权利人,所以称为物权的相对消灭。

第三节 所 有 权

一、所有权法律关系的主体

所有权,是指所有权人对自己的财产(动产或者不动产),在法律规定的范围内,享有占有、使用、收益和处分的权能。权能是指权利人在实现权利时所能实施的行为,也就是权利的作用。

所有权法律关系的权利主体是特定的,一般称为所有权人。它的义务主体是不特定的,除了所有权人以外的任何人,都是所有权法律关系的义务主体。所以,所有权具有对世权,即绝对权。国家、集体和私人所有权受法律保护,禁止任何单位和个人用任何手段侵占或破坏国家、集体和私人的财产,保障一切市场主体的平等法律地位和发展权利。

权利主体是特定的,是指已经可以具体肯定、特定化了的,可以是单个权利主体,也可以是两个或两个以上的权利主体。

同一项财产由两个或两个以上的权利主体所有,叫做共有。因共有财产而产生的共有人之间的权利义务关系是共有财产关系。比如,3 个农民各出一定金额共同购买 1 辆汽车,两个单位合伙经营某个企业等。

共有与公有是有区别的。公有是公共所有,公有财产是作为一个权利主体出现,其财产是不能分割的。在我国,社会主义公有制财产包括国有财产和集体财产。国有财产是全民公有,劳动群众集体组织的财产是集体成员公有。但是,国有财产的权利主体只能是代表全体人民利益的国家,集体财产的权利主体只能是代表该集体全体成员的组织。任何个人都不能作为公有财产的权利主体,即不享有所有权。

共有财产的权利主体就不是一个,而是两个或两个以上的共有人(包括国家、集体、公民、法人、其他组织及他们相互间)。共有人对同一项财产按照约定或者法律规定享有所有权。在权利义务方面,共有人之间对占有、使用、收益和处分该项财产的权利义务关系是平等的，共有财产所有权的行使一般不得以某一个共有人的意志或利益来独断。

共有关系可分为“按份共有”与“共同共有”两种：

（一）按份共有

按份共有，是指共有人分别按照各自所有的份额，对共有财产分享权利、分担义务。份额是指共有人对共有物全体所享有的比例。这就是指共有财产按照法律或共有人之间的合同确定的份额，属于几个所有人所有；在份额不明确的场合，则推定各共有人持均等份额。各共有人仅对共有财产中属于自己的份额享有所有权。这是指数人按其应有的份额对一物共同享有所有权。

按份共有的产生，在我国，比如国有企业之间、国有企业与集体企业之间、集体企业之间，因共同出资建立企业集团或兴建某项工程而形成共有关系。比如，甲、乙、丙3个农场共同出资修建一条水渠。甲出资60%，乙、丙各出资20%。这条水渠就成为甲、乙、丙3个农场按份共有财产。在这种共有关系中，共有人对于共有财产所分享的权利和分担的义务，原则上是按出资比例大小分摊，甲农场享有60%的用水权，同时承担相应的维修费用；乙、丙两农场的权利与义务也是按比例计算。又如，几个企业按比例投资共同组成一个经济联合体或者成立股份有限公司也属按份共有。在公民之间，几个公民可以因共同购买不可分物而产生共有关系，如共同购买一所房子；也可以因继承而发生共有关系。

按份共有对于共有财产所分享的权利和应分担的义务，有法律规定的，按照法律的规定办；没有法律规定的，按照共有人议定的合同规定办。原则上按出资比例的多少分担开支和分享权益，而不是把共有财产分割成若干份。

按份共有财产的每个共有人，对于自己的份额，有权要求分出、转让或按继承顺序转移。

按份共有人在出卖自己财产的份额时，其他共有人在同等条件下有优先购买的权利。如果其他共有人放弃优先购买权，或者不按约定的条件购买，则出卖自己份额的按份共有人有权将自己的份额出卖给任何人。

按份共有人使用和处分共有财产的时候，有协议的，按照协议办理；没有协议的，应当通过协商取得一致意见。意见不一致时，按照拥有半数以上财产份额的共有人的意见办理，但不得损害其他共有人的利益。如果其他共有人认为所作的决定侵犯其利益时，可请求人民法院处理。

按份共有关系如因全体共有人协议而终止，分割共有财产可有以下三种情况：

1. 共有财产是可以分割的（分割后不损害其经济价值），可按各共有人的份额进行分割；

2. 各共有人都不愿取得共有物，可把共有物作价出卖，各按份额领取其应得的价金；

3. 共有人中有一人或数人愿取得共有物，可把共有物作价，按份额补偿给其他共有人，从而取得该共有物的全部所有权。

(二) 共同共有

共同共有，是指两个或两个以上的民事主体对于全部某项共有财产，不分份额地共同享有权利和承担义务。这就是说，各个共有人对于全部共有财产享有平等的所有权。只要这种共有关系存在，各共有人就不能划分共有财产中哪些是属于自己的份额；只有在共有关系消灭，进行分割时，才能协议确定每个共有人应得的份额。因此，共同共有是指同一项财产有几个所有权主体。

对于共同共有财产的使用、处分或者分割，除法律另有规定或者共同共有人另有约定的以外，必须取得全体共有人的同意。

在共同共有关系存续期间，部分共有人擅自处分共有财产的，一般认定无效。但第三人善意、有偿取得该财产的，应当维护第三人的合法权益，对其他共有人的损失，由擅自处分共有财产的人赔偿。

共同共有是以一定共同生活和共同劳动关系的存在为前提的。比如，家庭积累、购置、受赠的财产；家庭成员交给家庭的财产和共同生活期间共同劳动的收入，是家庭共有财产。按我国《婚姻法》规定，夫妻在婚姻关系存续期间所得的财产归夫妻共同共有，双方另有约定的除外。家庭共有财产不包括家庭成员各自所有的财产。遗产分割前，继承人有数人时，各继承人对于遗产全部为共同共有。

另外，合伙财产也是共同共有。这是指合伙人投入的财产和合伙经营积累的财产。合伙财产由全体合伙人共同管理和使用。在合伙存续期间出资人不得私自转移或处分，也不得请求分割，只有在清算时才进行分割。合伙人对合伙的债务承担无限连带责任。

在共同共有关系终止时，对共有财产的分割，有协议的，按协议处理；没有协议的，应当根据等分原则处理，并且考虑共有人对共有财产的贡献大小，适当照顾共有人生产、生活的实际需要等情况。但分割夫妻共有财产，则应当根据婚姻法的有关规定处理。

家庭成员在分家析产时，应当本着团结和睦、互助互让的精神协商处理；意见不一致时，由有关单位或者人民法院根据共有人对家庭贡献大小、经济状况、每个人的生产和生活需要，确定各自应得的财产份额；对于幼儿、老、弱、病、残者应当给予优先照顾。对共同共有财产，共有人不仅有同等享受的权利，而且还必须同等地承担义务，对外应就共有财产负连带责任。

共有人约定不得分割共有的财产（包括按份共有与共同共有）以维持共有关系的，应当按照约定，但共有人有重大理由需要分割的，可以请求分割。因分割对其他共有人造成损害的，应当给予补偿。

共有人对共有财产进行分割时，对不能分割或是分割后会降低或者损害使用价值的财产，应当作价分割。即一人得原物，其他人得价金。

共有人对于共有财产（不动产或者动产）没有约定为按份共有或共同共有，或者约定不明确的，除共有人具有家庭关系等以外，视为按份共有。

按份共有人对共有财产（不动产或者动产）享有的份额没有约定或者约定不明确的，按照其出资额确定；不能确定出资额的，视为等额享有。

处分共有的财产以及对共有财产作重大修缮的，应当经占份额 2/3 以上的按份共有人或者全体共同共有人同意，但共有人之间另有约定的除外。

共有人（包括按份共有与共同共有）按照约定管理共同的不动产或者动产；没有约定或者约定不明确的，各共有人都有管理的权利和义务。

二、所有权法律关系的内容

所有权法律关系的内容指的是财产所有人享有的权利和义务人所负担的义务。

义务人所负担的义务是不作为的义务，即义务人应该尊重他人的所有权，不得侵犯。如果义务人违反这种义务，非法侵害他人的所有权，所有权人可以请求人民法院依法保护。

所有权人享有的权利，就是对他的财产依法享有占有、使用、收益和处分的权能。这四种权能是所有权的表现形式。

（一）占有

占有就是所有权人对不动产或动产的事实上的控制，也就是所有权人对财产在事实上的管领或控制。它是行使所有权的基础。占有可分为所有权人的占有和非所有权人的占有：

1. 所有权人的占有，就是所有权人在实际上控制属于自己所有的财产。比如，某人把买来的电视机放在卧室内；某厂把引进的设备放在车间里。

2. 非所有权人的占有，就是占有可以同所有权分离，而属于非所有权人。也就是非所有权人也可以占有所有权人的财产，但这种占有是派生的，是服从于他人的所有权的。因此,非所有权人的占有并不能消灭所有权人的权利。

非所有权人占有可分为合法占有与非法占有。合法占有,即占有人根据法律或所有权人的意思而占有他人的财产。比如,一个公司把一部分财产托管,由另一个公司占有该财产;按仓储、运输合同,所有权人将财产交给仓库、运输部门。非法占有,即占有人没有法律根据而占有他人的财产。这种占有是违背所有权人的意志的。在非法占有中又可分为善意的和恶意的。当占有人不知或无需知道他的占有是非法的,叫做善意占有。比如,错提了别单位的一批货,或一个出版社错发了多于10倍某书店所订的书。当占有人知道或者应当知道他的占有是非法的,就叫做恶意占有。比如,偷盗物品或把公物占为己有。这种区分,主要是所产生的法律后果与责任不同。比如,非法占有他人财产,应该物归原主,还应承担法律责任。善意占有人应受法律保护。

基于合同关系等产生的占有,有关不动产或者动产的使用、收益、违约责任等,按照合同约定;合同没有约定或者约定不明确的,依照有关法律规定。

占有人因使用占有的不动产或者动产,致使不动产或者动产受到损害的,恶意占有人应当承担赔偿责任。

占有的不动产或者动产被侵占的,占有人有权请求返还原物;对妨害占有的行为,占有人有权请求排除妨害或者消除危险;因侵占或者妨害造成损害的,占有人有权请求损害赔偿。占有人返还原物的请求权,自侵占发生之日起1年内未行使的,该请求权消灭。

(二) 使用

使用就是不改变物(财产)的本质而对物的利用。

一般来说,使用是所有权人对物的运用,从而发挥物的使用价值。比如,使用机器生产产品,利用土地生产农产品。但有时也可以是非所有权人的使用。非所有权人的使用可分为合法使用与非法使用。前者是依据法律或约定使用他人财产。比如,甲把自己的房屋租给乙使用;又如,国内某航空公司租赁国外某公司的三架波音747飞机。非法使用是指未经所有权人同意而使用他人的财产。比如,违反国家规定挪用公款或不经所有权人同意搬入他人住宅,则应承担民事、刑事法律责任。

(三) 收益

收益是基于占有、使用财产而取得的经济效益。比如,在土地上种粮食和果树,取得收益。收益包括人工孳息和法定孳息。一般情况下,收益应归于所有权人,但根据法律或协议,部分收益也可归非所有权人的使用人。比如,甲租赁乙所有的房屋开商店经营所得，除交乙租金外，其余归己。收益是拥有物的目的之一。

（四）处分

处分就是所有权人在法律许可的范围内根据自己的意志，处置财产的权利。处分是所有权人最基本的权利，也是财产所有权的核心。处分可分为事实处分和法律处分。事实处分就是财产在自然状况中被消耗，也是所有权人对财产的消费；法律处分就是依照所有权人的意志，通过法律行为对财产进行处置，比如出卖、赠与。由于消费、出卖、赠与而丧失财产所有权，都是处分权的具体表现，所以，处分权一般只归所有权人行使，但在某种情况下，也可以由非所有权人行使。比如，法院依民事执行程序拍卖债务人的财产；铁路管理局处理逾期无人领取的货物；股份有限公司的股东出资后，对其出资的财产失去处分权而保留收益权。企业法人拥有全部法人财产权，出资人一般不直接参与企业的具体经营活动，不直接支配法人财产。

财产所有权包括占有、使用、收益和处分四项权利，但有时这四项权利中的一项、两项甚至三项、四项暂时与所有权人分离，所有权人仍然享有所有权。比如，房主将房屋出租给承租人，在租赁期内，该房屋的占有权和使用权就归于承租人。又如货物运送，托运人未交运费，运送人将货物留置期间，所有权人暂时丧失了占有、使用、收益和处分的权能，但并未丧失货物的所有权。其他如受托人经营管理他人财产，但所有权仍在他人手里。监护人管理被监护人的财产，但不是该财产的所有权人。

企业法人拥有全部法人财产权，企业对全部法人财产，有权占有、使用、收益和依法处分。企业以全部法人财产独立享有民事权利，承担民事责任。国有资产的出资者及其他出资者，均按持股比例依法享有股东权益。出资者一般不直接参与企业的具体经营活动，不直接支配法人财产，对其拥有的产权可以依法转让。

法律在赋予所有权人权利的同时，也规定了他的义务。所有权人行使占有、使用、收益和处分的权利不能违背法律。比如，行使财产所有权不得妨碍社会公共利益和其他公民的利益。任何人不得利用个人、集体或国家的财产进行投机诈骗、走私贩私或者从事其他破坏社会经济秩序、违背社会道德准则的活动。又如，公民和集体依法对集体所有的或者国家所有由集体使用的森林、土地、山岭、草原、荒地、滩涂、水面等有承包经营的权利和义务，并按承包合同的规定处理；承包人未经发包人同意擅自转包或者转让的无效。

三、所有权法律关系的客体

所有权法律关系的客体一般是指物。因此,许多国家的法律把所有权也叫做物权。物权是指对物直接管理,并排除他人干涉的权利。凡能构成为财产的一部分并可占为己有的财富即为物。但所有权的客体除了物以外,还包括其他财产权利,如知识产权(专利权、商标权、著作权)等。

作为所有权客体的物,可以是人们劳动的产品,也可以是自然界的东西;可以是国家允许在主体之间自由流通的物,也可以是受到法令不同程度限制流通,甚至禁止流通的物。绝大多数民事法律关系涉及物,比如所有权、使用权、经营权、承包权、抵押权、继承权以及买卖、供应、借贷、租赁、承揽、运输、保管合同等。民事法律关系所涉及的物,都是从法律意义上来研究它的。

物主要可分为以下几类,并用法律分别调整:

(一)不限制流通的物与限制流通的物

不限制流通的物,是指国家允许在主体之间依民事程序自由流通的物。限制流通的物,即在流通中受到法令不同程度限制的物,比如,许多国家法律规定,军用武器、烈性麻醉剂、毒品等禁止自由买卖。

(二)种类物与特定物

种类物,是指性质、种类相同,即具有共同的物理属性和经济意义的物。它是可以用品种、牌号、件数、长短、容积、重量等来确定的物。这种物是可以用同种类的物代替的,比如大米、布匹、水泥、钢材、石油等。特定物是指具有特有的质地、特征,不能互相代替的物,比如一幅名画、一件古玩。

一切同种类的物中,经特别选定出来的物,也就成为特定物。如购买人从同种类、同规格的衣服中选出一件,则该件衣服就是特定物了。种类物与特定物区分的法律意义在于:如果以特定物为标的的债,如该物于债务人履行债务之前灭失时,债务人只负赔偿的责任,而免除交付标的物的责任,因为交付原物在事实上已不可能。如以种类物为标的时,则债务人不能免除交付标的物的责任。此外,将金钱、粮食等种类物借给他人使用,无权要求借用人到期归还原借的货币和粮食,只能要求归还与出借时同数量的货币或同数量、质量的粮食。如租用他人的特定物使用,到期只能返还原物,而不应是其他物。

(三)可分物与不可分物

可分物,是指经分割后并不损害经济用途的。比如,一段木料能分割为几块木板；一桶油能分成若干份额；等等。不可分物，是指经分割后即失去其原来的经济用途或显然降低其经济价值的，比如一部机器、一匹马、一件衣服等等。物的这种分类的法律意义在于：如当事人要求分割的财产为不可分物，则当事人间应以补偿的方法进行；如要求所分割的财产为可分物时，才准许以分割实物的方式进行。

（四）不动产与动产

不动产是指不能移动或移动就会损失经济价值的物。比如，土地以及建筑物等土地附着物。不动产物权的设立、变更、转让和消灭，应当依照法律规定登记，未经登记，不发生物权效力，但法律另有规定的除外。为了防止有的卖房人一房二卖，我国物权法规定，通过预告登记这一制度来保护房屋买受人的利益，即第一个买主在签订买卖房屋的合同后，可以到物权登记机关申请预告登记。如果卖方进行第二次处分没有经预告登记的第一个买主同意，则不发生物权效力，第二个买主不能取得房屋的所有权。但第一个买主必须在能够进行正式的房屋登记之日起 3 个月内申请正式登记，否则预告登记失效。动产是指不动产以外的物，比如电视机、冰箱等以及能够为人力所控制的电、气、光波、磁波等物。动产物权的设立和转让，应当依照法律规定交付，自交付时发生效力。如果法律另有规定，则按规定交付。比如，飞行器和机动车等物权的设立、变更、转让和消灭，未经登记不发生物权效力。

（五）主物与从物

主物，是指与其他物合并使用时起主要作用的物。从物则是与其他物合并使用时起从属作用的物。比如，机器和附带的检修设备；数码相机与充电器；保险箱与钥匙；等等。其中前者为主物，后者为从物。物的这种分类的法律意义在于：如果法律和合同没有相反的规定时，在主物转让时应认为从物随同主物一起转让。

（六）原物与孳息物

原物，是指能够产生收益的物。孳息物是由原物产生的收益。法定孳息归谁由特定的法律关系所决定，比如，利息归存款人，租金归出租人。人工孳息、自然孳息，则原物归谁，孳息也归谁。比如，甲种植的水稻，归甲收获；在乙土地上的野生果树的果实，归乙所有。

所有权法律关系的客体，除了以上所说的物以外，还有货币和有价证券。

（一）货币

货币是一般等价物。它所表现的价值是通过货币票面所载明的数额来计算的。2 张 10 元的货币，和 4 张 5 元的货币，其表现的价值是相等的。因此，货币是属于种类物。除非把货币作为收藏、研究的对象，它才是特定物。从货币作为价值尺度、流通手段、贮藏手段、支付手段与世界货币的职能来看,它是人们进行经济联系的工具。在民事法律关系中,比如买卖、承揽、租赁、保管、运输、保险等合同中,货币作为法定的偿付手段。此外,如侵权损害赔偿、互易物在不等价时的补偿、分割不可分物补偿等,一般都应以支付货币进行。因此,货币的这些作用使它具有与一般种类物不同的特点。

(二) 有价证券

有价证券本身不是物,但它有价值。这是因为它是设定或证明某种财产权的文书。它不仅能实现券面所载明的财产数额,而且能为持有者带来一定的收入,比如,股票持有者可以凭它向发行股票的公司获得一定的股息和红利;又如,提货单是运输业务中提取货物的凭证,凭提单能向承运人提取货物。有价证券是表示一定财产权的凭证,在这个意义上讲,有价证券也是一种物。

有价证券券面所表示的权利与证券本身有不可分离的关系。比如,持10万元的汇票可以到指定的银行交票取款。汇票、支票、本票、股票、债券、提单等都是有价证券。持券人将有价证券交给负有义务的人的时候,才能取得证券所载明的财产数额。

有价证券和债权证明书不同,后者比如借据。债权人可凭借据向债务人索还借据上所载明的钱数,如果债权人把借据灭失,在保证不发生二次向债务人索要债款的情况下,可以用其他办法弥补。比如,开具收据等,债务人仍应付款。如果有价证券灭失,就不能弥补。比如,汇票、支票、本票被遗失,就取不出款。但票据权利人可提出止付的通知,并同时提供担保,请求票据金额的支付。

有价证券主要分为记名的和不记名的两种:

1. 记名的有价证券。即在有价证券上记有权利享受者的姓名。比如,提单上有收货人的姓名;记名的支票、股票、汇票等,这种有价证券只有被记名的人才是享有该项权利的人。在转让时必须采取过户或背书的方式。

2. 不记名的有价证券。即在证券中未指明谁是享有该项权利的人。对不记名的有价证券,如债券,其义务人只对证券持有人负履行义务,也就是说,凡提示这种不记名证券的人就享有载于证券的权利。

第四节　保护所有权的方法

为了加强对物权的保护,维护权利人的合法效益,凡妨害所有权人对其所有财产合法占有、使用、收益和处分,都是对所有权的侵犯,所有权人有权依法请求保护。保护所有权，可以有多种法律手段。比如，刑法通过刑罚的方法，制裁犯罪分子，保护国家、集体和私人的合法财产不受侵犯。民法则是由所有权人通过和解、调解、仲裁、诉讼等途径请求保护。根据所有权所受侵犯的不同情况，通过民事诉讼保护所有权主要有以下六种：

一、确认所有权

当所有权的归属发生争执，所有权人的财产受到威胁时，所有权人有权向法院提出请求确认他的所有权。当一个财产案件需要同时采取其他方法加以保护时，只有在先明确了所有权的前提下，才能采取其他方法。比如，甲的一部分财产托乙保管，乙死后，他的继承人对这部分财产当作遗产继承。后来甲向乙的继承人请求返还原来托乙保管的财产，乙的继承人认为该项财产是属于乙的，乙死后他已因继承而取得所有权，甲的请求是无理由的。对这种案件，法院首先要经过调查搜集证据确认所有权属谁，然后再采取其他保护所有权的方法。

二、返还财产

所有权人的财产被他人非法占有时，所有权人有权请求法院强制非法占有人返还原物。在运用这种保护方法时需注意以下几点：

第一，原物必须存在。这是指返还财产的标的物为特定物。如果原物已经灭失，事实上已不可能返还原物，只能采用赔偿损失的方法来代替。如是种类物，则原物不一定存在，而用同种类的物予以返还。

第二，所有权人只能向无权占有人请求返还财产（原物），而不能向有法律根据的合法占有人要求返还。比如，在房屋租赁合同有效期间，出租人在合同终止前不能请求返还房屋。不动产或者动产被占有人占有的，权利人可以请求返还原物及其孳息，但应当支付善意占有人因维护该不动产或者动产而支出的必要费用。

第三，应该遵守诉讼时效的规定。当所有权受到侵害，财产被他人非法占有时，所有权人必须在法定的时间内提出请求，才能得到法律保护。如果超过诉讼时效期限，法院不再强制实现这种请求。

第四，当财产已由原来的占有人转移到第三人手里，所有权人是否可以向第三人请求返还。这种情况比较复杂，需根据不同的具体情形，区别处理：

1. 原物由于所有权人的意思，而由别人占有，占有人非法转让，第三人在取得原物时没有过错,即受让人受让该不动产或者动产是善意的,转让的不动产或者动产依照法律规定应当登记的已经登记,不需要登记的已经交付给受让人,所有权人无权向第三人请求返还原物。比如,甲的一辆汽车托乙保管,乙私自将它出卖给丙。丙在买受时认为汽车是乙的财产支付了合理的代价并已过户登记。在这种情况下,甲只能向乙请求赔偿损失,不能请求丙返还原物。这是因为所有权人甲自己有过错,不该委托乙。但如果丙明知乙无权出卖汽车而购买(恶意占有),则甲可向丙请求返还原物。这是为了保护所有人的所有权财产交易动态安全。

2. 原物被别人非法占有,比如,原物被偷盗或丢失,非法占有人又将此物转让给善意第三人,即第三人没有过错,不知非法占有人是非法占有,并支付过适当代价时,所有权人无权请求善意第三人返还原物,只能向非法占有人请求赔偿。除非是独一无二的特定物,所有权人才可请求第三人返还,但必须支付善意第三人所付出的代价。这是根据《民法通则》的基本原则(公平、等价、有偿等),保护所有权人与善意第三人的利益。

第三人无偿地从非法占有人手里取得原物,则不论他取得时有无过错,所有权人都可请求其返还。

第五,不法占有人在返还财产时,还应同时返还已得或应得的财产收益。比如,非法占有他人房屋而又出租,则不仅返还房屋,还应返还租金。

另外,拾得遗失物,应当返还权利人。拾得人应当及时通知所有权人领取,或者送交公安等有关部门。有关部门收到遗失物,知道权利人的,应当及时通知其领取;不知道的,应当及时发布招领公告。

遗失物自发布招领公告之日起 6 个月内无人认领的,归国家所有。拾得人在遗失物送交有关部门前,有关部门在遗失物被领取前,应当妥善保管遗失物。因故意或者重大过失致使遗失物毁损、灭失的,应当承担民事责任。权利人领取遗失物时,应当向拾得人或者有关部门支付保管遗失物等所支出的必要费用。

三、恢复原状

财产被非法损坏时,所有人有权要求加害人给予恢复原状,其中包括修理、重作及更换。如果双方各有一定责任,应根据情况,由双方按比例共同负担修复的费用。如无法修复的,则赔偿损失。比如,承租人未经出租人同意在房屋内增添附加物,出租人有权要求拆除,以恢复房屋的原状。

四、排除妨害

所有权人对其财产使用时受到他人的不法妨害或者可能受到妨害的，所有权人有权请求排除妨害或者消除危险。比如，有人在所有权人的走道上堆放物品，妨碍通行，或在所有权人的建筑物的墙根下挖坑排水，影响建筑物的寿命等，所有权人都有权要求排除妨害，停止侵害。请求排除妨害，不仅在妨害已经存在的情况下可以请求，即使在确有妨害所有权人行使权利的危险存在时，也可请求消除危险。因环境污染而造成的妨害，也可以要求排除。比如，工矿企业排除废水或有毒物污染水井、农田、鱼塘等，所有权人都有权要求排除妨害。

被排除的妨害必须具有非法性，如果所有权人负有忍受义务，则没有排除妨害请求权。比如，经有关部门批准建造某福利机构，在合理的时间内影响附近居民的所有权。

五、赔偿损害

当原物灭失或者损坏不能恢复原状时，或者虽已恢复原状，返还原物，但仍造成损害，所有权人有权要求加害人赔偿损害的，占有人应当将因毁损、灭失取得的保险金、赔偿金或者补偿金等返还给权利人；权利人的损害未得到足够补偿的，恶意占有人还应当赔偿损失。

六、返还不当得利

不当得利，是指取得利益没有法律上的根据，而使财产所有人遭受损失。所有权人可以请求受益人返还不应当受领的利益。不当得利不等于盗窃。盗窃行为是指以非法占有为目的，采取秘密窃取的手段，占有公私财物的行为。而不当得利则不是由于受益人针对受害人而为的违法行为，它是由于受害人或第三人的疏忽、过错造成的。

不当得利成立的要件是：1. 有财产上的受益；2. 致他人遭受损失；3. 无法律上的原因。

不当得利人的受益没有法律上的原因，有以下两种情况：

第一，自始无法律上的原因。受益出于第三人的行为，比如，甲用乙的饲料喂养丙的马,则丙的受益是由于甲(第三人)的行为,而不是由于受损人乙的意思;受益由于受损人的误解,非出于其本意,比如,甲误以乙的牛为自己的牛而予以喂养;某汽车司机为他人运送货物后,发现装货人因疏忽多装了一箱,该司机把这箱货物拉回家后出售给他人;受益由于行为以外的事实,比如,甲池内的鱼自动游入相邻的乙池内。

第二,取得利益时虽有法律上的根据,但这种根据事后消灭。比如,履行买卖合同时已先付价款,但后来该合同无效或被撤销,则原先的给付就无法律上的原因,应予返还。如不返还即属于不当得利。

不当得利必须因自己受利益,以致他人受损失,如自己虽受利益,但他人未受损失,则不发生不当得利的问题。比如,甲乙两农场土地毗连,甲农场造林防风,乙农场虽也受利益,但甲农场并未受损害,不能说乙农场不当得利。

除以上六种保护所有权的方法外,请求停止侵害也是物权保护的一种请求权;还有,赔礼道歉也是承担民事责任的一种方式,这是将道德规范法律化。

以上保护所有权的方法,在处理具体问题时,可以根据具体情况,同时运用几种保护方法,保护所有权人的权利。比如,甲非法占有乙的房屋,对其中一部分又不法出租,取得租金,并对自己占有的房屋使用不当以致损坏,则乙可以运用确认所有权、返还财产、赔偿损失等方法保护房屋所有权。物权保护方式既可以单独适用,也可以根据权利被侵害的情形合并适用。

侵害物权,除承担民事责任外,违反行政管理规定的,依法承担行政责任;构成犯罪的,依法追究刑事责任。

第五节　国家、集体和私人所有权

一、国家所有权

城市的土地,属于国家所有。法律规定属于国家所有的农村和城市郊区的土地,属于国家所有。

矿藏、水流、海域、森林、山岭、草原、荒地、滩涂等自然资源,属于国家所有。但法律规定属于集体所有的除外。

属于国家所有的还有下列项目:法律规定属于国家所有的野生动植物资源;无线电频谱资源;法律规定属于国家所有的文物;国防资产;依照法律规定属于国家所有的铁路、公路、电力设施、电信设施和油气管道资源等基础设施。

国家机关对其直接支配的不动产或者动产，享有占有、使用以及依照法律和国务院的有关规定处分的权利。

国家举办的事业单位对其直接支配的不动产或者动产，享有占有、使用以及依照法律和国务院的有关规定收益、处分的权利。

国家出资的企业，由国务院、地方人民政府依照法律、行政法规规定分别代表国家履行出资人职责，享有出资人权益。

国家所有的财产受法律保护，禁止任何单位和个人侵占、哄抢、私分、截留、破坏。

违反国家规定，以无偿或者以低价折股、低价出售等手段造成国有财产损失的，应当依法承担相应的法律责任。

二、集体所有权

集体所有的不动产和动产包括：

1. 法律规定属于集体所有的土地和森林、山岭、草原、荒地、滩涂；
2. 集体所有的建筑物、生产设施、农田水利设施；
3. 集体所有的教育、科学、文化、卫生、体育等设施；
4. 集体所有的其他不动产和动产。

农民集体所有的不动产和动产，属于本集体的成员集体所有。

农民集体所有和国家所有由农民集体使用的耕地、林地、草地以及其他用于农业的土地，依法实行土地承包经营制度。下列事项应当依照法定程序经本集体成员决定：

1. 土地承包方案以及将土地发包给本集体以外的单位或者个人承包；
2. 个别土地承包经营权人之间承包地的调整；
3. 土地补偿费等费用的使用、分配办法；
4. 集体出资的企业的所有权变动等事项；
5. 法律规定的其他事项。

对于集体所有的土地和森林、山岭、草原、荒地、滩涂等，依照法律、法规行使所有权。

城镇集体所有的不动产和动产，依照法律、行政法规的规定，由本集体享有占有、使用、收益和处分的权利。

集体经济组织、村民委员会或者其负责人作出的决定侵害集体成员合法权益的，受侵害的该集体成员可以请求人民法院予以撤销。

村民会议通过的决定侵害集体成员合法权益的,该集体成员可以请求人民法院予以撤销。

集体经济组织或者村民委员会、村民小组应当依照法律、行政法规、章程、村规民约向本集体的成员公布集体财产的状况。

集体所有的财产受法律保护,禁止任何单位和个人侵占、哄抢、私分、破坏。

三、私人所有权

私人对其合法的收入、房屋、生活用品、生产工具、原材料等不动产和动产享有所有权。私人合法的储蓄、投资及其收益,受法律保护。国家依照法律规定保护私人的继承权及其他合法权益。

私人的合法财产受法律保护;禁止任何单位和个人侵占、哄抢、破坏。

四、法人财产权

企业法人对其不动产和动产依照法律、行政法规以及章程享有占有、使用、收益和处分的权利。企业法人以外的法人,对其不动产和动产的权利,适用有关法律、行政法规及章程的规定。

社会团体(可以是法人,也可以不是法人)依法所有的不动产和动产,受法律保护。

第六节　业主的建筑物区分所有权

一、业主专有部分的专有权、共有部分的共有权和管理权

业主对建筑物内的住宅、经营性用房等专有部分享有所有权,有权对专有部分占有、使用、收益与处分。但业主行使权利不得危及建筑物安全,不得损害其他业主的合法权益。

业主对建筑区划内除专有部分以外的共同部分,比如电梯、过道、楼梯、水箱、外墙面、屋顶、水电气的主管线等,享有共有的权利。我国物权法规定:建筑区划内的道路,属于业主共有,但属于城镇公共道路的除外。建筑区内的绿地,属于业主共有,但属于城镇公共绿地或者明示属于个人的除外。建筑区内的其他公共场所、公用设施和物业服务用房,属于业主共有。占用业主共有的道路或者其他场地用

于停放汽车的车位，属于业主共有。不属于业主专有部分及不属于市政公用部分或者其他权利人所有，则应当认定为共有部分。

业主对专有部分以外的共有部分享有共同管理的权利。业主可自行管理建筑物及其附属设施，也可委托物业服务企业或者其他管理人管理。

对建设单位聘请的物业服务企业或者其他管理人，业主有权依法更换。

物业服务企业或者其他管理人根据业主的委托管理建筑区划内的建筑物及其附属设施，并接受业主的监督。

业主对建筑物专有部分以外的共有部分享有权利，承担义务；不得以放弃权利为由不履行义务。比如，建筑物共有部分的费用分摊、收益分配等事项，有约定的，按照约定；没有约定或者约定不明确的，按照业主专有部分占建筑物总面积的比例确定。又如，业主不得以不使用电梯为由，不交纳电梯维修费用；在集中供暖的情况下，不得以冬季不在此住宅居住为由，不交纳暖气费用。

业主转让建筑物内的住宅、经营性用房，其对共有部分享有的共有和共同管理的权利一并转让。这是因为没有业主对专有部分的所有权，就不可能产生业主对专有部分以外共有部分的共有权，以及对共有部分的共同管理的权利。

建筑区划内，规划用于停放汽车的车位、车库应当首先满足业主的需要。建筑区内，规划用于停放汽车的车位、车库的归属，由当事人通过出售、附赠或者出租等方式约定。占用业主共有的道路或者其他场地用于停放汽车的车位，属于业主共有。建筑物及其附属设施的维修资金，属于业主共有。经业主共同决定，可以用于电梯、水箱等共有部分的维修。维修资金的筹集、使用情况应当公布。

业主不得违反法律、法规以及管理规约，将住宅改变为经营性用房。业主将住宅改变为经营性用房的，除遵守法律、法规以及管理规约外，应当经有利害关系的业主同意。有利害关系的业主范围，原则上确定在本栋建筑物之内。

二、业主的权利与义务

业主可以设立业主大会，选举业主委员会。下列事项由业主共同决定：

1. 制定和修改业主大会议事规则；
2. 制定和修改建筑物及其附属设施的管理规约；
3. 选举业主委员会或者更换业主委员会成员；
4. 选聘和解聘物业服务企业或者其他管理人；
5. 筹集和使用建筑物及其附属设施的维修资金；

6. 改建、重建建筑物及其附属设施;

7. 有关共有和共同管理权利的其他重大事项。

决定上述第5项和第6项规定的事项,应当经专有部分占建筑物总面积2/3以上的业主且占总人数2/3以上的业主同意。决定上述其他事项,应当经专有部分占建筑总面积过半数的业主且占总人数过半数的业主同意。

业主大会或者业主委员会的决定,对业主具有约束力。业主大会或者业主委员会作出决定侵害业主合法权益的,受侵害的业主可以请求人民法院予以撤销。

业主应当遵守法律、法规以及管理规约。

业主大会和业主委员会,对任意弃置垃圾、排放污染物或者噪声、违反规定饲养动物、违章搭建、侵占通道、拒付物业费等损害他人合法权益的行为,有权依照法律、法规以及管理规约,要求行为人停止侵害、消除危险、排除妨害、赔偿损失。业主对侵害自己合法权益的行为,可以依法向人民法院提起诉讼。

第七节　所有权以外的物权

物权除了所有权外,还包括用益物权与担保物权。

一、用益物权

用益物权,是指用益物权人在法律规定的范围内对他人所有的不动产或动产,依法享有占有、使用和收益的权利。比如,租用他人的房屋办公司、开餐馆,可以依法享有对租用房屋的占有、使用和利用房屋收益的权利,但是却没有处分房屋的权利,拥有的就是房屋的用益物权。因此,用益物权是“他物权”,而所有权是“自物权”。

用益物权人行使权利,应当遵守法律有关保护和合理开发利用资源的规定,不得损害所有权人的权益。所有权人及任何第三人不得干涉用益物权人合法行使物权。

因不动产或者动产被征收、征用致使用益物权消灭或者影响用益物权行使的,用益物权人有权依法获得补偿。用益物权人行使权利,应当遵守法律有关保护和合理开发利用资源的规定。所有权人不得干涉用益物权人行使权利。

用益物权有以下两类:

(一) 地上权

地上权,是指为建造房屋、隧道、沟渠等工作物及培植竹林、树林等,而使用他人土地的权利。地上权是使用他人土地的物权，也就是在他人土地上设定的权利，故也称他物权。地上权的范围有多大，由双方订立合同规定。工作物包括建筑物、桥梁、沟渠、池塘、堤防、管道及铜像、纪念碑、地窖、隧道等地上及地下的一切设备。但机械设备的安装，不能称为工作物。为耕种目的而种植稻麦、果树、桑树等，不能作为地上权的标的，而可作为永佃权的标的(永佃权，是指支付佃租，永久在他人土地上耕作或牧畜的权利。我国土地公有，已不存在永佃权)。地上权与一般的租赁有区别：地上权是物权，必须经有关部门登记，否则不产生设定的效力，而租赁是债权，不必登记；地上权人除法律或合同另有规定外，可以将其权利让与他人，而租赁权人不经出租人同意，不得将租赁物转租于他人；地上权存续期间无限制，而租赁则不得超过一定期限。土地承包经营权、建设用地使用权、宅基地使用权遵照物权法及有关法律规定。

1. 土地承包经营权

我国物权法规定，国家所有或者国家所有由集体使用以及法律规定属于集体所有的自然资源，单位、个人依法可以占有、使用和收益。

农村集体经济组织实行家庭承包经营为基础、统分结合的双层经营体制(指两个经营层次：一是家庭分散经营层次；二是集体统一经营层次)。

农民集体所有和国家所有由农民集体使用的耕地、林地、草地以及其他用于农业的土地，依法实行土地承包经营制度。

耕地的承包期为30年。草地的承包期为30年至50年。林地的承包期为30年至70年；特殊林木的林地承包期，经国务院林业行政主管部门批准可以延长。前述规定的承包期届满，由土地承包经营权人按照国家有关规定继续承包。

土地承包经营权人依照土地承包法的规定，有权将土地承包经营权采取转包、互换、转让等方式流转。流转的期限不得超过承包期所剩余期限。未经依法批准，不得将承包地用于非农建设。

承包期内发包人不得调整承包地。因自然灾害严重毁损承包地等特殊情形，需要适当调整承包的耕地和草地的，应当依照农村土地承包法等法律规定办理。

承包期内发包人不得收回土地。农村土地承包法等法律另有规定的，依照其规定。

2. 建设用地使用权

建设用地使用权人依法对国家所有的土地享有占有、使用和收益的权利，有权利用该土地建造建筑物(指住宅、厂房、办公楼等)、构筑物(指道路、桥梁、隧道、纪念碑等)及其附属设施(指附属于建筑物、构筑物的一些设施)。

建设用地使用权可以在土地的地表、地上或者地下分别设立。新设立的建设用地使用权,不得损害已设立的用益物权。

设立建设用地使用权,可以采取出让或者划拨等方式。工业、商业、旅游、娱乐和商品住宅等经营性用地以及同一土地有两个以上意向用地者的,应当采取招标、拍卖等公开竞价的方式出让。严格限制以划拨方式设立建设用地使用权。采取划拨方式的,应当遵守法律、行政法规关于土地用途的规定。

采取招标、拍卖、协议等出让方式设立建设用地使用权的,当事人应当采取书面形式订立建设用地使用权出让合同。

建设用地使用权出让合同一般包括下列条款:(1)当事人的名称和住所;(2)土地界址、面积等;(3)建筑物、构筑物及其附属设施占用空间;(4)土地用途;(5)使用期限;(6)出让金等费用及其支付方式;(7)解决争议的方法。

设立建设用地使用权的,应当向登记机构申请建设用地使用权登记。建设用地使用权人应当合理利用土地,不得改变土地用途;需要改变土地用途的,应当依法经有关行政主管部门批准。建设用地使用权人应当依照法律规定以及合同约定支付出让金等费用。建设用地使用权人建造的建筑物、构筑物及其附属设施的所有权属于建设用地使用权人,但有相反证据证明的除外。

建设用地使用权人有权将建设用地使用权转让、互换、出资、赠与或者抵押,但法律另有规定的除外。

建设用地使用权转让、互换、出资、赠与或者抵押的,必须订立相应的合同。使用期限由当事人约定,但不得超过建设用地使用权的剩余期限,并应当向登记机构申请变更登记,附着于该土地上的建筑物、构筑物及其附属设施一并处分。建筑物、构筑物及其附属设施转让、互换、出资或者赠与的,该建筑物、构筑物及其附属设施占用范围内的建设用地使用权一并处分。

建设用地使用权期间届满前,因公共利益需要提前收回该土地的,应依照物权法的规定对该土地上的房屋及其他不动产给予补偿,并退还相应的出让金。

住宅建设用地使用权期间届满的,自动续期。非住宅建设用地使用期间届满后,依法律规定办理。该土地上的房屋及其他不动产的归属,有约定的,按照约定;没有约定或者约定不明确的,依照法律、行政法规的规定办理。

集体所有的土地作为建设用地的,应当依照土地管理法等法律规定办理。

3. 宅基地使用权

宅基地使用权人依法对集体所有的土地享有占有和使用的权利,有权依法利用该土地建造住宅及其附属设施。

宅基地使用权的取得、行使和转让，适用土地管理法等法律和国家有关规定。宅基地因自然灾害等原因灭失的，宅基地使用权消灭。对失去宅基地的村民，应当重新分配宅基地。

已经登记的宅基地使用权转让或者消灭的，应当及时办理变更登记或者注销登记。

(二) 地役权

地役权，是指不动产所有人或使用人为了提高自己不动产的利用效益，而使用他人不动产的权利。比如，通过他人土地、在他人土地上开渠引水。自己的土地称为需役地，他人的土地称为供役地。地役权主要是在相邻的土地上设定的权利。

设立地役权，当事人应当采取书面形式订立地役权合同。

供役地的权利人应当按照合同约定，容许地役权人利用其土地，不得妨害地役权人行使权利。地役权的期限由当事人约定，但不得超过土地承包经营权、建设用地使用权等用益物权剩余的期限。

土地上已设立土地承包经营权、建设用地使用权、宅基地使用权等权利的，未经上述用益物权人同意，土地所有权人不得设立地役权。

地役权不得单独转让。土地承包经营权、建设用地使用权等转让的，地役权一并转让，但合同另有约定的除外。

地役权不得单独抵押。土地承包经营权、建设用地使用权等抵押的，在实现抵押时，地役权一并转让。

需役地以及需役地上的土地承包经营权、建设用地使用权部分转让时，转让部分涉及地役权的，受让人同时享有地役权。

供役地以及供役地上的土地承包经营权、建设用地使用权部分转让时，转让部分涉及地役权的，地役权对受让人具有约束力。

地役权人有下列情形之一的，供役地权利人有权解除地役权合同，地役权消灭：

1. 违反法律规定或者合同约定，滥用地役权；

2. 有偿利用供役地，约定的付款期间届满后在合理期限内经两次催告未支付费用。

已经登记的地役权变更、转让或者消灭的，应当及时办理变更登记或者注销登记。

二、担保物权

担保物权,是指以确保债务清偿为目的,而在债务人或第三人的特定物或权利上所设定的一种物权,也就是确保债权的履行为目的之物权。担保物权人一般是债权人,而提供担保的人可以是债务人,也可以是第三人。当债务人不履行债务或者发生当事人约定的实现担保物权的情形,担保物权人可依法享有就担保财产优先受偿的权利,但法律另有规定的除外。担保物权是相对于用益物权而言,是以交换价值之取得为目的。所以以标的物是否有交换价值为重点,至于是物或是某种权利,则在所不问。

第三人为债务人向债权人提供担保的,可以要求债务人提供反担保。反担保适用物权法和其他法律规定。反担保,是指替债务人提供担保的第三人,为了保证自己的追偿权得到实现,可以要求债务人为自己追偿权的实现提供担保。

设立担保物权,应当依照物权法和其他法律的规定订立担保合同。

担保期间,担保财产毁损、灭失或者被征收等,担保物权人可以就获得的保险金、赔偿金或者补偿金等优先受偿。

担保物权主要有以下三种形式:

(一)抵押权

抵押权,是指债权人对于债务人或第三人不移转财产所有权,而提供担保的财产,当到期债务不履行时,可将其折价或拍卖、变卖,所得价金优先受清偿的权利。债权人是抵押权人,债务人或第三人是抵押人,提供担保的财产为抵押财产,而且必须是债务人或者第三人以其所有的或者有权处分的特定财产设定的物权(包括不动产与动产);否则,不能设定抵押权。设立抵押权,当事人应当采取书面形式订立抵押合同。

债务履行期届满抵押权人未受清偿的,可以与抵押人协议以抵押财产折价或者以拍卖、变卖该抵押物所得价款受偿;协议不成的,抵押权人可以向人民法院提起诉讼。抵押财产折价或者拍卖、变卖后,其价款超过债权数额的部分归抵押人所有,不足部分由债务人清偿。抵押权人对于其他没有设定抵押权的一般债权人,有权依照法律规定以抵押物折价或者以拍卖、变卖抵押物的价款优先得到偿还,即抵押权有优先受偿性。比如,甲欠乙 220 万元,甲欠丙 260 万元,甲欠丁 300 万元,甲将一所房子抵押给丙。其后变卖房屋得 260 万元,应全部还给丙的欠款,乙、丁两个普通债权人,不得请求平均分配此 260 万元。抵押权人受偿后,抵押财产有剩余的，其他债权人才能受偿。

抵押人将财产抵押后，并不丧失抵押物的所有权（仍然享有占有、使用和收益的权利）。抵押人可将抵押物转让给他人，抵押物转让后不影响抵押权的存在，抵押权人的抵押权对该项财产新的所有人仍然有效。

以建筑物抵押的，该建筑物占有范围内的建设用地使用权一并抵押。以建设用地使用权抵押的，该土地上的建筑物一并抵押。

抵押物在抵押权人保管期间灭失、毁损的，抵押权人如有过错，应当承担民事责任。

抵押物在抵押人处灭失、毁损的，应当认定抵押关系存在，并责令抵押人以其他财产代替抵押物。

抵押物如由抵押人自己占有并负责保管，在抵押期间，非经债权人同意，抵押人就抵押物价值已设置抵押部分再作抵押的，其行为无效。

经当事人书面协议，企业、个体工商户、农业生产经营者可以将现有的生产设备、原材料、半成品、产品抵押，债务人不履行到期债务或者发生当事人约定的实现抵押权的情形，债权人有权就实现抵押权时的动产优先受偿。这称为动产浮动抵押。

下列财产不得抵押：

1. 土地所有权；

2. 耕地、宅基地、自留地、自留山等集体所有的土地使用权，但法律规定可以抵押的除外；

3. 学校、幼儿园、医院等以公益为目的的事业单位、社会团体的教育设施、医疗卫生设施和其他社会公益设施；

4. 所有权、使用权不明或者有争议的财产；

5. 依法被查封、扣押、监管的财产；

6. 法律、行政法规规定不得抵押的其他财产。

订立抵押合同前抵押财产已出租的，原租赁关系不受该抵押权的影响。抵押权设立后抵押财产出租的，该租赁关系不得对抗已登记的抵押权。这就是说，如果办理了抵押登记的财产出租，实现抵押权后，抵押财产的买受人可以解除原租赁合同，承租人不能要求继续承租抵押的房屋。所以，承租人租赁时要查询该财产有否抵押出去。

以不动产作为抵押，抵押权的成立必须经过有关部门登记，抵押权于该抵押权设定登记时成立。以同一项不动产设定两个以上抵押权的，应当按照登记的先后顺序受偿。但是,法律、行政法规另有规定的除外。

抵押期间,抵押人转让已办理登记的抵押物的,必须经抵押权人同意(但受让人代为清偿债务消灭抵押权的除外),并应当将转让所得的价款向抵押权人提前清偿债务。转让抵押物的价款明显低于其价值的,抵押权人可以要求抵押人提供相应的担保,否则不得转让抵押物。

抵押权不得与债权分离而单独转让或者作为其他债权的担保。债权转让的,担保该债权的抵押权一并转让,但法律另有规定或者当事人另有约定的除外。

同一财产向两个以上债权人抵押的,拍卖、变卖、抵押财产所得的价款依照下列规定清偿:

1. 抵押权已登记的,按照登记的先后顺序清偿;顺序相同的,按照债权比例清偿;

2. 抵押权已登记的先于未登记的受偿;

3. 抵押权未登记的,按照债权比例受偿。

抵押权人应当在主债权诉讼时效期间行使抵押权;未行使的,人民法院不予保护。

另外,还有最高额抵押。这是指在预定的最高限额内,为担保将来一定期间内连续性交易所发生的债权的清偿而设立的抵押。其主要适用于连续的交易关系、劳务提供关系和连续的借贷关系。当事人只需设定一个抵押权就可担保基于一定法律关系并于一定期间内重复发生的债权,这样简便了抵押权的设定,节约了交易成本。

抵押权人应当在主债权时效期间行使抵押权;未行使的,人民法院不予保护。

(二) 质权

质权分为动产质权和权利质权。

1. 动产质权。这是指为担保债务的履行,债务人或者第三人将其动产出质给债权人占有的,债务人不履行到期债务或者发生当事人约定的实现质权的情形,债权人有权就该动产优先受偿。这是指将该动产折价或者拍卖、变卖的价款优先受偿的权利。质押是指设定质权的法律行为。质权是指质权人的权利,也就是说质权是由质押而产生,质权是质押引起的法律后果。

债务人或者第三人为出质人,债权人为质权人,交付的动产为质押财产。

设立动产质权,当事人应当采取书面形式订立质权合同。质权合同一般包括下列条款:被担保债权的种类和数额;债务人履行债务的期限;质押财产的名称、数量、质量、状况;担保的范围;质押财产交付的时间。

质权人在债务履行期届满前，不得与出质人约定债务人不履行到期债务时质押财产归债权人所有。这主要保护债务人在窘迫情况下，债权人迫使债务人以价值过高的质押物担保小的债权额，在债务人不能清偿债务时，取得质押物的所有权，以牟取不正当利益。一些国家的法律称之为“禁止流质契约”条款。

出质的动产必须不是国家禁止流转物。质权人可以收取质物所生的孳息，但合同另有约定的除外。

质权人因保管质押财产所支出的必要费用，得向质押财产所有人请求偿还。质押财产受到他人(包括质押财产所有人)的非法侵害时，质权人有权要求返还占有物、排除妨害、恢复原状或赔偿损失。质权人负有妥善保管质押财产的义务，因保管不善致使质押财产灭失或者毁损的，应当承担赔偿责任。质权人的行为可能使质押财产毁损、灭失的，出质人可以要求质权人将质押财产提存，或者要求提前清偿债务并返还质押财产。比如，字画出质后出质人发现质权人存放字画的房屋漏雨，可能危及字画。

质权人在质权存续期间，未经出质人同意，擅自使用、处分质押财产，给出质人造成损害的，应当承担赔偿责任。

因不能归责于质权人的事由，可能使质押财产毁损或者价值明显减少的，足以危害质权人权利的，质权人有权要求出质人提供相应的担保；出质人不提供的，质权人可以拍卖或者变卖质押财产，并与出质人通过协议将拍卖或者变卖所得的价款提前清偿债权或者提存。

质权人在质权存续期间，未经出质人同意转质，造成质押财产毁损、灭失的，应当向出质人承担赔偿责任。

债务人履行债务或者出质人提前清偿所担保的债权的，质权人应当返还质押财产。

出质人可以请求质权人在债务履行期届满后及时行使质权；质权人不行使的，出质人可以请求人民法院拍卖、变卖质押财产。比如，质物价格下跌或者发生其他毁损、灭失等情形，使质物无法实现其原有的变价额，以致变价款不足以偿还债务。

质押财产折价或者拍卖、变卖后，其价款超过债权数额的部分归出质人所有，不足部分由债务人清偿。

债务人履行债务或者出质人提前清偿所担保债权的，质权人应当返还质押财产。

另外，还有最高额质权，这是指对债权人的一定范围内的不特定的连续发生的债权预定一个限额，并由债务人或者第三人提供质物予以担保而设定的特殊质权。

2. 权利质权。这是指以所有权以外的可让与的财产为标的的质权。权利质权出质的权利必须是债务人或者第三人有权处分的权利。比如,汇票、支票、本票;债券、存款单;仓单、提单;可以转让的基金份额、股权;可以转让的注册商标专用权、专利权、著作权等知识产权中的财产权;应收账款;法律、行政法规规定可以出质的其他财产权利。

汇票、支票、本票、债券、存款单、仓单、提单的兑现日期或者提货日期先于主债权到期的,质权人可以兑现或者提货,并与出质人协议将兑现的价款或者提取的货物提前清偿或者提存。

以注册商标专用权、专利权、著作权等知识产权中的财产权出质的,当事人应当订立书面合同。质权自有关主管部门办理出质登记时设立。

知识产权中的财产权出质后,出质人不得转让或者许可他人使用,但经出质人与质权人协商同意的除外。出质人转让或者许可他人使用出质的知识产权的财产权所得的价款,应当向质权人提前清偿债务或者提存。

以应收账款出质的,当事人应当订立书面合同。质权自信贷征信机构办理出质登记时设立。

应收账款出质后,不得转让,但经出质人与质权人协商同意的除外。出质人转让应收账款所得的价款,应当向质权人提前清偿。

权利质权除适用上述规定外,适用动产质权的规定。

(三) 留置权

留置权,是指债权人因合同约定占有债务人的动产,如果债务人不履行到期债务,债权人可以留置已经合法占有的债务人的动产,并就该动产优先受偿的权利。比如,当事人一方按照合同约定保管、承运或者接受来料加工对方的财物,而占有对方的财产。在对方不按合同给付应付款项超过约定期限,占有人有权留置该财产,并有权就该动产优先受偿。前述规定的债权人为留置权人,占有的动产为留置财产。

留置权的成立必须具备以下几个条件:(1)债权人合法占有债务人的动产。比如,留置物是根据合同,债务人交给债权人的。债权人不得采取非法手段占有债务人的动产作为留置物。比如,债权人去抢夺债务人的动产,这是属非法扣押而不是合法留置。(2)留置权的发生,以占有人有债权为前提,而且债的发生与占有物有关,占有物为债发生的原因,债权留置的动产,应当与债权属于同一法律关系。但企业之间留置的除外。债务人不履行已到期的债务,债权人始可行使留置权。

留置权的行使必须有法律或行政法规规定,属于法定担保物权(抵押权由当事人自由设定,属于约定担保物权)。

法律规定或者当事人约定不得留置的动产,不得留置。

留置财产为可分物的，留置财产的价值应当相当于债务的金额。比如，甲受乙的委托运输一批化肥，因乙不给付甲运输费，甲就可留置乙的化肥。如运输的化肥价值为100万元，运输费为1万元，这时甲只能在相当于运输费1万元的范围内留置相应的化肥，而不能留置全部化肥。如留置的财产为不可分物，则债权人可将其全部留置。债权人不得违反规定，滥用留置权。债务人如到偿还期不还债，债权人可向法院起诉。法院审理后认为有必要，可以作出裁定，依法扣留债务人的适当财产，并限期清偿。如过期仍不还，法院可以变卖扣押的财产，优先偿还给债权人，这称为诉讼保全。债权人自己不能随意扣押债务人的财产。留置权人必须根据留置物的特性予以妥善保管。因保管不善使留置财产灭失或毁损的，对债务人应负赔偿责任。对因保管留置财产而支付的必要费用，留置权人有请求义务人偿还的权利。留置权人有权收取留置财产所生的孳息，应先充抵收取孳息的费用，然后再抵充债务及利息。留置权人对留置财产无使用权，但为了保管上的必要，可以适当使用。比如，为了防止机件生锈而适当地运转机器。未得所有人的同意，留置权人不得将留置财产出租或提供担保。

留置权人与债务人应当约定留置财产后的债务履行期间；没有约定或者约定不明确的，留置权人应当给债务人2个月以上履行债务的期间，但鲜活易腐等不易保管的动产除外。债务人逾期未履行的，留置权人可以与债务人协议以留置财产折价，也可以拍卖、变卖留置财产所得的价款优先受偿。留置财产折价或者拍卖、变卖后，其价款超过债权数额的部分归债务人所有，不足部分由债务人清偿。

同一动产上已设立抵押权或者质权，该动产又被留置的，留置权人优先受偿。留置权人对留置财产丧失占有或者留置权人接受债务人另行提供担保的，留置权消灭。

第八节 相邻关系

相邻关系，是指相邻接的不动产相邻各方在行使所有权或者用益物权时所发生的权利义务关系。在相邻接的不动产（包括土地、建筑物等），一方权利人的自由支配力与他方权利人的自由排他力互相冲突时，为了调和其冲突，以谋求共同的利益，按照法律规定直接所承认的权利。即不动产权利人必须借助相邻不动产才能对自己的不动产正常使用，因此他有权要求相邻的不动产一方提供必要的便利。比如，相邻各方在截水、排水、通行、通风、采光和日照等方面往往发生矛盾，双方协商不成由法院按照法律规定予以裁决。相邻关系是财产所有权的扩大或限制，也称相邻权。不动产的相邻权利人应当按照有利生产、方便生活、团结互助、公平合理的原则,正确处理相邻关系。

法律、法规对处理相邻关系有规定的,按照其规定;法律、法规没有规定的,可以按照当地习惯处理。

相邻关系主要有以下几种:

一、相邻土地使用关系

相邻一方即不动产权利人因建筑物别无其他通道,或者土地在邻人的土地包围之中,由于修缮建筑物以及铺设电线、电缆、水管、暖气和煤气管线等,必须利用相邻土地、建筑物的,该土地、建筑物的权利人应当提供必要的便利,但使用土地的一方应当在事后清理现场,恢复原状。如果因此造成他方损失需要补偿的,应由使用方给予补偿。补偿数额,由相邻双方协商,合理解决。使用方在选择通道时,应该选择最必要、造成对方经济损失最少的路线,以节省用地,减少不必要的损失。对于一方所有的或者使用的建筑物范围内历史形成的必经通道,所有权人或者使用权人不得堵塞。因堵塞影响他人生产、生活,他人要求排除妨害或者恢复原状的,应当予以支持。

牧区相邻一方,因自然灾害或者季节性的放牧需要,必须到他方使用草原、草场的,应当按照自愿、互利的原则,协商解决;协商不成的,由人民法院裁决。

二、相邻流水、排水关系

不动产权利人应当为相邻权利人用水、排水提供必要的便利。

相邻各方对于自然流水的利用,应当在不动产的相邻权利人之间合理分配,共同使用。对自然流水的排放,应当尊重自然流向。低地段的相邻人不得擅自筑坝堵截,使水倒流,影响高地段的排水。高地段的相邻人不得独自控制水源,堵截低地段的用水。如果一方擅自堵截,他方有权请求排除妨害;造成他方损失的,应负赔偿责任。

相邻一方必须使用另一方的土地排水的,应予以准许;但应在必要限度内使用并采取适当的保护措施排水。如另造成损失的,由受益人合理补偿。相邻一方可以采取其他合理的措施排水而未采取,向他方土地排水毁损或者可能毁损他方财产,他方要求致害人停止侵害、消除危险、恢复原状、赔偿损失的,应当予以支持。

相邻一方不得使自己的建筑物的滴水，直接注泻于邻人的建筑物上或者邻人院内。处理相邻房屋滴水纠纷时，对有过错的一方造成他方损害的，应当责令其排除妨害、赔偿损失。

三、相邻防险、排污关系

不动产权利人在自己使用的土地上挖水沟、水池、地窖等或者种植的竹木根枝伸延危及另一方建筑物的安全和正常使用的，应当分别情况，责令其消除危险、恢复原状、赔偿损失。比如，打水井、挖地窖，应与相邻的建筑物保持一定的距离，免使他方地基动摇、塌陷。建筑施工时如建筑物发生倾斜，应采取相应的预防措施和安全装置。

修建厕所，堆放腐烂物、放射性物、有毒物和垃圾等，应当注意与邻人生活居住的建筑物保持适当的距离，或者采取相应的防护措施。

不动产权利人不得违反国家规定弃置固体废物，排放大气污物、水污染物、噪声、光、电磁波辐射等有害物质。如影响邻人生产生活及健康的，受害人有权提请环境保护机关依法处理；受到损失的，有权请求赔偿。

四、相邻音响、震动、光照卫生关系

不动产权利人以高音、喧嚣、震动妨害邻人的工作、生活、休息，视为侵犯他人合法权益的行为。相邻一方，对不采取行之有效的控制噪声措施的对方，有权要求主管机关或人民法院采取必要措施，妥善解决。

相邻建造建筑物不得违反国家有关工程建设标准，妨害相邻建筑物的通风、采光和日照。否则，受害的一方有权请求有关机关处理。

建筑施工、地质勘探、科学实验等单位，在进行临时作业过程中，应当尽可能地减少对周围邻人生产、生活的影响。作业完毕后，应当对原来的道路、场地、水源、树木等负责整修、平复、重新栽培；造成损失的，应当给予赔偿。

第四章　债的一般规定

第一节　债 的 概 述

一、债 的 概 念

债，是指按照合同的约定或者依照法律的规定，在当事人之间产生的特定的权利和义务关系。债是特定的当事人之间的一种民事法律关系。不能把债理解为仅仅是金钱借贷关系，如买卖、供应、租赁、提供劳务、不实施某种行为等都是债的关系。享有权利的人称为债权人，负有义务的人称为债务人。债权人有权要求债务人按照合同的约定或者依照法律的规定履行义务。

由此可见，债的民事法律关系包含如下三个要素：

（一）债的主体

债的主体是债权人和债务人。有权要求对方为一定行为或不为一定行为的债权人，是权利主体；负有满足该项义务的债务人是义务主体。在权利和义务相互对应的债中，债的双方主体互有请求权，即每一方既是债权人又是债务人。债权人与债务人可以是单一的，也可以是两个以上的公民、法人或其他组织。但是，债的权利主体和义务主体总是特定的。

（二）债的内容

债的内容是债权人的权利和债务人所负担的相应义务，即是债的民事法律关系的内容。债的内容主要表现为实现一定行为的权利和履行此项行为的义务，这称为积极给付。比如，借贷合同中，债权人要债务人还钱；买卖合同中，买受人的权利是要求出卖人交付财产。债权人要求债务人不为一定行为和债务人有不为相应行为的义务，这称为消极给付。这种内容的债是比较少的，比如，甲与乙约定，乙不和甲作营业上的竞争。

（三）债的客体

债的客体是债权人请求债务人所应做的行为（包括作为和不作为），即给付。

为特定行为叫“积极给付”，不为特定行为叫“消极给付”。但债的客体和给付的标的是有区别的。债的客体是指债务人的行为，比如，交货、付款、服务等。给付的标的是指债务人行为的客体，这种客体与债的客体不同。比如，甲乙订立买卖合同，甲应交货是债务人的行为，也即债的客体，而所交的货是他的交货行为的客体，并不是债的客体。因此，债的客体是行为，而不能直接说成是物。财产所有权关系的客体直接是物，而不可能是行为，而且这个物是特定物。

债的客体，必须是法律、行政法规所允许的。否则，由于设定非法的客体，不仅这种债的关系是无效的，而且还可能受到法律上的制裁。

债的主体、内容、客体是债的民事法律关系缺一不可的构成部分。

二、债的法律特征

债的关系包括债权债务，但是债权是债的主要方面，债务是为实现债权服务的。因此，债的关系一般用债权来说明。所以，研究债的法律特征，主要是研究债权的法律特征。

债权关系与财产所有权关系在法律制度上是紧密相联的。财产所有权关系是债权关系的前提，而财产所有权又往往是通过债权取得的。但它们在法律上又有各自的特征。

债权的法律特征主要有以下三点：

（一）债权的相对性

债权是债权人向特定的债务人请求为一定行为或不为一定行为的权利。因此，债是特定人与特定人之间的关系。债权只是特定的债权人向特定的债务人提出的请求权，叫债上请求权。特定的债权人只能依据债的内容向特定的债务人主张他的权利，而不能对债的关系以外的第三人请求履行，因此债权是相对权，即对人权。在这方面债权与财产所有权不同，财产所有权关系的权利主体是特定的，而义务主体却是不特定的，即除了所有人以外的不特定的任何人都是义务主体。因此，财产所有权是绝对权，即对世权。它还有追及权，不管所有物在什么地方，可以追及到物，向任何人主张权利。财产所有权的义务主体，是负有不作为的义务，即不得妨碍或侵害所有人行使其所有权。所有权人不必通过任何人的行为，自己即可实现对所有物的占有、使用、收益和处分的权利；债权在大多数情况下，债权人只能在债规定的范围内要求债务人为一定行为或不为一定行为，才能实现债权人的权利，也就是债权的实现必须通过债务人的行为。

(二) 债权的不可侵犯性

从法律上的效力看,债权在原则上对债的关系以外的第三人没有效力,也就是说不得对抗第三人。但是,如果第三人的行为明显侵害债权时,债权人也可以通过诉讼程序,排除侵害。比如,甲厂向乙厂订购一批货,而丙厂用非法手段强迫乙厂把这批货卖给它。当这种侵害已给债权人造成损害时,债权人还可以请求赔偿损失。财产所有权是特定人对抗非特定人的侵害,叫物上请求权,也就是可以对抗任何人。当债权人的债权受到侵害时,他一般只能请求债务人或第三人赔偿损失或支付违约金。而财产所有人在其所有权受到侵害后,可以请求确认产权、返还财产、恢复原状及排除妨碍等。

(三) 债权的有偿性

无论是公民之间、法人之间、其他组织之间或他们相互之间的债权,都具有财产性质,非财产性质的债权是很少的。即使债权的目的是非财产性质的行为,但在债务人不履行这种行为给债权人带来经济上的损失时,债权人也有权请求赔偿。比如,甲乙约定,乙必须为甲服一定劳务,到仓库提一批货,但乙没有履行,造成了甲的经济损失,甲有权要求乙赔偿损失。

三、债 的 分 类

债的关系,从不同的角度可分为以下几种类型:

(一) 单一之债与多数之债

这是按债的主体多少来分的。债的权利主体(债权人)和义务主体(债务人)各为 1 人,叫单一之债。债权人和债务人一方或双方为多数人,叫多数之债。

在多数之债中,按债权人和债务人各自享有的权利和承担的义务不同,又可分为按份之债和连带之债。

按份之债。债权人为 2 人以上的,按照确定的份额分享权利。债务人为 2 人以上的,按照确定的份额分担义务。这就是按份之债。按份之债的几个债权人,每个人只能就自己的债权份额具有受偿的权利,而无权对整个债权受偿,也无权代表其他债权人要求清偿,这叫按份债权。比如,股份有限公司的股东就其所认股份,在公司赢利时,享有分得红利的权利。几个债务人每个人只对自己的债务份额负有清偿责任,对其他债务人的债务份额没有清偿的义务,这叫按份债务。一个债的关系,只要具有按份债权或按份债务,就是按份之债。比如,股份有限公司的股东,就其所认股份对公司债务负其责任。按份之债的特征是,每个当事人所享有的权利或所负担的义务大小、多少，都只限于他们各自的份额，也就是必须与各自的债权债务份额相适应。

连带之债。债权人或者债务人一方人数为 2 人以上的，按照法律的规定或者当事人的约定，享有连带权利的每个债权人，都有权要求债务人履行义务；负有连带义务的每个债务人，都负有清偿全部债务的义务。这叫连带之债。

凡是多数债权人中任何一人有权向债务人请求履行全部债务，一经履行，其他债权人就丧失了对债务人请求履行债务的权利，这就是连带债权。几个债务人中任何一人都负有向债权人清偿全部债务的义务，有一人向债权人清偿全部债务后，其他债务人便不再负清偿义务，这就是连带债务。一个债的关系中，只要具有连带债权或连带债务，就是连带之债。连带之债的特征是：多数债权人中的任何人可享有全部债权，多数债务人中的任何人都应承担全部债务，不必明确各个人的债权或债务份额的多少。这就是说，负有连带责任的债务人，既然对全部债务负清偿责任，因此债权人有权向连带债务人的全体或其中一人要求部分或全部清偿。比如，当某一债务人无力清偿或死亡、失踪时，债权人可要求其余债务人清偿。对于这些请求，连带债务人不能拒绝。债权人仅向连带债务人中一人免除债务，而没有消灭全部债务的意思表示，则除该债务人应负担的部分外，其他债务人仍不能免除责任。

连带债务人中一人或数人因清偿等行为，致使其他连带债务人免除责任时，可以向其他连带债务人求偿他们各自应分担的部分，即内部求偿权。如其中一人或数人不能清偿其分担额，该不能偿还部分由求偿人与其他债务人按比例分担。

连带债权人中一人向债务人免除债务，除该债权人应有部分外，其他债权人的权利仍不消灭。连带债权人之中一人或数人接受债务人的全部清偿后，其余债权人有权向受偿的债权人求偿他们各自的债权份额。连带债权人之间，除法律规定或约定外，应平均分享利益。

法律设置连带之债的目的，就是使多数债务人彼此之间承担履行债务的担保责任，从而为债权人的债权得以实现提供保证。由于连带之债的当事人责任重大，一般较少采用，只有在法律或合同直接明确规定时，才实现这种连带责任。如合同的保证人与债务人负连带责任；共同致人损害的，共同致害人对受害人负连带赔偿责任；又如法人对它的法定代表人和其他工作人员在执行任务时的违法行为要承担连带责任。

（二）特定之债与种类之债

根据债中应行给付的物品是特定物还是种类物，可分为特定之债与种类之债。

以特定物为标的的债叫特定之债。特定之债的特征，在于这种债在发生时，其标的就已经具体化、特定化。它已经与其他物品明显地区别开来，不能为他物所代替。比如，甲向乙购买坐落在某地点的房屋、某牌照号码的汽车。

以种类物为标的的债叫种类之债。在种类之债发生时，其标的物是不确定的、非特定化的，就是抽象地以种类、品质或者数量所定的物。比如，1 辆奔驰 200 汽车、1 架波音 747 飞机只有在履行债务时根据约定的规格、数量、质量交付给债权人，才从它的同种类物中分离开来，具有特定化的性质。比如，购买 100 公斤面粉，只有在给付时，一定质量、数量的面粉才从粮库中具体分离出来，成为特定物。种类物的所有权在交付时转移，因此，凡以种类物为标的之债，在种类物未全部灭失前，不能用赔偿损失的办法代替原债的实际履行。比如，买卖 1 台海尔牌空调机，标的物在交付前灭失，卖方仍可用同种类海尔牌空调机交付买方。因此，不能免除交付标的物的责任，即不能以赔偿代替履行。在种类物标的正式交付之前，标的物意外灭失的责任，只能由债务人承担。种类之债适用的范围是极为广泛的，绝大多数在合同订立时只是指定供应商品的种类、数量、质量，尽管这些规定能确定供应商品的具体性，然而供应人将哪些产品供应给甲企业，哪些产品供给乙企业，这只有在他把产品实行交付之时才能特定出来。

标的物毁损、灭失的风险，在标的物交付之前由出卖人承担，交付之后由买受人承担，但法律另有规定或者当事人另有约定的除外。

（三）单纯之债与选择之债

根据债务人可为行为的选择性，可分为单纯之债与选择之债。

单纯之债即指债的标的简单明确，债务人所应履行的义务是确定的，其一定的行为只有一宗给付为标的，债权人和债务人都不能随意变更、选择或替代。比如，甲工厂卖给乙商店 100 台蝴蝶牌电动缝纫机，就不能随意改为供应其他牌号的电动缝纫机。

选择之债是债务人应履行的义务要从约定的几种行为中选择一种行为作为债的标的。比如，甲收乙 500 元，作为卖给乙自行车 1 辆或电风扇 1 台的代价。这时甲有交给乙自行车 1 辆或电风扇 1 架的义务，但二者之中乙只得选择其一。这种选择之债并不是几个债的并存，而是一个债，不过这个债有几宗给付行为处于选择状态，而作它的标的而已。

关于给付时间、给付地、给付方法也可以选择。给付时间，比如，约定半年付清或 1 年付清货款；给付地，比如，约定在上海交货或北京交货；给付方法，比如，约定交火车托运或交飞机托运、一次交付或分批交付货物。

选择之债一定要在数宗给付中特定为一宗给付后才能履行。特定的方法不外以下三种:(1)债的双方当事人间通过协议予以特定;(2)数宗给付中因其他给付不能,只存一宗给付时;(3)由当事人选择。当事人选择,如选择权没有法定或约定,一般应属于债务人,因为给付内容的不确定,对债务人比较不利。

选择权属于债务人的称为选择债务。比如,某百货公司向某工厂订购某货,这种货有几种牌号,在合同中约定工厂可以供应这种牌号或另一种牌号,或5月份供给,或6月份供给。选择权属于债权人的,称为选择债权。比如,中国旅行社组织旅游,旅客游览时坐飞机还是坐火车,还是坐汽车,可任选一种。有选择权的债务人或债权人不在规定期内选择,选择权就转移属于对方当事人。根据法律规定或当事人约定由第三人选择时(比如,立约时当事人因第三人具有专门知识技能请他选择),如第三人不能或不愿选择时,选择权仍归债务人。

选择的意思表示不得任意撤回,就是选择之债的当事人已经行使选择权后,就不能再进行选择,这种选择是一次性的,如果选择债权中规定的可以选择的两种行为之一不能实施时,债务人又没有过错,则债权人的选择权即消灭,而成为单纯之债。债已到清偿期时,对方可以催告限期行使选择权,如一方仍不行使,选择权也转移到对方。

债务人非因过失不知自己有选择权而为给付得请求退还给付,另行选择。债权人非因过失不知自己有选择权而受领给付,也可以退还给付,另行选择他宗给付,请求履行。但以上另行选择,不得损害对方的利益。

选择权是形成权,它与债权债务有不可分的关系,债移转时选择权也随之移转。

债的关系除以上几种分类外,还可分为总债与分债;主债与从债;货币之债与劳务之债等等。债的各种类型及其法律特征都是体现了国家调整社会经济关系的法律要求,也反映了社会经济生活的各种需求。

第二节 债发生的根据和债的变更

一、债发生的根据

债的发生,是指民事主体之间按照民事法律规范产生债权债务关系。

债的发生,必须有一定的法律事实。引起债发生的法律事实就是债发生的根据。发生债的法律事实是很多的,其中主要的有以下四种:

(一) 合同

合同是债发生的最为普遍的根据，它是双方当事人发生、变更、消灭债的关系的协议。企业之间的协作、供需等关系，主要是通过合同来建立的。企业与公民之间、公民与公民之间也利用合同建立债的关系，以满足各自在生产、生活上的需要。

(二) 侵权行为

侵权行为是侵害他人权利的行为。当事人一方因过错侵害他方当事人人身、财产或知识产权，造成他方损失时，加害人与受害人之间就发生了债的关系。受害人有权要求加害人赔偿损失；而加害人负有赔偿受害人损失的义务。

(三) 无因管理

无因管理，是指没有法定的或者约定的义务，自愿为他人管理事务或财物，使他人受到利益或者避免利益受到损失的行为。它包括法律行为，如收养迷路的幼孩；事实行为，如救护人命；保存行为，如修缮房屋；处分行为，如出卖不易久藏的物品。在无因管理的情况下，一方当事人没有法定的或约定的义务，而自愿为另一方当事人管理某项事务或财物的事实本身，法律认定在双方当事人之间产生了一定的权利义务关系，即无因管理人有权要求受益人偿付由此而支付的必要费用。

无因管理必须有为他人利益而管理其事务的管理意思。如为自己利益而管理他人事务，或为他人利益而管理自己的事务，比如，甲经营管理某种产品是为了满足某些人的需要，都不能成立无因管理。因此，无因管理必须在客观上有管理他人事务的事实及无法定或约定的义务，在主观上要有为他人管理的意思。

如以他人的事务误认为自己的事务而管理时，就不是无因管理，因为这种情况并没有为他人的意思。比如，善意占有人，将他人之物误认为自己之物加以修理，或误认自己事务为他人事务而为之管理，都不能成立无因管理。管理他人事务如违反本人意思，也不能成立无因管理，但本人的意思如违法或违背公共利益的，仍能成立无因管理。比如，甲不赡养其母，由乙赡养。

无因管理所发生的债要求管理人应像管理自己的事务或财物那样尽心尽力，并应及时寻找或通知对方，才有权要求对方支付必要的补偿费用，以补偿因此而实际上遭受的财产损失。如果管理人出于私利，并采取违背所有人利益的管理方法使所有人蒙受损失时，则不属于无因管理，这种管理行为不但得不到法律保护，而且要承担由于自己的行为所引起的财产损失的后果。比如，把他人走失的牛、马拉回猛使，而致伤亡。

无因管理必须是合法行为，否则不是无因管理。比如，收藏某人偷来的东西。

本人授权的行为，不能成为无因管理，比如，甲受乙的委托，为丙修理房屋，虽然丙没有叫甲修，但甲对丙不构成无因管理。

无因管理经本人承认后，则成立委托关系，不再是无因管理，应适用委托的规定，并溯及到开始管理的时候。

管理人因无因管理所收取的利益应与原物一起交付本人。比如，代管果树所得果实，代管房屋所得租金等。

（四）不当得利

在上一章中已讲过不当得利是没有法律上的根据，有损他人而使自己获得利益。不当得利的法律事实发生后，即在不当得利人与利益所有人之间发生了债的关系。利益所有人有请求不当得利人返还其不当得利的权利；不当得利人负有返还不应得的利益给利益所有人的义务。比如，买货人多付了货款，出卖人多收的部分款项即是不当得利，应该返还给买受人。

不当得利产生的债不是由于不当得利人的违法行为造成的后果，而往往是由于利益所有人的误解或第三人的过错所造成的。如果是不当得利人的违法行为造成利益所有人的损失，而使自己获得某种利益，那就属于侵权行为发生的债。尽管在法律后果上赔偿损失与返还不当得利的财产责任是一致的，但从两者的性质上说则有重要的区别。

法律确认不当得利之债，是为了维护国家、集体和公民个人的合法利益。

债发生的根据除以上四种原因外，还有遗赠、扶养等单方的法律行为。这种单方法律行为产生债的关系，通常只是给对方当事人以某种权利，而不使其承担义务。

二、债 的 变 更

债的变更，是指由于一定的法律事实而改变债的主体、内容及客体，也可以是改变其中的一项或两项。债的变更原因是多种的，其中主要的有：因法律规定，比如负有连带义务的债务人中一人清偿了全部债务后，有权要求其他负有连带义务的人偿付他应当承担的份额；因企业计划变化，比如，原来所需要的产品，现在因企业计划变化而不需要了；因双方协议，债的当事人只要不违反法律的规定，可以就债的变更达成协议；因不可抗力，比如发生了自然灾害，在不损害债权人利益的前提下，应当允许债务人就债的履行作适当的调整。

（一）主体的变更

债的主体的变更，是指债的当事人的变更。债权的变更引起债权主体的变更。

债务的变更引起债务主体的变更。债权或债务按法定程序可由一个特定人转移给另一个特定人。

债权的转移,是指债权人与第三人达成协议,将其债权转移给第三人,也就是债权的转让。在一般情况下,债权的转移并不要征得债务人的同意。但是,原债权人应该把债权转让的事实通知债务人,否则要承担民事责任。比如,转让债权在甲地,债务人在乙地,债务人没有接到原债权人关于转让债权的通知(即使从其他方面已知道债权让与的事实)而履行了债务,债权即归消灭,原债权人与新债权人所为的债权转让没有法律效力。如果由于原债权人没有通知债务人关于转让债权的事实,而债务人因善意履行债务遭受损失时,原债权人应予以赔偿。让与人通知了债务人,债务人向受让人清偿后,事实上即使让与是无效的,债权仍归消灭。

债权转让后,新债权人就取得原债权人的法律地位。原债权人所享有的一切请求权,全部转移给新债权人。比如,债不履行时的违约金、赔偿损失等权利。同时,债务人对让与人的抗辩,可以向受让人主张。

法律规定不得转让的,双方当事人约定不得转让的,以及请求权的性质与公民的人身密切联系的债权(比如,抚恤金、人身保险金、损害赔偿请求权等)均不得转让。

债务的转移,是指债务人与第三人达成协议,并征得债权人同意,原债务由第三人履行;或者债务人与第三人达成协议,由第三人与债权人订立协议,原债务由第三人履行。

债务人的变更无论采取什么方式,都必须征得债权人的同意,这是因为直接关系到债权人的债权能否实现。

债务人虽有变更,但原债务的性质内容没有变动。

债务一旦转移后,债权人与新债务人之间的债的关系就发生,债务即由新债务人履行。原债务人对债权人的一切抗辩权,也转移给新债务人。同时,从属于债务的义务,比如,因不履行债务须给付违约金和赔偿损失等义务,也随之转移。但是,原为债务设定的担保权,除担保人同意外,不能转移给新债务人,也就是担保人不再负担保之责,这是由于对原债务人的信任而设定的。

凡与公民人身密切联系的债务及双方当事人原约定不许转移的债务均不得转移。

(二) 内容的变更

债的内容的变更,是指债权人与债务人的权利与义务的变更。比如,合同之债的双方当事人,在订立合同后,根据主客观情况的变化,对合同的条款进行修改和补充。

(三) 客体的变更

债的客体的变更,是指债权人与债务人的权利与义务所共同指向的标的的变更。比如,由于公司经营范围的变更、原标的物的灭失、提供原定的劳务已成为不可能等等,都会引起债的客体的变更。债的客体的变更与内容的变更往往是相互伴随而发生的。

债的主体、内容、客体的变更,常常引起债的种类的变更。比如,单一之债变为多数之债;或多数之债变为单一之债;或种类之债变为特定之债等。研究债的变更对认定现存债的关系的性质,分清当事人的责任有重要意义。

债的频繁变更,不利于社会经济秩序的稳定,容易引起纠纷。但是,必要的正常的债的变更,对于实现债权,促进企业的经营管理,以及满足公民的物质文化生活需要都是必要的。

第三节 债 的 履 行

一、债的履行的概念

债的履行,是指债务人根据法律的直接规定或合同的约定,完成自己所承担的义务。这也就是债务人完成了债中所规定的行为或不行为。

在一般情况下,债的履行是债务人的义务,但在某种情况下,债务也可以由第三者履行。比如,债务的担保人与债务人负连带责任,在债务人不履行的情况下,担保人就负有履行的义务。债务人在一般情况下,应向债权人履行债务,但在当事人有约定时,也可向第三人履行。比如,为他人保人寿保险,这是为第三人的利益订立的保险合同,保险公司(债务人)应向第三人履行。

债的履行虽然是债务人的义务,但是债权人也有义务接受债务人的符合法律或合同的履行,也就是债权人应当协助债务人履行债务。比如,提供必要的条件,及时地、适当地接受履行。

二、债的履行原则

债的当事人必须严格履行自己的义务,履行的原则有以下两种:

(一) 实际履行的原则

实际履行的原则要求债的双方当事人严格按照债中规定的标的来履行。给付的标的,非经债权人同意,债务人不得任意变更。在一般情况下,非货币之债就要求当事人必须按照债中的规定用实物来履行,不得用其他物品、行为或货币来替代。如果允许债务人任意用金钱来代偿债中原定的实物或劳务,债权人在货币上虽然没有遭受损失,但企业的生产计划不能完成,也就不能保证社会主义现代化建设的顺利进行,以及整个社会及公民的物质需要。

只有在下列情况下,才允许债务人用其他物品、劳务或赔偿损失的方法代替原债的履行:

1. 以特定物为标的债,特定物已灭失,实际履行客观上已不可能,如运输的货物丢失;

2. 因债务人迟延履行,标的物的交付对债权人已无实际意义。比如,原订冬季的服装,却延迟至春季交货;

3. 当事人达成协议。比如,实际履行耗费过大,大大超过原债价值。这往往是由于订立合同时考虑不周,或客观情况有了新的变化。

货币之债按照约定用货币履行,则不能用实物代替。比如,银行信贷,如果允许债务人以实物代替货币之债履行,就会破坏银行的信贷计划,阻碍资金的周转速度,影响银行的业务活动。

(二) 按照约定条件全面履行的原则

按照约定条件全面履行的原则,就是债务人必须按照合同约定标的的质量、数量、价款或者报酬;履行期限、地点和方式等全部履行债务。这个原则将在“合同法”一章中具体阐述。

实际履行原则和按照约定条件全面履行原则,是保证债在完成商品交换中的作用,由可能性变为现实性。它对于实现债权人的生产计划是非常必要的,任何程度的违反都会破坏债权人的计划和企业的财务成本核算,影响企业的生产任务和国民经济计划的完成。

第四节 债的不履行

一、债的不履行的概念

债的不履行,是指债务人没有实施债中所规定的行为或不行为,也就是债务人没有按债的内容履行自己所承担的义务。

债的不履行可分为全部不履行和不完全履行。前者是指债务人根本没有履行自己的义务，后者是指债务人虽然作了一定履行，但是没有按照合同约定的条件全面履行债务，也就是不适当履行。无论是债的全部不履行或不完全履行，都会对债权人的生产或生活产生一定的影响，造成一定的经济损失。比如，停工待料、质量下降、延误生产季节、影响市场供应等。

债的不履行或不完全履行的法律事实，必然产生一定的法律后果，债务人当然要承担法律责任。对此，债权人可以提起诉讼，请求法院强制债务人履行债务。如果法律或合同规定有违约金或赔偿损失，债权人对债务人还有追索违约金、赔偿损失的请求权。如债的实际履行已不可能或不必要时，债务人应承担损害赔偿的责任。这些强制和制裁体现了债的罚则，从而使债务人受到经济制裁，保障了债的法律严肃性。如果没有债的罚则，任便债务人违反债的要求，也不承担任何法律责任，那么债也就不成其为法律关系了。

二、债的不履行的责任条件

债务人承担债的不履行的民事责任不是无条件的，只有具备了应该担负民事责任的条件时才承担债的不履行的责任。这种条件有以下三个方面：

（一）要有不履行或不完全履行的行为

债务人是否有不履行行为，要根据债的内容来确定。比如，债的履行期已到，债务人完全不履行或不符合约定履行。只要债务人有不履行或不符合约定履行债务的事实，无论是债务人故意或过失不履行债务，都应承担法律责任。除非不依债务人的意志为转移的原因造成债务不履行，致使债权人遭受损害时，债务人不负任何法律责任。下列情况，可免除债务人不履行债务的责任：

1. 不可抗力。指债的不履行是债务人无法预知或防止的不可抗力事由所造成的。比如，由于地震而生产停顿，债务人无法履行债务。

2. 债的不履行是由于债权人的过错。比如，债权人无故拒绝或拖延接受债务的履行。

3. 法律规定或当事人约定有免除责任的条件，而这些条件确已成就时，也可免除债务人的责任。比如，按照铁路货物运输规则，需要有人押运的货物而托运人没有派人押送，由此而造成的损失，承运人可不负责任。

（二）债权人受到损害

债务人不履行债务而使债权人受到经济损失，债务人应负赔偿的责任。经济损失可分为直接损失与间接损失，前者是现有财产的减少；后者是应该增加的财产没有增加。比如,甲汽车制造厂向乙汽车零件厂预订汽车零件。乙厂延迟交货,致使甲厂停工待料若干天,少生产汽车几百辆。停工期间工资与管理费的支出,是财产上的直接损失;因少生产汽车,而没有得到应得的利润,是财产上的间接损失。

(三) 不履行行为与损害之间要有因果关系

这就是说,必须由于债务人不履行债务才使债权人遭受经济损失。如果债权人的损失并非由于债务人的行为所造成,那么这种损害当然不能要求债务人承担赔偿损失的法律责任。

总之,债务人不履行债务,应该负赔偿损失的责任时,必须具备以上三个条件,否则债务人不负赔偿的责任。

三、履 行 不 能

履行不能,是指债务人所负担的债务内容没有可能实现。所谓不能,不仅指物理上不能,比如,履行的货物已被焚毁;还包括按照社会一般观念可以认为的不能,比如,甲约定将房屋一间租给乙作写作之用,届时原住在那间房屋中甲的儿子突患重病,不能移动,以致甲不能将屋交乙使用。履行不能与履行困难有区别。比如,买卖合同订立后,因交通阻塞,交货发生困难,这种情况只是履行困难,不是履行不能。

履行不能有以下两种情况:

(一) 自始不能与嗣后不能

自始不能指法律行为成立时就已不能。这是属于法律行为无效的问题。履行不能是指嗣后不能,即法律行为成立后条件成就前履行不能。

(二) 主观不能与客观不能

主观不能是因债务人本身原因而不能履行的;客观不能是因主观以外的原因而不能履行的。履行不能是指客观不能。

履行不能的法律后果,如果不可归责债务人的履行不能,债务人免除给付义务。如是可归责于债务人的履行不能,债务人应负责任。债权人得请求赔偿债务人履行不能而受的损害。债务人部分履行不能,债权人不但可以请求不能部分的损害赔偿,还可以就可能部分请求债务人继续履行。如果可能部分的履行对债权人不利时,债权人可以拒绝接受该部分的履行,请求全部不履行的损害赔偿。比如,甲把房屋 2 间以 60 万元卖给乙,在房屋未给付前,甲因自己的过失烧毁 1 间。甲虽可将未烧去的 1 间交付,但乙家人多,住不下,乙可拒绝接受,要求退还全部房价 60 万元，还可请求赔偿损失。

债务人的给付不能是由于第三人造成的，债务人对第三人有赔偿请求权时，债权人可以向债务人请求让与他对第三人的赔偿请求权或交付受领的赔偿物。比如，甲卖给乙 1 辆汽车，在给付前，甲将此辆车借给丙用，丙不慎丢失，以致甲不能交乙，乙仍可向甲要求赔偿，也可受让对丙的赔偿请求权，向丙索赔。

四、履行、受领迟延

（一）履行迟延

履行迟延，是指债务已到履行期，债务人应履行能履行而不履行。这是对债权的一种侵害，应负迟延责任。履行迟延以债务存在为前提。附停止条件的债务，在条件成就前，不发生履行迟延问题。

履行有确定期限的债务，届期不履行，就应负迟延责任；履行无确定期限的债务，债权人催告债务人后，仍未履行，负迟延责任。

履行迟延的法律后果，因可归责于债务人的原因而履行迟延，对债权人不利时，债权人可以拒绝接受，并请求赔偿因迟延而所受的损害。比如，甲厂向乙厂定购布料为生产服装之用，到期乙厂未交货，甲厂只得向其他厂购买，事后乙厂将布料送来，甲厂可拒收并请求赔偿。如不可归责于债务人的原因而履行迟延，债务人不负责任。

（二）受领迟延

受领迟延，是指债权人对于债务人已提出的给付无正当理由拒绝受领或不能受领，或没有按照约定予以协助，致使债务人无法履行。债权人对这种情况应负受领迟延责任。

使债权人负迟延责任，应以债务人按照债的内容提出履行为条件。债务人提出履行必须完成其履行债务所必要的一切行为。比如，应在债权人住所地履行的债务，须将给付物运送至该地，置于债权人可以受领的地位才行。债权人的拒绝受领或不能受领，不问由于何种原因，一律从债务人合法提出履行时起负受领迟延责任。

受领迟延只有在债务的履行非经债权人受领才能完成时才会发生，如只要债务人一方行为即可完成履行义务，就不可能发生受领迟延的问题。比如，履行不作为的债务。受领迟延，以履行可能为前提，如履行已不可能，债务人也无法提出履行。

受领迟延，债权人应支付违约金，并赔偿债务人提出履行和保管给付物等必要费用。但债务人并不能免除履行义务。在债权人受领迟延过程中，如是货币之债，债务人无须支付利息，因为债权人可以随时请求履行。债权人迟延受领，标的物在迟延受领期间因意外事故发生毁灭损失时，其损失由债权人负担，这就是危险负担的转移。比如，甲厂向乙厂订购一批货物，乙厂交货时，甲厂没有按期提货。后由于不可归责于乙厂的原因而仓库突然起火，该批货物灭失，货物的损失应由甲厂负担。

第五节　债的消灭

债的消灭，是指现存之债的权利义务关系，因一定法律事实的出现，而归于消灭。引起债的关系消灭的法律事实，是债消灭的原因。

消灭债的原因，主要有以下六种：

一、债的清偿

债的清偿，是指债务人完成了债中所规定的义务，债权人的权利已经实现，因而债的法律关系即行消灭。

债务的清偿可以是债务人、代理人、第三人，如法律或合同无其他规定，只要上述人中任何人清偿了债中所规定的行为或不行为，就能引起债的消灭。否则，第三人不能清偿。比如，当事人约定第三人不能清偿，则对第三人清偿，债务人可不同意，债权人也得拒绝其清偿。但第三人就债的履行有利害关系的，债权人不得拒绝。比如，第三人是保证人、共有人、债务人的配偶等。另外，按债的性质不得由第三人清偿，比如，教学、演戏、委托等。

债的清偿是消灭债的最普遍、最基本的原因。

二、债的抵消

债的抵消，是指当事人互负到期债务，该债务的标的物种类、品质相同的，任何一方可以将自己的债务与对方的债务抵消，但依照法律规定或者按照合同性质不得抵消的除外。比如，甲欠乙的借款，乙欠甲的货款。这种对待之债如数额不等时，可以用支付差额的办法进行抵消。

凡是与人身相联系的债务不能采用抵消的方法来消灭。比如，甲为乙撰稿，乙为甲画画，则必须相互履行，不发生抵消问题。

当事人主张抵消的，应当通知对方。通知自到达对方时生效。抵消不得附条件或者附期限。当事人互负债务，标的物种类、品质不相同的，经双方协商一致，也可以抵消。

三、债的免除

债的免除，是指债权人消灭债权的意思表示。债权人免除债务人部分或者全部债务的，则债的关系即部分或全部终止。但是这种免除债务人的责任，不能违背法律，即法律或行政法规规定必须履行的债务，不允许债权人免除债务人的义务。

四、债的混同

债的混同，是指债权人和债务人的法律地位合二而一。债的关系本是独立的权利、义务主体之间的权利、义务关系，现在既然权利、义务主体合二而一，也就是债权人和债务人合为一个人，债的关系就自然消灭了。比如，原有债权债务关系的甲乙两个企业兼并后合并为一个企业。

债的关系虽因混同而消灭，但也有以下两种例外：

1. 债权和债务同归于一人的，双方的权利义务即终止，但涉及第三人的利益除外。比如，债权为他人权利的标的，就不能因混同而消灭。具体的案例：债权人甲企业已将其对乙企业的债权抵押给丙，嗣后乙受让甲的债权时虽发生混同情况，但因甲的债权已经抵押给丙，丙还可行使抵押权，如认为该债权因混同而消灭，就妨害第三人丙的利益。

2. 法律另有规定时，也不能因混同而消灭。比如，票据债务人取得一张经过背书而且是自己开出的汇票，这时债务人与债权人虽同归一人，但是他可以把这张汇票再背书转让。这张汇票上的债权，并不因混同而消灭。

五、债的提存

债的提存，是指债务人因有一定情况的出现，请求法院或法律规定的提存机关，以消灭债的关系为目的，把债的标的物交付上述机关的法律行为。从标的物交付之时起,债的关系即消灭。批准提存的机关,应该把批准提存的事实及领取提存的标的物通知债权人或其继承人、监护人,如果在法定期间不领取,就视为无人认领的财产,上交国库。

提存并非在一切情况下均可适用,必须有下列情况之一,债务人才能把标的物提存:

1. 债权人无正当理由,拒绝接受债务人的履行,或迟延接受,经债务人催促后,债权人仍未接受履行时;

2. 债权人下落不明,债务人无法向债权人履行时;

3. 债权人死亡,尚未确定继承人,或者丧失民事行为能力未确定监护人;

4. 法律规定的其他情形出现时。

提存的给付标的物,应限于物体,如给付的标的是债务人的行为、不行为或劳动服务,性质上就没有提存的可能。而提存的物品也要适于提存,如是不宜或不易保管的物体,当然也不得提存,比如,易爆易燃物、水果、鱼肉等;另外,如提存费用过高,则债务人依法可以拍卖或者变卖标的物,提存所得的价款。

标的物提存后,由于意外事故发生毁损灭失的风险,由债权人承担责任。提存期间,标的物的孳息归债权人所有,提存费用由债权人负担。标的物提存后,除债权人下落不明的以外,债务人应当及时通知债权人或他的继承人、监护人。

债权人可以随时领取提存物,但债权人对债务人负有到期债务的,在债权人未履行债务或者提供担保之前,提存部门根据债务人的要求应当拒绝其领取提存物。债权人领取提存物的权利,自提存之日起5年内不行使而消灭,提存物扣除提存费用后归国家所有。

六、当事人死亡

具有严格人身性质的债,随着债权人或债务人的死亡而消灭。比如,委托合同是基于委托人对受托人本人工作能力和道德品质的信任和受托人愿为委托人代办事务而产生的,具有严格的人身性质,委托人或受托人死亡,合同关系即消灭。这种关系不能通过继承程序转移给他们的继承人,也不能约束其继承人。非人身性质的债,当事人死亡,并不是引起消灭债的当然原因,而只能引起债的主体的变更,债权债务由其继承人继承,只有在继承人放弃继承,而债务人的遗产又不足以偿还债务时,其不足的部分,才因当事人的死亡而消灭。

第五章　代　　理

第一节　代理的概念

代理，是指代理人在代理权限内，以被代理人的名义进行民事活动，其权利义务后果直接归属于被代理人的一种法律关系。

法律行为通常是行为人亲自进行的，但是法律也准许某些法律行为可以由他人代为办理。随着商品经济的发展，社会分工越细，民事活动越多、越复杂，各种民事活动都要公民、法人亲自去直接处理是不可能的，就需要将一部分职能委托他人代理。比如，诉讼、报关、海事、金融、结算、知识产权等方面的工作必须聘请有专门知识和技能的人或机构代理。另外，对于无行为能力人进行民事活动也是需要有代理人的。

民事法律关系的代理表现为代理人以被代理人的名义，进行某些民事法律行为，所产生的权利、义务，后果直接归属于被代理人。比如，甲厂委托某乙到丙厂去订购货物。某乙就可以代理甲厂去和丙厂洽商合同条件，并且以甲厂的名义和丙厂订立买卖货物的合同，从而使甲厂直接和丙厂发生买卖货物的合同关系。在这一法律关系中，某乙是代理人，甲厂是被代理人，丙厂是第三人，某乙向丙厂订购货物的活动，就是代理活动。又如律师代理诉讼、房主委托他人出租房屋和经收房租等，都是代理。

代理具有以下四个基本特征：

一、代理进行的活动，必须是有法律意义的行为

代理进行的活动本身必须是法律行为。比如，代理进行买卖、租赁、借贷、履行债务、接受继承等，还有代理进行某些有关履行财政、行政义务的行为。比如，代办房地产权、船舶登记、商标注册、法人登记、船舶进出口手续、纳税等。代理人所进

行的代理活动,是能够产生某种民事法律后果的行为。凡不能产生法律后果,只是受人委托而进行的某种具体事务方面的工作,不属于民事法律上的代理。比如,校译稿件、统计数字、整理资料等,都不能成立代理关系,因为这些行为都不是通过别人实现民事法律权利义务的范围。另外,依照法律规定或者按照双方当事人约定,必须由本人实施的民事法律行为,不得代理。否则,这种行为就没有法律效力。比如,婚姻法规定:"要求结婚的男女双方必须亲自到婚姻登记机关进行结婚登记"。其他一些具有人身性质的行为也不能代理,比如,立遗嘱、收养子女以及预约某人绘画、演出、写稿等,该人不能找他人代理。

代理人知道被委托代理的事项违法仍然进行代理活动的,或者被代理人知道代理人的代理行为违法不表示反对的,由被代理人和代理人负连带责任。

二、代理人是以被代理人的名义实施民事法律行为

代理人的任务就是代替被代理人进行民事法律行为,而这种民事法律关系的主体是被代理人。因此,代理人必须以被代理人的名义进行民事法律行为,这称直接代理,由此产生的权利义务由被代理人享有和承担。如果用他自己的名义从事活动,就不是代理,而是行纪活动,也可称间接代理。这是行纪人以自己的名义与第三人进行民事法律行为,由此产生的权利义务先由行纪人享有和承担,再由行纪人转移于被代理人。行纪是行纪人受委托人的委托,由委托人给付一定的报酬,为了实现委托人的利益,而以自己的名义进行的民事法律行为。比如,信托公司、委托行、生产资料服务公司、寄售商店等,它们接受法人、其他组织或公民的委托代销产品,处理废旧物资等的行为。行纪关系中委托人和第三者之间是没有直接关系的,双方都不能直接向对方行使权利和履行义务。

三、代理人进行民事活动时,在授权范围内独立地表现自己的意志

代理人在与第三人进行民事法律行为时的意思表示,在被代理人授予他的权限范围内可以表现他自己的意志。代理人以被代理人的名义进行活动,总的来说,当然要反映被代理人的意志。这个意志就是指授权的内容。代理人不能用自己的意志代替授权的内容。但是代理人的行为既然是他自己的行为,也就是他要独立

地作意思表示，他在进行法律行为时的每一言行并不都是被代理人说过的。代理人以自己的意志去积极地为被代理人的利益而进行各项民事活动。代理的这一特点，使代理人与传达人、居间人的行为区别开来。传达人只是把当事人一方的意思表示机械地传递给对方，传达人自己不作任何意思表示，也没有责任替当事人一方造成任何民事法律后果。居间人只是在当事人之间起媒介作用，促使意欲进行民事法律行为的双方达成协议。居间人无权在当事人之间的民事法律行为中表示自己的意思。

代理人要独立表达自己的意思，就必须有行为能力。没有行为能力的人或行为能力受限制的人，是不能做代理人的，法人有行为能力，可以做代理人。

四、代理人的代理行为所产生的法律后果直接由被代理人负责

代理是代理人以被代理人的名义进行民事法律行为，以实现被代理人的权利和义务的活动。它与被代理人本人所为的行为完全一样，即被代理人直接和对方(第三者)发生法律关系，但这种代理必须是代理人在授权范围内所为的行为。比如，甲公司委托乙公司出售一批货给丙公司，甲公司直接与丙公司发生买卖的权利义务关系。

被代理人应当承担代理活动的全部法律后果，既要承担有利于自己的法律后果，也要承担不利的后果，这样才能稳定代理关系。但代理人不履行职责而给被代理人造成损害的，应当承担民事责任。如果代理人和被代理人对已实施的民事行为负连带责任的，在民事诉讼中，可以列为共同诉讼人。

总之，代理关系包括三个方面：被代理人即本人对代理人的关系，即代理权关系，这是代理的内部关系；代理人对第三人的关系，即代理行为，这是代理的外部关系；第三人对本人的关系，是法律效力的归属问题。

代理人所进行的民事法律行为如果是可以撤销的，则代理人与被代理人都有撤销权。

根据以上分析，代理的基本法律特征是：代理人在代理权限内，以被代理人的名义进行民事法律活动，在代理活动中表现了代理人的意志，直接对被代理人发生法律效力。凡是不符合这些特征的，就不是代理。

代表与代理不同，代表所为的行为即等于被代表人的行为，而代理人所为的行为，仍为代理人的行为，不过其法律后果归属于被代理人而已。比如，公司的经理、工厂的厂长，对外进行民事法律活动，是代表公司或工厂，而不是代理公司或工厂。

第二节　代理权的产生和终止

一、代理权的产生

代理既然是一种民事法律关系,因此,代理关系的产生就需要一定的法律事实为前提。代理关系的产生可以由被代理人的授权、法律规定、一定权力机关指定。根据不同情况,代理可分为委托代理、法定代理和指定代理三种。

(一) 委托代理

委托代理,是指按照被代理人委托授权而产生代理权的代理行为,也称授权代理或意定代理。被代理人授权的意思表示属于单方的法律行为,仅凭被代理人一方的意思表示,即能发生授权的效力。被代理人有权随时撤销其委托,代理人也有权随时辞去其受托,但不能使被代理人和善意第三人因此而蒙受损失,否则应负赔偿责任。

委托代理是在一定的法律关系的基础上产生的,在这种法律关系中,对于委托、受托双方的权利、义务都有明确的规定。这种法律关系一般表现为委托合同。

委托合同,是指委托人和受托人约定,由受托人处理委托人事务的合同。所以,委托合同是一种双方的法律行为,委托人和受托人有共同意思表示,委托合同就成立。委托合同中如没有明确具体表示授权的内容,那么还必须由委托人再进行授权行为,代理关系才能成立。比如,委托律师代理民事诉讼,除了和法律顾问处订立委托合同外,还必须由当事人发给律师代理诉讼的授权委托书,委托书上写明委托事项和授理权限。律师凭授权委托书才能出庭代理诉讼。但是,在有的委托合同中,委托人已明确表示了授予具体的代理权,那就不必再办理“授权行为”的手续。

委托书中授权不明确的,被代理人与代理人向第三人承担连带责任。

委托合同成立后,受托人应亲自处理委托的事务。委托代理人为被代理人的利益需要转托他人代理的(再代理),应当事先取得被代理人的同意。事先没有取得被代理人同意的,应当事后及时告诉被代理人,如果被代理人不同意,由代理人对自己所转托的人的行为负民事责任,但在紧急情况下(这是指由于急病、通讯联络中断等特殊原因,委托代理人自己不能办理代理事项,又不能与被代理人及时取得联系,如不及时转托他人代理,会给被代理人的利益造成损失或者扩大损失),为了保护被代理人的利益而转托他人代理的除外。再代理人直接和被代理人发生关系，他不是代理人的代理人，他的代理权限不能超过原代理人的权限。

委托代理人转托他人代理的，因委托代理人转托不明，给第三人造成损失的，第三人可以直接要求被代理人赔偿损失；被代理人承担民事责任后，可以要求委托代理人赔偿损失，转托代理人有过错的，应当负连带责任。

被代理人委托两个以上的代理人进行民事法律行为，有两种情况：一种是各代理人都独立有代理权，这叫集合代理；另一种是被代理人要几个代理人共同去做某件事，这叫共同代理。共同代理，除非法律另有规定或被代理人与代理人之间另有约定，每个代理人才可以单独行动，否则即构成无权代理行为。数个委托代理人共同行使代理权的，如果其中一人或数人未与其他委托代理人协商，所实施的行为侵害被代理人权益的，由实施行为的委托代理人承担民事责任。

被代理人授予代理人的代理权，其范围依其活动内容可分三种情况：专就某项事务代理法律行为，这称一次委托。比如，代收某批货物、代卖某批货物；在一定时期内代理同类的法律行为，这称特别委托。比如，代收一定时期的房租；在一定期间内就某项事务及与此事务有关的一系列活动代理法律行为，这称总委托。比如，代购某所房屋，代办产权登记、纳税，以及出租等。

委托人应预付处理所委托事务的一切必要费用，受托人为处理委托事务垫付的必要费用，委托人应当偿还该费用及其利息。受托人因不可抗力的事由而蒙受损害时，得向委托人请求赔偿。受托人完成委托事务的，委托人应当向其支付报酬，因不可归责于受托人的事由，委托合同解除或者委托事务不能完成的，委托人应当向受托人支付相应的报酬。当事人另有约定的，按照其约定。

民事法律行为的委托代理，可以用书面形式，也可以用口头形式，法律规定用书面形式的，应当用书面形式。

书面委托代理的授权委托书应当载明代理人的姓名或者名称、代理事项、权限和期间，并由委托人签名或者盖章。这样可以减少或避免在执行中因无所依据而发生争议。委托书授权不明的，被代理人应当向第三人承担民事责任，代理人负连带责任。这样不仅可以保护第三者的合法权益，也可以促使代理人在委托代理时，慎重从事。

在国际贸易往来中，一家公司很难做到事必躬亲，尤其要开拓国际市场，扩大出口，更是离不开外国代理商的帮助。代理商与委托人之间的关系不是货物买卖关系，而是委托代理关系。国际贸易的代理可概括分作三类：

1. 独家代理，是指委托人在一定时期、一定地区给予代理人推销指定商品的专营权利。委托人有义务向该代理人支付佣金，负担经营风险，并保证只通过他指定的代理商向该地区销售指定的商品。独家代理商享有产品专卖权。

2. 一般代理,是指不享有专卖权的代理。

3. 总代理,是指在特定地区内,不仅有权独家代理委托人签订买卖合同、处理货物的权力,还有权代表委托人办理其他非商业事务。

委托代理与对外贸易中的包销、定销及寄售有区别:

包销,是指由出口商通过签订包销协议给国外包销商在一定时间、一定地区内经营某种或某几种商品的专营权。在包销关系中,出口商与包销商之间不是委托代理关系,而是买卖关系,包销人从出口商那里购买货物后,自负盈亏,自己承担经营上的风险进行推销。根据包销协议,包销人享有专买权和专卖权,出口商不能在同一时间、期限内向同一地区的其他客户出售同类商品。

定销,是指定销商不享有商品的专营权,只是由出口商出售商品给定销商时,在价格、支付条件等方面给予定销商以一定优惠。

寄售,是出口商先把商品运交给国外约定的代售人,由其根据寄售协议代为出售商品,货款由代售人在商品出售后,扣除佣金和其他合理费用,然后通过银行汇给寄售人。在买卖成交前货物虽存放在代售人仓库中,但货物所有权仍属于寄售人。

(二) 法定代理

法定代理,是指由于法律的直接规定而产生代理权的代理行为。这种代理不需要被代理人委托,而是直接由法律根据一定社会关系的存在加以确定的。比如,法律规定无行为能力和限制行为能力的人,即未成年人,或有重大生理缺陷的人,或有精神病的人,由他们的父母作法定代理人。父母可以代理他们参加民事法律活动,实现民事权利和履行民事义务。又如,夫妻一方失去行为能力,另一方即为他方的法定代理人。这种代理产生的根据,便是父母和子女间、夫妻间的亲属关系的存在,是由法律规定的。

另外,如工会组织在保护其成员的合法权益时,为其成员的法定代理人。工会有权代表职工与单位行政方面签订集体合同,对单位行政和职工在完成生产计划、吸收职工参加管理、提高劳动生产率,以及工时、休假、劳动报酬、劳动保护、劳动纪律等方面,双方应尽的义务和应享受的权利,作出明确具体的规定。产生这种代理的根据,便是工会和会员关系的存在。

(三) 指定代理

指定代理,是指根据人民法院或指定单位(一般是国家主管机关)的指定,而产生代理权的代理行为。比如，人民法院为无行为能力人又无法定代理人的诉讼当事人指定其代理人。对人民法院或指定单位的指定，被指定的人如无正当理由，一般不得拒绝担任代理人。

二、代理权的终止

（一）委托代理因以下情况而终止

1. 代理期间届满或者代理事务已经完成。

2. 被代理人取消委托或代理人辞去委托。代理人和被代理人都有权通知对方解除委托代理，这是单方的法律行为，不必得到对方同意。这是因为委托代理基于信用关系而设立，如果信任丧失或因其他原因，委托人和受托人都有权随时解除合同。任何一方要求解除委托，都应该在一定期间以前通知对方，使对方有所准备，免得对方的利益和社会财富受到损失。除不可归责的事由外，如果并非迫不及待，而又未提前通知对方，就应该赔偿对方遭受的损失；被代理人为数人时，其中一人或者数人未经其他被代理人同意而提出解除代理，因此造成损害的，由提出解除代理关系的被代理人承担。

3. 代理人死亡、丧失民事行为能力或者破产致使委托合同终止的，代理权即随之消灭。受托人的继承人、法定代理人或者清算组织应当及时通知委托人。代理权不能由代理人的继承人继承。因委托合同终止将损害委托人利益的，在委托人作出善后处理之前，代理人的继承人、法定代理人或者清算组织应当采取必要措施。因被代理人死亡、丧失民事行为能力或者破产，致使委托合同终止将损害委托人利益的，在委托人的继承人、法定代理人或者清算组织承受委托事务之前，受托人应当继续处理委托事务。

被代理人死亡后有下列情况之一的，委托代理人实施的代理行为有效：(1)代理人不知道被代理人死亡的；(2)被代理人的继承人均予承认的；(3)被代理人与代理人约定到代理事项完成时代理权终止的；(4)在被代理人死亡前已经进行、而在被代理人死亡后为了被代理人的继承人的利益继续完成的。

4. 作为被代理人或者代理人的法人终止。法人的终止，作为代理人或被代理人的一方已不再存在，代理权当然也就消灭了。

（二）法定代理或者指定代理因以下情况而终止

1. 被代理人取得或者恢复行为能力。法律为无行为能力或限制行为能力的人确定代理的目的，是由于他们缺乏行为能力，不能亲自进行法律行为，需要有法定代理人协助他们取得民事权利和履行民事义务,以保护他们的合法权益。未成年人成年或精神病患者恢复健康后,他们已经可以亲自进行法律行为,原来设定的法定代理或指定代理已没有存在的必要了。所以,被代理人取得或者恢复行为能力,就可使法定代理或指定代理终止。

2. 被代理人或者代理人死亡。

3. 代理人丧失民事行为能力。

4. 指定代理的人民法院或者指定单位取消指定。

5. 由其他原因引起的被代理人和代理人之间的监护关系消灭。

第三节 代理权的滥用、无权代理和表见代理

一、代理权的滥用

代理权的滥用,是指代理人利用享有代理权的方便条件,去损害被代理人的利益。

滥用代理权主要有以下三种情况:

(一) 利用被代理人的名义,和代理人自己进行法律行为,损害被代理人的利益

这种情况称为自己代理。比如,某人委托代理人出卖一批货物,结果代理人自己压低价格购进。这是法律不允许的。

(二) 代理人同时代理当事人双方,进行同一项法律行为

这种情况称为双方代理。比如,代理人既代理买方又代理卖方订立一个买卖合同;又如,同一个诉讼案件,某律师既代理原告又代理被告。这也是法律禁止的。

(三) 代理人和第三人恶意串通而进行的法律行为

代理人和第三人恶意串通,使被代理人蒙受不利,这是滥用代理权的表现。比如,甲委托丙出卖一所房屋,丙却与买主乙串通,故意把房价压低。这种代理行为是没有法律效力的,由代理人和第三人负连带责任。

二、无 权 代 理

无权代理,是指没有代理权或超越代理权限而进行的代理活动。由于无权代理而进行的法律行为,被借用名义的人不承担由此而产生的一切法律后果,不知情

的第三者参与这个法律行为而遭受的损失，由行为人即所谓的“代理人”负责赔偿。

无权代理有三种情况：

（一）没有合法的授权的行为

（二）代理行为超越了授权范围

在现实经济生活中，对于是否超越代理权的情况是很复杂的，必须认真地调查分析，运用法律规定加以确认。

（三）代理权已经终止后的行为

在上述任何一种情况下的行为，一般属于无权代理行为。无权代理行为应认为无效，被代理人如受到损害，可向该“代理人”请求赔偿。除此之外，被代理人不负任何责任，一切法律后果应由无权代理人负责。但在有的情况下，无权代理人的行为对被代理人也有关系，这是指被代理人对无权代理行为有承认权，即追认权。被代理人可以承认这个无权代理行为，使之有效。无权代理行为一经被代理人追认，就成为有权代理行为，被代理人就承担民事责任。未经追认的行为，由行为人承担民事责任。行使承认权不必得到相对人的同意。另外，本人知道他人以本人名义实施民事行为而不作否认表示的，视为同意。

被代理人还有拒绝权。拒绝就意味着放弃承认权。但被代理人如果已经先表示了承认，就不能再拒绝；如果已表示了拒绝，就不能再承认。因为承认权和拒绝权都是形成权，形成权一经行使就发生法律效果，使法律关系发生、变更或终止。

如果被代理人只承认无权代理行为的一部分或拒绝一部分，其法律后果要看行为客体是否可分和相对人的意思而定。如果客体可分，相对人也同意，则可以；否则就不可以。比如，甲未受乙的合法委托代乙向丙购进电冰箱 1 台、洗衣机 1 部。乙现在表示只要洗衣机，如相对人丙没有意见，那么无权代理行为的另一部分，就因被代理人的拒绝而不能对乙生效。这种情况下，丙如因此而受到损失，可以要求无权代理人甲承担赔偿责任。

无权代理行为的相对人有催告权和撤回权。相对人可以向被代理人催告，问他承认还是拒绝，并限期答复。如果被代理人不在限期内答复，就视作拒绝，他就不能再承认。相对人也有撤回权，就是撤回与无权代理人进行的法律行为。但如果被代理人已经承认，相对人就不得再撤回。同样，如果相对人已经行使撤回权，被代理人也不能再承认。

第三人知道行为人没有代理权、超越代理权或者代理权已终止还与行为人实施民事行为，给他人造成损害的，由第三人和行为人负连带责任。比如，某厂叫采购员甲去某地采购一批冷风机，甲却把他的亲戚乙工厂销售不出去的一批电扇买回来。乙明知甲无权采购电扇,仍卖给他,则甲与乙负连带赔偿责任。

三、表 见 代 理

表见代理,是指无权代理人因与本人有一定关系,而使第三人信其有代理权,因而与他进行民事行为。

表见代理是有无权代理的性质,但和一般的无权代理有所区别。由于本人与"代理人"之间有一定关系,为了保护相对人(即第三人)的利益,本人要负授权人的责任。这是一种特殊的代理。

表见代理有两种情况:

(一) 本人的明示或默示

由于本人的行为曾表示过以代理权授与无权代理人,虽没有正式授与;或本人已知无权代理人表示为他的代理人而不反对,如甲以乙的名义购进一批货,乙并不反对。

(二) 代理权已撤回或终止

代理权已撤回或终止后,第三人不知情,仍与原代理人进行民事法律行为的,第三人可向本人主张权利。比如,甲在对外交易时,一直由乙为其代理人,后因故改丙为之代理,乙的代理权已被撤销,但甲并未通知与之交易的丁。丁不知乙的代理权已被消灭,仍与乙进行交易,甲应负责。

第二种情况,也是为了保护第三人的利益,至于第三人究竟知道不知道,应由本人负举证责任,如果举不出反证,就推定其不知情。英美法等国称之为"不可否认的代理(Agency Estoppel)"。

另外,如第三人主张构成表见代理的,则应当承担举证责任,不仅应当举证证明代理行为的客观要素,比如合同书、公章、印鉴等有权代理客观形式的要素,而且应当证明其善意且无过失地相信行为人具有代理权。

第三人如认为向无权代理人追究责任更为有利,也可向无权代理人追究,因为表见代理实质上是无权代理。

第六章　时　　效

第一节　时效的概念及意义

一、时效的概念

时效，是指法律规定一定事实状态在法定期间内的持续存在，从而产生与该事实状态相适应的法律效力。比如，占有人善意占有别人的财产，原所有人在法定期间内没有行使权利，占有人就取得了所有权，这叫取得时效，又称占有时效。又如债务人不履行义务，债权人在法定期间内不行使权利，法律对这种债权则不再予以保护，即法律不强制债务人履行债务。这叫诉讼时效，又叫消灭时效。

二、时效制度的意义

时效制度的适用，既不是对权利人不及时行使民事权利的惩罚，也不是对义务人不及时履行民事义务的保护。时效制度主要有以下三方面的意义：

第一，为了保护当事人的财产权益。当事人的财产权应当受到法律的保护，但任何权利都不是无限制的，时效制度就是在行使权利的时间上，促使权利人行使自己的权利。这样可以更好地保护当事人的财产权益。当然，对不积极要求享有自己权利的人是不必加以保护的。

第二，有利于稳定社会经济秩序，及时地利用社会财富。当事人的财产权应当及时行使，否则就影响财产的迅速流转。这对企业来说，不利于经济核算、资金周转、经营管理，影响生产计划的完成；对个人来说，由于当事人之间的经济关系长期处于不稳定状态，也不利于社会经济秩序的稳定。设立时效制度的主要目的，是督促权利人及时行使权利，唤醒“权利睡眠者”，维护法律的秩序，保护社会公共利益，具有重要的意义。

第三，有利于法院审结案件。法院在解决经济纠纷时，需要弄清事实，调查证据。在一定时间内处理民事权利的争议,易于搜集证据,及时、正确地解决纠纷。如时间过久的案件,人证、物证不全,甚至已不存在,在确定当事人之间的权利义务关系及其内容上就会有许多困难。

时效制度是属于强制规范,当事人无权协商不受时效约束,也无权自行决定缩短或延长时效期间。

第二节 诉讼时效

诉讼时效,是指权利人在法定期间不提起诉讼,请求保护他的民事权利,法律规定消灭其胜诉权的一种制度。这就是说,公民或者法人在民事权利受到侵害的时候,在诉讼时效期间不向法院提起诉讼,就丧失了请求法院依诉讼程序强制义务人履行义务的权利。所以,诉讼时效也就是指权利人向法院请求保护其民事权利的法定时间。

诉讼时效就是消灭时效,诉讼时效届满,消灭的是诉讼保护的权利,即胜诉权,而不是起诉权。起诉权是权利主体向法院起诉的权利,任何时候任何公民、法人及其他组织都不会丧失和被剥夺。超过诉讼时效期间,权利人提起诉讼,法院仍应受理。法院审查这种诉讼案件的时效是否已过期,如查明时效确已届满,又无加以延长的正当理由,应以此为根据判决权利人败诉。如在时效期间内权利人提起诉讼,则有可能得到胜诉的判决。

胜诉权消灭后(即诉讼时效期间届满后),义务人自愿履行义务的,不受诉讼时效限制。如债务人自愿履行超过诉讼时效期间的债务,事后债务人不能以超过诉讼时效期间为理由,请求权利人按不当得利返还已交付的财产。因为诉讼时效期间届满,消灭的是诉讼保护权,而不是所请求保护的权利本身。

民法通则规定,向人民法院请求保护民事权利的诉讼时效期间为2年,法律另有规定的除外。下列的诉讼时效期间为1年:

1. 身体受到伤害要求赔偿的;
2. 出售质量不合格的商品未声明的;
3. 延付或者拒付租金的;
4. 寄存财物被丢失或者损毁的。

我国《合同法》规定:国际货物买卖合同和技术进出口合同的诉讼时效期间为4年。

诉讼时效期间的计算,从权利受到侵害的人或单位知道或者应当知道被侵害事实和致害人或单位的时候起。比如，人身损害赔偿的诉讼时效期间，伤害明显的，从受伤害之日起算；伤害当时未曾发现，后经检查确诊并能证明是由侵害引起的，从伤势确诊之日起算。又如，债的履行期限到来时，债务人不履行债务这一天开始计算诉讼时效期间。但是，从权利被侵害之日起超过20年的，人民法院不予保护，这是指权利人不知道自己的权利受侵害，后来虽然知道了，但已超过20年。比如，甲委托乙代为保管一件家传珍宝。后乙突然死亡，乙的继承人继承遗产时没有此物。起初甲不知乙死亡，后来虽知道了，但找不到谁拿走此物，过20年后才找到，甲要求其返还。

有特殊情况的人民法院可以延长诉讼时效期间，特殊情况是指权利人由于客观的障碍在法定诉讼时效期间不能行使请求权的。比如，国外的华侨与台湾、港澳同胞在大陆的财产的请求权。

当事人可以对债权请求权提出诉讼时效抗辩，但对下列债权请求权提出诉讼时效抗辩的，人民法院不予支持：支付存款本金及利息请求权；兑付国债、金融债券以及向不特定对象发行的企业债券本息请求权；基于投资关系产生的缴付出资请求权；其他依法不适用诉讼时效规定的债权请求权，比如，未授权给公民、法人及其他组织经营管理的国家财产受到损害的，不受诉讼时效期间的限制。

当事人违反法律规定，约定延长或者缩短诉讼时效期间、预先放弃诉讼时效利益的，人民法院不予认可。当事人未提出诉讼时效抗辩，人民法院不应对诉讼时效问题进行释明及主动适用诉讼时效的规定进行裁判。

诉讼时效制度虽具有督促权利人行使权利的立法目的，但其实质并非否定权利的合法存在和行使，而是禁止权利的滥用，以维护社会交易秩序的稳定，进而保护社会公共利益。

当事人在一审期间未提出诉讼时效抗辩，在二审期间提出的，人民法院不予支持，但其基于新的证据能够证明对方当事人的请求权已过诉讼时效期间的情形除外。

当事人未按照上述规定提出诉讼时效抗辩，以诉讼时效期间届满为由申请再审或者提出再审抗辩的，人民法院不予支持。

当事人约定同一债务分期履行的，诉讼时效期间从最后一期履行期限届满之日起计算。

未约定履行期限的合同，可以确定履行期限的，诉讼时效期间从履行期限届满之日起计算；不能确定履行期限的，诉讼时效期间从债权人要求债务人履行义务的宽限期届满之日起计算，但债务人在债权人第一次向其主张权利之时明确表示不履行义务的,诉讼时效期间从债务人明确表示不履行义务之日起计算。

享有撤销权的当事人一方请求撤销合同的,应在他自知道或者应当知道撤销事由之日起1年内没有行使撤销权或他知道撤销事由后明确表示或者以自己的行为放弃撤销权。对方当事人对撤销合同请求权提出诉讼时效抗辩的,人民法院不予支持。

合同被撤销,返还财产、赔偿损失请求权的诉讼时效期间从合同被撤销之日起计算。

返还不当得利请求权的诉讼时效期间,从当事人一方知道或者应当知道不当得利事实及对方当事人之日起计算。

管理人因无因管理行为产生的给付必要管理费用、赔偿损失请求权的诉讼时效期间,从无因管理行为结束并且管理人知道或者应当知道本人之日起计算。

本人因不当无因管理行为产生的赔偿损失请求权的诉讼时效期间,从其知道或者应当知道管理人及损害事实之日起计算。

第三节 诉讼时效中止与中断

一、诉讼时效中止

诉讼时效中止,是指在诉讼时效期间的最后6个月内,因不可抗力或者其他障碍不能行使请求权,诉讼时效暂停。比如,由于交通断绝、战争、疾病等不可抗力的原因而无法行使请求权。又比如,权利被侵害人是无民事行为能力人或限制民事行为能力人,而又没有法定代理人,或者法定代理人丧失代理权、法定代理人本人丧失行为能力或死亡的。这是为了保护权利人的合法权益。从中止时效的原因消除之日起,诉讼时效期间继续计算。比如,1998年10月31日诉讼时效期间届满(诉讼时效最后6个月,从1998年5月1日算起),而在1998年9月1日发生中止原因,此原因至1998年12月31日才消除,则从1999年1月1日起诉讼时效延长2个月,至1999年2月28日诉讼时效届满。在诉讼时效期间届满前6个月以上发生中止原因,而这原因一直到诉讼时效期间届满仍未消除,则在原因消除后,仍只延长6个月,因为6个月期间足够可以用于起诉、索债的时间。比如,1998年10月31日诉讼时效期间届满,而在1998年1月1日发生中止原因,此原因至1999年1月1日才消除,则从1999年1月2日起诉讼时效仍只延长6个月。总之,诉讼时效中止的原因消除后,前后时间相加不满诉讼时效期间最后6个月的，或中止的原因超过诉讼时效期间最后6个月的，都是延长补满6个月。

二、诉讼时效中断

诉讼时效中断，是指在诉讼时效进行中因为法定事由的发生致使已经进行的诉讼时效期间全部归于无效。比如，当事人一方向人民法院提交起诉状或者口头起诉的，诉讼时效从提交起诉状或者口头起诉之日起中断。也就是指在诉讼时效进行中，因为法定事由的发生致使已经进行的诉讼时效期间全部归于无效，诉讼时效期间重新计算。另外，申请仲裁；申请支付令；申请破产、申报破产债权；为主张权利而申请宣告义务人失踪或死亡；申请诉前财产保全、诉前临时禁令等诉前措施；申请强制执行；申请追加当事人或者被通知参加诉讼；在诉讼中主张抵消；其他与提起诉讼具有同等诉讼时效中断效力的事项，人民法院应当认定与提起诉讼具有同等诉讼时效中断的效力。

权利人向人民调解委员会以及其他依法有权解决相关民事纠纷的国家机关、事业单位、社会团体等社会组织提出保护相应民事权利的请求，诉讼时效从提出请求之日起中断。

权利人向公安机关、人民检察院、人民法院报案或者控告，请求保护其民事权利的，诉讼时效从其报案或者控告之日起中断。上述机关决定不立案、撤销案件、不起诉的，诉讼时效期间从权利人知道或者应当知道不立案、撤销案件或者不起诉之日起重新计算；刑事案件进入审理阶段，诉讼时效期间从刑事裁判文书生效之日起重新计算。

权利人对同一债权中的部分债权主张权利，诉讼时效中断的效力及于剩余债权，但权利人明确表示放弃剩余债权的情形除外。

对于连带债权人中的一人发生诉讼时效中断效力的事由，应当认定对其他连带债权人也发生诉讼时效中断的效力。

对于连带债务人中的一人发生诉讼时效中断效力的事由，应当认定对其他连带债务人也发生诉讼时效中断的效力。

债权转让的，应当认定诉讼时效从债权转让通知到达债务人之日起中断。债务承担情形下，构成原债务人对债务承认的，应当认定诉讼时效从债务承担意思表示到达债权人之日中断。

当事人一方提出要求或者另一方同意履行义务，则诉讼时效中断。比如，在诉讼时效期间,债权人向人民法院提起诉讼或债权人向债务人请求履行义务或义务人承认义务并同意履行,则诉讼时效中断。已经过去的时效期间不再计算,从中断时起,诉讼时效期间重新计算,也就是从人民法院的裁决或判决生效时起,或从债权人向债务人请求履行义务时起,或从义务人承认义务的那天起,时效期间重新开始计算。诉讼时效因权利人主张权利或者义务人同意履行义务而中断后,权利人在新的诉讼时效期间内,再次主张权利或者义务人再次同意履行义务的,可以认定为诉讼时效再次中断。

诉讼时效中止的原因,是不以权利人的主观意志为转移的。诉讼时效中断一般是由权利人的主观意志决定的。

除了民法中统一规定的诉讼时效,即一般诉讼时效外,还有各种单行法规规定的时效期间,这叫特殊诉讼时效。特殊诉讼时效只适用于特定部门有关的民事赔偿请求权,比如,铁路、水路货物运输规则中所规定事故赔偿要求的期间。法律、行政法规对索赔时间和对产品质量等提出异议的时间有特殊规定的,按特殊规定办理。

第四节 占有时效

占有时效也叫取得时效。占有时效,是指占有人以所有的意思,善意地、长期公开占有他人之物,经过法定期间,取得该物的所有权。

占有时效必须是无权占有人以自己所有的意思,善意地、公开地、不间断地占有别人的财产,经过法定期间,就取得该项财产的所有权。比如,某甲不知他父亲遗产中的一架电视机,是他父亲的同事乙寄存的,某甲把它也作为遗产继承,占有了若干年。在此期间,乙也知道甲的父亲已死亡,但也没有主张权利。这样某甲虽然是无权占有,但他是善意地作为自己继承的遗产,以所有的意思公开继续占有。这样就因占有时效的经过,而取得了电视机的所有权。如果某甲继承遗产时明知这架电视机是乙寄存的,这就显然不是善意占有,而是恶意占有。这样即使是以自己所有的意思公开继续占有,也不能根据占有时效取得所有权。

因此,占有时效有以下四个特点:

1. 无权占有人必须以自己所有的意思进行占有;
2. 无权占有人的占有必须是善意的;
3. 无权占有人的占有必须是公开的,不能隐蔽进行;
4. 无权占有人必须继续不间断地占有该项财产。

如果不符合这四个条件，无权占有人就不能对他占有的财产，因经过一定期间的占有，而取得所有权。我国法律目前尚无占有时效的规定。规定占有时效制度，有利于促使财产所有人对自己的财产精心管理，及时行使权利，从而充分发挥财产的经济效益。

第五节　除斥期间

除斥期间，是指法律所规定的权利存续期间，在此期间内不行使权利，权利即行消灭。因此，又叫预定期间。

除斥期间与诉讼时效似乎有相似之处，但两者是有区别的：

一、因除斥期间的经过，法律上当然发生权利消灭的效力。比如，具有撤销权的当事人自知道或应当知道撤销事由之日起一年内没有行使撤销权，其撤销的权利即行绝对消灭。不必任何人主张，义务人也不必抗辩，法院有权按法律规定执行，这一年即是除斥期间。诉讼时效期间届满后，虽然也发生法院不支持权利人请求权利的诉讼，但仅是消灭权利人的请求权，给予义务人以拒绝履行义务的权利。但权利人的权利本身并不绝对消灭，只是义务人有抗辩权。即权利人仍可主张权利，而义务人可以时效期间已届满为理由拒绝履行义务。义务人可抛弃诉讼时效之利益，即承认或履行义务。

二、除斥期间是不变期间，不能够延长，不适用诉讼时效期间可因某种原因中止、中断而延长的规定。

三、除斥期间是适用于形成权，比如撤销权、承认权、拒绝权等，由法律规定其期间。诉讼时效期间仅限于请求权，比如债权和物权。

法律规定的期间究竟是除斥期间还是诉讼时效期间，要看法律条文的表述，如条文中使用“时效”、“因不行使而消灭”，则为诉讼时效期间，否则为除斥期间。

第七章　合　同　法

第一节　合同的概念

我国的合同法是为了保护合同当事人的合法权益，维护社会经济秩序，促进社会主义现代化建设而制定的法律。合同法是调整合同关系法律规范的总称。

合同，是指民事法律关系中平等主体的自然人、法人、其他组织之间设立、变更、终止民事权利义务关系的协议。合同又称契约。我国合同法分则中，包括买卖合同；供用电、水、气、热力合同；赠与合同；借款合同；租赁合同；融资租赁合同；承揽合同；建设工程合同；运输合同；技术合同；保管合同；仓储合同；委托合同；行纪合同；居间合同等。

一、合同的法律特征

(一) 合同必须是双方或多方当事人意思表示一致

意思表示不一致，即未取得一致的协议，合同就不能成立，这是订立合同的前提条件，因为合同是双方或多方的法律行为，不是单方的法律行为。

双方或多方当事人意思表示一致，又称合意，就是指各方想要达到的目的一致。但这不一定意思表示的意向(即方向)一致，有的合同当事人的意向是对应的。比如，买卖合同，一方要卖，一方要买，意向对应，但想移转标的物的所有权以取得利益，则是共同的。

(二) 合同是合法的民事行为

合同之所以发生法律效力，就是由于当事人订立、履行合同应当遵守法律、行政法规，尊重社会公德，不得扰乱社会秩序、损害社会公共利益，因而为国家所承认和保护。否则，非但得不到国家的认可，达不到当事人所期望的目的，而且还要承担由此而产生的法律责任。

(三) 合同依法成立时,即具有法律约束力

依法成立的合同对当事人具有法律约束力,即当事人在合同中约定的权利义务就发生法律效力。当事人应当履行自己的义务,非依法律规定或者取得对方同意,不得擅自变更或者解除合同。

二、合同法的基本原则

(一) 合同当事人的法律地位平等

当事人在合同关系中的法律地位是平等的,是平等的民事主体。当事人之间应平等协商订立合同,任何一方不得将自己的意志强加给另一方。比如,大公司与个体工商户订立合同,双方的法律地位是完全平等的。

(二) 自愿原则

当事人依法享有自愿订立合同的权利,任何单位和个人不得非法干预。自愿原则即意思自治原则,当事人在法律规定的范围内,可以按照自己的意愿订立合同,自主地选择缔约对象、决定合同内容及缔约方式。

(三) 公平原则

当事人应当遵循公平的原则,确定各方的权利和义务。当事人之间要互利,不得损害对方利益。判断公平的标准,是从社会正义的角度,体现社会的价值观、是非观,包括人们公认的经济利益上的合理标准。比如,一方当事人取得一定的经济利益,以其向对方履行相应的义务为必要条件。

(四) 诚实信用原则

当事人行使权利、履行义务,除了应遵守法律、行政法规外,还应当遵循诚实信用原则。诚信原则,是道德观念的法律化。当事人在合同关系中应当诚实、恪守信用,以诚待人,不得尔虞我诈、弄虚作假,扰乱市场秩序。

第二节　合同的订立程序

当事人订立合同采取要约、承诺方式。这种方式是当事人对合同的内容进行协商,达成意见一致的过程。当事人相互协商的过程,也就是合同订立的过程。

一、要　　约
(Offer)

要约,是指当事人一方以一定条件订立合同为目的,而向对方提出确定的意思表示,也就是希望和对方订立合同的一种意思表示,即订约提议。

(一) 要约有效成立的必备条件

1. 要约首先要约人要表示订立某种合同的意思。在通常情况下,要约是向特定人提出,或向特定人的代理人提出。要约也可以向不特定的人提出,比如,悬赏广告以及一些国家规定,商店里陈列商品的明码标签(包括规格、质量、价格等),就是向不特定的人提出的要约。我国合同法规定商业广告的内容符合要约规定的,视为要约。

2. 要约的内容必须明确、具体、肯定,即应该在要约中明确提出准备与对方签订合同的主要条件,以便受要约人确切知道要约的内容。一旦受要约人表示接受,双方当事人就可以成立合同。比如,在商品买卖中,要约一般应包括商品的名称、质量、价格、数量以及交货、付款的时间等。要约是一种意思表示,它不同于没有主要条款的一般订约通知或一般表示订约愿望。要约经受要约人承诺,要约人即受其意思表示的约束。

3. 要约必须传递给受要约人或其代理人,否则要约就没有法律效力。口头要约在对方了解其内容时发生法律效力;书面要约一般在送达对方或其代理人时发生法律效力。

采用数据电文形式订立合同,收件人指定特定系统接收电文的,该数据电文进入该特定系统的时间,视为到达时间;未指定特定系统的,该数据电文进入收件人的任何系统的首次时间,视为到达时间。

要约可以撤回,这是指要约人发出要约后,又要撤回自己所发出的要约。但撤回要约的通知应当在要约到达受要约人之前或者与要约同时到达受要约人。

(二) 要约的法律后果

要约的法律后果,主要是要约人在要约有效期限内受要约的拘束,具体表现为:

1. 要约中规定对方必须在一定时间内同意签订合同的,则在此期限内要约人不得撤销或者变更要约的内容。

要约人对要约有无撤销权,各国法律规定不同。我国合同法规定,要约可以撤销。撤销要约的通知应当在受要约人发出承诺通知之前到达受要约人，但有下列情形之一的，要约不得撤销：

(1) 要约人确定了承诺期限或者以其他形式明示要约不可撤销。后者是指要约人虽没有确定承诺期限，但明确写明了只有在收到对方拒绝承诺的书面通知时才失效，这就等于明确表示要约是不可撤销的，也等于要约人主动放弃了撤销要约的权利，因而就不得再撤销要约。

(2) 受要约人有理由认为要约是不可撤销的，并已经为履行合同作了准备工作。比如，按照以往的交易习惯或要约人曾向受要约人表示自己所发出的要约都是不可撤销的，而且受要约人收到要约后做了一系列的准备工作，比如向银行贷款、购买原材料、准备运输工具等。

要约撤回只能适用于要约没有效力的情况下，而要约撤销则适用于要约已经发生效力的情况下。日本、意大利等国家的规定与我国相似；德国、瑞士、巴西、希腊等国家规定，要约人对要约原则上没有撤销权，除非要约人在要约中声明有不受要约约束的词句时，才有撤销权。如果在要约中没有规定有效期，也没有不受要约约束的含义，则按照通常情况可望得到答复之前，不得撤销或更改要约。

英国法律认为，要约人在对方承诺以前，任何时候都可撤销要约。如果要使要约人对要约有约束力，即不能撤销，则受要约人必须支付一笔代价。比如，要约人可在要约中声明，该项要约在 1 周内不予撤销，但以受要约人支付 100 英镑为条件。另外，属于签字蜡封合同(Under the Seal)，要约人也不得撤销。

美国法律的规定大体与英国相同，但美国《统一商法典》(Uniform Commercial Code)中规定，要约人在要约确定的期限内不得撤销要约需有三个条件：(1)要约人必须是商人(零售商或批发商)；(2)要约中所规定的期限不超过 3 个月；(3)要约必须以书面作成，并由要约人签字。

法国法律原则上认为要约人在其要约被受要约人承诺前可以撤销，但必须承担损害赔偿的责任。

联合国为了解决各国在要约问题上的法律分歧，便于国际贸易，因此在《国际货物买卖合同公约》中，对要约的拘束力作了明确的规定。该规定与我国合同法规定相同。

2. 要约人负有与接受要约的一方订立合同的义务。要约在有效期内，受要约人一经接受，合同就此成立。

3. 出售特定物的要约，要约人不得以此为标的物向第三人发出要约。

要约人违背上述行为,就要承担赔偿由此而造成对方损失的法律责任。

(三)要约的失效

我国合同法规定有下列情形之一的,要约失效:

1. 拒绝要约的通知到达要约人;
2. 要约人依法撤销要约;
3. 承诺期限届满,受要约人未作出承诺;
4. 受要约人对要约的内容作出实质性变更。

(四)要约邀请

要约邀请,是指希望他人向自己发出要约而作出的意思表示。要约邀请本身不发生任何法律效力,所以也可称缔结合同的准备行为。比如,公司向客户寄送报价单、价目表、商品目录、拍卖广告、招标广告、招股说明书等。在报纸、电视、广播中的商业广告、招聘广告及出租房屋广告等也是要约邀请。商业广告的内容符合要约规定的,视为要约。对方发出要约需经发出要约邀请方接受,合同才能成立。比如,招标公告是要约邀请,而投标是属于要约,投标人投标后即负有与招标人订立合同的义务,而招标人可以接受其投标,也可以不接受。

二、承　　诺
(Acceptance)

承诺,是指受要约人明确同意要约的意思表示,即接受提议。

承诺也是一种意思表示,承诺人对要约表示同意后,合同即为成立,承诺人就负有履行合同的义务。

(一)承诺有效成立的必备条件

1. 承诺的内容应当与要约的内容一致。受要约人对要约的内容作出实质性改变的,这是指有关合同的标的、数量、质量、价款或者报酬、履行期限、履行地点和方式、违约责任和解决争议方法等的变更,应认为是拒绝原要约而提出新要约,因为原要约人并未提出这些条件,又未对这些条件表示自己的意思,当然谈不到接受的问题。比如,要约人发出出售某种原料商品的要约,其中载明数量为400吨,单价每吨1000元。受要约人如果在答复时把数量改为650吨,单价改为750元,这就不能认为是承诺,而是新要约。

新要约提出后,原要约人变成了接受新要约的人,而原承诺人成为新的要约人。只有原要约人同意新的要约,合同才能成立。

实践中签订合同的双方当事人，就合同的内容反复协商的过程，就是要约、新要约、新要约……直至对新要约的承诺过程。比如，甲厂向乙厂出售 1 台设备，要价 135 万元。这是甲厂向乙厂提出要约。乙厂回称 130 万元卖不卖？这是乙厂向甲厂提出的新要约。甲厂向乙厂提出 133 万元，这是甲厂又向乙厂提出新要约。乙厂再提一个新要约 132 万元。如甲厂同意也就承诺了，甲乙两厂间的买卖合同就成立了。这个过程是非常必要的，它保障了签订合同的双方通过充分协商达成一致的协议，既符合双方的经济要求和利益，又切实可行。

我国合同法规定，承诺对要约的内容作出非实质性变更的，除要约人及时表示反对或者要约表明承诺不得对要约的内容作出任何变更的以外，该承诺有效。合同的内容以承诺的内容为准。这是指承诺与要约实质内容一致，而只是对一些非实质内容作了些更改，比如，受要约人同意要约内容，只是在承诺中将合同生效的时间改了一天，而要约人不反对，不影响合同的成立。

美国的法律对承诺也采取了比较灵活的态度，按照美国《统一商法典》规定，在商人之间，如果受要约人在承诺中附加了某些条款，承诺仍然有效，这些附加条款得视为合同的一个组成部分，除非有下列情况例外：(1)要约中已明确规定承诺时不得附加任何条件；(2)这些附加条款对要约作了重大修改；(3)要约人在接到承诺后，已在合理时间内发出拒绝这些附加条件的通知。

2. 承诺必须由接受要约的人或其合法代表或合法代理人向要约人表示。否则，由第三人所表示的承诺，仍不能成立合同。但对不特定人所表示的要约，如寻人的悬赏广告，则不论何人都可以承诺，不过只限于完成要约的要求，并最先通知广告人的行为人。

3. 承诺必须在要约确定的期限内到达要约人，否则认为不接受。要约以信件或者电报作出的，承诺期限自信件载明的日期或者电报交发之日开始计算。信件未载明日期的，自投寄该信件的邮戳日期开始计算。要约以电话、网络等快速通信方式作出的，承诺期限自要约到达受要约人时开始计算。承诺通知到达要约人时生效。采用数据电文形式订立合同的，承诺到达的时间适用要约采用数据电文形式的规定。

要约没有确定承诺期限的，承诺应当依照下列规定到达：

(1) 要约以对话方式作出的，应当及时作出承诺，但当事人另有约定的除外，比如，受要约人提出 2 天内答复，要约人同意；

(2) 要约以非对话方式作出的，承诺应当在合理期限内到达，否则认为不接受。所谓合理期间的计算方式是：要约的在途期间＋依通常情况受约方考虑接受所需要的时间+接受的在途时间=可以期待承诺到达的期间。

要约人限定承诺应以网络回答,受要约人如以信函答复,则不产生承诺的效力;如要约人仅希望以网络答复,则受要约人可以其他方法答复。要约人未规定以何种方法回答的,则按商业习惯。

受要约人接到要约后并不是必须承担承诺的义务,他可以承诺也可以不承诺。除法律另有规定外,也没有通知要约人的义务。

(二) 承诺的方式

我国合同法规定,承诺应当以通知的方式作出,但根据交易习惯或者要约表明可以通过行为作出承诺的除外。

承诺可以分为以下五种方式:

1. 到达承诺,又称届期承诺。承诺人在承诺期限内发出承诺,要约人也是在此期限内收到了该承诺,合同即告成立。我国合同法规定承诺通知达到要约人时生效。受要约人如超过承诺期限发出承诺的,除要约人及时通知受要约人该承诺有效以外,为新要约。

2. 迟到承诺。以书面形式作出的承诺,通常可以在指定的期限或者合理期限内到达要约人,但因邮电传递等方面的原因,承诺到达要约人超过承诺期限的,要约人应立即向承诺人声明承诺迟到,否则认为该承诺有效而合同成立。迟到的承诺经要约人声明后,视为新要约,需经原要约人承诺后才能成立合同。

3. 推定承诺。即根据交易习惯或者要约的要求作出承诺行为时生效。根据交易习惯,比如,甲与乙之间在以往的交易中,一向都是一方发出要约后,另一方在规定的时间内没有作出意思表示,就认为另一方已承诺。这次甲方又向乙方发出了在某年某月以什么价格购买化肥的要约,乙方没有作意思表示,则甲方认定乙方已经承诺。另外,根据要约人在要约中表明受要约人可以通过行为作出承诺的,则受要约人可以不再向要约人发出承诺的通知,而把履行合同的行为视为承诺人同意合同生效的意思表示,从承诺人着手履行合同时起,合同即告成立。比如,要约人在要约中提出,希望从受要约人的公司以某种价格购买某种家具10套,如受要约人同意即可发货,货到付款。在这种情况下,受要约人的发货行为即是承诺的表示方式。

4. 默示承诺。要约中如明确指出对方不答复,则认为已接受。因此,承诺人的默示,有时也是承诺的一种表示形式。默示承诺不能违背法律规定,且必须事先经受要约人同意(包括口头与行动),不能强加于受要约人。比如,有的公司未经买方同意就把货物按对方地址寄去,而且说明到货后,未在某一天前退回,就认为已同意购买,对方就得付货款。这种行为是没有法律效力的。

5. 法定程序认定的承诺。根据法律规定或当事人的约定,合同必须经过一定的程序如公证、鉴证、主管机关批准等时,当这个程序完成后,合同才能成立。

在国际贸易中,隔地成立合同(即通过电子邮件或信函达成交易)的时间、地点问题,在各个国家的立法中有两种基本不同的规定:

第一,英美法认为承诺人发出承诺的时间和地点,为隔地合同成立的时间与地点。这一规定称为发信主义(Deposited Acceptance Rule)或投邮主义(Mail-Box Rule),即接受的函电一经发出,合同就立即生效。日本也采取这种规定。法国的法律对这问题虽没作明确规定,但往往根据事实情况推定为“投邮主义”。

第二,德国等大陆法国家认为要约人实际收到承诺的时间(在要约规定的时间内)与地点,为隔地合同成立的时间和地点。这一规定称为受信主义(Received the Letter of Acceptance)或叫到达主义,我国采用到达方式。如果承诺函电在传递过程中遗失,承诺即不发生法律效力,合同就不能成立。如果承诺通知在承诺期间的最后一天未能送到要约人,是因为该日在要约人营业地是正式假日或非营业日,则承诺期限顺延至下一个营业日。

法国法对承诺何时生效没有作出具体规定,完全取决于当事人的意思,一般往往推定适用投邮主义。

(三)承诺的撤回

承诺在未到达要约人以前,有的国家规定可以撤回,但是撤回的通知必须先于承诺到达,或与承诺同时到达。我国合同法规定,承诺可以撤回。撤回承诺的通知应当在承诺通知到达要约人之前或者与承诺通知同时到达要约人。这是适用于承诺需要通知的情况下。如果承诺是采用对话方式作出或是承诺是通过行为方式作出的,就不可能存在撤回承诺的问题。

承诺只可能撤回,而不可能撤销,因为承诺一经生效,合同即告成立。对于已经成立的合同,一方当事人无权撤销。由于英美法系国家采取发信主义,所以认为承诺的函电一经投邮,承诺即生效,合同成立,不存在撤回承诺的问题。

(四)合同的成立

承诺生效时合同成立。

当事人采用信件、数据电文等形式订立合同的,可以在合同成立之前要求签订确认书,签订确认书时合同成立。所谓确认书,是指当事人在订立合同过程中,当双方就合同的内容进行磋商并将要取得一致意见时,一方当事人要求对方当事人以确认书的形式对合同条款予以最终认可。确认书实际上也就是受要约人以书面形式作出的承诺,一经到达要约人并生效,合同即告成立。

承诺生效的地点为合同成立的地点。

当事人采用合同书形式订立合同的,自双方当事人签字或者盖章时合同成立,并以签字或盖章的地点为合同成立的地点。

采用数据电文形式订立合同的,收件人的主营业地为合同成立的地点;没有主营业地的,其经常居住地为合同成立的地点。当事人另有约定的,按照其约定。

当事人在订立合同过程中有下列情形之一,给对方造成损失的,应当承担损害赔偿责任:

1. 假借订立合同,恶意进行磋商;
2. 故意隐瞒与订立合同有关的重要事实或者提出虚假情况;
3. 有其他违背诚实信用原则的行为。

当事人在订立合同过程中知悉的商业秘密,无论合同是否成立,不得泄露或者不正当地使用。泄露或者不正当地使用该商业秘密给对方造成损失的,应当承担损害赔偿责任。

第三节　合同的形式和主要条款

一、合同的形式

合同的形式,是指当事人之间订立合同内容的方式,也就是明确当事人权利义务的方式。我国合同法规定,当事人订立合同,有书面形式、口头形式和其他形式。

(一) 书面形式

书面形式,是指以文字方式表述当事人之间所订合同内容的形式。书面形式有合同书、信件和数据电文(包括电报、电传、传真、电子数据交换和电子邮件)等可以有形地表现所载内容的形式。采用书面形式订立合同的优点是有据可查,发生纠纷时举证方便,也便于人民法院或仲裁机构依法审判或者裁决。因此,价款或者酬金数额较大的合同,或者关系复杂的合同,当事人应当采用书面形式。上述所谓可以有形地表现所载内容的形式,是指合同内容必须能够以一定的物质形式表现或固定,也就是当事人之间订立的合同,通过一定的物质形式表现出来或者固定下来。

书面形式有一般书面形式和特殊书面形式。一般书面形式,即用文字方式来表现合同内容的形式。特殊书面形式,是指除了用文字方式表现合同内容外,还必须对书面合同进行公证、鉴证、主管机关批准、登记等形式。

法律、行政法规规定采用书面形式的，当事人应当采用书面形式。当事人约定采用书面形式的，应当采用书面形式订立合同。法律、行政法规规定或者当事人约定采用书面形式订立合同，当事人未采用书面形式但一方已经履行主要义务，比如，已交货或已付款，对方接受的，则该合同可作为有效成立。

（二）口头形式

口头形式，是指当事人用谈话方式所订立的合同。如当面交谈、电话联络等。其优点是简单、方便、迅速，在日常生活中大量被采用。其缺点是发生争议时很难举证，人民法院或仲裁机构也不易分清当事人之间的责任。一般说来，单位之间签订的合同、不能立即履行的合同，不应采用口头形式。

（三）其他形式

其他形式，是指除书面形式、口头形式以外的方式来表现合同内容的形式。比如，当事人在合同书上摁手印。其他形式一般包括推定和默示进行意思表示，这在法律行为一章中已有阐述。

二、合同的主要条款

合同的内容是确定当事人的权利和义务，订立合同的过程，就是当事人对合同的主要条款达成协议的过程。合同的内容由当事人约定。合同的主要条款决定合同是否合法，有效无效，能否履行。我国合同法对合同的主要条款作了规定：

（一）当事人的名称或者姓名和住所

名称，是指法人或者其他组织在登记机关登记的正式称谓；姓名是指公民在身份证或者户籍登记表上的正式称谓。住所对公民个人而言，是指其长久居住的场所；对法人和其他组织而言，是指其主要办事机构所在地。

（二）标的

标的，是指合同当事人之间权利义务所指向的对象，也就是合同法律关系的客体。合同的标的必须明确、具体、肯定。如果合同没有标的或者标的不明确，当事人之间的权利义务就失去了目标，也就不可能在当事人之间建立起权利义务关系。比如，甲乙签订一份所谓的买卖合同，却没有约定买卖什么，由于没有标的，该合同就不可能成立。合同的标的可以是物，也可以是劳务、技术成果等，只要不是法律禁止的，都可以成为合同标的。

（三）数量

数量，是指以数字方式和计量单位方式对合同标的进行具体的确定，也就是衡量标的轻重、多少、大小、面积及容量的尺度。由于数量是确定合同当事人之间权利义务范围、大小的标准,如果当事人在合同中没有约定标的数量,也就无法确定双方的权利义务。比如,甲乙之间签订一份买卖木材的合同,但买卖多少没有约定,这样的合同是无法履行的。

有关产品的计量方法,国家有规定的,应执行国家的规定;国家没有规定的,由当事人协商确定。合同中数量要清楚,计量单位要明确,不可含混不清,切忌使用含糊不清的计算方法。

(四) 质量

质量,是指以成分、含量、纯度、尺寸、精密度、性能等来表示合同标的内在素质和外观形象的优劣状态。如产品的品种、型号、规格和工程项目的标准等。质量条款由当事人约定,应符合国家有关规定和标准化要求。在签订合同时,标的质量要订得详细具体,写明国家标准、部颁标准、省级标准、专业标准、厂级标准等,必要时应具体规定是什么年代的质量标准。如果是双方协商的标准,在合同中应具体写明技术指标和质量要求,但如果有国家强制性标准或者行业性标准的,双方协商的标准不得低于此标准,因为许多产品的质量涉及到人身和财产的安全问题。

(五) 价款或者报酬

价款或者报酬,又称价金,是指当事人一方履行义务时,另一方当事人以货币形式支付的代价。在合同标的为物或智力成果时,取得标的物所应支付的代价为价款;在合同标的物为行为时,获得劳务所应支付的代价为报酬。价款或者报酬是有偿合同的主要条款。

价款或者报酬一般由当事人在订立合同时自由约定,但是如果属于政府定价的,必须执行政府定价。如果有政府指导价的,当事人必须在政府指导价规定的幅度范围内确定价格。

(六) 履行期限、地点和方式

履行期限,是指当事人履行合同义务的起止时间。履行期限既是一方当事人请求对方当事人履行合同义务的一个依据,又是判断合同是否已经得到履行的一个标准。履行期限涉及到当事人权利的实现情况,也是确定违约与否的一个因素。因此,当事人在订立合同时,应尽可能将履行期限约定得明确和具体。履行期限一般以年、月、日来表示,通常由当事人之间协商确定。如果是执行国家指令性计划的,则应根据该计划的要求来确定履行期限。

履行地点,是指当事人按合同规定履行义务的地方,即在什么地方交付或提取标的。当事人订立合同时应明确规定履行地点,它是判断合同是否已经得到履行的一个标准，涉及到享有权利一方当事人的权利实现情况。

履行方式，是指当事人采取什么样的方式履行自己在合同中的义务。合同履行的方式是多种多样的，根据合同的不同内容而有差异。有的合同是以转移一定财产的方式来履行的，如买卖合同是供方把货物转移给需方；有的合同是以提供某种劳务的方式来履行的，如货物运输合同是提供交通工具，运输货物到目的地交给需方；是一次履行还是分期履行；等等。有的履行方式还要根据实际需要来确定，比如，在货物买卖合同中，是采用自提、送货方式，还是采用托运方式。托运方式是采取铁路、水路、公路还是航空运输。有的需要当事人必须亲自履行的方式履行合同，有的则可以允许由他人代为履行。

（七）违约责任

违约，是指当事人没有按照合同约定的标的、时间、地点、方式履行义务的行为。违约责任，是指合同当事人不履行或者不完全履行合同约定的义务所引起的法律后果，即应当承担的法律责任。违约所应负的责任，一般是违约方向对方支付违约金或赔偿金。

（八）解决争议的方法

解决争议的方法，是指当事人之间在履行合同过程中发生争议后，通过什么样的办法来处理这一争议。争议的解决方法有两类：一类是诉讼解决，即通过向人民法院起诉，由人民法院依法审理、判决；另一类是非诉讼解决，其中包括：一是由当事人双方通过友好协商方式；二是由当事人双方共同邀请第三人作为调解人，通过调解的方式；三是由当事人双方在合同中约定仲裁条款或者在事后达成书面仲裁协议，将争议提交仲裁机构的方式。

当事人协商解决和第三人调解解决都不具有法律上的强制性，只有诉讼解决和仲裁解决才具有法律上的强制性。但由于诉讼与仲裁分属两种不同的解决争议的方法，如果当事人选择了仲裁，就不能再向人民法院起诉。因此，当事人双方在订立合同时应约定解决争议的方法。

三、格 式 合 同

格式合同，是指采用固定的格式条款订立合同。格式条款是当事人为了重复使用而预先拟定，并在订立合同时未与对方协商的条款。格式合同又称标准合同。采用格式条款订立合同，有利于减少交易成本，节省大量的人力、物力和时间，对于提供商品或者服务的一方当事人，可以将类似的交易行为用相同的标准订立合同，而不必与每一个订约者进行磋商并拟定合同条款。但格式条款的提供者往往在拟定格式条款时更多地考虑自己的利益,并尽量减轻自己的责任,而对另一方的权利考虑较少或尽量加重对方的责任。因此合同法第 39 条第 1 款规定:采用格式条款订立合同的,提供格式条款的一方应当遵循公平原则确定当事人之间的权利和义务,并采取合理的方式提请对方注意免除或者限制其责任的条款,按照对方的要求对该条款予以说明。这里是指免除或者限制格式条款提供者的责任。

格式条款如具有以非法手段订立合同,损害国家、集体或者第三人利益等合同法第 52 条和 53 条规定情形的(合同法第 52 条规定,有下列情形的合同无效:一方以欺诈、胁迫的手段订立合同,损害国家利益的;恶意串通,损害国家、集体或者第三人利益的;以合法形式掩盖非法目的的;损害社会公共利益的;违反法律、行政法规的强制性规定的。合同法第 53 条规定合同中的下列免责条款无效:造成对方人身伤害的;因故意或者重大过失造成对方财产损失的),或者提供格式条款一方免除其责任、加重对方责任、排除对方主要权利的,该条款无效。

对格式条款的理解发生争议的,应当按照通常理解予以解释。对格式条款有两种以上解释的,应当作出不利于提供格式条款一方的解释。格式条款或非格式条款不一致的,应当采用非格式条款。这是指当事人在采用格式条款订立合同时,如果在格式条款中未能将双方合意全部表达清楚,还可以另行签订书面协议,或者对格式条款进行修改,以其他的文字代替格式条款。

格式合同与合同的示范文本不同,合同的示范文本是指合同当事人、有关业务主管部门、专家学者等就某一种或者某一类合同所制订的具有各种必要条款的合同文本样式。合同示范文本一般是由制订者根据长期实践,反复优选,统一制订,具有指导性、内容完备性等特点。当事人在签订合同时参照示范文本,可以比较全面公平地约定双方的权利义务。

第四节　订立合同的基本原则

当事人之间订立合同,是产生一定社会后果的法律行为。在我国,任何法人、其他组织或公民在签订合同时,都应当遵循以下的基本原则:

一、合法的原则

首先,签订合同的双方当事人必须具有合法的资格,即具有签订合同的权利能力和行为能力。签订合同前，双方当事人应各自审查对方有无签订合同的资格，以防受骗。对方是法人或其他组织(其他组织是指有一定的组织机构和财产，但又不具有法人资格的组织。比如，依法领取营业执照的私营独资企业；依法领取营业执照不具有法人资格的中外合作经营企业；经核准登记领取营业执照的乡镇、街道、村办企业；事业单位下属单位等)，要审查其是否属于经济法律、行政法规规定审批程序成立的，有无章程和营业执照，其经营范围是否越出章程和营业执照批准的范围。另外，要审查参加签订合同的有关人员，是否法人或其他组织代表或委托的代理人；代理人的代理活动是否越权。

法人或其他组织代表在签订合同时，应出示身份证明，提供法人或其他组织的经营范围或项目证明；法人或其他组织委托的代理人在签订合同时，应出示法人或其他组织的委托书和本人的身份证明。对方是个体工商户，要审查其是否取得工商行政管理部门批准的营业执照，是否越出执照所规定的经营范围。不论是什么单位还是个体工商户都应审查其合法的资格，否则，容易上当受骗。有的采取只收货款而不发货；有的收到货后不付款，将货物高价倒卖，非法牟利；有的以次货、假货冒充交货等不法手段欺骗对方。比如，河北沧县曾破获一起诈骗案，案犯胡说从日本进口 10 船聚丙烯，他们利用“沧县工商综合公司”名义和辽宁、北京、山西、保定、华北油田、宁波等地一些单位签订假合同 37 份，诈骗了预交款 2073 万元。上海曾破获一起重大诈骗案，案犯是个穷困落魄的台湾人，他持一张假外国护照，揣着仅有的 900 元港币混入内地。案犯自称是外国某公司的“代表”、“董事”，是某国某公司五大财东之一和这个公司驻远东首席代表，先后行骗 6 省 2 市几十个单位，签订空头“投资意向”、“协议”款项 75 亿美元及 16.3 亿元人民币。海外有的不法分子还进行金融诈骗等。利用合同进行诈骗是诈骗犯罪的一种手法，这与一般合同纠纷是有区别的。

国际贸易中签订经济合同后，备货、开证、租船、装货、投保、支付等环节都是靠相互交换商业单证来进行的。如果一方采取欺骗手段，受骗方不易立即发现，只有当商业单证交换到最后一个环节，比如，买方拿着提单取不到货，或卖方交了议付单据后得不到货款，才知上当受骗。结果造成重大经济损失。

其次，要审查当事人各自的资信和履约能力。资信即资金和信用；履约能力是指当事人除资信外的技术的生产能力、原材料、能源供应、产品产量、质量、工艺流程等方面的综合情况。只有对当事人的资信及履约能力充分了解后，在此基础上签订合同，才有可靠的履约保障。所以无论与国内或国外的公司签约，事先必须认真作好调查。

再次,签订合同必须遵守国家的法律及行政法规,符合国家政策的要求。只有双方当事人的行为合法,才能产生预期的法律后果,受到法律的保护。否则,即使是当事人双方自愿签订的合同,非但不能受到法律保护,还要根据情况,依法追究当事人的法律责任。比如,双方当事人签订国家禁止买卖的货物。合同不仅内容要合法,签订的形式和程序也要合法。总之在合法的前提下,当事人可自由表示自己的意思,有订立合同或不订立合同的自由。

二、平等互利、协商一致的原则

双方当事人法律地位平等的原则,是民事法律关系的基本原则。因此,合同关系的成立,以当事人双方在平等的地位上经过协商一致为根本条件。

平等是商品生产和商品交换的根本要求,合同的各方当事人都是平等的主体。它包含三方面的内容:

第一,地位平等。公民与公民之间、法人与法人之间、公民与法人之间、其他组织之间及他们相互之间在民事活动中,没有高低从属之分,其法律地位是完全平等的;

第二,意志平等。每个公民、法人及其他组织等,不论其生产经营条件如何不同,他们在经济活动中都具有独立的意志能力,在签订合同时,任何一方都可拒绝要约或提出新要约。没有经过双方平等的协商,没有取得一致意见,合同就不能订立。任何一方不得把自己的意志强加给对方,任何单位和个人不得非法干预;

第三,权利平等。不论是从事何种经营的个体工商户、承包经营户或公民个人,也不论是何种性质的法人及其他组织等,其权利义务都是平等的。任何一方不能只享受权利而不承担义务,一方当事人为对方履行了义务,必然要求对方履行对等的义务。在签订合同时要平等互利,任何个人及单位不得借签订合同侵夺损害他人的合法权益。

三、等价有偿的原则

合同是商品经济的产物,商品的等价交换原则在合同关系中表现为等价有偿的原则。当事人在签订合同时,应当认真贯彻这个原则,以更好地实现公平合理的交换和协作。公平合理必须兼顾国家、集体、公民个人的利益,不能损害社会公共利益和任何第三人的利益。

第五节 合同的效力

一、合同生效

合同生效，是指依法成立的合同，自成立时产生法律上的约束力。合同一经生效，合同当事人即享有合同中所约定的权利和承担合同中所约定的义务，任何单位和个人都不得对合同当事人进行非法干涉。享受权利的一方的“权利”受法律保护，承担义务的一方的“义务”必须履行。应履行义务的一方如不履行义务，应承担违约的法律后果。

合同属于双方的民事法律行为，双方的民事法律行为是否具有法律效力，这要看是否符合“民法通则”规定的三个条件：行为人具有相应的民事行为能力；意思表示真实；不违反法律或者社会公共利益。

合同法第25条规定，承诺生效时合同成立。合同法第44条又规定，依法成立的合同，自成立时生效。这是合同法将合同成立和合同生效区别开来，改变了过去经济合同法等法律所规定的合同成立即合同生效。因为有些合同不一定是成立时即生效，有的还需要一定的时间，也有的成立后不一定生效。比如，根据合同法第44条第2款规定，法律、行政法规规定应当办理批准、登记等手续后才生效的，则合同自批准、登记手续办理完毕之后生效。又如合同法规定，附生效条件的合同，自条件成就时生效；附生效期限的合同，自期限届至时生效。

合同法规定当事人对合同的效力可以约定附条件。附生效条件的合同，自条件成就时生效。附解除条件的合同，自条件成就时失效。当事人对合同的效力可以约定附期限。附生效期限的合同，自期限届至时生效。附终止期限的合同，自期限届满时失效。关于附条件与附期限的法律行为可参阅《民事法律行为》一章。

二、无效合同

无效合同，是指没有法律效力，不被法律承认和保护的合同。无效合同自成立时就不具有法律约束力。无效合同应从以下几个方面确认：

(一) 合同主体资格不合格者订立的合同

1. 不具备法人资格的社会团体和组织以法人名义订立的合同；

2. 未经核准登记领取营业执照的经济组织和个体工商户以其名义订立的合同;

3. 超越主管机关批准的经营范围或违反经营方式所签订的合同;

4. 不具有相应的民事权利能力和民事行为能力的当事人订立的合同。合同法规定,限制民事行为能力人订立的合同经法定代理人追认后,该合同有效,但纯获利益的合同,如赠与合同(指对方赠与),或者与其年龄、智力、精神健康状况相适应而订立的合同,不必经法定代理人追认。为了确保双方当事人的利益,维护有效的交易和提高交易的能力,合同法规定,相对人可以催告法定代理人在1个月内予以追认。法定代理人未作表示的,视为拒绝追认。合同被追认之前,善意相对人有撤销的权利。撤销应当以通知的方式作出。

(二)无代理权的人订立的合同

行为人没有代理权、超越代理权或者代理权终止后以被代理人名义订立的合同,未经被代理人追认,对被代理人不发生效力,由行为人承担责任。相对人可以催告被代理人在1个月内予以追认,被代理人未作表示的,视为拒绝追认。合同被追认之前,善意相对人有撤销的权利。撤销应当以通知的方式作出。

此外,以上情况相对人有理由相信行为人有代理权的,该代理行为有效。详见"代理"一章中的表见代理。

(三)单位代表越权订立的合同

法人或者其他组织的法定代表人、负责人超越权限订立的合同,除相对人知道或者应当知道其超越权限的以外,该代表行为视为有效。这是由于代表法人或者其他组织订立合同是否越权,除违法行为外,很难使相对人知其是否超越了权限。只有相对人"知道"或者"应当知道"法定代表人或者负责人越权而与之订立的合同,属于无效合同。

(四)无处分权的人处分他人财产的合同

无处分权的人处分他人财产,经权利人追认或者无处分权的人订立合同后取得处分权的,该合同有效。

无处分权的人有两种:一是非财产所有人;二是不具有法律授权处分他人财产的人。这两种人与他人订立处分该财产的合同是违法行为,所订立合同当然无效。

处分权人原来没有权利处分他人财产,但在处分之后,权利人予以"追认",这也就是说,权利人允许他"处分"财产。在这种情况下,"无处分权的人"变为"有处分权的人",实际上属于一种追认代理权的行为,因而所订合同有效。另外,无处分权的人订立合同后,取得了处分权。比如,权利人授权其代为处分财产的权利,这是属于事后取得代理权的行为，所订立合同也就有效。

（五）内容不合法的合同

合同法第52条规定，有下列情形之一的，合同无效：

1. 一方以欺诈、胁迫的手段订立合同，损害国家利益。这是由于违反了合同订立时的“合意”及“诚实信用”原则。

2. 恶意串通，损害国家、集体或者第三人利益。

3. 以合法形式掩盖非法目的的。比如，某人为了逃避法律对其财产的强制执行（没收、罚款、损害赔偿等），因而与他人订立买卖合同，出卖应被执行财产的。这种合同，孤立来看虽然合法，但订立的目的是为了违背法律，因此是无效的。

4. 损害社会公共利益。这是指订立合同的当事人的行为损害了法律所保护的社会成员的公共利益，由此导致合同无效。在有的国家把这种情况称为违反公共秩序和善良风俗，也将其列入无效合同事由之列。

5. 违反法律、行政法规的强制性规定。

合同法第53条规定，合同中的下列免责条款无效：

1. 造成对方人身伤害的。

2. 因故意或者重大过失造成对方财产损失的。

这种免责条款是违反“公平原则”，往往使占据有利地位的一方将自己的意志强加于他人。这一规定仅是指条款无效，并不影响合同其他条款的效力，不能因该条款无效而否定其他条款的效力。

三、可变更或可撤销的合同

下列合同，当事人一方有权请求人民法院或者仲裁机构变更或者撤销：

（一）因重大误解订立的；

（二）在订立合同时显失公平的。

另外，一方以欺诈、胁迫的手段或者乘人之危，使对方在违背真实意思的情况下订立的合同，受损害方有权请求人民法院或者仲裁机构变更或者撤销，但损害国家利益的应是无效合同。如当事人请求变更的，人民法院或者仲裁机构不得撤销。

有下列情形之一的，撤销权消灭：

1. 具有撤销权的当事人自知道或者应当知道撤销事由之日起1年内没有行使撤销权；

2. 具有撤销权的当事人知道撤销事由后明确表示或者以自己的行为放弃撤

销权。

变更或撤销合同属于法院或者仲裁机构的职权,其他机关行使这项权力不具有法律效力。

四、无效或被撤销合同的处理

无效或者被撤销的合同,从订立时起,就没有法律约束力。合同部分无效,无效部分不影响其余部分效力的,其余部分仍然有效。合同被确认无效、被撤销或者终止的,不影响合同中独立存在的有关解决争议方法的条款的效力。这是指双方当事人对合同是否成立,合同成立的时间、合同内容的解释、合同的履行、违约的责任等发生的争议解决的方法,包括:协商解决、调解解决、司法解决和仲裁解决等。合同中有关解决争议的方法的条款具有独立性,该条款不因合同无效、被撤销或者终止而影响它的效力。如果发生合同无效、被撤销或者终止的问题,合同中又订有解决争议的方法,该方法也随之无效,被撤销或者终止出现争议问题双方当事人就没有解决争议的基础,无法解决争议。

合同无效或被撤销后,尚未履行的,不得履行;正在履行的,应当立即终止履行。对于合同无效或被撤销造成的财产后果,应当根据当事人的过错大小,用以下三种办法处理:

第一,返还财产。这是使当事人的财产关系恢复到合同签订以前的状态。如果当事人依据无效合同取得的标的物还存在,则应返还给对方;如果标的物已不存在,不能返还或者没有必要返还的,比如,已经灭失,或者取得一方已消费使用而对方又没有提出返还要求,则不返还,但应折价补偿。

第二,赔偿损失。这是过错方给对方造成损失时,应当承担的责任。过错方应当赔偿另一方当事人所受到的损失。如果双方都有过错,应当按照责任的主次、轻重来承担经济损失中与其责任相适应的份额。

第三,追缴财产。当事人恶意串通,损害国家、集体或者第三人利益的,因此取得的财产收归国家所有或者返还集体、第三人,并可依照行政、刑事方面的法律的规定,该承担行政责任的就承担行政责任,该承担刑事责任的就承担刑事责任。

第六节 合同的履行

合同订立后,当事人应当按照约定全面履行自己的义务。当事人应当遵循诚实信用原则，根据合同的性质、目的和交易习惯履行通知、协助、保密等义务。合同一方当事人履行义务时，也就是债的履行。

合同生效后，当事人就质量、价款或者报酬、履行地点等内容没有约定或者约定不明确的，可以协议补充；不能达成补充协议的，按照合同有关条款或者交易习惯确定。

当事人就有关合同内容不明确，经协商或按照合同有关条款或交易习惯仍不能明确的，则适用下列规定：

一、合同约定不明的履行规定

（一）质量要求不明确的，按照国家标准，没有国家标准有行业标准的，按行业标准履行；没有国家标准、行业标准的，按照通常标准或者符合合同目的的特定标准履行。国外一些国家的产品品质标准，有的由政府组织规定的，有的由同业公会或贸易协会或商品交易所制定的。这种标准经常修改，修改后旧的标准可能废除，也可能在一定期间内仍继续有效。因此凭标准买卖时，应列明该项标准由哪个单位制定、版本编号及年份。

（二）价款或者报酬不明确的，按照订立合同时履行地的市场价格履行；依法应当执行政府定价或者政府指导价的，按照规定履行。执行政府定价或者政府指导价的，在合同约定的交付期限内政府价格调整时，按照交付时的价格计价。逾期交付标的物的，遇价格上涨时，按照原价格执行；价格下降时，按照新价格执行。逾期提取标的物或者逾期付款的，遇价格上涨时，按照新价格执行；价格下降时，按照原价格执行。

（三）履行地点不明确，给付货币的，在接受货币一方所在地履行；交付不动产的，在不动产所在地履行；其他标的，在履行义务一方所在地履行。确定合同的履行地点很重要，这不仅有利于履行义务一方履行债务，而且也是分清责任的依据。如果履行义务一方不能在履行地点履行，则被认为是履行迟延；接受一方不能在履行地点接受，也要承担迟延的责任。

（四）履行期限不明确的，债务人可以随时履行，债权人也可以随时要求履行，但应当给对方必要的准备时间。比如，订购家具要给制作人必要的生产时间、运输时间等。

（五）履行方式不明确的，按照有利于实现合同目的的方式履行。履行方式，是指采取什么方法来实现合同所规定的双方当事人的义务。比如，货物的交付方法、运输方法、计量方法、验收方法、结算方法、开户银行、账户名称、账号、结算单位等。当事人应当按照法律、行政法规或合同规定的履行方法履行，不得擅自变更。比如，付款是现金结算还是通过银行划拨转账结算，并应着重写明结算时“验单付款”或“验货付款”。如果合同中规定一次履行，当事人就应该一次完成合同中规定的义务；合同中规定部分履行，当事人就不能要求一次履行，而应该按照约定分期分批地部分履行。如果没有明确规定一次履行或部分履行，原则上，履行义务一方应该一次完成他应该完成的行为。但是，如果一次履行对权利人显然不利，享有权利的一方可以提出异议，在不损害履行义务一方的利益的情况下，也可以分期分批地部分履行。另外，接(提)货单位或接(提)货人也须在合同中明确规定。

(六)履行费用的负担不明确的，由履行义务一方负担。

二、与第三人有关的合同

合同法规定与第三人有关的合同包括两种：

(一)向第三人履行的合同

向第三人履行的合同，是指双方当事人约定，由债务人向第三人履行债务，第三人直接取得请求权的合同。合同的第三人即受益人。比如，投保人与保险人订立保险合同，双方可以约定保险人向作为第三人的被保险人、受益人履行，被保险人、受益人享有保险金的请求权。债务人未向第三人履行债务或者履行债务不符合规定，应当向债权人承担违约责任。

债权人未征得第三人同意而签订的向第三人履行的合同，债务人向第三人履行时，第三人有权拒绝受领的，债务人由此造成的损失由债权人承担；因而向第三人履行债务增加的费用，由债权人负担。

债务人基于对债权人的抗辩，可用以对抗第三人。比如，债务人因债权人原因而产生的同时履行抗辩权、不安抗辩权，可以对抗第三人，不向其履行。

(二)由第三人履行的合同

由第三人履行的合同，是指双方当事人约定债务由第三人履行的合同。第三人不履行债务或者履行债务不符合规定的，债务人应当向债权人承担违约责任。比如，甲是债权人，乙是债务人，双方约定，乙欠甲的货物由丙负责提供。丙之所以向甲提供货物，是因为乙与丙之间另有对价关系。由丙直接向甲清偿债务，可省略多环节履行，第三人丙对甲而言，并不是债务人，只是实施履行行为，如丙不向甲清偿债务，丙不承担违约责任，仍由债务人乙承担。

三、双务合同履行中的抗辩权

双务合同履行中的抗辩权包括以下三种：

（一）同时履行抗辩权

同时履行抗辩权，是指在应当同时履行的双务合同中，一方当事人确有证据证明另一方当事人在同时履行的时间不能履行或者不能适当履行，到履行期时其享有不履行或者部分履行的权利。合同法规定，当事人互负债务，没有先后履行顺序的，应当同时履行。一方在对方履行之前有权拒绝其履行要求。一方在对方履行债务不符合约定时，有权拒绝其相应的履行请求。比如，卖方在同时履行的日期根本无法供货，买方在同时履行的日期有权不付款。另外，一方当事人有证据证明对方当事人在同时履行的时间只能部分履行，该当事人有权就其不能履行部分拒绝给付，只为相应给付。比如，100 万吨化肥的买卖合同，买方了解到卖方只有 80 万吨化肥，而且不可能在履行日期提供另 20 万吨化肥，则买方在同时履行日期有权仅支付 80 万吨化肥的价款，而拒绝支付 100 万吨化肥的价款。

（二）后履行抗辩权

后履行抗辩权，是指在双务合同中应当先履行的一方当事人未履行或者不适当履行，到履行期限的对方当事人享有不履行或者部分履行的权利。合同法规定，当事人互负债务，有先后履行顺序的，先履行一方未履行的，后履行一方有权拒绝其相应的履行要求。先履行一方履行债务不符合约定的，后履行一方有权拒绝其相应的履行要求。比如，房屋租赁合同，出租方不交付房屋，承租方当然有权不付租金。又如 4 万吨优质钢材的买卖合同，卖方只交付了 3 万吨，尚欠 1 万吨，则买方可以行使后履行抗辩权，只支付 3 万吨的价款。

后履行抗辩权属于延期抗辩权，只是暂时阻止对方当事人请求权的行使，并非永久的抗辩权。当对方当事人完全履行了合同义务，后履行抗辩权消灭，当事人应当履行自己的义务。当事人行使后履行抗辩权致使合同迟延履行的，迟延履行责任应由对方当事人承担。

（三）不安抗辩权

不安抗辩权又称先履行抗辩权，是指双务合同成立后，应当先履行债务的当事人有确切证据证明对方不能履行义务，或者有不能履行合同义务的可能时，在对方没有履行或者提供担保之前，有权中止履行合同义务。

合同法规定，应当先履行债务的当事人，有确切证据证明对方有下列情形之一

的,可以中止履行:

1. 经营状况严重恶化;

2. 转移财产、抽逃资金,以逃避债务;

3. 丧失商业信誉;

4. 有丧失或者可能丧失履行债务能力的其他情形。

当事人没有确切证据而中止履行的,应当承担违约责任。

不安抗辩权对于保护先履行一方当事人的合法权益,防止借合同进行欺诈,促使对方履行义务具有重要意义。但是对不安抗辩权使用不当,就可能给试图逃避责任的人以可乘之机。因此,合同法对不安抗辩权的行使规定了严格的条件。比如,一个企业经营管理不善,造成重大亏损,濒临破产,显然难以履行合同,则先履行债务的当事人,可以中止履行债务;转移财产、抽逃资金,以逃避债务的,这是一种合同欺诈行为;丧失商业信誉的,如以劣质产品冒充优质产品、侵犯他人专利等权利等等。

当事人按照上述规定中止履行的,应及时通知对方。对方提供适当担保时,应当恢复履行。中止履行后,对方在合理期限内未恢复履行能力并且未提供适当担保的,中止履行的一方可以解除合同。

四、债务履行中止与标的物提存

合同订立后,债务人应当按照约定履行合同义务,但有时由于债权人的原因使债务人难以继续履行合同,如债权人分立、合并或者变更住所没有通知债务人,债务人找不到债权人,致使合同义务难以履行,合同法规定遇这种情况,债务人可以中止履行或者将标的物提存。这里的中止履行,是指债务人暂时可以不作履行,如果将来债权人出现并要求履行的,债务人仍有继续履行的义务。如果中止履行后,在合理期限债权人没有出现,也没有以任何形式提出请求履行的,中止履行的一方可以解除合同。提存,是指由于债权人的原因而无法向其交付合同标的物时,债务人将该标的物交给提存机关而终止合同的制度,自提存之日起,债务人的债务归于消灭(可参阅“债的一般规定”中“债的提存”)。

五、债务人提前履行和部分履行

(一) 债务人提前履行

债权人可以拒绝债务人提前履行债务,但提前履行不损害债权人利益的除外。在合同履行中，提前履行的情况经常发生，比如，提前归还贷款、提前提供货物等。债务人提前履行债务，如不影响债权人的利益，债权人一般不会拒绝其提前履行。但如果债务人提前交货可能损害债权人的利益，则债权人可以拒绝债务人提前履行。比如，甲向乙购买水泥 600 吨，约定合同订立后 60 日为交货时间，与此同时，甲与丙订立仓储合同，约定了储存期间，起始日正是前一买卖合同的交货日。乙在合同订立后的 30 日就提出向甲方交货，则甲方可以拒绝乙提前交货。

债务人提前履行债务给债权人增加的费用，由债务人负担。以上述水泥供应合同为例，如果乙确需提前交付水泥，甲为此另找丁订立仓储合同，但仓储费高于甲与丙所订仓储合同的仓储费的部分及甲对丙违约需支付的违约金，属于甲增加的费用，这些费用应由乙承担。

（二）债务人部分履行

债权人可以拒绝债务人部分履行，但部分履行不损害债权人利益的除外。所以，债权人既可以接受债务人的部分履行，也可以拒绝债务人的部分履行。一般说，部分履行不损害债权人利益的，债权人不会拒绝债务人的部分履行。比如，甲乙订立合同约定，甲在 10 天内向乙提交鸭梨 1000 公斤，合同到期后，甲提出只能向乙提供 500 公斤鸭梨，这时如果乙认为这对自己的利益没有损害，可以接受甲的履行。但如果乙了解到甲部分履行并不是没有货，而是由于鸭梨的市场价格在上涨，甲想留一部分以更高的价格卖给其他商贩，这必然对乙的利益造成损害，这时乙可以拒绝甲的部分履行，并要求其承担违约责任。

债权人如接受债务人部分履行债务，由此给债权人增加的费用应由债务人负担。另外，未履行的部分属于债务人违约，债务人还应承担不适当履行的违约责任。

六、合同的保全

合同保全，是指法律为防止因债务人的财产不当减少而给债权人的债权带来危害，允许债权人对债务人或第三人的行为行使代位权或撤销权，以保护其债权。

（一）代位权

代位权是指债务人怠于行使其对第三人享有的权利而有害于债权人的债权时，债权人为保全自己的债权，以自己的名义代位向第三人行使债务人现有债权的权利。比如，甲欠乙 10 万元，丙欠甲 5 万元，由于甲不去行使对丙的债权，以致使其无力偿还对乙的债务,则乙可以依据代位权行使甲对丙的债权,请求丙履行对甲的债务。

债权人行使代位权,并非直接向第三人行使,必须经过人民法院行使。

债权人代位行使债务人的债权,债务人对第三人的债权必须是非专属于债务人自身权利,比如,债务人自身享受的劳保福利或退休金等权利。代位权的行使范围以债权人的债权为限。债权人行使代位权的必要费用,由债务人负担。

(二) 撤销权

撤销权是指当债务人放弃其到期债权或者无偿转让财产,对债权人造成损害的,债权人可以依法请求人民法院撤销债务人所实施的行为。比如,甲欠乙到期债务10万元,甲自己有一辆汽车,价值15万元,甲不想偿还乙的10万元,把汽车捐给了某基金会,致使对债权人乙造成损害,这时乙可以请求人民法院撤销债务人的行为。

另外,债务人与第三人共同实施诈害债权的行为,即债务人以明显不合理的低价转让财产,对债权人造成损害,并且受让人知道该情形的,债权人也可以请求人民法院撤销债务人的行为。如果第三人(即受益人)主观上无恶意,则不能撤销其善意取得的行为,即第三人并未与债务人恶意串通,也不知债务人应偿还债款,以保护交易的安全。

债权人行使撤销权,可以向债务人、第三人提出,也可以请求人民法院撤销债务人的行为。债务人如以无偿行为诈害债权(即第三人没有支付任何代价),则第三人无论主观上是否有过错,债权人都有权撤销其行为。

撤销权的行使范围以债权人的债权为限,债权人行使撤销权的必要费用,由债务人负担。

合同法规定撤销权的时效为撤销权自债权人知道或者应当知道撤销事由之日起1年内行使。自债务人的行为发生之日起5年内没有行使撤销权的,该撤销权消灭。这5年是指自债务人的行为发生日起,在5年内不论债权人知道或应当知道可以行使撤销权而没有行使,该撤销权消灭。

第七节 合同的变更和转让

一、合同的变更

合同的变更,是指合同成立后、履行完毕前由双方当事人依法对原合同的内容所进行的修改。

当事人协商一致可以变更合同。法律、行政法规规定变更合同应当办理批准、登记等手续的，依照其规定。当事人对合同变更的内容约定不明确的，推定为未变更合同。

法人或其他组织的法定代表人、负责人和合同承办人都不是以自己个人身份、而以法人或其他组织的名义对外签订合同。合同依法成立，即对法人或其他组织产生权利义务，而不是对法定代表人、负责人或承办人产生权利义务。因此，企业更换董事长、经理、厂长等法定代表人、负责人或承办人，不得因此而变更或解除合同。

合同的变更是指合同的重大变更。比如，合同的类型、标的种类、范围、履行地点、方式、有效期限等的变化，也就是重新明确当事人双方的权利义务关系。在程序上同订立合同的要求相同，即要约与承诺。要约是说明变更的原因、具体要求及赔偿责任、善后处理等具体意见；承诺是对要约的同意。受要约方也可提出新要约，由原要约人接受，最后达成协议。这是由合同关系的性质所决定的。这样既防止当事人一方任意更改、撕毁合同，维护了合同的稳定性；同时也照顾到由于各种原因存在着变更、补充合同的实际问题。因此，变更合同的协议，也是一种合同行为。依照法律、行政法规应当经过批准或者履行其他程序成立的合同，其变更也应当经过批准或者履行其他程序。但是，原合同另有约定的除外。变更合同的协议，应采用书面形式。

由于不是当事人本身的原因而引起合同的变更，则责任不能归于任何一方，当然不必经过双方协议。

当事人一方要求变更合同时，在新的协议未达成以前，原合同仍然有效。

二、合同的转让

合同的转让，是指一方当事人将合同的权利和义务全部或者部分转让给第三方。合同的转让只是合同主体的变更，而不改变合同的权利与义务。债权人可以将合同的权利全部或者部分转让给第三人，但有下列情形之一的除外：

1. 根据合同性质不得转让的；
2. 按照当事人约定不得转让的；
3. 依照法律规定不得转让的。

债权人转让权利的，应当通知债务人，未经通知，该转让对债务人不发生效力。债权人转让权利的通知不得撤销，但经受让人同意的除外。

债务人接到债权转让通知后,债务人对让与人的抗辩,可以向受让人主张。债务人接到债权转让通知时,债务人对让与人享有债权,并且债务人的债权先于转让的债权到期或者同时到期的,债务人可以向受让人主张抵消。

债务人将合同的义务全部或者部分转移给第三人的,应当经债权人同意。债务人转移义务的,新债务人可以主张原债务人对债权人的抗辩。债务人转移义务的,新债务人应当承担与主债务有关的从债务,但该从债务专属于原债务人自身的除外。比如,原债务人的人身性质的债,必须由原债务人自己履行。

当事人一方可以将自己在合同中的权利和义务一并转让给第三人,但必须取得另一方当事人的同意。这是由于合同的转让往往涉及受让人资信问题,如果未取得另一方当事人同意而转让合同的权利与义务,对另一方当事人是没有法律效力的。

合同的转让人与受让人之间合同权利义务的转让,往往是同时发生的。只转让权利不转让相应的义务,对转让方来说是难以接受的;只转让义务,不转让权利,对受让方来说也是难以接受的。比如,在中外合作勘探开发海洋石油合同中,如果外方当事人因某种原因,拟将其在合同划定的中国海域内进行勘探的权利转让给另一个外国公司,那么合同规定的相应义务,比如,向我国政府汇交全部地质资料、提供合同规定的设备和资金、在规定的时间将开采设备所有权移交给中方当事人等,也同时转让。

合同转让必须由转让合同一方当事人与受让的第三方订立转让合同的协议,同时由转让合同一方的对方当事人出具同意转让合同的意见书。这两个文件也可合并由合同当事人双方和受让方一起签署一项关于合同转让的协议。

一方当事人在对方转让合同时,必须掌握受让的第三方的资信情况及其履约的能力;受让的第三方在同意受让前,也要对转让方的对方当事人的履约能力予以了解。比如,转让方之所以要转让合同,可能是由于发现对方当事人的资信出了问题,受让方如不清楚,则可能造成损失。

法律、行政法规规定转让权利或者转移义务应当办理批准、登记等手续的,依照其规定。比如,法律及行政法规规定应当由某主管机关批准成立的合同,其权利与义务的转让,应当经原批准机关批准。

当事人订立合同后合并的,由合并后的法人或者其他组织行使合同权利,履行合同义务。当事人订立合同后分立的,除债权人和债务人另有约定的以外,由分立的法人或者其他组织对合同的权利和义务享有连带债权,承担连带债务。

第八节　合同的权利义务终止

一、合同的权利义务终止的原因

合同的权利义务终止，是指合同当事人终止合同关系，合同中确定的权利义务关系消灭。

合同法规定，合同的权利义务有下列情形之一的即行终止：

1. 债务已经按照约定履行；
2. 合同解除；
3. 债务相互抵消；
4. 债务人依法将标的物提存；
5. 债权人免除债务；
6. 债权债务同归于一人；
7. 法律规定或者当事人约定终止的其他情形。

以上3、4、5、6可参阅《债的一般规定》中的《债的消灭》。

合同的权利义务终止后，当事人应当遵循诚实信用原则，在必要时根据交易习惯履行通知、协助、保密等义务。比如，技术开发合同终止后，开发方如接触到有关保密技术，则应遵循诚实信用原则，有继续履行保密的义务。

二、合同的解除

合同解除，是指合同有效成立后，当具备合同解除条件时，因当事人一方或者双方的意思表示而使合同权利义务终止的一种法律行为。

有下列情形之一的，当事人可以解除合同：

1. 因不可抗力致使不能实现合同目的。如果是能够预料的外因而不采取措施，则不能认为是不可抗力。不可抗力事件如果是暂时的，只影响合同不能按期履行，当事人一方无权解除合同。只有当不可抗力的影响使合同长期不能履行，或者不可抗力过后，履行合同对债权人已无经济价值时，当事人才有权解除合同。

2. 在履行期限届满之前，当事人一方明确表示或者以自己的行为表明不履行主要债务。

3. 当事人一方迟延履行主要债务，经催告后在合理期限内仍未履行。比如，甲方向乙方主要订购夏季服装1000套，乙方未能在约定的2008年4月1日以前交货，甲方催告后并允许推迟到2008年5月1日以前交货，但乙方到时仍未交货。在这种情况下，甲方可以主张解除合同。

4. 当事人一方迟延履行债务或者有其他违约行为致使不能实现合同目的。

5. 法律规定的其他情形。

法律规定或者当事人约定解除权行使期限，期限届满当事人不行使的，该权利消灭。法律没有规定或者当事人没有约定解除权行使期限，经对方催告后在合理期限内不行使的，该权利消灭。

当事人一方依照约定一方解除合同的条件成就或有前述解除合同的情形之一而当事人主张解除合同的，应当通知对方。合同自通知到达对方时解除。对方有异议的，可以请求人民法院或者仲裁机构确认解除合同的效力。

法律、行政法规规定解除合同应当办理批准、登记等手续的，依照其规定。

合同解除后，尚未履行的，终止履行；已经履行的，根据履行情况和合同性质，当事人可以要求恢复原状，采取其他补救措施，并有权要求赔偿损失。比如，一方当事人严重违约时，使另一方当事人解除合同，并不影响有解除权的一方要求对方赔偿损失的权利；因不可抗力致使合同不能履行，当事人只有权解除合同，而无权要求赔偿损失。

合同的权利义务终止，不影响合同中结算和清理条款的效力。这是指合同的权利义务终止后，对合同所涉及的财产如何清算的规定。比如，清算的机构、程序及范围等。

第九节　违约责任

一、违约责任的概念

违约责任，是指合同当事人违反合同的约定所应当承担的法律责任。规定违约责任是合同法一个非常重要的问题。依法订立的合同，当事人应当按照合同的约定全面履行自己的义务，这样才能建立起严格的责任制。违约责任制度是保证当事人履行合同义务的重要措施，使合同具有法律约束力，有利于促进合同的履行和弥补违约造成的损失，对合同当事人和整个社会都是有益的。当事人之间所以要订立合同，就是通过明确约定双方的权利义务来加强责任制，而责任制的落实要有法律保证。

二、违约责任的归责原则

违约责任的归责原则，是指确定违约当事人的民事责任的原则，也就是说判定当事人在什么情况下，要承担违约责任的原则。根据合同法规定，违约责任以严格责任原则为主，过错责任原则为辅。

严格责任原则，是指违约发生后确定违约当事人的责任，不考虑当事人有无过错（过错包括故意和过失），而只考虑违约结果是否因为当事人的行为造成的一种归责原则。合同法对违约责任的规定主要采取严格责任原则。合同法第107条规定，当事人一方不履行合同义务或者履行合同义务不符合约定的，应当承担继续履行、采取补救措施或者赔偿损失等违约责任。这就是说，无论合同当事人主观上有无过错，只要违反合同的约定，就要承担违约责任。

合同法规定的严格责任的归责原则并不排斥过错责任的适用。合同活动中的过错责任，是指一方违反合同的义务，不履行或不适当履行合同时，应以是否有过错作为确定责任的要件和确定责任范围的依据。比如，合同法规定，在运输过程中旅客自带物品毁损、灭失，承运人有过错的，应当承担损害赔偿责任。

过错责任适用的范围由法律作出严格的限定。一方违约后，在什么情况下才能表明当事人没有过错而被减轻或免除责任。在合同责任中，严格责任是一般归责原则，过错责任是例外的归责原则。

合同法规定违约责任采取以严格责任为主的归责原则，有利于促使合同当事人认真履行合同义务，只要不按期履约，不论是否违约一方当事人的原因，都要承担民事责任。至于与第三人的纠纷，则是另一种法律关系。比如，因三角债该支付价款的不支付，说是因为别人欠我的钱不还，我没钱付，因而不是我的过错。这是不符合合同法规定的。采取严格责任原则，也符合国际的一般规定，许多国家都采取此原则。

另外，合同法规定，因不可抗力不能履行合同的，根据不可抗力的影响，部分或者全部免除责任，但法律另有规定的除外；当事人迟延履行后发生不可抗力的，不能免除责任。不可抗力是指不能预见、不能避免并不能克服的客观情况。这是指当事人已经尽到了最大努力，仍然不能避免某种事件的发生，以致造成合同不能履行。不可抗力一般包括自然灾害，如洪水、地震、火山爆发、特别风暴等；政府行为，如政府颁发新政策、法律和行政措施而导致合同不能履行；社会异常事件，如罢工、骚乱等阻碍合同履行。

但是,如果法律规定当事人在任何情况下都得承担责任,那么即使发生不可抗力,当事人也不得免除责任。比如,在乘飞机过程中造成旅客伤亡,承运人应当承担责任。这包括承运人的过错和不可抗力发生的事故。

当事人一方因不可抗力不能履行合同的,应当及时通知对方,以减轻可能给对方造成的损失,并应当在合理期限内提供证明。

当事人一方明确表示或者以自己的行为表明不履行合同义务的,对方可以在履行期限届满之前要求其承担违约责任。

三、承担违约责任的方式

根据合同法,承担违约责任的方式主要有:实际履行、采取补救措施、要求赔偿、支付约定的违约金、定金等。

(一) 实际履行

实际履行是指一方当事人在拒不履行合同或者不适当履行合同的情况下,另一方不愿解除合同,也不愿接受违约方以金钱赔偿方式代替履行合同,而坚持要求违约方履行合同约定的给付的一种违约责任的承担方式。实际履行与正常的履行合同在性质上是不同的。实际履行是一种承担违约责任的方式,是借助司法的强制力实施的。

实际履行在以下三种违约情况下适用:

1. 债务人无正当理由拒不履行合同,债权人可以要求其履行。合同法规定,当事人一方未支付价款或者报酬的,对方可以请求其支付价款或者报酬;

2. 债务人不适当履行合同,债权人可以请求实际履行。合同法规定,当事人一方不履行非金钱债务,或者履行非金钱债务不符合约定的,对方可以请求履行。比如,给付数量不足,仅给付一部分,则需补足数量全部履行。又如,本应交付进口原装夏普电冰箱,债务人却给付了国内组装的夏普电冰箱,债权人可要求债务人实际履行,给付原装夏普电冰箱;

3. 债权人迟延受领的,债务人则可请求其实际履行受领债务人的给付。

实际履行并非在任何情况都适用,合同法规定有下列情形之一的除外:

1. 法律上或者事实上不能履行。实际履行的目的是促使违约方履行原合同义务,但如果违约方的违约使合同失去了履行的可能性,则不能要求实际履行。法律上不能履行是指由于法律规定不能履行的。比如,债权人对破产企业享有债权,但按法律规定破产企业在对企业所欠职工工资和劳动保险费用及破产企业所欠税款没有清偿之前，是不能清偿债权人的债务的。事实上，不能履行是指由于某种情况出现导致债务人确实难以按照约定履行，如请某名画家为其画一幅画，但该画家突然脑溢血，则合同不能实际履行。

2. 债务的标的不适于强制履行或者履行费用过高。债务的标的不适于强制履行的大多是提供劳务的标的。比如，某电影公司与某演员订立拍摄某部电影合同，但后来该演员由于某种原因罢演，则电影公司不能强制其必须拍摄。这时就不能适用实际履行的补偿方式。履行费用过高是指债务人实际履行将支付过高的费用，坚持实际履行与公平原则有违。比如，甲厂供应某种产品给乙厂的合同订立后，某产品的原料来源由于不可抗力的原因中断，如要生产该产品必须进口原料，而成本将大大增大，使甲厂实际履行将支付过高费用，这时也可以不适用实际履行的补救方式。

3. 债权人在合理期限内未要求履行的。债权人在合同期限内具有请求履行的权利，超过此期限未行使时，则丧失了实际履行请求权。当事人丧失实际履行请求权，但并未丧失债权，他仍有权要求采取其他补救措施。

(二) 采取补救措施

债务人在履行合同有某些不适当或者不能履行合同的情况下，可以采取补救措施，实现合同目的。合同法规定，质量不符合约定的，应当按照当事人约定承担违约责任。对违约责任没有约定或者约定不明确，经协议不能达成补充协议的，也没有合同有关条款或者交易习惯能确定的，受损害方根据标的的性质以及损失的大小，可以合理选择要求对方承担修理、更换、重作、退货、减少价款或者报酬等违约责任。

(三) 赔偿损失

当事人一方不履行合同义务或者履行合同义务不符合约定的，在履行义务或者采取补救措施后，对方还有其他损失的，应当赔偿损失。

在法律没有特别规定和当事人没有另行约定的情况下，应按完全赔偿的原则赔偿全部损失，包括直接损失和间接损失。直接损失是指财产上的直接减少。间接损失是指失去的可以预期取得的利益。比如，建筑公司承建一幢商厦迟延 1 个月交付，则商厦 1 个月的营业利润即为间接损失。间接损失也称可得利益损失。

可得利益的求偿不能任意扩大，合同法规定，不得超过违反合同一方订立合同时预见到或者应当预见到的因违反合同可能造成的损失。这个规定是与《1980 年联合国国际货物销售公约》第 74 条的规定相似，据该规定，可得利益的求偿不得超过违反合同一方在订立合同时依照他当时已知道或理应知道的事实和情况，对违反合同预料到或理应预料到的可能损失。损失能否预见,不是凭某个人的主观判断,而是客观存在。比如,卖方在订立合同时就知道买方购买这批货物是有特殊使用目的。比如,要生产某种新产品,后来卖方不按时交货,使买方造成了比购买没有特殊使用目的的这种货物更大的损失,则卖方应该赔偿此损失。如果在订立合同时卖方并不知道买方为了特殊的使用目的而购买这批货物,当卖方不能按合同交货时,买方才提出,这就是卖方无法在订立合同时所能预见的。因此,买方不能要求卖方赔偿这在订立合同时卖方所不能预见到的、因违反合同而可能造成买方在这方面的损失。

经营者对消费者提供商品或者服务有欺诈行为的,依照《中华人民共和国消费者权益保护法》的规定承担赔偿责任,即可以按实际损失额的 1 倍予以赔偿。

当事人一方违约后,对方应当采取适当措施防止损失的扩大;没有采取适当措施致使损失扩大的,不得就扩大的损失要求赔偿。比如,一方当事人购买的精密仪器,经检验质量不符合合同规定,但可修理,在另一方前来商谈处理办法之前应及时采取妥善的保管措施。如果因未及时采取保管措施导致仪器锈蚀,以致损失扩大,对方不负责任,不能要求其就因此扩大的损失予以赔偿。当事人因防止损失扩大而支出的合理费用,由违约方承担。

(四)违约金

违约金是指由当事人通过协商预先确定或者法律直接规定的,在违约后生效的独立于履行行为以外的给付。合同法规定,当事人可以约定一方违约时应当根据违约情况向对方支付一定数额的违约金,也可以约定因违约产生的损失赔偿额的计算方法。违约金数额是预先确定的,这有利于在违约发生时简便迅速地对损失进行赔偿。违约金责任不以实际损失为条件,如果当事人约定或法律规定了违约金,只要当事人违约,就应当支付相应的违约金,不论有无实际损失。

约定的违约金低于造成的损失的,当事人可以请求人民法院或者仲裁机构予以增加;预定的违约金过分高于造成的损失的,当事人可以请求人民法院或者仲裁机构予以适当减少。

当事人就迟延履行约定违约金的,违约方支付违约金后,还应当履行债务。

(五)定金

定金是指合同当事人约定一方预先向对方支付一笔金钱,以担保合同的履行的法律制度。定金合同是一种担保形式,而定金的担保作用是通过定金罚则来实现的。合同法规定,当事人可以依照《中华人民共和国担保法》约定一方向对方给付定金作为债权担保。债务人履行债务后,定金应当抵作价款或者收回。给付定金的一方不履行约定的债务的，无权要求返还定金；收受定金的一方不履行约定的债务的，应当双倍返还定金。

当事人为了避免丧失定金或加倍返还定金，就得遵守合同的规定，认真履行义务，从而起到合同担保的作用。

定金不同于预付款，预付款的交付是属于履行债务的行为，预先交付一部分款项没有担保的作用，合同履行时只交付价款的不足部分。预付款支付后，如果合同不能履行，无论哪一方违约，预付款应退回，不产生交付定金后不履行合同的那种制裁性法律后果，所以预付款没有合同担保的性质。

定金也不同于违约金，定金是债的一种担保方式，而违约金是对违约受害方的一种补救或对违约的一种制裁。合同法规定，当事人既约定违约金，又约定定金的，一方违约时，对方可以选择适用违约金或者定金条款。

定金应当以书面形式约定，当事人在定金合同中应当约定交付定金的期限。定金合同从实际交付定金之日起生效，定金数额由当事人约定，但不得超过主合同标的额的20％。

第八章　国际货物买卖合同

第一节　国际货物买卖合同的概念

本章所阐述的内容是指国际上关于国际货物买卖合同的一般规定。

国际货物买卖合同又称国际货物销售合同，或称涉外经济贸易合同，是指营业地在不同国家境内的当事人之间，关于一方提供出口货物，收取货款，另一方接受货物，支付货款的协议。提供出口货物的一方称为卖方或售方，也叫出口商；接受货物的一方称作买方或购方，也叫进口商。

一、国际货物买卖合同的法律特征

从国际货物买卖合同的概念可以看出其法律特征有：

1. 合同的当事人是处于不同国家；

2. 合同的标的是需要作超越国境运送的进出口货物；

3. 合同双方的基本权利与义务是交付货物与收取货款，接受货物与支付货款。

国际货物买卖合同最根本的特点是具有"涉外"因素，它与国内货物买卖合同的主要区别是，订约双方当事人的营业地是设在不同的国家。即使双方当事人具有相同的国籍，如果他们的营业地是设在不同的国家之内，则他们之间所订立的合同仍应认为是国际货物买卖合同；如果双方当事人的营业地是设在同一国家之内，尽管他们的国籍不同，但他们之间所订立的合同仍应视为国内货物买卖合同。

由于国际货物买卖合同的这一根本特点，涉及到合同的其他一系列问题。比如，货物在由一个国家运往另一个国家的长距离运输过程中可能产生的各种风险，货款的支付要涉及外币的使用，要采用与国内结算不同的国际支付方式；货币与外汇管理制度、进出口手续与海关制度等各国可能完全不同。因此，国际贸易交易的环节、条件和过程都要比国内贸易复杂得多。

二、国际货物买卖合同的分类

国际货物买卖合同从不同的角度可以分类如下：

1. 从当事人一方或一个国家的观点看，合同可分为进口合同与出口合同。一个国家对进口合同与出口合同往往规定不同的法律和政策。比如，我国为了鼓励出口，增加创汇能力，国家对出口合同给予种种优惠条件；对进口合同的签订则要考虑国内的经济发展情况、外汇支付能力等等。

2. 从标的物的种类划分，合同可以分为大宗货物买卖合同、一般货物买卖及成套设备买卖合同。

3. 按交货地点的不同，合同可分为：内陆交货合同，指在原产地或货源地交货的合同；目的地交货合同，如目的港船边交货合同、目的港码头交货合同等；启运地交货合同，如装运港交货合同。

4. 从货物的价格构成和当事人的责任分，合同可分为离岸价格合同（FOB 合同）；到岸价格合同（CIF 合同）；成本加运费价格合同（C&F 合同）等等。

在国际货物买卖合同中，订约双方当事人可以是自然人、法人及其他组织。

第二节　国际货物买卖合同的内容

国际货物买卖合同一般采用书面形式，其内容通常包含以下三个组成部分：

一、约　　首

约首也叫合同的首部。它包括开头的部分或序言、合同的名称、编号、订约日期与地点，以及买卖双方的全名和地址等。有时还载明据以订立合同的有关函电的日期及编号。这些内容有时人们不大注意，但在发生争议时它们可能会产生重大的法律后果。比如，合同中注明了订立合同的时间和地点，它在法律上就表明，除非合同中对合同生效的时间另有不同的规定，否则应以该日期为合同生效的日期；如果合同中对该合同所适用的法律没有明确的规定，在发生法律冲突时，按照国际私法的法律冲突规则，一般应由合同的成立地法来确定。又如，合同中应载明双方的公司名称、法律地位、营业所在地及其电报挂号等。特别是公司法律地位，因为按照有些国家的法律，有些公司如股份有限公司是法人（Corporation），而有些公司是合伙企业(Partnership),一般不具有法人的地位。如果一旦企业破产,股份有限公司的股东对公司的债务仅以其出资为限,不承担进一步的个人责任;而合伙企业的合伙人则须对企业的债务承担无限责任。由于订约当事人的法律地位不同,在一方破产时,对债权人的利益可能会产生重大的影响。

二、本　文

本文是合同的主体部分,它包括合同的实质性条款,即规定双方当事人的权利与义务。一般国际货物买卖合同包括以下基本条款:

(一) 标的物条款

它包括商品名称、品质、规格、数量、包装,这些在外贸业务中也叫商品条款。

1. 商品的名称,也就是合同标的的名称。合同标的的名称必须与交出货物的名称一致。如果交出货物的名称与合同规定不符,尽管卖方解释商品名称虽不同,但质量无问题,对方仍会认为违约。在国际市场上牌号、商标、产地本身就代表着质量,名称不符就会影响商品的销路。

2. 商品的品质就是商品内在素质和外表形态的综合,如化学成分、物理和机械性能、生物学的特征以及造型、结构、色泽、味觉、气味、图案等技术指标。商品必须符合买主所指出的特定用途,具有买主对该类商品必须达到某特定用途而规定的指标。

商品品质的表示方式有以下几种:

(1) 凭样品买卖(Sales by Sample)。

对于不易用科学方法规格化、标准化的品质,或由于某些特殊要求只能以外观来决定品质的商品,买卖双方往往选取少量有代表性的实物样品或制成标准样品凭以成交;也有以平均中等质量的商品作货样,以此来表明全部商品的质量。凭样品成交的样品可以由卖方提供,也可以由买方提供。凭样品买卖一旦成交,样品即成为交货时的品质依据,卖方必须承担所交货物的品质和样品一致的责任,买方必须承担收受符合样品品质的货物的责任。

凭样品的买卖中,由于某些商品品质的特点,货物与样品完全一致不大可能,卖方为此可能提出要求在合同品质条款中注明:“品质与样品大致相同”字样。加列这样的条件,是国际贸易的惯常作法,但如果买方认为货与样品如有偏差,可能影响到商品质量和使用目的,也可以拒绝接受这一加注的条款。

(2) 凭规格、等级或标准的买卖(Sales by Specification,Grade or Standard)。

商品的规格指反映商品品质的某些主要指标。比如，电机的主要规格是电压、功率；布匹是纱支、时密等。

商品的等级是指同类商品按照不同规格分成不同等级，一般用大、中、小；重、中、轻；甲、乙、丙；一、二、三级来表示。比如，根据含铁量多少分成一、二、三级的铁矿石。

商品的标准指商品的规格、等级的标准化，以一定符号来表示商品的品质。国外一些国家的品质标准，有的是由政府部门规定的，有的由同业公会、贸易协会、商品交易所制定的。这些标准经常修改，修改后旧的标准可能废弃，也可能继续有效。因此凭标准买卖时，应列明该项标准由谁制定、版本编号、年份。国家制定的标准往往具有品质管制性质，不符合标准的就不准进口或出口。

(3) 凭商标或牌号买卖(Sales by Trade Mark)。

有些商品商标或牌号在国际市场上已经树立信誉，即可凭商标或牌号成交。比如，日立牌彩色电视机、凤凰牌自行车。也有凭产地地名或制造厂的名称确定商品的品质，比如，澳大利亚铁矿石、美国(福特)轿车。一般凭牌号、商标、地名或制造厂的名称进口的商品，都同时标有规格或等级标准。比如，日立 CEP321D 型彩色电视机。

(4) 凭说明书买卖(Sales by Description)。

凭说明书买卖，主要适用于机电、仪器等产品及成套设备。由于这类产品结构、性能复杂，技术操作要求严格，不能以几项简单指标来表明商品的品质，必须辅以说明书，说明书能更好地说明其构造、性能、用材、使用方法，有时还须附带图片、照片等。在这种买卖合同中，说明书是合同不可分割的一部分。

3. 在国际贸易中由于各国的度量衡制度不同，所采取的计量单位和计量方法也往往有所不同。因此，在签订合同时，除规定适当的计量单位外，还必须明确规定使用哪一种度量衡制，以免引起不必要的纠纷。比如，毛重、净重、公吨、长吨(英)、短吨(美)、米、尺、英尺、码等。有时在商品数量项下，还考虑到运输途中的自然损耗、港口、船舶装载情况和航运惯例而规定“溢短装条款”(More or Less Clause)，允许卖方多交或少交一定数量的货物；或在数量上规定一个约数(About)。

4. 商品的包装条款主要包括包装的种类和性质、包装材料、包装尺寸、运输标志等项内容。包装费用一般都包括在售价之内，但如果买方要求采用特别包装，则应注明包装费用由买方负担。

(二) 价格条款

外贸合同中的价格条款一般由五个部分组成，即价格的计量单位(如每公吨)；

计价货币(如美元U. S. $);单位价格金额(如每公吨2000美元);价格术语(如C. I. F. 价格条件);装运港或目的港的名称(如F. O. B. 上海)。有时还规定作价的方法。一个完整的价格条款都应包括上述几个部分内容。比如,"每公吨2000美元C. I. F. 旧金山"。这个价格条款,它的计量单位是公吨,计价货币是美元,单位价格金额是每公吨2000美元,价格术语是"成本加运费加保险费价(即C. I. F.)",目的港是旧金山。

在国际贸易中,每个买卖合同几乎都离不开贸易术语。使用贸易术语的目的主要是用以明确买卖双方在交接货物过程中的有关手续、费用和风险责任的划分。使用不同的贸易术语,买卖双方所承担的义务和责任都不同,而不同的义务和责任,最终都落实在货价上反映出来。所以,人们往往把贸易术语称为价格术语或价格条件。又由于每一种贸易术语都与交货,特别是交货地点有直接关系,所以又称为交货条件(Delivery Terms)。价格术语是指用一个简短的语句或缩写的英文字母来表明合同的价格构成,规定买卖双方各自应办的手续、承担的责任和风险、支付的费用,也就是表明交易的条件。不同的价格条件,买卖双方承担的责任、风险、支付费用也都各不相同。

根据《1990年国际贸易术语解释通则》(International Rules for the Interpretation of Trade Terms 1990,简称INCOTERMS 1990)所解释的13种贸易术语,分为以下四组:

1. E组

E组为启运(Departure)术语,只有工厂交货(EX WORKS)一种。这是指卖方在他的货物所在地(工厂、工场、仓库等)将货物提供给买方时,即履行了交货义务,除非另有约定,卖方不负责将货物装上买方备妥的车辆,也不负责出口清关。买方负担自卖方所在处所提取货物至所需目的地的一切费用和风险。因此,这个术语是卖方负担最少义务的术语。如果买方不能直接或间接地办理出口手续,比如,买方不能在卖方国家取得出口许可证,或没有报关出口的能力,应当避免使用本术语。

2. F组

F组为主运费未付(Main Carriage Unpaid)术语。这一组术语包括FCA(FREE CARRIER——货交承运人)、FAS(FREE ALONGSIDE SHIP——装运港船边交货)和FOB(FREE ON BOARD——装运港船上交货)三种。这三种术语都是由买方自负费用订立运输合同,并指定承运人,卖方只要将货物交给买方指定的承运人或运输工具,即完成交货任务。

货交承运人(FCA)术语,是指卖方只要在指定地点将货物交付给买方指定的承运人或其代理人监管时,卖方就履行了交货义务。卖方除办理出口清关手续的费用和捐税以外的费用和风险,也从此时起移转于买方。如买方未指明确切的地点,卖方可在规定的交货地或地段内选择在何处,由承运人接管货物。如按商业惯例,在与承运人订立合同时(如铁路或航空运输)需卖方提供协助,卖方可在由买方负担风险和费用的情况下行事。本术语可用于各种运输方式,包括多式联运。"承运人"是指在运输合同中承担履行铁路、公路、海洋、航空、内河运输或多式联运,或承担取得上述运输履行的任何人。

装运港船边交货(FAS)术语,是指卖方在装运港将货物放置码头或驳船上靠船边,即履行了交货义务。这是指买方必须自该时刻起,负担一切费用和货物灭失或损坏的一切风险。FAS术语要求买方办理货物出口清关手续,如买方不能直接或间接地办理出口手续,则不应使用本术语。FAS术语只适用于海运或内河运输。

装船港船上交货(FOB)术语,是指当货物在指定装运港越过船舷时,卖方即履行了交货义务。这是指买方必须自该交货点起,负担一切费用和货物灭失或损坏的风险。FOB术语要求卖方办理货物出口清关。本术语也只适用于海运或内河运输。如果以集装箱或滚装船运输时,以船舷划分买卖双方风险已无意义。在这种情况下则不用FOB术语,而用FCA术语为好。

3. C组

C组为主运费已付(Main Carriage Paid)术语,包括CFR(COST AND FREIGHT——成本加运费)、CIF(COST INSURANCE AND FREIGHT——成本加保险费、运费)、CPT(CARRIAGE PAID TO——运费付至)、CIP(CARRIAGE AND INSURANCE PAID TO——运费、保险费付至)四种。

C组术语的卖方均须负责按通常条件订立运输合同并支付到达合同规定的目的港或目的地的正常运费。

成本加运费(CFR)术语,是指卖方必须支付将货物运至指定目的港所必需的费用和运费,但当货物在装运港越过船舷时,货物灭失或损坏的风险,以及由于货物已装上船后发生的事件而引起的任何额外费用,自卖方转移至买方。CFR术语要求卖方办理货物出口清关。本术语只能用于海运和内河运输。如果船舷不适合实际需要,比如在滚装船运输或集装箱运输的情况下,则CPT术语更为适用。

成本加保险费、运费(CIF)术语,是指卖方除了承担与CFR术语下同样的义务,还必须为货物在运输中灭失或损坏的买方风险取得海上保险。卖方订立保险合同,并交付保险费。买方应注意到,按CIF术语,卖方只需按最低责任的保险险别取得保险。CIF术语要求卖方办理货物出口清关。本术语也只能用于海运和内河运输,与CFR术语相同。

运费付至(CPT)术语,是指卖方支付货物运至指定目的地的运费,在货物被交由承运人保管时,货物灭失或损坏的风险,以及由于在货物交给承运人后发生的事件而引起的额外费用,即从卖方转移至买方。

"承运人"是指在运输合同中,承担履行铁路、公路、海洋、航空、内河运输或多式联运,或承担取得上述运输的履行的任何人。如果需要利用后续承运人将货物运至指定目的地,则风险自货物交付给第一承运人时转移。CPT术语要卖方办理货物出口清关手续。本术语可适用于各种运输方式,包括多式联运。

运费、保险费付至(CIP)术语,是指卖方除了须承担在CPT术语下同样的义务外,还须对货物在运输途中灭失或损坏的买方风险取得货物保险。卖方订立保险合同,并支付保险费。买方应注意到,按CIP术语,卖方只需按最低责任的保险险别取得保险。CIP术语要求卖方办理货物出口清关。本术语可适用于各种运输方式,包括多式联运。

C组术语与其他组术语的明显区别是:买卖双方的费用划分地点与风险划分地点(交货地点)相分离。按C组术语,卖方必须负担货物运抵指定目的港或目的地的运费,其中CIF、CIP还要负担保险费,但是卖方的交货义务早在装运港将货物装上船(CFR、CIF)或将货物交付于承运人监管时起(CPT、CIP)就已完成。货物的灭失或损坏及费用增加的风险则在货物在装运港越过船舷时(CFR、CIF)或于货物交付于承运人监管之时起转移。因此,C组术语是"装运合同"(Shipment Contract)而不是"到达合同"(Arrival Contract),在规定交货期条款时,只能规定装运期或发货期而不能规定抵达期。

4. D组

D组为到达(Arrival)术语,包括有:DAF(DELIVERED AT FRONTIER——边境交货)、DES(DELIVERED EXSHIP——目的港船上交货)、DEQ(DELIVERED EX QUAY——目的港码头交货)、DDU(DELIVERED DUTY UNPAID——未完税交货)、DDP(DELIVERED DUTY PAID——完税后交货)五种。

边境交货(DAF)术语,是指卖方在毗邻国家关境前的边境指定地和地点提供了经出口清关的货物时,即履行了交货义务。"边境"一词可用于任何边境,包括出口国边境。因此,在这个术语中始终确切地指定有关边境的交货地和地点是极为重要的。本术语主要用于铁路或公路货物运输，也可适用于其他任何运输方式。

目的港船上交货(DES)术语，是指卖方在指定的目的港船上向买方提供了未经进口清关的货物时，即履行了交货义务。卖方必须负担货物运至指定目的港的一切费用和风险。本术语只适用于海运或内河运输。

目的港码头交货(DEQ)术语，是指卖方将货物运至指定目的港的码头，经进口清关可供买方收取时，即履行了交货义务。卖方必须负担货物交至该处的一切风险和费用，包括关税、捐税和其他费用。

如果卖方不能直接或间接地取得进口许可证，本术语将不适用。如果双方当事人愿由买方办理货物清关手续并支付关税，则应使用“关税未付”字句而不是“关税已付”。如果双方当事人要求排除卖方负担货物进口时支付某些费用的义务如增值税(VAT)，则应通过加注字句，如“目的港码头交货，增值税未付(……指定目的港)”，以使之明确。

本术语只适用于海运或内河运输。

未完税交货(DDU)术语，是指卖方将货物运至进口国的指定地，可供买方收取时，即履行了交货义务。卖方必须负担货物运至该处的费用和风险(不包括关税、捐税和进口时所需支付的其他由当局收取的费用)以及办理海关手续的费用和风险。买方必须负担由于他未及时办理货物进口清关手续而引起的额外费用和风险。

如果双方当事人愿由卖方办理海关手续和负担由此引起的费用和风险，则应就此意思加注字句，以使之明确。如果双方当事人愿在卖方义务中包括货物进口时需支付的某些费用，如增值税(VAT)，则应就此意思加注字句，以使之明确：“未完税交货，增值税已付(……指定目的地)”。

本术语适用于各种运输方式。

完税后交货(DDP)术语，是指卖方将货物运至进口国的指定地，可供买方收取时，即履行了交货义务。卖方必须负担货物运至该处的风险和费用，包括关税、捐税和其他费用，并办理货物进口的清关手续。EXW是卖方负担最少义务的术语，而DDP则是卖方负担最多义务的术语。

如果卖方不能直接或间接地取得进口许可证，则不应使用本术语。如果双方当事人愿由买方办理货物进口的清关手续和支付关税，则应使用DDU术语。如果双方当事人愿从卖方的义务中排除货物进口时需支付的某些费用，如增值税(VAT)，则应就此意思加注字句，以使之明确：“完税后交货，增值税未付(……指定目的地)”。

本术语可适用于各种运输方式。

D组术语与C组术语在性质上是不同的,按D组术语,卖方须负责把货物运送到约定的目的地;卖方必须负担货物交到该地为止的一切费用和风险。因此,用D组术语表达的合同属“到达合同”。

D组术语可分为两类,一类是由买方负责办理进口手续和支付进口税,如DAF、DES、DDU三种;另一类是由卖方负责办理进口手续和支付进口税,如DEQ和DDP两种。在进口管制较严,进口报关困难的进口商,卖方承担于清关后在约定进口国交货是有风险的,在这种情况下,卖方不应接受DDU术语。对进口管制较严,卖方缺乏在买方所在国取得进口许可证和办理报关手续能力的,也不宜使用DEQ和DDP两种术语。

《1990年国际贸易术语解释通则》是一种国际贸易惯例,既不是国际条约,更不是某个国家的国内法。凡是国际惯例,都不具有强制性,只有在合同当事人采用时,才对当事人有约束力,任何在合同中与惯例不同的规定,都以合同规定为准。

为了明确责任,防止不必要的纠纷和争议,在合同中使用贸易术语时,明确规定按哪项惯例解释为准,而在有关贸易术语的3种国际贸易惯例中1932年华沙-牛津规则(Warsaw-Oxford Rules 1932);美国对外贸易定义1941年修正本(Revised American Foreign Trade Definition 1941);国际商会制订的《1990年国际贸易术语解释通则》(International Rules for the Interpretation of Trade Terms 1990),国际商会的《1990年国际贸易术语解释通则》是最符合当前实际,也是影响最大的一种。因此,在我国外贸合同中,在使用上述术语时,应明确规定以《1990年国际贸易术语解释通则》为准。比如,“CIF××INCOTERMS 1990”、“CPT××Subject to INCOTERMS 1990”等。过去在涉外经济合同中很少直接规定适用何项国际惯例,这是不利于我国对外贸易事业的。

(三) 支付条款

这是指规定支付工具(使用的货币)与支付方式。

合同中的支付条款,主要按不同的支付方式,写明支付日期、支付时应提交的单证、支付的金额与货币单位等。但是,支付条款根据凭借的支付工具不同、支付方式不同,因而内容繁简不同。

国际贸易中考虑使用什么货币时,必须双方协商,不能强加于人。在对外贸易中,我们必须密切注视国际上各种货币汇率的变化及其发展趋势,争取选用在兑换上比较方便、币值又相对稳定的货币作为合同计价结算货币,以尽量减少由于外币汇价变动可能造成的损失,并有利于国家外汇的调度和运用。

在国际贸易结算中，通常是非现金支付，即不使用现金，而使用票据作为支付工具。票据是以信用为基础的书面支付凭证，票据通过银行进行转移和传递，既解决支付问题，又避免现金运送的费用与风险。

在支付条款上，要明确规定买方支付货款的时间。在支付时间上有三种可能：

1. 预付。指在交货前即付款，可以是全部，也可以是部分。

2. 现付。即交货或交单时付款。卖方交货或交单时买方付款。

3. 延期付款。即货到后买方付款，或货到后一定时间内付款，主要适用于引进机器设备等所采用的保证措施。

国际贸易中的支付方式主要有三大类：一类是直接付款；一类是银行托收；另一类是凭银行信用证付款。

直接付款即买方按照合同规定的条款，将货款通过银行付给卖方，也叫汇付。银行办理汇款业务，但对其货款的收付不承担责任。

银行托收是卖方装运出货物后，根据发票金额开出汇票，委托出口地银行通过它在进口地的分行或代理银行向买方收取货款。

信用证支付是银行根据买方的请求，开给卖方的一种保证承担支付货款责任的书面凭证（即信用证）。银行以自己的信用，担保买方在交付货款时一定得到货物的单据，同时也向卖方担保交出货物单据就一定能得到货款。在国际货物买卖合同中，大多数是选择信用证支付方式。信用证支付方式的英文缩写字母是L/C。

以上三种支付方式中又可分为不同种类，每类的内容与手续是各不相同的。因此，买卖双方必须慎重选择支付方式，以避免受到不必要的损失。比如，信用证有不可撤销信用证和可撤销信用证；保兑信用证和不保兑信用证；即期信用证与远期信用证；可转让信用证与可分割信用证；循环信用证等。

（四）商检条款

这是指商品检验条款。买卖双方为证明所装运货物的品质、数量和包装等符合合同的规定，要求由有资格的检验机构在装运地或目的地对货物检验或鉴定，并签具商品检验证书。商检的目的是检查卖方是否已按合同履行其交货义务，并在发现卖方所交货物与合同要求不符时，给予买方以拒收货物或提出索赔的权利。

检验条款主要包括检验权、检验的时间和地点、检验的机构以及检验证书等。

检验权是指买卖双方由谁来决定商品的品质、数量或包装是否符合合同规定的问题。

检验权有以下三种不同规定：

1. 如果卖方行使检验权，货物在装运港装船之前进行品质、数量、包装等方面的鉴定,以装船口岸的商检机构出具的商检证书为最后依据。买方在货物到达目的港后,虽然可以对货物进行查验,但原则上对于商品的品质、数量等问题无权向卖方提出异议。这对买方不利。

2. 如果买方行使检验权,商品的品质、数量等应在目的港卸货后进行检验,以目的港的商检机构签发的商检证书为准。一旦商品与合同规定不符,买方就可据此向卖方提出异议,这对买方有利。

3. 在国际贸易中普遍采用的做法是:由卖方行使检验权,提供商检证书作为议付货款的依据,但同时允许买方在货物到目的港后有权对货物进行复验。如发现货物的品质、数量等与合同规定不符,买方有权向卖方提出异议,并根据交验的结果向卖方提出索赔。

检验的时间也即是货物品质、数量等索赔的期限。一般都规定,买方必须于货物到达目的港后若干天内进行检验;或规定买方应于货物在目的港卸货后若干天内进行检验。如果超过规定的期限不进行检验,买方就失去检验的权利。

检验地点与检验权是联系在一起的,卖方的检验地点并不重要,主要是买方的复验地点。买方可以在规定的检验期内在口岸(或到达站)进行检验。买方不在口岸进行检验,而是在货物运至用货地才进行检验也是可以的。当货物与合同不符时,买方仍有拒收权。

在国际贸易中,商品的检验机构主要有以下三类:

1. 由国家设立的官方检验机构。如我国的中国进出口商品检验局、美国食品和药物管理局、法国国家实验室检测中心等;

2. 由私人或同业公会、协会开设的公证行或公证人。如日本海事鉴定协会、英国劳勃生公证行、瑞士日内瓦通用检定公司等;

3. 出口方的生产、制造厂商或进口方使用单位的检验部门。

进出口商品经过商检机构检验后,都要由检验机构发给一定的证书。商品检验证书是外贸运输保险契约的有关各方进行交接、结算、通关、计税、计算运费和处理索赔的具有法律约束力的有效凭证。

此外,在商检条款中还应规定适当的检验方法和检验的标准。同一种商品,如采用不同的检验方法或标准进行检验,往往可能产生不同的检验结果。

(五) 索赔条款

这是必不可少的条款。买卖双方不仅要规定,一方如违反合同另一方有权提出索赔,而且还要就索赔的依据、索赔的时间期限、赔偿损失的确定方法以及违约金等方面的问题作出具体规定。如果货物在交货、接货、品质、数量、重量、包装、运输、保险等方面违反合同的规定时，规定索赔的手续、提出的期限、所需的单证及金额等。当一方违反合同给另一方造成了损失，受损害方应首先查明导致其损失的原因，然后再确定谁应该对损失负责。于是受损害一方要及时向对方提交索赔信函及索赔单证。在提交的索赔信函中，受损方应提出处理问题的解决方法，也就是索赔方案。特别要指出，索赔要求必须在合同规定的有效期内提出，超过这个期限，一方的任何索赔要求都可能遭到另一方的拒绝。

（六）不可抗力条款

这也叫免责条款或例外条款。这是指买卖成交后，如果出现一些事先不能预见或预防的意外事故，使合同不能履行，当事人可免除不能履行合同的责任。

不可抗力事故一般应具备下列要求：(1)事故必须发生在订立合同以后；(2)它不是由于任何一方当事人的过失所造成的；(3)它是双方当事人所不能控制的。不可抗力事故包括两种情况：一种是由于自然原因引起的，比如水灾、风灾、地震、干旱、大雪等；一种是社会原因引起的，比如战争、罢工、政府封锁禁运等。哪些意外事故可以列入不可抗力的范围，双方当事人可以在合同中自行商定。不可抗力事故所引起的法律后果，一种是解除合同；一种是延迟履行合同，这也要在合同中明确规定。还应规定援引不可抗力条款时所应提供的证明，以及通知对方的时间和手续。

目前由于影响国际贸易交往关系的因素比较复杂，有时造成一方当事人无法履行合同的事故，不能完全归之于不可抗力事项。为适应这种复杂的情况，有的合同中还订立了“艰难条款”(Hardship Clause)，即出现了使当事人难以完成合同义务的情况时，该当事人有权要求修改或变更合同的内容。合同中的这种规定，也属于免责条款的范围。

（七）仲裁条款

见本书第二十一章“仲裁与民事审判”。

三、约　　尾

这是合同的最后一部分，主要载明合同以何种文字作成、各种文本的效力、正本的份数、附件及其效力、双方当事人的签名、当事人应载明双方企业的名称及签署人的职务。

国际货物买卖合同的订立与我国合同法中的规定类似，只是在订立合同过程中有些术语有不同的称呼，比如，询盘(Inquiry)是指要约邀请；发盘(Offer)是指要约;还盘(Counter Offer)是指受要约人提出新要约;接受(Acceptance)是指承诺等。

我国已于1994年11月正式加入国际商会并建立国际商会中国国家委员会。国际商会是作为联合国的一级咨询机构,它在国际贸易领域中有着举足轻重的作用。国际商会正式成立于1920年,目前拥有来自140多个国家和地区万余名从事贸易、工业、金融、交通运输、保险等行业的会员,在60多个国家成立了国家委员会,还设立了30多个专门委员会。

第九章　公　司　法

第一节　公司法和公司的概念

一、公司法的概念

公司法，是指规定公司企业的设立、组织、经营、解散、清算以及调整公司对内对外关系规则的总称。其宗旨是为了规范公司的组织和行为。公司的对内法律关系包括：公司的股东、董事、经理、职员等各部分人的权利义务关系；公司各个行政机构之间，比如，股东会、董事会、监事会等之间关系的法律规定。公司的对外法律关系包括：调整公司与政府之间的关系；调整公司与第三人之间的关系。第三人是指与公司进行业务往来的人，其中包括公司债权人在内的个人、商号、合伙、合作企业及其他公司和其他经济组织等。

公司与企业是两个既有密切联系，又有区别的概念。企业是指应用资本赚取利润的一种经济组织，它包括个人企业、合伙企业、合作企业和公司企业等形式。公司只是企业的一种组织形式。公司法仅仅是规定公司企业的法律，而不是规定所有企业的法律。公司法规定公司企业如何组成、经营、解散，以及其他对内对外法律关系如何解决。所以，公司法是公司企业最基本的规则，对公司起支配决定作用。我国公司法规范在中国境内设立的有限责任公司和股份有限公司。

公司法的规范具有强制性、严格性，这是为了保护公司、股东和债权人的合法权益，维护社会经济秩序，促进市场经济的发展。如果公司可以任意设立、经营、发行股票、债券、分配利润、解散，那就势必给正常的经济秩序带来混乱。

二、公司的概念

公司，除有特别规定外，是指数人以上共同经营，以营利为目的的企业法人。它是依法成立，从事生产经营或服务性的业务，有独立的法人财产，自主经营，自负盈亏,依法承担经济责任的经济实体。

公司有如下三个基本特征:

(一)公司是企业法人

公司是以独立民事主体资格进行社会经济活动的企业法人。公司一旦成立,就意味着国家承认其法人资格,它就能像自然人一样拥有自己独立的财产,有权独立进行一切合法的经济活动。有限责任公司,股东以其出资额为限对公司承担责任,公司以其全部资产对公司的债务承担责任;股份有限公司,股东以其所持股份为限对公司承担责任,公司以其全部资产对公司的债务承担责任。公司享有由股东投资形成的全部法人财产权,依法享有民事权利,承担民事责任。公司对自己的法律行为所产生的法律后果承担全部法律责任。比如,签订经济合同,在经营管理中出现亏损,以及在经济活动中欠了债务等,都要由公司负责。公司对它的法定代表人和其他工作人员的经营活动承担民事责任。

(二)公司是营利性的经济组织

公司必须是营利性的经济组织。所谓营利是指通过生产、经营或服务谋求某种利益,这种利益一般是指货币增值。社会事业分营利和非营利两种。比如,社会福利机构即非营利组织。凡不是以营利为目的的组织,都不能称为公司。依法组织起来的公司都具有营利性,这是因为公司是独立核算、自主经营、自负盈亏的经济实体。如果不允许其营利,则必然出现亏损,公司也无法存在。所以,营利性是公司的一个重要特征。

公司的营利必须合法,它的经营者必须严格遵守国家法律、行政法规,遵守社会公德、商业道德,诚实守信,接受政府和社会公众的监督,承担社会责任。这是指公司必须维护公司利益关系人的合法权益,即公司职工、公司的债权人、公司产品的消费者、公司周围社区的居民等受公司及其经营行为影响的人群。因此,公司在从事经营活动时不仅应考虑公司及其股东的利益,还应当将公司利益关系人的合法权益纳入其经营决策的考虑范围。公司的经营者应采用合法的营利策略和手段,以合法的资金赢得最好的经济效益和社会效益,从而获得最大的合法利润。

(三)公司必须依法成立,并有一定的组织机构

我国公司法规定,设立公司,应依法向公司登记机关申请设立登记。这是明确规定了公司设立以登记为要件。法律、行政法规规定设立公司必须报经批准的,应当在公司登记前依法办理批准手续。公司的设立程序,在一般国家按其公司法规定。依法成立包含两方面:一是按照法律允许的形式、内容、经营范围和经营方式成立公司。超出法律规定的范围,或者不属于法定的公司组织形式都是非法公司。

二是在公司的组建、成立、变更、解散等问题上，不符合法定程序而自称公司的，或欺骗主管部门登记成立的公司，都属于非法公司。国家不仅不保护这种“公司”，还禁止其开业，情节严重的要依法制裁。

公司还必须有与生产经营或服务规模相适应的资金和设施。银行贷款不得视为自有资金。以弄虚作假等手法虚报自有资金来源者，取消其登记资格。

公司必须有自己健全的组织管理机构以及与生产经营或服务规模相适应的从业人员，并有健全的财务制度。

公司的名称中必须注明公司的类别。

公司以其主要办事机构所在地为住所。

设立公司必须依法制定公司章程，公司章程对公司、股东、董事、监事、高级管理人员具有约束力。

公司的经营范围由公司章程规定，并依法登记。公司可以修改公司章程，改变经营范围，但是应当办理变更登记。

公司法定代表人依照公司章程的规定由董事长、执行董事或者经理担任，并依法登记。公司可设立分公司，分公司不具有法人资格，其民事责任由公司承担。公司可设立子公司，子公司具有法人资格，依法独立承担民事责任。

公司可以向其他企业投资；但是，除法律另有规定外，不得成为对所投资企业的债务承担连带责任的出资人。

公司向其他企业投资或者为他人提供担保，依照公司章程的规定，由董事会或者股东会、股东大会决议。

公司股东滥用股东权利给公司或者其他股东造成损失的，应当依法承担赔偿责任。

公司股东滥用公司法人独立地位和股东有限责任，逃避债务，严重损害公司债权人利益的，应当对公司债务承担连带责任。

公司的控股股东实际控制人、董事、监事、高级管理人员利用其关联关系损害公司利益，给公司造成损失的，应当承担赔偿责任。

第二节 有限责任公司的设立和组织机构

一、有限责任公司的设立

设立，是指为取得公司资格而完成法律要件的一切行为。这一切行为概括称为设立行为。有限责任公司的设立程序比股份有限公司要简便，只有发起设立，而无募股设立。

(一) 公司设立的条件

我国公司法第 23 条规定,设立有限责任公司应当具备下列条件:

1. 股东符合法定人数。有限责任公司由 50 个以下股东出资设立。
2. 股东出资达到法定资本最低限额。
3. 股东共同制定公司章程。
4. 有公司名称,建立符合有限责任公司要求的组织机构。
5. 有公司住所。

(二) 公司章程的制定

设立有限责任公司,必须按照公司法制定公司章程。有限责任公司章程应当载明下列事项:

1. 公司名称和住所;
2. 公司经营范围;
3. 公司注册资本;
4. 股东的姓名或者名称;
5. 股东的出资方式、出资额和出资时间;
6. 公司的机构及其产生办法、职权、议事规则;
7. 公司的法定代表人;
8. 股东会会议认为需要规定的其他事项。

股东应当在公司章程上签名、盖章。

(三) 股东出资的方式

有限责任公司的股东,负有缴纳所认缴出资的义务,公司只有凑足设立所必须具备的资本后,公司才可能成立。

有限责任公司的注册资本为在公司登记机关登记的全体股东认缴的出资额。公司全体股东的首次出资额不得低于注册资本的 20%,也不得低于法定的注册资本最低限,其余部分由股东自公司成立之日起两年内缴足;其中,投资公司可以在 5 年内缴足。

有限责任公司注册资本的最低限额为人民币 3 万元。法律、行政法规对有限责任公司注册资本的最低限额有较高规定的,从其规定。

股东可以用货币出资,也可以用实物、知识产权、土地使用权等可以用货币估价并可以依法转让的非货币财产作价出资;但是,法律、行政法规规定不得作为出资的财产除外。对作为出资的非货币财产应当评估作价,核实财产,不得高估或者低估作价。法律、行政法规对评估作价有规定的，从其规定。

全体股东的货币出资金额不得低于有限责任公司注册资本的30%。

股东应当足额缴纳公司章程中规定的各自所认缴的出资额。股东以货币出资的，应当将货币出资足额存入有限责任公司在银行开设的账户；以非货币财产出资的，应当依法办理其财产权的转移手续。

股东不按规定缴纳出资的，除应当向公司足额缴纳外，还应当向已按期足额缴纳出资的股东承担违约责任。

股东在公司成立后，不得抽逃出资。

股东缴纳出资后，必须经依法设立的验资机构验资并出具证明。

（四）公司的设立登记

股东的首先出资经验资机构验资后，由全体股东指定的代表或者共同委托的代理人向公司登记机关报送公司登记申请书、公司章程、验资证明等文件，申请设立登记。公司登记机关是工商行政管理机关。国家工商行政管理局主管全国的公司登记工作。

公司营业执照签发日期，为有限责任公司成立日期。

有限责任公司成立后，发现作为出资的非货币财产的实际价额显著低于公司章程所定价额的，应当由交付该出资的股东补足其差额；公司设立时的其他股东对其承担连带责任。此责任与前述的股东不履行缴纳出资义务的违约责任，在责任主体、责任内容、承担责任的对象和时点等方面都有不同。

有限责任公司成立后，应当向股东签发出资证明书，并应当置备股东名册，记载下列事项：

1. 股东的姓名或者名称及住所；
2. 股东的出资额；
3. 出资证明书编号。

（五）股东的权利和义务

有限责任公司股东享有的权利主要有以下两种：

1. 自益权。即股东由于出资为自己的利益而享受的权利。比如，获得股息红利、公司解散时分配财产的权利等。

2. 共益权。即股东由于自己的出资而享有的参与公司经营管理的权利。比如，表决权、请求召开股东会的权利、撤销股东会决议权、查阅股东会会议记录和公司财务会计账簿等。这是股东为公司利益，同时也为自己利益而行使的权利。

有限责任公司股东的义务，主要是出资；对公司负有限间接责任。

二、有限责任公司的组织机构

(一) 有限责任公司的股东会

有限责任公司的股东会由全体股东组成,股东会是公司的权力机构。

股东会行使下列职权:

1. 决定公司的经营方针和投资计划;
2. 选举和更换非由职工代表担任的董事、监事,决定有关董事、监事的报酬事项;
3. 审议批准董事会的报告;
4. 审议批准监事会或者监事的报告;
5. 审议批准公司的年度财务预算方案、决算方案;
6. 审议批准公司的利润分配方案和弥补亏损方案;
7. 对公司增加或者减少注册资本作出决议;
8. 对发行公司债券作出决议;
9. 对公司合并、分立、解散、清算或者变更公司形式作出决议;
10. 修改公司章程;
11. 公司章程规定的其他职权。

股东会对公司增加或者减少注册资本、分立、合并、解散、变更公司形式以及修改公司章程的决议,必须经代表 2/3 以上表决权的股东通过。

股东会会议由股东按照出资比例行使表决权;但是,公司章程另有规定的除外。这说明公司章程可以自主规定股东行使表决权的原则,这既体现了公司自治原则,又兼顾了有限责任公司的人合与资合的双重性,更加符合有限责任公司的特点和实际情况。股东会的首次会议由出资最多的股东召集和主持。

股东会会议可分为定期会议和临时会议。定期会议应当按照公司章程的规定按时召开。临时会议可以由代表 1/10 以上表决权的股东,1/3 以上的董事,监事会或不设监事会的公司监事提议召开临时会议的,应当召开临时会议。

股东会的议事方式和表决程序,除公司法有规定外,由公司章程规定。

(二) 有限责任公司的董事会

有限责任公司设立董事会,其成员为 3 人至 13 人。两个以上的国有企业或者两个以上的其他国有投资主体投资设立的有限责任公司,其董事会成员中应当有公司职工代表。董事会中的职工代表由公司职工民主选举产生。

董事会设董事长 1 人,可以设副董事长。董事长、副董事长的产生办法由公司章程规定。

董事会对股东会负责，行使下列职权：

1. 召集股东会会议，并向股东会报告工作；

2. 执行股东会的决议；

3. 决定公司的经营计划和投资方案；

4. 制订公司的年度财务预算方案、决算方案；

5. 制订公司的利润分配方案和弥补亏损方案；

6. 制订公司增加或者减少注册资本以及发行公司债券的方案；

7. 制订公司合并、分立、变更公司形式、解散的方案；

8. 决定公司内部管理机构的设置；

9. 决定聘任或者解聘公司经理及其报酬事项，并根据经理的提名，决定聘任或者解聘公司副经理、财务负责人及其报酬事项；

10. 制定公司的基本管理制度。

11. 公司章程规定的其他职权。

董事任期由公司章程规定，但每届任期不得超过 3 年。董事任期届满，连选可以连任。

董事会会议由董事长召集和主持；董事长不能履行职务或不履行职务的，由副董事长召集和主持；副董事长不能履行职务或者不履行职务的，由半数以上董事共同推举一名董事召集和主持。董事会应当对所议事项的决定作成会议记录，出席会议的董事应当在会议记录上签名。

董事会的议事方式和表决程序，除公司法有规定的以外，由公司章程规定。

股东人数较少或规模较小的有限责任公司，可以设 1 名执行董事，不设董事会。执行董事可以兼任公司经理。

（三）有限责任公司的经理

有限责任公司可以设经理，由董事会决定聘任或者解聘。经理对董事会负责，行使下列职权：

1. 主持公司的生产经营管理工作，组织实施董事会决议；

2. 组织实施公司年度经营计划和投资方案；

3. 拟订公司内部管理机构设置方案；

4. 拟订公司的基本管理制度；

5. 制定公司的具体规章；

6. 提请聘任或者解聘公司副经理、财务负责人；

7. 决定聘任或者解聘除应由董事会决定聘任或者解聘以外的负责管理人员;

8. 董事会授予的其他职权。

公司章程对经理职权另有规定的,从其规定。

经理列席董事会会议。

(四) 有限责任公司的监事会

有限责任公司经营规模较大的,设立监事会,其成员不得少于3人。监事会由股东代表和适当比例的公司职工代表组成,其中职工代表的比例不得低于1/3,具体比例由公司章程规定。监事会中的职工代表由公司职工民主选举产生。

有限责任公司股东人数较少和规模较小的,可以设1至2名监事,不设监事会。

董事、高级管理人员不得兼任监事。

监事的任期每届为3年。监事任期届满,连选可以连任。

监事会、不设监事会的公司的监事行使下列职权:

1. 检查公司财务;

2. 对董事、高级管理人员执行公司职务的行为进行监督,对违反法律、行政法规、公司章程或者股东会议决议的董事、高级管理人员提出罢免的建议;

3. 当董事和高级管理人员的行为损害公司的利益时,要求董事和高级管理人员予以纠正;

4. 提议召开临时股东会,在董事会不履行公司法规定的召集和主持股东会议职责时召集和主持股东会会议;

5. 向股东会会议提出提案;

6. 依照公司法第152条的规定,对董事、高级管理人员提起诉讼;

7. 公司章程规定的其他职权。

监事可以列席董事会会议,并对董事会决议事项提出质询或者建议。监事会、不设监事会的公司的监事发现公司经营情况异常,可以进行调查;必要时,可以聘请会计师事务所等协助其工作,费用由公司承担。

三、一人有限责任公司的特别规定

一人有限责任公司,是指只有一个自然人股东或者一个法人股东的有限责任公司。

一人有限责任公司的设立和组织机构,除有单独规定外,适用有限责任公司的设立和组织机构的规定。

一人有限责任公司的注册资本最低限额为人民币 10 万元。股东应当一次足额缴纳公司章程规定的出资额。这是为了提高一人公司的资信和偿债能力，维护交易安全，所以规定了相对较高的最低注册资本，并实行实缴资本制。

一个自然人只能投资设立一个一人有限责任公司。该一人有限责任公司不能投资设立新的一人有限责任公司。这是为了限制自然人通过设立多个一人公司，以及通过该一人公司再投资设立一人公司，是为了防止其过分放大信用和滥用其有限责任。对法人设立的一人公司，我国公司法未作上述限制。这是考虑到这样的公司在经营活动中有设立多个全资子公司的客观需要。

一人有限责任公司应当在公司登记中注明自然人独资或者法人独资，并在公司营业执照中载明。一人有限责任公司章程由股东制定。一人有限公司不设股东会。股东作出的如有限责任公司股东所行使的职权的重大事项决定时，应当采用书面形式，并由股东签名后置备于公司。这是为了保护债权人和其他利害关系人的利益，提高一人公司的透明度。

一人有限责任公司应当在每一会计年度终了时编制财务会计报告，并经会计事务所审计。

一人有限责任公司的股东不能证明公司财产独立于股东自己的财产的，应当对公司债务承担连带责任。这是防止一人股东滥用其有限责任，将个人财产和公司财产混同，所以股东应对公司债务承担连带责任，股东能证明公司财产独立于股东自己财产的除外。

四、国有独资公司的特别规定

国有独资公司，是指国家单独出资，由国务院或者地方人民政府授权本级人民政府国有资产监督管理机构履行出资人职责的有限责任公司。

国有独资公司的设立和组织机构，除有单独规定外，适用有限责任公司设立和组织机构的规定。

国有独资公司章程由国有资产监督管理机构制定，或者由董事会制订报国有资产监督管理机构批准。

国有独资公司不设股东会，由国有资产监督管理机构行使股东会职权。这是由于国有独资公司股东是单一投资主体，不具有团体性，故不设股东会。国有资产监督管理机构可以授权公司董事会行使股东会的部分职权，决定公司的重大事项，但公司的合并、分立、解散、增加或者减少注册资本和发行公司债券,必须由国有资产监督管理机构决定;其中,重要的国有独资公司合并、分立、解散、申请破产,应当由国有资产监督管理机构审核后,报本级人民政府批准。

国有独资公司设董事会。董事每届任期不得超过3年。没有规定任期届满,连选可连任。董事会成员中应当有公司职工代表。董事会成员由国有资产监督管理机构委派;董事会成员中的职工代表由公司职工代表大会选举产生。董事会设董事长一人,可以设副董事长。董事长、副董事长由国有资产监督管理机构从董事会成员中指定。

国有独资公司设经理,由董事会聘任或者解聘。经理的职权按照有限责任公司规定的职权行使。经国有资产监督管理机构同意,董事会成员可以兼任经理。

国有独资公司的董事长、副董事长、董事、高级管理人员,未经国有资产监督管理机构同意,不得在其他有限责任公司、股份有限公司或者其他经济组织兼职。

国有独资公司监事会成员不得少于5人,其中职工代表的比例不得低于1/3,具体比例由公司章程规定。

监事会成员由国有资产监督管理机构委派;监事会中的职工代表由公司职工代表大会选举产生。监事会主席由国有资产监督管理机构从监事会成员中指定。

监事会行使有限责任公司中监事会职权的第一项至第三项及国务院规定的其他职权。

五、有限责任公司的股权转让

有限责任公司的股东之间可以相互转让其全部或者部分股权。股东向股东以外的人转让股权,应当经其他股东过半数同意。股东应就其股权转让事项书面通知其他股东征求同意,其他股东自接到书面通知之日起满30日未答复的,视为同意转让。其他股东半数以上不同意转让的,不同意的股东应当购买该转让的股权;不购买的,视为同意转让。

经股东同意转让的股权,在同等条件下,其他股东有优先购买权。两个以上股东主张行使优先购买权的,协商确定各自的购买比例;协商不成的,按照转让时各自的出资比例行使优先购买权。这是为了解决股权外部转让及两个以上股东主张行使优先购买权时的纠纷。公司章程对股权转让另有规定的,从其规定。

有下列情形之一的，对股东会该项决议投反对票的股东可以请求公司按照合理的价格收购其股权：

(一)公司连续5年不向股东分配利润，而公司该5年连续盈利，并且符合公司法规定的分配利润条件的；

(二)公司合并、分立、转让主要财产的；

(三)公司章程规定的营业期限届满或者章程规定的其他解散事由出现，股东会会议通过决议修改章程使公司存续的。

自股东会会议决议通过之日起60日内，股东与公司不能达成股权收购协议的，股东可以自股东会会议决议通过之日起90日内向人民法院提起诉讼。

以上规定主要针对的是，有的有限责任公司经常出现大股东利用公司控制权，损害其他股东权益的情况；另外异议股东股权收购请求权，为对相关决议投反对票的股东提供了退出机制，体现了股东权益保护和股东利益平等原则。

自然人股东死亡后，其合法继承人可以继承股东资格；但是，公司章程另有规定的除外。

第三节　股份有限公司的设立和组织机构

一、股份有限公司的概念和特征

股份有限公司也称股份公司，是指将全部资本分为等额股份，股东以其所持股份为限对公司承担财产责任，公司以其全部资产对公司债务承担责任的公司。

股份有限公司具有以下几个主要特征：

(一)股份有限公司的全部资本分为等额股份，股份体现为股票形式。这是股份有限公司与有限责任公司最主要的区别。

(二)股份有限公司的股东就其所认股份对公司负责，也就是股东对公司只负缴清其股份金额的责任，但并不对公司的债权人负责，公司以其全部资产对公司的债务承担责任。

(三)股份有限公司的股东必须达到法定的人数。即股份有限公司的股东有最低人数的限制，而没有最高人数的限制。

(四)公司的所有权与经营管理权是分开的。股份有限公司的资本虽为全体股东所有，但具体的经营管理权却不操在全体股东手中。负责公司一切日常经营管理活动的是董事会和高级管理人员。

二、股份有限公司的设立

(一) 设立的条件

我国公司法第 77 条等规定,设立股份有限公司应当具备下列条件:

1. 发起人符合法定人数。设立股份有限公司必须有一定数目的人共同进行,这些创办公司的人称为发起人或创办人。各国公司法都规定发起人的最低人数。我国公司法规定,应当有 2 人以上 200 人以下为发起人,其中须有过半数的发起人在中国境内有住所。发起人承担公司筹办事务。

2. 发起人认购和募集的股本达到法定资本最低限额。股份有限公司注册资本的最低限额为人民币 500 万元,股份有限公司注册资本最低限额需高于上述所定限额的,由法律、行政法规另行规定。股份有限公司的注册资本为在公司登记机关登记的实收股本总额。

3. 股份发行、筹办事项符合法律规定。

4. 发起人制订公司章程,采用募集方式设立的经创立大会通过。

5. 有公司名称,建立符合股份有限公司要求的组织机构。

6. 有公司住所。

(二) 设立的方式

股份有限公司的设立,可以采取发起设立或者募集设立的方式。

发起设立,是指由发起人认购公司应发行的全部股份而设立公司。

募集设立,是指由发起人认购公司应发行股份的一部分,其余部分向社会公开募集或者向特定对象募集而设立公司。

(三) 章程的制定

设立股份有限公司,必须按照公司法制定公司章程。

我国公司法第 82 条规定,股份有限公司章程应当载明下列事项:

1. 公司名称和住所;
2. 公司经营范围;
3. 公司设立方式;
4. 公司股份总数、每股金额和注册资本;
5. 发起人的姓名或者名称、认购的股份数、出资方式和出资时间;
6. 董事会的组成、职权和议事规则;
7. 公司法定代表人;

8. 监事会的组成、职权和议事规则；

9. 公司利润分配办法；

10. 公司的解散事由与清算办法；

11. 公司的通知和公告办法；

12. 股东大会会议认为需要规定的其他事项。

（四）发起人的出资和公开募集股份

1. 发起人的出资。

以发起方式设立股份有限公司的，发起人必须认购公司应发行的全部股份作为注册资本。公司全体发起人首次出资额不得低于注册资本的20%，其余部分由发起人自公司成立之日起2年内缴足；其中投资公司可以在5年内缴足。在缴足前不得向他人募集股份。

发起人应当书面认足公司章程规定其认购的股份。

以募集设立方式设立股份有限公司的，发起人认购的股份不得少于公司股份总数的35%；但是法律、行政法规另有规定的除外。

发起人的出资方式适用有限责任公司股东出资的规定。

2. 公开募集股份

发起人向社会公开募集股份，必须公告招股说明书，并制作认股书。招股说明书应当附有发起人制订的公司章程，并载明下列事项：发起人认购的股份数；每股的票面金额和发行价格；无记名股票的发行总数；募集资金的用途；认股人的权利、义务；本次募股的起止期限及逾期未募足时认股人可撤回所认股份的说明。认股书应当载明招股说明书所列事项，由认股人填写所认股数、金额、住所，并签名、盖章。认股人按照所认股数缴纳股款。

发起人向社会公开募集股份，应当由依法设立的证券公司承销，签订承销协议。发起人向社会公开募集股份，应当同银行签订代收股款协议。

发行股份的股款缴足后，必须经依法设立的验资机构验资并出具证明。

发行的股份超过招股说明书规定的截止期限尚未募足的，或者发行股份的股款缴足后，发起人未在30日内召开创立大会的，认股人可以按照所缴股款并加算银行同期存款利息，要求发起人返还。

3. 创立大会。

以募集设立方式设立股份有限公司的，发行股份的股款缴足后，发起人应当在30日内主持召开公司创立大会，创立大会由发起人、认股人组成。创立大会在性质上相当于股东会，可视为股东会在公司成立前的前身。

发起人应当在创立大会召开15日前将会议日期通知各认股人或者予以公告。创立大会应有代表股份总数过半数的发起人、认股人出席方可举行。

创立大会行使下列职权:

(1) 审议发起人关于公司筹办情况的报告;

(2) 通过公司章程;

(3) 选举董事会成员;

(4) 选举监事会成员;

(5) 对公司的设立费用进行审核;

(6) 对发起人用于抵作股款的财产的作价进行审核;

(7) 发生不可抗力或者经营条件发生重大变化直接影响公司设立的,可以作出不设立公司的决议。

创立大会对上列事项作出决议,必须经出席会议的认股人所持表决权过半数通过。

发起人、认股人缴纳股款或者交付抵作股款的出资后,除未按期募足股份、发起人未按期召开创立大会或者创立大会决议不设立公司的情形外,不得抽回其股本。

4. 公司的设立登记。

以募集设立方式设立股份有限公司的,董事会应当于创立大会结束后30日内向公司登记机关申请设立登记。

申请设立股份有限公司,应当向公司登记机关提交下列文件:

(1) 公司登记申请书;

(2) 创立大会的会议记录;

(3) 公司章程;

(4) 验资证明;

(5) 法定代表人、董事、监事的任职文件及其身份证明;

(6) 发起人的法人资格证明或者自然人身份证明;

(7) 公司住所证明。

以募集方式设立股份有限公司公开发行股票的,还应当向公司登记机关报送国务院证券监督管理机构的核准文件。

股份有限公司成立后,发起人未按照公司章程规定缴足出资的应当补缴;其他发起人承担连带责任。

股份有限公司成立后,发现作为设立公司出资非货币财产的实际价额显著低于公司章程所定价额的,应当由交付该出资的发起人补足其差额;其他发起人承担连带责任。

5. 发起人的责任。

股份有限公司的发起人应当承担下列责任：

(1)公司不能成立时，对设立行为所产生的债务和费用负连带责任；

(2)公司不能成立时，对认股人已缴纳的股款，负返还股款并加算银行同期存款利息的连带责任；

(3)在公司设立过程中，由于发起人的过失致使公司利益受到损害的，应当对公司承担赔偿责任。

有限责任公司变更为股份有限公司或股份有限公司变更为有限责任公司的，应当按照公司法有关规定办理。

有限责任公司变更为股份有限公司时，折合的股份总额不得高于公司净资产额。为增加资本公开募集股份时，应当依照公司法有关公开募集股份的规定办理。

有限责任公司依法变更为股份有限公司或股份有限公司变更为有限责任公司的，原公司的债权、债务由变更后的公司承继。

股东有权查阅公司章程、股东名册、公司债券存根、股东大会会议记录、董事会及监事会会议决议、财务会计报告，对公司的经营提出建议或者质询。

三、股份有限公司的股东大会

股份有限公司股东大会，由全体股东组成。股东大会是公司的权力机构。

有限责任公司股东职权的规定，适用于股份有限公司股东大会。

股东大会应当每年召开一次年会。有下列情形之一的，应当在 2 个月内召开临时股东大会：董事人数不足公司法规定的人数或者公司章程所定人数的 2/3 时；公司未弥补的亏损达实收股本总额 1/3 时；单独或者合计持有公司股份 10%以上的股东请求时；董事会认为必要时；监事会提议召开时；公司章程规定的其他情形。

股东大会会议由董事会负责召集，由董事长主持。董事长不能履行职务或者不履行职务的，由副董事长主持；副董事长不能履行职务或者不履行职务的，由半数以上董事共同推举一名董事主持。董事会不能履行或者不履行召集股东大会会议职责的，监事会应当及时召集和主持；监事会不召集和主持的，连续 90 日以上单独或者合计持有公司 10%以上股份的股东可以自行召集和主持。

召开股东大会，应当将会议召开的时间、地点和审议的事项于会议召开 20 日前通知各股东。临时股东大会应当于会议召开 15 日前通知各股东；发行无记名股票的,应当于会议召开 30 日前公告召开的时间、地点和审议事项。

单独或者合计持有公司 3%以上股份的股东,可以在股东大会召开 10 日前提出临时提案并书面提交董事会;董事会应当在收到提案后 2 日内通知其他股东,并将该临时提案提交股东大会审议。临时提案的内容应当属于股东大会职权范围,并有明确议题和具体决议事项。

无记名股票持有人出席股东大会会议的,应当于会议召开 5 日前至股东大会闭会时将股票交存于公司。

股东出席股东大会会议,所持每一股份有一表决权。但是公司持有的本公司股份没有表决权。

股东大会作出决议必须经出席会议的股东所持表决权过半数通过。但是,股东大会作出修改公司章程、增加或者减少注册资本的决议,以及公司合并、分立、解散或者变更公司形式的决议,必须经出席会议的股东所持表决权的 2/3 以上通过。

公司法和公司章程规定公司转让、受让重大资产或者对外提供担保等事项必须经股东大会作出决议的,董事会应当及时召集股东大会会议,由股东大会进行表决。

股东大会选举董事、监事,可以依照公司章程的规定或者股东大会的决议,实行累积投票制。累积投票制,是指每一股份拥有与应选董事或者监事人数相同的表决权,股东拥有的表决权可以集中使用。

股东可以委托代理人出席股东大会会议,代理人应当向公司提交股东授权委托书,并在授权范围内行使表决权。

股东大会应当对所议事项的决定作成会议记录,主持人、出席会议的董事应当在会议记录上签名。会议记录应当与出席股东的签名册及代理出席的委托书一并保存。

四、股份有限公司的董事会、经理

股份有限公司设董事会,其成员为 5 人至 19 人。董事会成员中可以有公司职工代表。

公司法中关于有限责任公司董事任期的规定,适用于股份有限公司董事;有限责任公司董事会职权的规定,适用于股份有限公司董事会。

董事会设董事长 1 人,可以设副董事长。董事长和副董事长由董事会以全体董事的过半数选举产生。

董事长行使下列职权：

（一）主持股东大会和召集、主持董事会会议；

（二）检查董事会决议的实施情况；

副董事长协助董事长工作，董事长不能履行职务或者不履行职务的，由副董事长履行职务；副董事长不能履行职务或者不履行职务的，由半数以上董事共同推举1名董事履行职务。

董事会每年度至少召开2次会议，每次会议应当于会议召开10日以前通知全体董事和监事。

代表1/10以上表决权、1/3以上董事或者监事会，可以提议召开董事会临时会议。董事长应当自接到提议后10日内，召集和主持董事会会议。

董事会会议应由过半数的董事出席方可举行。董事会作出决议，必须经全体董事的过半数通过。董事会决议的表决，实行一人一票。董事会会议，应由董事本人出席。董事因故不能出席，可以书面委托其他董事代为出席董事会，委托书中应载明授权范围。

董事会应当对会议所议事项的决定作成会议记录，出席会议的董事和记录员在会议记录上签名。

董事应当对董事会的决议承担责任。董事会的决议违反法律、行政法规或者公司章程，股东大会决议，致使公司遭受严重损失的，参与决议的董事对公司负赔偿责任。但经证明在表决时曾表明异议并记载于会议记录的，该董事可以免除责任。

股份有限公司设经理，由董事会决定聘任或者解聘。公司董事会可以决定由董事会成员兼任经理。

公司法关于有限责任公司经理职权的规定，适用于股份有限公司经理。

公司不得直接或者通过子公司向董事、监事、高级管理人员提供借款。

公司应当定期向股东披露董事、监事、高级管理人员从公司获得报酬的情况。

五、股份有限公司的监事会

公司业务的执行，由董事会决议进行，然而董事会执行公司业务有依照股东大会决议的义务，并应受股东大会的监督。但股东大会为公司非常设的必要最高意思机关，所以才由监事会代表股东大会以监督公司业务执行为其主要权限，并对股东大会负责。

股份有限公司设监事会,其成员不得少于 3 人。监事会应当包括股东代表和适当比例的公司职工,其中职工代表的比例不得低于 1/3,具体比例由公司章程规定。监事会中的职工代表由公司职工民主选举产生。

监事会设主席一人,可以设副主席。监事会主席和副主席由全体监事过半数选举产生。监事会主席召集和主持监事会会议;监事会主席不能履行职务或者不履行职务的,由监事会副主席召集和主持监事会会议;监事会副主席不能履行职务或者不履行职务的,由半数以上监事共同推举一名监事召集和主持监事会会议。

董事、高级管理人员不得兼任监事。监事的任期每届为 3 年。监事任期届满,连选可以连任。

公司法关于有限责任公司监事会职权的规定,适用于股份有限公司监事会。

监事会行使职权所必需的费用,由公司承担。这是为了防止作为监督对象的董事和经理因经费承担问题限制其充分行使职权。

监事会每 6 个月至少召开一次会议。监事会可以提议召开临时监事会议。监事会的议事方式和表决程序,除公司法有规定的外,由公司章程决定。

监事会决议应当经半数以上监事通过。

六、上市公司组织机构的特别规定

上市公司,是指其股票在证券交易所上市交易的股份有限公司。

上市公司在一年内购买、出售重大资产或者担保金额超过公司资产总额 30% 的,应当由股东大会作出决议,并经出席会议的股东所持表决权的 2/3 以上通过。这是上市公司重大决策机制的规定,也是防止上市公司化整为零、分拆交易,规避适用重大交易决策机制。

上市公司设立独立董事。独立董事是指不在公司担任除董事外的其他职务,并与其所受聘的上市公司及其主要股东不存在可能妨碍其进行独立客观判断的关系的董事。独立董事应当对上市公司重大事项发表独立意见,上市公司应当为独立董事提供必要的条件,以保证其有效行使职权。

上市公司设董事会秘书,负责公司股东大会和董事会会议的筹备、文件保管以及公司股东资料的管理,办理信息披露事务等事宜。董事会秘书制度对于促使上市公司规范运作可以发挥重要的作用。

上市公司董事与董事会会议决议事项所涉及的企业有关联关系的,不得对该项决议行使表决权,也不得代理其他董事行使表决权。该董事会会议由过半数的无关联关系董事出席即可举行，董事会会议所作决议须经无关联关系董事过半数通过。出席董事会的无关联关系董事人数不足3人的，应将该事项提交上市公司股东大会审议。

第四节 股份有限公司股份的发行和转让

一、股份发行

股份有限公司的股份是公司资本的组成成分，是计算公司资本最小的均等的构成单位。公司资本总额分成若干相等的单位，以每个股东拥有其单位数的多少来作为行使权利承担义务以及流通转让的依据。

股份有限公司股份的特点：

(一)股份一律平等。作为构成资本的基本单位，股份所代表的资本额一律平等，也就是每一股的金额相等。

(二)股份可自由转让。

(三)股份表现为有价证券。代表股份的证书称股份证书，即股票。股票是公司签发的证明股东所持股份的凭证。

股份的发行，实行公平、公正的原则，必须同种类的每一股份应当具有同等权利。

同次发行的同种类股票，每股的发行条件和价格应当相同；任何单位或者个人所认购的股份，每股应当支付相同价额。

股票发行价格可以按票面金额，也可以超过票面金额，但不得低于票面金额。

股票采用纸面形式或者国务院证券监督管理机构规定的其他形式。

股票应当载明下列主要事项：公司名称；公司登记成立的日期；股票种类、票面金额及代表的股份数；股票的编号。

股票由法定代表人签名，公司盖章。发起人的股票，应当标明发起人股票字样。

公司发行的股票，可以为记名股票，也可以为无记名股票。公司向发起人、法人发行的股票，应当为记名股票并应当记载该发起人、法人的名称或者姓名，不得另立户名或者以代表人姓名记名。

公司发行记名股票的，应当置备股东名册，记载下列事项：股东的姓名或者名称及住所；各股东所持股份数；各股东所持股票的编号；各股东取得其股份的日期。

发行无记名股票的,公司应当记载其股票数量、编号及发行日期。

国务院可以对公司发行公司法规定以外的其他种类的股份,另行作出规定。

股份有限公司成立后,即向股东正式交付股票。公司成立前不得向股东交付股票。

公司发行新股,股东大会应当对下列事项作出决议:

(一)新股种类及数额;

(二)新股发行价格;

(三)新股发行的起止日期;

(四)向原有股东发行新股的种类及数额。

公司经国务院证券监督管理机构核准公开发行新股时,必须公告新股招股说明书和财务会计报告,并制作认股书,按照公司法有关承销和银行代收股款的规定。

公司发行新股,可根据公司经营情况和财务状况,确定其作价方案。

公司发行新股募足股款后,必须向公司登记机关办理变更登记,并公告。

二、股份的转让

股份的转让,是指股份所有人出让股份给受让人,使其取得股份而转移其股东权利与义务的法律行为。

股东持有的股份可以依法转让。

股东转让其股份,应当在依法设立的证券交易场所进行,或者按照国务院规定的其他方式进行。

记名股票,由股东以背书方式或者法律、行政法规规定的其他方式转让。转让后由公司将受让人的姓名或者名称及住所记载于股东名册。

股东大会召开前20日内或者公司决定分配股利的基准日前5日内,不得进行股东名册的变更登记。这是为了避免在股东大会开会前夕,股东的表决权被临时操纵;避免在分派股利前夕,股利的受领人过度波动,使公司业务发生混乱。但是,法律对上市公司股东名册变更登记另有规定的,从其规定。

无记名股票的转让,由股东将该股票交付给受让人后即发生转让的效力。

发起人持有的本公司股份,自公司成立之日起一年内不得转让。这是为了避免发起人进行投机,牟取暴利。

公司公开发行股份前已发行的股份,自公司股票在证券交易所上市交易之日起一年内不得转让。

公司董事、监事、高级管理人员应当向公司申报所持有的本公司的股份及其变动情况，在任职期间每年转让的股份不得超过其所持有本公司股份总数的25%；所持本公司股份自公司股票上市交易之日起一年内不得转让。上述人员离职后半年内，不得转让其所持有的本公司股份。公司章程可以对公司董事、监事、高级管理人员转让其所持有的本公司股份作出其他限制性规定。

公司不得收购本公司股份。但是有下列情形之一的除外：

（一）减少公司注册资本；

（二）与持有本公司股份的其他公司合并；

（三）将股份奖励给本公司职工；

（四）股东因对股东大会作出的公司合并、分立决议持异议，要求公司收购其股份的。

公司因上述第（一）项至第（三）项的原因收购本公司股份的，应当经股东大会决议。公司依照上述规定收购本公司股份后，属于第（一）项情形的，应当自收购之日起10日内注销；属于第（二）项、第（四）项情形的，应当在6个月内转让或者注销。

公司依照上述第（三）项规定收购的本公司股份，不得超过本公司已发行股份总额的5%；用于收购的资金应当从公司的税后利润中支出；所收购的股份应当在一年内转让给职工。

公司不得接受本公司的股票作为质押权的标的。

记名股票被盗、遗失或者灭失，股东可以依照《中华人民共和国民事诉讼法》规定的公示催告程序，请求人民法院宣告该股票失效。人民法院宣告该股票失效后，股东可以向公司申请补发股票。

上市公司的股票，依照有关法律、行政法规及证券交易所交易规则上市交易。

上市公司必须依照法律、行政法规的规定，公开其财务状况、经营情况及重大诉讼，在每会计年度内半年公布一次财务会计报告。

第五节 公司董事、监事、高级管理人员的资格和义务

为了强调完善公司法人治理结构，进一步明确公司董事、监事、高级管理人员的诚信义务，强化责任追究机制，公司法规定了董事、监事、高级管理人员的资格和

义务。

有下列情形之一的,不得担任公司的董事、监事、高级管理人员:

(一)无民事行为能力或者限制民事行为能力;

(二)因贪污、贿赂、侵占财产、挪用财产或者破坏社会主义市场经济秩序,被判处刑罚,执行期满未逾5年;

(三)担任破产清算的公司、企业的董事或者厂长、经理,对该公司、企业的破产负有个人责任的,自该公司、企业破产清算完结之日起未逾3年;

(四)担任因违法被吊销营业执照、责令关闭的公司、企业的法定代表人,并负有个人责任的,自该公司、企业被吊销营业执照之日起未逾3年;

(五)个人所负数额较大的债务到期未清偿。

公司违反上述规定选举、委派董事、监事或者聘任高级管理人员的,该选举、委派或者聘任无效。

董事、监事、高级管理人员在任职期间出现上列第一种情况的,公司应当解除其职务。

董事、监事、高级管理人员应当遵守法律、行政法规和公司章程,对公司负有忠实和勤勉义务。

董事、监事、高级管理人员不得利用职权收受贿赂或者其他非法收入,不得侵占公司财产。

董事、高级管理人员不得有下列行为:

(一)挪用公司资金;

(二)将公司资金以其个人名义或者以其他个人名义开立账户存储;

(三)违反公司章程的规定,未经股东会、股东大会或者董事会同意,将公司资金借贷给他人或者以公司财产为他人提供担保;

(四)违反公司章程的规定或者未经股东会、股东大会同意,与本公司订立合同或者进行交易;

(五)未经股东会或者股东大会同意,利用职务便利为自己或者他人谋取属于公司的商业机会,自营或者为他人经营与所任职公司同类的业务;

(六)接受他人与公司交易的佣金归为己有;

(七)擅自披露公司秘密;

(八)违反对公司忠实义务的其他行为。

董事、高级管理人员违反上述规定所得的收入应当归公司所有。

董事、监事、高级管理人员执行公司职务时违反法律、行政法规或者公司章程的规定，给公司造成损失的，应当承担赔偿责任。

股东会或者股东大会要求董事、监事、高级管理人员列席会议的，则他们应当列席并接受股东的质询。

董事、高级管理人员应当如实向监事会或者不设监事会的有限责任公司的监事提供有关情况和资料，不得妨碍监事会或者监事行使职权。

当公司权益受到侵害，而公司又未追究侵害公司利益人的法律责任时，可由股东代表公司对侵害人提起诉讼。这样不仅使公司的损害能够得到补偿或追偿，更能警告潜在的侵权人，阻止其违法行为。

董事、高级管理人员有违法或者违反公司章程，使公司受到损失的，有限责任公司的股东、股份有限公司连续 180 日以上单独或者合计持有公司 1%以上股份的股东，可以书面请求监事会或者不设监事会的有限责任公司的监事向人民法院提起诉讼；监事有上述情况的，前述股东可以书面请求董事会或者不设董事会的有限责任公司的执行董事向人民法院提起诉讼。

如监事会或监事，或者董事会、执行董事拒绝提起诉讼，或者自收到请求之日起 30 日内未提起诉讼，或者情况紧急、不立即提起诉讼将会使公司利益受到难以弥补的损害的，则前述规定的股东有权为了公司的利益以自己的名义直接向人民法院提起诉讼。

他人侵犯公司合法权益，给公司造成损失的，按上述规定的股东可以按照前述的规定向人民法院提起诉讼。

董事、高级管理人员违反法律、行政法规或者公司章程的规定，损害股东利益的，股东可以向人民法院提起诉讼。

第六节　公司债券

一、公司债券的概念

公司债券，是指公司依照法定程序发行的、约定在一定期限还本付息的有价证券。公司发行公司债券应当符合《中华人民共和国证券法》规定的发行条件。

公司发行债券，是公司依法通过发行有价证券的方式，向社会公众募集资金所产生的债务，所以又称公司债。

公司债是公司募集资金的一种特殊方式。公司募集资金主要通过两种方式：一种是发行股份，增加资本；一种是借贷。而借贷又分为两种：一种是向银行等金融机构、某些特定的组织或个人借贷;另一种就是通过发行有价证券,向不特定的社会公众借贷。前一种借贷属一般金钱借贷之债,后一种就是公司债。在某种情况下,公司不宜或不便发行新股,比如,程序复杂,贻误急需大量资金的时机;为以后缩减资本带来不便等。通过一般的金钱借贷又往往贷款数额小、期限短、利息高,显然不是很有利于公司。

公司债与股份的区别:

(一)主体的法律地位不同。公司债的债权人只是作为民法上的一般债权人享有债权,而股份所有人则是作为公司的组成成员,即股东,享有公司法规定的各种权利并承担义务。

(二)利益分配不同。公司债债权人不管公司是否有盈余甚至亏损,都有权要求公司支付利息。而股东只有在公司有充分盈余时,才能请求支付股息和红利。同时,公司债的利率是预先确定并保持不变的,而股息和红利则视公司盈余的多少灵活确定。另外,公司债具有优先于股份的权利。在公司分配盈余或分配剩余财产时,应优先清偿公司债。

(三)风险责任不同。购买公司债是一种出借行为,因而公司债权人不承担风险责任或只承担较小的风险责任,到清偿期限时,公司必须偿还本金,如公司破产或解散,公司债债权人有权得到公平清偿。而认购股份则是一种出资行为,股东一般无权要求返还出资,相反必须承担出资额范围内的有限责任,如公司破产、解散,只能参与公司剩余财产的分配。

发行公司债券的申请经国务院授权的部门核准后,应当公告债券募集办法。公司债券募集办法中应当载明下列主要事项:

(一)公司名称;

(二)债券募集资金的用途;

(三)债券总额和债券的票面金额;

(四)债券利率的确定方式;

(五)还本付息的期限和方式;

(六)债券担保情况;

(七)债券的发行价格、发行的起止日期;

(八)公司净资产额;

(九)已发行的尚未到期的公司债券总额;

(十)公司债券的承销机构。

公司以实物券方式发行公司债券的,必须在债券上载明公司名称、债券票面金额、利率、偿还期限等事项，并由法定代表人签名，公司盖章。

二、公司债券的分类

公司债券可以为记名债券也可以为无记名债券。记名债券是指在公司债券上记载债权人姓名的债券；无记名债券是指在公司债券上不记载债权人姓名的债券。

公司发行公司债券应当置备公司债券存根簿。存根簿上应载明下列事项：

（一）债券持有人的姓名或者名称及住所；

（二）债券持有人取得债券的日期及债券的编号；

（三）债券总额、债券的票面金额、利率、还本付息的期限和方式；

（四）债券的发行日期。

发行无记名公司债券的，应当在公司债券存根簿上载明债券总额、利率、偿还期限和方式、发行日期及债券的编号。

记名公司债券的登记结算机构应当建立债券登记、存管、付息、兑付等相关制度。

三、公司债券的转让

公司债券可以转让。转让价格由转让人与受让人约定。公司债券在证券交易所上市交易的，按照证券交易所的交易规则转让。

记名公司债券，由债券持有人以背书方式或者法律、行政法规规定的其他方式转让。转让后由公司将受让人的姓名或者名称及住所记载于公司债券存根簿。无记名债券的转让，由债券持有人将该债券交付给受让人后即发生转让的效力。

四、转换公司债券

上市公司经股东大会决议可以发行可转换为股票的公司债券，并在公司债券募集办法中规定具体的转换办法，报请国务院证券管理机构核准。

发行可转换为股票的公司债券，应当在债券上标明可转换公司债券字样，并在公司债券存根簿上载明可转换公司债券的数额。

发行可转换为股票的公司债券的，公司应当按照其转换办法向债券持有人换发股票，但债券持有人对转换股票或者不转换股票有选择权。

第七节 公司财务、会计

一、公司财务、会计的意义

公司是以营利为目的、具有法人资格的经济组织,公司通过自己的经济活动,创造更多的财富,使自身的资产增加获取利润。公司必须将所得的盈余分派给股东,这是公司必须要履行的义务。因此,公司的损益核算与管理,即财务、会计管理就成为公司的中心问题,也是股东所最关心的问题。只有使公司的财务、会计管理规范化、明确化,才能使公司的经营活动有合理的基础,使股东及公司债权人的权益得到切实的保障。

公司应当依照法律、行政法规和国务院财政部门的规定,建立本公司的财务、会计制度。

二、公司财务会计报告

公司应当在每一会计年度终了时编制财务会计报告,并依法经会计师事务所审计。财务会计报告应当依照法律、行政法规和国务院财政部门的规定制作。

有限责任公司应当按照公司章程规定的期限将财务会计报告送交各股东。股份有限公司的财务会计报告应当在召开股东大会年会的 20 日以前置备于本公司,供股东查阅;公开发行股票的股份有限公司必须公告其财务会计报告。

三、公司利润的分配

公司分配当年税后利润时,应当提取利润的 10%列入公司法定公积金。公司法定公积金累计额为公司注册资本的 50%以上的,可不再提取。

公司的法定公积金不足以弥补以前年度公司亏损的,在依照上述规定提取法定公积金之前,应当先用当年利润弥补亏损。

公司从税后利润中提取法定公积金后,经股东会或股东大会决议,还可以从税后利润中提取任意公积金。任意公积金是指公司章程规定或者股东会或股东大会决议,在法定盈余公积金之外,自由提取的公积金。

公司弥补亏损和提取公积金后所余利润,有限责任公司按照股东的实缴的出资比例分配，股份有限公司按照股东持有的股份比例分配，但股份有限公司章程规定不按持股比例分配的除外。

股东会、股东大会或者董事会违反上述规定，在公司弥补亏损和提取法定公积金之前向股东分配利润的，必须将违反规定分配的利润退还公司。

公司持有的本公司股份不得分配利润。

股份有限公司以超过股票票面金额的发行价格发行股份所得的溢价款以及国务院财政部门规定列入资本公积金的其他收入，应当列为公司资本公积金。

四、公司公积金及聘用、解聘会计师事务所

公司的公积金用于弥补公司的亏损，扩大公司生产经营或者转为增加公司资本。但是，资本公积金不得用于弥补公司的亏损。

法定公积金转为资本时，所留存的该项公积金不得少于转增前公司注册资本的 25%。

公司聘用、解聘承办公司审计业务的会计师事务所，依照公司章程的规定，由股东会、股东大会或者董事会决定；如果就解聘会计师事务所进行表决时，应当允许会计师事务所陈述意见。

第八节　公司合并、分立、增资、减资

一、公司合并

（一）合并的概念

公司合并，是指两个或两个以上的公司为了生产经营活动的需要，通过协商，达成一致的协议，按法律规定的程序，合并为一个公司的法律行为。

（二）合并的形式

公司合并可以采取吸收合并或者新设合并两种形式。

吸收合并是指一个公司吸收（兼并）其他公司，被吸收的公司解散的合并形式。

新设合并是指两个以上公司合并设立一个新的公司，合并的各方解散的合并形式。

（三）合并的程序

公司合并，应当由合并各方签订合并协议，并编制资产负债表及财产清单。公

司应当自作出合并决议之日起10日内通知债权人,并于30日内在报纸上公告。债权人自接到通知书之日起30日内,未接到通知书的自公告之日起45日内,有权要求公司清偿债务或者提供相应的担保。不清偿债务或者不提供相应担保的,公司不得合并。

公司合并时,合并各方的债权、债务,应当由合并后存续的公司或者新设的公司承继。

二、公司分立

(一) 分立的概念

公司分立是指一个公司因生产经营需要或其他原因而分开设立为两个以上的公司。

公司分立主要有两种形式:一是公司将其部分财产或业务分离出去另设一个或数个新的公司,原公司继续存在;二是公司将其全部财产分别归入两个或两个以上的新设公司中,原公司的财产,按照新成立公司的性质、宗旨、经营范围进行重新分配,同时原有公司解散。

(二) 分立的程序

公司分立,其财产作相应的分割,并应当编制资产负债表及财产清单。公司应当自作出分立决议之日起10日内通知债权人,并于30日内在报纸上公告。公司分立前的债务由分立后的公司承担连带责任。但是,公司在分立前与债权人就债务清偿达成的书面协议另有约定的除外。

公司合并或者分立,登记事项发生变更的,应当依法向公司登记机关办理变更登记;公司解散的,应当依法办理公司注销登记;设立新公司的,应当依法办理公司设立登记。

三、公司注册资本的增减

(一) 公司注册资本的减少

公司需要减少注册资本时,必须编制资产负债表及财产清单。

公司应当自作出减少注册资本决议之日起10日内通知债权人,并于30日内在报纸上公告。债权人自接到通知书之日起30日内,未接到通知书的自第一次公告之日起45日内,有权要求公司清偿债务或者提供相应的担保。

公司减少资本后的注册资本不得低于法定的最低限额。

(二) 公司注册资本的增加

有限责任公司增加注册资本时,股东认缴新增资本的出资,按照公司法设立有限责任公司缴纳出资的有关规定执行。

股份有限公司为增加注册资本发行新股时,股东认购新股应当按照公司法设立股份有限公司缴纳股款的有关规定执行。

公司增加或者减少注册资本,应当依法向公司登记机关办理变更登记。

第九节 公司解散和清算

一、公 司 解 散

公司的解散,是指已经成立的公司,因章程或法律规定的特定事项发生,而使公司法人资格消灭的程序。一般认为,公司的法人资格在解散之后的清算过程中仍继续存在,以便清算人对公司的对内对外关系加以处理,直至清算完结。

我国公司法规定,公司因下列原因解散:

(一)公司章程规定的营业期限届满或者公司章程规定的其他解散事由出现;

(二)股东会或者股东大会决议解散;

(三)因公司合并或者分立需要解散;

(四)依法被吊销营业执照、责令关闭或者被撤销;

(五)人民法院依照公司法第 183 条的规定予以解散。

上列第一种情况可以通过修改公司章程而存续。有限责任公司须经持有 2/3 以上表决权的股东通过,股份有限公司须经出席股东大会会议的股东所持表决权的 2/3 以上通过。

二、公 司 清 算

公司清算,是指除上述第三种原因解散公司外,了结已解散公司的一切法律关系,并分配公司财产的法定程序。

我国公司法规定,公司依照第 181 条第(一)、(二)、(四)、(五)项规定解散的,应当在解散事由出现之日起 15 日内成立清算组,开始清算。有限责任公司的清算组由股东组成,股份有限公司的清算组由董事会或者股东大会确定的人员组成。

逾期不成立清算组进行清算的，债权人可以申请人民法院指定有关人员组成清算组，进行清算。

清算组在清算期间行使下列职权：

（一）清理公司财产，分别编制资产负债表和财产清单；

（二）通知、公告债权人；

（三）处理与清算有关的公司未了结的业务；

（四）清缴所欠税款以及清算过程中产生的税款；

（五）清理债权、债务；

（六）处理公司清偿债务后的剩余财产；

（七）代表公司参与民事诉讼活动。

清算组应当自成立之日起 10 日内通知债权人，并于 60 日内在报纸上公告。债权人应当自接到通知书之日起 30 日内，未接到通知书的自公告之日起 45 日内，向清算组申报其债权。

债权人申报其债权，应当说明债权的有关事项，并提供证明材料。清算组应当对债权进行登记。在申报债权期间，清算组不得对债权人进行清偿。

清算组在清理公司财产、编制资产负债表和财产清单后，应当制定清算方案，并报股东会、股东大会或者人民法院确认。

公司财产分别支付清算费用、职工工资、社会保险费用和法定补偿金，缴纳所欠税款，清偿公司债务。清偿后的剩余财产，有限责任公司按照股东的出资比例分配，股份有限公司按照股东持有的股份比例分配。

清算期间，公司存续，但不得开展与清算无关的经营活动。公司财产在未按照上述规定清偿前，不得分配给股东。

清算组在清理公司财产、编制资产负债表和财产清单后，发现公司财产不足清偿债务的，应当依法向人民法院申请宣告破产。

公司经人民法院裁定宣告破产后，清算组应当将清算事务移交给人民法院。

公司清算结束后，清算组应当制作清算报告，报股东会、股东大会或者人民法院确认，并报送公司登记机关，申请注销公司登记，公告公司终止。

清算成员不得利用职权收受贿赂或者其他非法收入，不得侵占公司财产。

清算组成员因故意或者重大过失给公司或者债权人造成损失的，应当承担赔偿责任。

公司被依法宣告破产的，依照有关企业破产的法律实施破产清算。

第十节 外国公司的分支机构

一、外国公司的分支机构的概念

外国公司,是指依照外国法律在中国境外登记设立的公司。外国公司依照我国的公司法规定可以在中国境内设立分支机构,从事生产经营活动。

二、外国公司分支机构的设立

外国公司在中国境内设立分支机构,必须向中国主管机关提出申请,并提交其公司章程、所属国的公司登记证书等有关文件,经批准后,向公司登记机关依法办理登记,领取营业执照。

外国公司在中国境内设立分支机构,必须在中国境内指定负责该分支机构的代表人或者代理人,并向该分支机构拨付与其所从事的经营活动相适应的资金。对外国公司分支机构的经营资金需要规定最低限额的,由国务院另行规定。

三、外国公司分支机构的法律地位

外国公司的分支机构应当在其名称中标明该外国公司的国籍及责任形式。外国公司的分支机构应当在本机构中置备该外国公司章程。

外国公司在中国境内设立的分支机构不具有中国法人资格。外国公司对其分支机构在中国境内进行的经营活动承担民事责任。

经批准设立的外国公司分支机构,在中国境内从事业务活动,必须遵守中国的法律,不得损害中国的社会公共利益,其合法权益受中国法律保护。

四、外国公司分支机构的撤销

外国公司撤销其在中国境内的分支机构时,必须依法清偿债务,依照我国的公司法有关公司清算程序的规定进行清算。未清偿债务之前,不得将其分支机构的财产移至中国境外。

第十一节 法律责任

公司、发起人、股东、董事、监事、经理、清算组和清算组成员、资产评估、验资或者验证机构、有关国家机关和直接责任人员以及有关单位或者个人等,违反公司法的法律责任,按照公司法第199条至215条办理。

违反公司法规定,构成犯罪的,依法追究刑事责任。

第十章 证 券 法

第一节 证券法与证券的概念

一、证券法的概念

证券法，是指规范证券发行和交易行为，保护投资者的合法权益，维护社会经济秩序和社会公共利益，促进市场经济发展的法律。我国于 1998 年 12 月 29 日制订了第一部证券法，2005 年 10 月 27 日作了修订，修订的原则是：放松市场管制，拓展发展空间；加强规范运行，强化市场约束；完善监管体制，健全救济制度。我国制定证券法的宗旨是规范证券的发行和交易行为，保护投资者的合法权益，维护社会经济秩序和社会公共利益，防范证券市场风险，促进市场经济的发展。

在我国，证券活动和证券管理必须遵守以下原则：第一，坚持公开、公正、公平的原则；第二，坚持自愿、有偿、诚实信用的原则；第三，坚持保护投资者利益的原则；第四，坚持在合法的证券交易场所开展交易的原则；第五，坚持依法对证券市场加强监督管理的原则。这些基本原则贯穿于证券法的基本法律规范之中。我国证券法主要是对股票、公司债券和国务院依法认定的其他证券的发行和交易作出规定。证券法未规定的，适用公司法和其他法律、行政法规的规定。

目前在我国境内，股票、公司债券、政府债券、证券投资基金份额的上市交易适用我国的证券法和其他法律、行政法规的规定。证券衍生品种发行、交易的管理办法，由国务院依照证券法的原则规定。境内公司股票以外币认购和交易的，具体办法由国务院另行规定。

二、证 券 的 概 念

证券，是指用以表明各类财产的所有权或债权的书面凭证。证券上记载有一定的财产或权益内容，证券持有者有权取得证券载明的特定权益，或证明其曾经发生过的行为;它同时也表明出券人有义务承担证券上载明的特定责任。

证券一般需具备两个基本特征:法律特征和书面特征。

证券的法律特征是指由证券产生的一系列经济行为必须具有合法性,否则不能成为证券。比如,不符合法律规定签发的票据,就不具有合法性,因而不成为证券。同时,证券中记载的特定内容具有法律效力,出券人、持券人或其他相关的民事法律主体都无权拒绝证券中所赋予对方的权益,否则就构成违法行为。

证券发行、交易活动当事人具有平等的法律地位,应当遵守自愿、有偿、诚实信用的原则;必须遵守法律、行政法规;禁止欺诈、内幕交易和操纵证券市场等行为。

证券的书面特征是指证券内容应以书面形式或与书面形式具有同等效力的形式加以确定,除此以外的其他形式都不能采用。比如,邮政汇单以书面形式载明收款人的权利和付款方的义务,而电汇是与汇单书面形式具有同等效力的形式。因此,两者都属于证券。此外,证券还必须按照特定的格式进行书写或制作,必须载明国家法律、行政法规规定的全部必要内容,否则将不受法律保护。比如,股票必须载明公司名称;公司登记成立的日期;股票种类、票面金额及代表的股份数;股票的编号等。除股票外,还有债券和国务院依法认定的其他证券。

证券的法律特征和书面特征是必要特征,两者缺一不可。

三、证券的分类

按证券是否具有价值,并为持有者带来一定收益为标准,可分为无价证券和有价证券。

(一) 无价证券

无价证券分为证据证券和占有权证券:

1. 证据证券

证据证券是指单纯证明某一特定事实的书面凭证。比如,购物发票是证明该商品为持票人所购买的事实;收据则证明收付行为已经完成的事实。

2. 占有权证券

占有权证券是指单纯证明持券人具有某种合法占有权的书面凭证。比如,进出口许可证,证明持有者拥有可以进出口某种特定商品的权利,保修单则用以证明持有者享有免费修理所购商品的权利等。

(二) 有价证券

有价证券可分为财物证券、货币证券和资本证券。

1. 财物证券

财物证券是指标明某种财物所有权的凭证。拥有财物证券就意味着拥有财物所有权;丧失财物证券就意味着丧失财物所有权。比如,提单、仓单等。财物证券的权利标的是特定的财物。

2. 货币证券

货币证券是指标明持券人具有取得货币索取权的书面凭证,也就是表明对货币的请求权。它的权利标的物是一定的或可以确定的货币额。比如,汇票、本票、支票等。

3. 资本证券

资本证券是指由资本投资以及与资本投资有直接联系的经济活动而产生的凭证。比如,股票和债券。资本证券持有者可以因对证券本身的拥有而取得收益,也可以因证券的转让流通而获得收益。资本证券特别是股票和债券,是有价证券的主要形式,也是证券市场上最为活跃的投资对象。

财物证券、货币证券和资本证券是有价证券的主要形式,三者构成有价证券的有机整体。本章所阐述的主要是指资本证券。

有价证券的基本特征有三个:

1. 有价性,指有价证券本身具有价值,而且在转让时能使原持券人得到一定的收益,收益的多少取决于有价证券本身价值的大小和有价证券在转让时的行市价值。

2. 流动性,指有价证券可按法律、行政法规等有关规定自由转让,从而使有价证券在社会各主体中流转。有价证券的流动一般伴随着所有权的让渡以及与之联系的处置权、收益权等的流动。

3. 产权性,指有价证券代表一定的财产所有权及其所派生出来的权能。比如,占有、使用、收益、处分等。持有有价证券,意味着拥有上述产权;丧失或转让有价证券,则意味着丧失上述产权。

有价证券的有价性、流动性和产权性相互联系、相互影响。产权性是流动性和有价性的基础,没有产权作为基础,有价证券就谈不上价值,流动也不可能。有价性是有价证券的根本特征,如果没有转让价格,不能使持券人取得一定的收益,转让也就失去依据,也就不成为有价证券。流动性是有价证券的魅力所在,有价证券往往在流动中增值,产权在流动中扩大,从而其价值也在流动中相应增加。

四、证券的管理

证券市场是统一的高风险市场,国家应当实行统一监管。所以证券法规定,国务院证券监督管理机构对全国证券市场实行集中统一监督管理。国务院证券监督管理机构根据需要可以设立派出机构,按照授权履行监督管理职责。

在国家对证券发行、交易活动实行集中统一监督管理的前提下,依法设立证券业协会,实行自律性管理。

国家审计机关依法对证券交易所、证券公司、证券登记结算机构、证券监督管理机构进行审计监督。

第二节 证 券 发 行

一、证券发行的一般规定

加强对证券发行的规范和监管,对维护证券市场的正常秩序,保护投资者合法权益,保证证券交易安全有重要意义。

公开发行证券,必须符合法律、行政法规规定的条件,并依法报经国务院证券监督管理机构或者国务院授权的部门核准;未经依法核准,任何单位和个人不得公开发行证券。

有下列情形之一的,为公开发行:

(一)向不特定对象发行证券的;

(二)向特定对象发行证券累计超过 200 人的;

(三)法律、行政法规规定的其他发行行为。

非公开发行证券,不得采用广告、公开劝诱和变相公开方式。

发行人申请公开发行股票、可转换为股票的公司债券,依法采取承销方式的,或者公开发行法律、行政法规规定实行保荐制度的其他证券的,应当聘请具有保荐资格的机构担任保荐人。保荐人的资格及其管理办法由国务院证券监督管理机构规定。

设立股份有限公司公开发行股票,向国务院证券监督管理机构报送募股申请和下列文件:

(一)公司章程;

(二)发起人协议;

(三)发起人姓名或者名称,发起人认购的股份数、出资种类及验资证明;

(四)招股说明书;

(五)代收股款银行的名称及地址;

（六）承销机构名称及有关的协议。

依照证券法规定聘请保荐人的，还应当报送保荐人出具的发行保荐书。

法律、行政法规规定设立公司必须报经批准的，还应当提交相应的批准文件。

二、公司发行新股

（一）公司公开发行新股，应当符合下列条件：

1. 具备健全且运行良好的组织机构；

2. 具有持续盈利能力，财务状况良好；

3. 最近3年财务会计文件无虚假记载，无其他重大违法行为；

4. 经国务院批准的国务院证券监督管理机构规定的其他条件。

上市公司非公开发行新股，应当符合国务院证券监督管理机构规定的条件，并报国务院证券监督管理机构核准。

公司公开发行新股，应当向国务院证券监督管理机构报送募股申请和下列文件：

（一）公司营业执照；

（二）公司章程；

（三）股东大会决议；

（四）招股说明书；

（五）财务会计报告；

（六）代收股款银行的名称及地址；

（七）承销机构名称及有关协议。

按照证券法规定聘请保荐人的，还应当报送保荐人出具的发行保荐书。

公司对公开发行股票所募集资金，必须按照招股说明书所列资金用途使用。改变其用途的，必须经股东大会作出决议。擅自改变用途而未作纠正的，或者未经股东大会认可的，不得公开发行新股。

三、公司发行债券

公开发行公司债券，应当符合下列条件：

（一）股份有限公司的净资产不低于人民币3000万元，有限责任公司的净资产不低于人民币6000万元；

(二)累计债券余额不超过公司净资产的40%;

(三)最近3年平均可分配利润足以支付公司债券一年的利息;

(四)筹集的资金投向符合国家产业政策;

(五)债券的利率不超过国务院限定的利率水平;

(六)国务院规定的其他条件。

公开发行公司债券筹集的资金,必须用于核准的用途,不得用于弥补亏损和非生产性支出。

上市公司发行可转换股票的公司债券,除应当符合上述第一项规定的条件外,还应当符合证券法关于公开发行股票的条件,并报国务院证券监督管理机构核准。

申请公开发行公司债券,应当向国务院授权的部门或者国务院证券监督管理机构报送下列文件:

(一)公司营业执照;

(二)公司章程;

(三)公司债券募集办法;

(四)资产评估报告和验资报告;

(五)国务院授权的部门或国务院证券监督管理机构规定的其他文件。

依照证券法规定聘请保荐人的,还应当报送保荐人出具的发行保荐书。

公司法关于再次公开发行公司债券作了限制性规定。有下列情形之一的,不得再次公开发行公司债:

(一)前一次公开发行的公司债券尚未募足;

(二)对已公开发行的公司债券或者其他债务有违约或者延迟支付本息的事实,仍处于继续状态;

(三)违反证券法规定,改变公开发行公司债券所募资金的用途。这是为了促使发行人保持诚信,并保护持有债券人的利益。

四、公司发行股票

发行人申请首次公开发行股票的,在提交申请文件后,应当按照国务院证券监督管理机构的规定预先披露有关申请文件。国务院证券监督管理机构设发行审核委员会,依法审核股票发行申请。

国务院证券监督管理机构或者国务院授权的部门应当自受理证券发行申请文件之日起3个月内,依照法定条件和法定程序作出予以核准或者不予核准的决定。

不予核准的，应当说明理由。证券发行申请经核准，发行人在证券公开发行前，公告公开发行募集文件，在公开前，任何知情人不得公开或者泄露该信息。

五、证 券 承 销

发行人向不特定对象发行的证券，应当由证券公司承销的，发行人应与证券公司签订承销协议。

证券承销采取代销或者包销方式：

（一）证券代销，是指证券公司代发行人发售证券，在承销期结束时，将未售出的证券全部退还给发行人的承销方式。代销证券由于证券公司无需承担风险，其收取的手续费较低。

（二）证券包销

证券包销，是指证券公司将发行人的证券按照协议全部购入，或者在承销期结束时将售后剩余证券全部自行购入的承销方式。这种承销方式使发行风险由证券公司全部承担，有利于提高发行人的信誉，但证券公司对发行人的信誉要求也较高。这种承销方式的承销费用较高。

公开发行证券的发行人有权依法自主选择承销的证券公司，证券公司不得以不正当竞争手段招揽证券承销业务。

证券公司承销证券，应当同发行人签订代销或者包销协议，载明下列事项：

（一）当事人的名称、住所及法定代表人姓名；

（二）代销、包销证券的种类、数量、金额及发行价格；

（三）代销、包销的期限及起止日期；

（四）代销、包销的付款方式及日期；

（五）代销、包销的费用和结算办法；

（六）违约责任；

（七）国务院证券监督管理机构规定的其他事项。

证券公司承销证券，应当对公开发行募集文件的真实性、准确性、完整性进行核查；发现有虚假记载误导性陈述或者重大遗漏的，不得进行销售活动；已经销售的，必须立即停止销售活动，并采取纠正措施。

向不特定对象发行的证券票面总值超过人民币 5000 万元的，应当由承销团承销。承销团应当由主承销和参与承销的证券公司组成。

证券的代销、包销期最长不得超过 90 日。证券公司在代销、包销期内，对所代销、包销的证券应当保证先行出售给认购人，证券公司不得为本公司预留所代销的证券和预先购入并留存所包销的证券。

股票发行采取溢价发行的，其发行价格由发行人与承销的证券公司协商确定。

股票发行采用代销方式，代销期限届满，向投资者出售的股票数量未达到拟公开发行股票数量70%的，为发行失败。发行人应当按照发行价并加算银行同期存款利息返还股票认购人。

第三节 证券交易

一、证券交易的一般规定

在证券市场上最频繁、最活跃和风险最集中的是交易行为，证券立法的最主要任务是规范和监督证券交易活动，确立证券交易的基本规则。

证券交易当事人依法买卖的证券，必须是依法发行并交付的证券。依法发行的股票、公司债券及其他证券，法律对其转让期限有限制性规定的，在限定的期限内不得买卖。

依法公开发行的股票、公司债券及其他证券，应当在依法设立的证券交易所上市交易或者在国务院批准的其他证券交易场所转让。

证券在证券交易所上市交易，应当采用公开的集中交易方式或者国务院证券监督管理机构批准的其他方式。

证券交易以现货进行交易和国务院规定的其他方式进行交易。

证券交易所、证券公司和证券登记结算机构从业人员、证券监督管理机构的工作人员以及法律、行政法规禁止参与股票交易的其他人员，在任期或者法定限期内，不得直接或者以化名、借他人名义持有、买卖股票，也不得收受他人赠送的股票。任何人在成为上列人员时，其原已持有的股票必须依法转让。为股票发行出具审计报告、资产评估报告或者法律意见书等文件的证券服务机构和人员，在该股票承销期内和期满后6个月内，不得买卖该种股票。此外，为上市公司出具审计报告、资产评估报告或者法律意见书等文件的证券服务机构和人员，自接受上市公司委托之日起至上述文件公开后5日内，不得买卖该种股票。

上市公司董事、监事、高级管理人员、持有上市公司股份5%以上的股东将其所持有的该公司的股票在买入后6个月内卖出，或者在卖出后6个月内又买入，由此所得收益归该公司所有，公司董事会应当收回其所得收益。但是，证券公司因包销购入售后剩余股票而持有5%以上股份的，则卖出该股票时不受6个月时间限制。

公司董事会不按上述规定执行的，股东有权要求董事会在30日内执行。董事会未在上述期限内执行的，股东有权为了公司的利益以自己的名义直接向人民法院提起诉讼，并且负有责任的董事依法承担连带赔偿责任。

二、证券上市

（一）证券上市概述

证券上市，是指发行人已发行的有价证券经批准，在证券交易所公开买卖。在证券交易所内买卖的有价证券称为上市证券；相应的证券发行人即为上市公司。

证券上市对上市公司的意义在于：首先，提高了证券的流通性和兑现力，解决了发行人追求长期稳定性的资金和投资人希望通过证券能及时获利的矛盾，扩大了上市公司筹资的来源；其次，证券上市对信息公开的要求和市场行情的传播，使上市公司获得了巨大的广告效应，极大地提高了上市公司的信誉和知名度，增强了其在社会上和销售市场上的影响力；再次，证券上市有利于上市公司的证券为更多的投资者拥有，这样既分散了投资人的风险，也可使公司避免因证券（主要是股票）集中为少数投资人占有，从而控制公司。

证券上市对投资人而言，首先是提供了一个连续的、便利的证券买卖的可能，可随时出售证券以换取现金；其次是上市信息披露制度为投资人决策提供了依据，而规范上市行为又相对地减少了投资风险；再次是投资人可以通过证券买卖获利，同时通过委托经纪人在交易所市场内竞价买卖上市证券，也降低了投资成本。

并非所有的证券都可以上市交易，也不是所有的发行人都愿将其证券上市交易。当证券的发行公司不愿公开自己的财务状况和经营秘密，不愿接受上市制度的约束，现有股东不愿社会公众分享公司盈利或少数控股的大股东不愿分散股权、公司有较可靠的筹资渠道，就可能选择不上市。为了维护证券市场秩序，保护当事人的合法权益，必须严格执行证券上市制度。

（二）证券上市条件

为保证证券的流通性及交易安全，证券必须符合一定的条件才可挂牌上市。

证券上市条件。申请上市交易，应当向证券交易所提出申请，由证券交易所依法审核同意，并由双方签订上市协议。

证券交易所根据国务院授权的部门的决定安排政府债券上市交易。证券上市分为主板上市与创业板上市。

申请股票、可转换为股票的公司债券或者法律、行政法规规定实行保荐制度的其他证券上市交易,应当聘请具有保荐资格的机构担任保荐人。

(三) 股票上市的条件

股份有限公司申请股票主板上市,应当符合下列条件:

1. 股票经国务院证券监督管理机构核准已公开发行;
2. 公司股本总额不少于人民币3000万元;
3. 公开发行的股份达到公司股份总数的25%以上;公司股本总额超过人民币4亿元的,公开发行股份的比例为10%以上;
4. 公司最近3年无重大违法行为,财务会计报告无虚假记载;
5. 公司最近3个会计年度净利润均为正且累计超过人民币3000万元;
6. 公司最近3个会计年度经营活动产生的现金流量净额累计超过人民币5000万元,或者最近3个会计年度营业收入累计超过人民币3亿元;
7. 公司最近一期末无形资产占净资产的比例不高于20%;
8. 公司最近一期末不存在未弥补亏损。

证券交易所可以规定高于前款规定的上市条件,并报国务院证券监督管理机构批准。

申请股票上市交易,应当向证券交易所报送下列文件:

1. 上市报告书;
2. 申请股票上市的股东大会决议;
3. 公司章程;
4. 公司营业执照;
5. 依法经会计师事务所审计的公司最近3年的财务会计报告;
6. 法律意见书和上市保荐书;
7. 最近一次的招股说明书;
8. 证券交易所上市规则规定的其他文件。

股票上市交易申请经证券交易所审核同意后,签订上市协议的公司应当在规定的期限内公告股票上市的有关文件,并将文件置备于指定场所供公众查阅。

签订上市协议的公司除公告上述规定的文件外,还应当公告下列事项:

1. 股票获准在证券交易所交易的日期;
2. 持有公司股份最多的前10名股东名单和持股数额;
3. 公司的实际控制人;
4. 董事、监事、高级管理人员的姓名及其持有本公司股票和债券的情况。

上市公司有下列情形之一的，由证券交易所决定暂停其股票上市交易：

1. 公司股本总额、股权分布等发生变化不再具备上市条件；

2. 公司不按照规定公开其财务状况，或者对财务会计报告作虚假记载，可能误导投资者；

3. 公司有重大违法行为；

4. 公司最近3年连续亏损；

5. 证券交易所上市规则规定的其他情形。

上市公司有下列情形之一的，由证券交易所决定终止其股票上市交易：

1. 公司股本总额、股权分布等发生变化不再具备上市条件，在证券交易所规定的期限内仍不能达到上市条件；

2. 公司不按照规定公开其财务状况，或者对财务会计报告作虚假记载，且拒绝纠正；

3. 公司最近3年连续亏损，在其后一个年度内未能恢复盈利；

4. 公司解散或者宣告破产；

5. 证券交易所上市规定的其他情形。

股份有限公司申请股票创业板上市的财务状况条件：

1. 公司股票发行后股本总额不少于人民币3000万元；

2. 公司最近两年连续盈利，最近两年净利润不少于人民币1000万元，且持续增长；或者最近一年盈利，且净利润不少于人民币500万元，最近一年营业收入不少于人民币5000万元，最近两年营业收入增长率均不低于30%；

3. 公司净利润以扣除非经常性损益前后孰低者为计算依据，发行前净资产不少于人民币2000万元，最近一期末不存在未弥补亏损。

发行人申请首次公开发行股票并在创业板上市，应当符合《证券法》、《公司法》和《创业板上市管理办法》。

(四) 公司债券上市

申请公司债券上市交易，应当向证券交易所报送下列文件：

1. 上市报告书；

2. 申请公司债券上市的董事会决议；

3. 公司章程；

4. 公司营业执照；

5. 公司债券募集办法；

6. 公司债券的实际发行数额。

7. 证券交易所上市规则规定的其他文件。

申请可转换为股票的公司债券上市交易,还应当报送保荐人出具的上市保荐书。

公司债券上市交易申请经证券交易所审核同意后,其发行人应当在规定的期限内公告公司债券上市文件及有关文件,并将其文件置备于指定场所供公众查阅。

公司债券上市交易后,公司有下列情形之一的,由证券交易所决定暂停其公司债券上市交易:

1. 公司有重大违法行为;
2. 公司情况发生重大变化,不符合公司债券上市条件;
3. 公司债券所募集资金不按核准的用途使用;
4. 未按照公司债券募集办法履行义务;
5. 公司最近2年连续亏损。

公司如有上述1、4所列情况之一,经查实后果严重的,或2、3、5所列情况之一,在限期内未能清除的,则由证券交易所决定终止其公司债券上市交易。

对证券交易所作出的决定不服的,可向证券交易所设立的复核机构申请复核。

三、持续信息公开

(一) 持续信息公开制度的意义

证券发行时的信息公开称为初次公开或发行公开,证券上市时及上市期间的信息公开称为持续信息公开或继续信息公开。信息公开又称信息披露。

信息公开有利于维护投资者的利益,确保广大投资者了解公司的最新讯息,在平等条件下作出投资选择,既防止盲目投资,又可有效抑制过度投机、欺诈、内幕交易等行为,并使市场根据正常的供求关系,形成合理的价格。

持续信息公开有利于证券管理机构对市场的监控,主管部门可根据信息,有针对性地监督、调控、引导投资方向、规范投资行为,及时发现和查处违法违规的市场活动,确保证券市场稳定和健康地发展。

(二) 持续信息公开的内容

发行人、上市公司依法披露的信息,必须真实、准确、完整,不得有虚假记载、误导性陈述或重大遗漏。

1. 定期报告。上市公司和公司债券上市交易的公司,应当在每一会计年度的上半年结束之日起2个月内,向国务院证券监督管理机构和证券交易所报送记载以下内容的中期报告，并予公告：

（1）公司财务会计报告和经营情况；

（2）涉及公司的重大诉讼事项；

（3）已发行的股票、公司债券变动情况；

（4）提交股东大会审议的重要事项；

（5）国务院证券监督管理机构规定的其他事项。

上市公司和公司债券上市交易的公司，应当在每一会计年度结束之日起4个月内，向国务院证券监督管理机构和证券交易所提交记载以下内容的年度报告，并予公告：

（1）公司概况；

（2）公司财务会计报告和经营情况；

（3）董事、监事、高级管理人员简介及其持股情况；

（4）已发行的股票、公司债券情况，包括持有公司股份最多的前10名股东的名单和持股数额；

（5）公司实际控制人；

（6）国务院证券监督管理机构规定的其他事项。

2. 临时报告。发生可能对上市公司股票交易价格产生较大影响的重大事件，投资者尚未得知时，上市公司应当立即将有关该重大事件的情况向国务院证券监督管理机构和证券交易所提交临时报告，并予公告，说明事件的起因、目前的状态和可能产生的法律后果。

证券法所列重大事件是：

（1）公司的经营方针和经营范围的重大变化；

（2）公司的重大投资行为和重大的购置财产的决定；

（3）公司订立重要合同，可能对公司的资产、负债、权益和经营成果产生重要影响；

（4）公司发生重大债务和未能清偿到期重大债务的违约情况；

（5）公司发生重大亏损或者重大损失；

（6）公司生产经营的外部条件发生的重大变化；

（7）公司的董事、1/3以上的监事或者经理发生变动；

（8）持有公司5%以上股份的股东，或者实际控制人，其持有股份或者控制公司的情况发生较大变化；

（9）公司减资、合并、分立、解散及申请破产的决定；

(10) 涉及公司的重大诉讼,股东大会、董事会决议被依法撤销或者宣告无效;

(11) 公司涉嫌犯罪被司法机关立案调查,公司董事、监事、高级管理人员涉嫌犯罪被司法机关采取强制措施;

(12) 国务院证券监督管理机构规定的其他事项。

上市公司董事、高级管理人员应当对公司定期报告签署书面确认意见。

上市公司监事应当对董事会编制的公司定期报告进行审核并提出书面审核意见。

上市公司董事、监事、高级管理人员应当保证上市公司所披露的信息真实、准确、完整。

(三) 持续公开信息的监管和事务管理

发行人、上市公司公告招股说明书、公司债券募集办法、财务会计报告、上市报告文件、年度报告、中期报告、临时报告以及其他信息披露资料,有虚假记载、误导性陈述或者重大遗漏,致使投资者在证券交易中遭受损失的,发行人、上市公司应当承担赔偿责任;发行人、上市公司的董事、监事、高级管理人员和其他直接责任人员以及保荐人、承销的证券公司,应当与发行人、上市公司承担连带赔偿责任。但是能够证明自己没有过错的除外;发行人、上市公司的控股股东、实际控制人有过错的,应当与发行人、上市公司承担连带赔偿责任。

依法必须披露的信息,应当在国务院证券监督管理机构指定的媒体发布,同时将其置备于公司住所、证券交易所,供社会公众查阅。

国务院证券监督管理机构对上市公司年度报告、中期报告、临时报告以及公告的情况进行监督,对上市公司分派或者配售新股的情况进行监督,对上市公司控股股东和信息披露义务人的行为进行监督。

证券监督管理机构、证券交易所、保荐人、承销的证券公司及有关人员,对公司依照法律、行政法规规定必须作出的公告,在公告前不得泄露其内容。

证券交易所决定暂停或者终止证券上市交易的,应当及时作出公告,并报国务院证券监督管理机构备案。

四、禁止的交易行为

(一) 禁止利用内幕信息交易

内幕信息,是指证券交易活动中,涉及公司的经营、财务或者对该公司证券的市场价格有重大影响的尚未公开的信息。

禁止证券交易内幕信息的知情人和非法获取内幕信息的人利用内幕信息进行证券交易活动。证券交易内幕信息的知情人包括：

1. 发行人的董事、监事、高级管理人员；

2. 持有公司5%以上股份的股东及其董事、监事、高级管理人员，公司的实际控制人及其董事、监事、高级管理人员；

3. 发行人控股的公司及其董事、监事、高级管理人员；

4. 由于所任公司职务可以获取公司有关内幕信息的人员；

5. 证券监督管理机构工作人员，以及由于法定的职责对证券发行、交易进行管理的其他人员；

6. 保荐人、承销的证券公司、证券交易所、证券登记结算机构、证券服务机构的有关人员；

7. 国务院证券监督管理机构规定的其他人。

下列各项信息都属于内幕信息：

1. 公司的重大投资行为和重大的购置财产的决定；

2. 公司分配股利或者增资的计划；

3. 公司股权结构的重大变化；

4. 公司债务担保的重大变更；

5. 公司营业用主要资产的抵押、出售或者报废一次超过该资产的30%；

6. 公司的董事、监事、高级管理人员的行为可能依法承担重大损害赔偿责任；

7. 上市公司收购的有关方案；

8. 国务院证券监督管理机构认定的对证券交易价格有显著影响的其他重要信息。

证券交易内幕信息的知情人和非法获取内幕信息的人，在内幕信息公开前，不得买卖该公司的证券，或者泄露该信息，或者建议他人买卖该证券。

内幕交易行为给投资者造成损失的，行为人应当依法承担赔偿责任。

（二）禁止操纵证券交易价格

操纵行情，是指人为地变动或固定证券行情，以引诱他人参加买卖交易，从而为自己谋取利益的行为。我国证券法规定，禁止任何人以下列手段操纵证券市场：

1. 单独或者合谋，集中资金优势、持股优势或者利用信息优势联合或者连续买卖，操纵证券交易价格或者证券交易量；

2. 与他人串通，以事先约定的时间、价格和方式相互进行证券交易，影响证券交易价格或者证券交易量；

3. 在自己实际控制的账户之间进行证券交易,影响证券交易价格或者证券交易量;

4. 以其他方法操纵证券市场。

操纵证券市场行为给投资者造成损失的,行为人应当依法承担赔偿责任。

(三) 禁止传播虚假信息

禁止国家工作人员、传播媒介从业人员和有关人员编造、传播虚假信息,扰乱证券市场。禁止证券交易所、证券公司、证券登记结算机构、证券服务机构及其从业人员、证券业协会、证券监督管理机构及其工作人员,在证券交易活动中作出虚假陈述或者信息误导。各种传播媒介传播证券市场信息必须真实、客观,禁止误导。

(四) 禁止证券欺诈

禁止证券公司及其从业人员从事下列损害客户利益的欺诈行为:

1. 违背客户的委托为其买卖证券;
2. 不在规定时间内向客户提供交易的书面确认文件;
3. 挪用客户所委托买卖的证券或客户账户上的资金;
4. 未经客户的委托,擅自为客户买卖证券,或者假借客户的名义买卖证券;
5. 为牟取佣金收入,诱使客户进行不必要的证券买卖;
6. 利用传播媒介或者通过其他方式提供、传播虚假或者误导投资者的信息;
7. 其他违背客户真实意思表示,损害客户利益的行为。

欺诈客户行为给客户造成损失的,行为人应当依法承担赔偿责任。

我国证券法还规定,在证券交易中,禁止法人非法利用他人账户从事证券交易;禁止法人出借自己或者他人的证券账户。

禁止任何人挪用公款买卖证券。

依法拓宽资金入市渠道,禁止资金违规流入股市。

国有企业和国有资产控股的企业买卖上市交易的股票,必须遵守国家有关规定。

第四节　上市公司的收购

一、上市公司收购的概念

上市公司收购是指投资者依法购买股份有限公司已发行上市的股份,以达到对其控股或者兼并目的的行为。

上市公司收购作为公司购并的一部分，是随着市场经济的形成和发展而产生和发展起来的。公司购并对国民经济的发展具有积极的意义。首先，公司购并有利于加速资本的集聚，促进规模经济的形成；有利于优化产业结构和企业组织结构，实现专业化协作并有利于优化资源配置，提高经济效益；其次，公司购并也适应市场经济条件下商品生产经营者求生存、图发展的需要，体现了优胜劣汰的价值规律。

公司并购也有其消极作用，主要容易导致垄断，不利于自由竞争，从而阻碍生产力的发展。上市公司收购会引起股市震荡，也常伴生内幕交易，股市的人为炒作等，使投资大众的利益受损。此外，还可能使一些公司因收购或反收购而产生或加重管理层与股东在公司利益及自身利益方面的矛盾。

总之，应用法律规范上市公司的收购，兴利除弊，维护投资公众特别是目标公司小股东的合法权益。

二、上市公司收购的一般规定

投资者可以采取要约收购、协议收购及其他合法方式收购上市公司。要约收购，是指收购方通过向目标公司的股东发出收购要约的方式进行的收购。协议收购则是收购方通过与被收购公司的股票持有人达成收购协议的方式进行的收购。其他合法方式收购，比如，国有股权的行政划转、司法裁决、继承、赠与等方式。

通过证券交易所的证券交易，投资者持有或者通过协议、其他安排与他人共同持有一个上市公司已发行的股份达到5%时，应当在该事实发生之日起3日内，向国务院证券监督管理机构、证券交易所作出书面报告，通知该上市公司，并予以公告；在上述期限内，不得再行买卖该上市公司的股票。

投资者持有或者通过协议、其他安排与他人共同持有一个上市公司已发行的股份达到5%后，其所持该上市公司已发行的股份比例每增加或者减少5%，应当依照上述规定进行报告和公告。在报告期限内和作出报告、公告后2日内不得再行买卖该上市公司的股票。

通过证券交易所的证券交易，投资者或者通过协议、其他安排与他人共同持有一个上市公司已发行的股份达到30%时继续进行收购的，应当依法向该上市公司所有股东发出收购上市公司全部或者部分股份的要约。

收购上市公司部分股份的收购要约应当约定，被收购公司股东承诺出售的股份数额超过预定收购的股份数额的,收购人按比例进行收购。

三、上市公司收购程序

按照前述规定发出收购要约,收购人必须事先向国务院证券监督管理机构报送上市公司收购报告书,并载明下列事项:

1. 收购人的名称、住所;
2. 收购人关于收购的决定;
3. 被收购的上市公司名称;
4. 收购目的;
5. 收购股份的详细名称和预定收购的股份数额;
6. 收购期限、收购的价格;
7. 收购所需资金额及资金保证;
8. 报送上市公司收购报告书时持有被收购公司股份数占该公司已发行的股份总数的比例。

收购人还应将上市公司收购报告书同时提交证券交易所。收购人在按照上述规定报送上市公司收购报告书之日起 15 日后,公告其收购要约。在上述期限内,国务院证券监督管理机构发现上市公司收购报告书不符合法律、行政法规规定的,应当及时告知收购人,收购人不得公告其收购要约。收购要约约定的收购期限不得少于 30 日,并不得超过 60 日。在收购要约确定的承诺期内,收购人不得撤销其收购要约。收购人需要变更收购要约的,必须事先向国务院证券监督管理机构及证券交易所提出报告,经获准后,予以公告。收购要约提出的各项收购条件,适用于被收购公司所有股东。

采取要约收购方式的,收购人在收购期限内,不得卖出被收购公司的股票,也不得采取要约规定以外的形式和超出要约的条件买入被收购公司的股票。

采取协议收购方式的,收购人可以依照法律、行政法规规定,同被收购公司的股东以协议方式进行股份转让。协议达成后,收购人必须在 3 日内将该收购协议向国务院证券监督管理机构及证券交易所作出书面报告,并予公告。在公告前,不得履行收购协议。

在上市公司收购中,收购人对所持有的被收购的上市公司的股票,在收购行为完成后的 12 个月内不得转让。

收购行为完成后,收购人与被收购公司合并,并将该公司解散的,被解散公司原有股票由收购人依法更换。

收购行为完成后，收购人应当在 15 日内将收购情况报告国务院证券监督管理机构和证券交易所，并予公告。

收购上市公司中由国家授权投资的机构持有的股份，应当按照国务院的规定，经有关主管部门批准。

第五节 证券交易所与证券公司

一、证券交易所

(一) 证券交易所的概念

证券交易所，是指为证券集中交易提供场所和设施，组织和监督证券交易，实行自律管理的法人。

(二) 证券交易所的设立

证券交易所的设立和解散，由国务院决定。设立证券交易所必须制定章程，章程的制定和修改必须经国务院证券监督管理机构批准。

证券交易所必须在其名称中标明证券交易所字样。其他任何单位或者个人不得使用证券交易所或者近似的名称。

实行会员制的证券交易所的财产归会员所有，其权益由会员共同享有，在其存续期间，不得将其财产积累分配给会员。各项费用收入应当首先用于保证其证券交易场所和设施的正常运行并逐步改善。

证券交易所设理事会，设总经理 1 人，由国务院证券监督管理机构任免。

有公司法第 147 条规定的情形或者下列情形之一的，不得担任证券交易所的负责人：

1. 因违法行为或者违纪行为被解除职务的证券交易所、证券登记结算机构的负责人或证券公司的董事、监事、高级管理人员，自被解除职务之日起未逾 5 年；

2. 因违法行为或者违纪行为被撤销资格的律师、注册会计师或者投资咨询机构、财务顾问机构、资信评级机构、资产评估机构、验证机构的专业人员，自被撤销资格之日起未逾 5 年。

因违法行为或者违纪行为被开除的证券交易所、证券登记结算机构、证券服务机构、证券公司的从业人员和被开除的国家机关工作人员，不得招聘为证券交易所的从业人员。

进入证券交易所参与集中交易的,必须是证券交易所的会员。

投资者应当与证券公司签订证券交易委托协议,并在证券公司开立证券交易账户,以书面、电话以及其他方式,委托该证券公司代其买卖证券。

(三) 证券交易所的职责

证券交易所的职责,是指证券交易所所具有的职权和应当承担的责任。

证券交易所应当为组织公平的集中交易提供保障,公布证券交易即时行情,并按交易日制作证券市场行情表予以公布。未经证券交易所许可,任何单位和个人不得发布证券交易即时行情。因突发性事件而影响证券交易正常进行时,证券交易所可以采取技术性停牌的措施(比如,因收购公告而短时间暂停被收购股票的交易);因不可抗力的突发性事件或者为维护证券交易的正常秩序,证券交易所可以决定临时停市(比如,因电脑交易系统主机故障而临时停市),但都必须及时报告国务院证券监督管理机构。

证券交易所对证券交易实行实时监控,并按照国务院证券监督管理机构的要求,对异常的交易情况提出报告。证券交易所应当对上市公司及相关信息披露义务人披露信息进行监督,督促其依法及时、准确地披露信息。证券交易所根据需要,可以对出现重大异常交易情况的证券账户限制交易,并报国务院证券监督管理机构备案。

证券交易所的负责人和其他从业人员在执行与证券交易有关的职务时,与其本人或者其亲属有利害关系的,应当回避。

在证券交易所内从事证券交易的人员,违反证券交易所有关交易规则的,由证券交易所给予纪律处分;对情节严重的,撤销其资格,禁止其入场进行证券交易。

(四) 证券交易所的风险基金

证券交易所应当从其收取的交易费用和会员费、席位费中提出一定比例的金额设立风险基金。风险基金由证券交易所理事会管理。

风险基金提取的具体比例和使用办法,由国务院证券监督管理机构会同国务院财政部门规定,证券交易所应当将收存的风险基金存入开户银行专门账户,不得擅自使用。

二、证 券 公 司

(一) 证券公司的概念

证券公司,是指依照公司法规定,并经国务院证券监督管理机构审查批准的,从事证券经营业务的有限责任公司或者股份有限公司。任何单位和个人不得经营证券业务。

证券公司设立、收购或者撤销分支机构，变更业务范围，增加注册资本且股权结构发生重大调整，减少注册资本，变更持有百分之五以上股权的股东、实际控制人，变更公司章程中的重要条款，合并、分立、停业、解散、破产，必须经国务院证券监督管理机构批准。

(二) 证券公司的设立

设立证券公司，应当具备下列条件：

1. 有符合法律、行政法规规定的公司章程；

2. 主要股东具有持续盈利能力，信誉良好，最近3年无重大违法违规记录，净资产不低于人民币2亿元；

3. 有符合证券法规定的注册资本；

4. 董事、监事、高级管理人员具备任职资格，从业人员具有证券从业资格；

5. 有完善的风险管理与内部控制制度；

6. 有合格的经营场所和业务设施；

7. 法律、行政法规规定的和经国务院批准的国务院证券监督管理机构规定的其他条件。

证券公司可以经营下列部分或者全部业务（经国务院证券监督管理机构批准）：

1. 证券经纪；

2. 证券投资咨询；

3. 与证券交易、证券投资活动有关的财务顾问；

4. 证券承销与保荐；

5. 证券自营；

6. 证券资产管理；

7. 其他证券业务。

证券公司经营上述规定第1项至第3项业务的，注册资本最低限额为人民币5000万元；经营第4项至第7项业务之一的，注册资本最低限额为人民币1亿元；经营第4项至第7项业务中两项以上的，注册资本最低限额为人民币5亿元。证券公司的注册资本应当是实缴资本。

证券公司不得为其股东或者股东的关联人提供融资担保。

证券公司的董事、监事、高级管理人员，应当在任职前取得国务院证券监督管理机构核准的任职资格。

有我国公司法第147条规定的情形或者下列情形之一的,不得担任证券公司的董事、监事、高级管理人员:

1. 因违法行为或者违纪行为被解除职务的证券交易所、证券登记结算机构的负责人或者证券公司的董事、监事、高级管理人员,自被解除之日起未逾5年;

2. 因违法行为或者违纪行为被撤销资格的律师、注册会计师或者投资咨询机构、财务顾问机构、资信评级机构、资产评估机构、验证机构的专业人员,自被撤销资格之日起未逾5年。

因违法行为或违纪行为被开除的证券交易所、证券登记结算机构、证券服务机构、证券公司的从业人员和被开除的国家机关工作人员,不得招聘为证券公司的从业人员。

国家机关工作人员和法律、行政法规规定的禁止在公司中兼职的其他人员,不得在证券公司中兼任职务。

国家设立证券投资者保护基金,该基金由证券公司缴纳的资金及其他依法筹集的资金组成,其筹集、管理和使用的具体办法由国务院规定。

证券公司为客户买卖证券提供融资融券服务,应当按照国务院的规定并经国务院证券监督管理机构批准。

证券公司从每年的税后利润中提取交易风险准备金,用于弥补证券交易的损失,其提取的具体比例由国务院证券监督管理机构规定。

(三) 证券公司业务行为的限制

证券公司应当建立健全内部控制制度,采取有效隔离措施,防范公司与客户之间的利益冲突。证券公司必须将其证券经纪业务、证券承销业务、证券自营业务和证券资产管理业务分开办理,不得混合操作。

证券公司客户的交易结算资金应当存放在商业银行,以每个客户的名义单独立户管理。

证券公司不得将客户的交易结算资金和证券归入其自有财产。禁止任何单位或者个人以任何形式挪用客户的交易结算资金和证券。

证券公司破产或者清算时,客户的交易结算资金和证券不属于其破产财产或者清算财产。不是由于客户本身的债务或者法律规定的其他情形,不得查封、冻结、扣划或者强制执行客户的交易结算资金和证券。

证券公司办理经纪业务,不得接受客户的全权委托而决定证券买卖、选择证券种类、决定买卖数量或买卖价格。证券公司的从业人员在证券交易活动中,执行所属的证券公司的指令或者利用职务违反交易规则的，由所属证券公司承担全部责任。

证券公司违法经营或者出现重大风险，严重危害证券市场秩序、损害投资者利益的，国务院证券监督管理机构可以对该证券公司采取责令停业整顿、指定其他机构托管、接管或者撤销等监管措施。

第六节 证券登记结算机构与证券服务机构

一、证券登记结算机构

（一）证券登记结算机构的概念与设立

证券登记结算机构，是指为证券交易提供集中登记、存管与结算服务，不以营利为目的的法人。设立证券登记结算机构应当具备下列条件：

1. 自有资金不少于人民币2亿元；
2. 具有证券登记、存管和结算服务所必须的场所和设施；
3. 主要管理人员和从业人员必须具有证券从业资格；
4. 国务院证券监督管理机构规定的其他条件。

设立证券登记结算机构必须经国务院证券监督管理机构批准。

（二）证券登记结算机构的职能

证券登记结算机构履行以下职能：

1. 证券账户、结算账户的设立；
2. 证券的存管和过户；
3. 证券持有人名册登记；
4. 证券交易所上市证券交易的清算和交收；
5. 受发行人委托派发证券权益；
6. 办理与上述业务有关的查询；
7. 国务院证券监督管理机构批准的其他业务。

（三）证券登记结算机构的责任

1. 证券登记结算机构存管证券持有人持有的在上市交易时的全部证券，并不得挪用客户的证券。

2. 证券登记结算机构应当设立证券结算风险基金，并存入指定银行的专门账户。结算风险基金用于垫付或者弥补因违约交收、技术故障、操作失误、不可抗力造成的证券登记结算机构的损失。证券结算风险基金从证券登记结算机构的业务收入和收益中提取,并可以由结算参与人按证券交易业务量的一定比例缴纳。

证券登记结算机构以风险基金赔偿后,应当向有关责任人追偿。

二、证券服务机构

(一) 证券服务机构的设立

由于证券投资和证券交易业务的需要,可以设立专业的证券投资咨询机构、财务顾问机构、资信评级机构、资产评估机构、会计师事务所从事证券服务业务,必须经国务院证券监督管理机构和有关主管部门批准。

(二) 投资咨询机构及其从业人员从事证券服务业务不得有下列行为:

1. 代理委托人从事证券投资;
2. 与委托人约定分享证券投资收益或者分担证券投资损失;
3. 买卖本咨询机构提供服务的上市公司股票;
4. 利用传播媒介或者通过其他方式提供、传播虚假或者误导投资者的信息;
5. 法律、行政法规禁止的其他行为。

有上述所列行为之一,给投资者造成损失的,依法承担赔偿责任。

投资咨询机构和资信评级机构,应当按照国务院有关主管部门规定的标准或者收费办法收取服务费用。

证券服务机构为证券的发行、上市交易等证券业务活动制作出具审计报告、财务顾问报告、资产评级报告或者法律意见书等文件有虚假记载、误导性陈述或者重大遗漏,给他人造成损失的,应当与发行人、上市公司承担连带赔偿责任,但是能够证明自己没有过错的除外。

第七节 证券业协会及证券监督管理机构

一、证券业协会

(一) 证券业协会的概念

证券业协会又称证券同业公会,是证券商特别是证券公司的自律性组织,是社会团体法人。这是为了完善证券市场管理,使投资者和社会公共利益得到有效保护，促进证券业自身健康发展而设立。证券公司应当加入证券业协会，证券业协会的权力机构为全体会员组成的会员大会，证券业协会章程由会员大会制定，并报国务院证券监督管理机构备案。

证券业协会设理事会。理事会成员依章程的规定由选举产生。

（二）证券业协会的职责

证券业协会履行下列职责：

1. 教育和组织会员执行证券法律、行政法规；

2. 依法维护会员的合法权益，向证券监督管理机构反映会员的建议和要求；

3. 收集整理证券信息，为会员提供服务；

4. 制定会员应遵守的规则，组织会员单位从业人员的业务培训，开展会员间的业务交流；

5. 对会员之间、会员与客户之间发生的证券业务纠纷进行调解；

6. 组织会员就证券业的发展、运作及有关内容进行研究；

7. 监督、检查会员行为，对违反法律、行政法规或者协会章程的，按照规定给予纪律处分；

8. 证券业协会章程规定的其他职责。

二、证券监督管理机构

（一）证券监督管理机构的概念

我国的证券监督管理机构是国务院证券监督管理委员会（简称“证监会”），依法对证券市场实行监督管理，维护证券市场秩序，保障其合法运行。

（二）证券监督管理机构的职责及措施

国务院证券监督管理机构对证券市场实施监督管理中履行下列职责：

1. 依法制定有关证券市场监督管理的规章、规则，并依法行使审批或者核准权；

2. 依法对证券的发行、上市、交易、登记、存管、结算，进行监督管理；

3. 依法对证券发行人、上市公司、证券交易所、证券公司、证券登记结算机构、证券投资基金管理公司、证券服务机构的证券业务活动，进行监督管理；

4. 依法制定从事证券业务人员的资格标准和行为准则，并监督实施；

5. 依法监督检查证券发行、上市和交易的信息公开情况；

6. 依法对证券业协会的活动进行指导和监督；

7. 依法对违反证券市场监督管理法律、行政法规的行为进行查处;

8. 法律、行政法规规定的其他职责。

国务院证券监督管理机构依法履行职责,有权采取下列措施:

1. 对证券发行人、上市公司、证券公司、证券投资基金管理公司、证券服务机构、证券交易所、证券登记结算机构进行现场检查;

2. 进入涉嫌违法行为发生场所调查取证;

3. 询问当事人和与被调查事件有关的单位和个人,要求其对与被调查事件有关的事项作出说明;

4. 查阅、复制与被调查事件有关的财产权登记、通讯记录等资料;

5. 查阅、复制当事人和与被调查事件有关的单位和个人的证券交易记录、登记过户记录、财务会计资料及其他相关文件和资料;对可能被转移、隐匿或者毁损的文件和资料,可以予以封存;

6. 查询当事人和与被调查事件有关的单位和个人的资金账户、证券账户和银行账户;对有证据证明已经或者可能转移或者隐匿违法资金、证券等涉案财产或者隐匿、伪造、毁损重要证据的,经国务院证券监督管理机构主要负责人批准,可以冻结或者查封;

7. 在调查操纵证券市场、内幕交易等重大证券违法行为时,经国务院证券监督管理机构主要负责人批准,可以限制被调查事件当事人的证券买卖,但限制的期限不得超过 15 个交易日;案情复杂的,可以延长 15 个交易日。

国务院证券监督管理机构依据调查结果,对证券违法行为作出的处罚决定,应当公开。

国务院证券监督管理机构依法履行职责,发现证券违法行为涉嫌犯罪的,应当将案件移送司法机关处理。

第八节　法 律 责 任

证券发行人、上市公司、证券公司、证券投资基金公司、证券服务机构、证券交易所、证券登记结算机构等有关单位及个人,违反证券法的法律责任,按照证券法第 188 条至 235 条办理。违反证券法构成犯罪的,依法追究刑事责任。

第十一章　票　据　法

第一节　票据的概念与种类

一、票据的概念

票据，是指由出票人签名于票上，无条件约定自己或委托他人以支付一定金额为目的的特种证券。约定自己为一定金额的支付，如本票；委托他人为一定金额的支付，如汇票及支票。票据法，是指规定票据的发生与移转及其行使关系的法规。

票据有广狭两种意义：广义的票据，是指商业上所有的凭证，比如，钞票、发票、提单、仓单等；狭义的票据，仅限于以支付一定金额为目的的特种证券。这种证券，原则上可以辗转流通。票据法上的票据是指狭义的票据。

二、票据的种类

票据的种类，各国法律规定不一，有的规定汇票、本票为票据，支票包含于汇票之中。比如，英国、美国等；有的规定汇票、本票为票据，支票则为另一种证券，不包括在票据法内，另订单行法规。比如，德国、法国、意大利及瑞士等；有的规定汇票、本票、支票为票据。比如，日本等。现在国际上一般都通认票据应包括汇票、本票与支票。我国票据法也作此规定。

第二节　票据的性质与作用

一、票据的性质

票据是代表现金流通的有价证券，但与法定货币有强制通用的效力不同。债务人对于债务的清偿，如以现金给付，债权人不得拒收，但如以票据给付，则必须经债权人同意。这是由于票据所依靠的是出票人、承兑人或背书人的个人信用,它不具有法定货币的强制作用。票据与通货的区别就在此。票据虽是有价证券的一种,但在法律性质上,与其他证券不同,其法律特征有以下十种:

(一) 票据为设权证券

这是指票据权利的发生,必须作成票据。也就是说票据上的权利,因票据的作成而发生,没有票据也就没有票据上的权利。票据的作成,不是证明已经存在的权利,而是创设一种权利。这就与仅表示由仓库寄托合同或运送合同所产生的返还请求权的仓单、提单的性质不同。

(二) 票据为要式证券

这是指票据的作成,必须具备法定要件,才能产生票据的效力。如果所作成的票据欠缺法定要件,其票据即属无效。而这种条件一般都由票据法所规定。比如,许多国家法律规定,票据必须载明名称、金额、收付款银行、支付日期等等,否则票据无效。

(三) 票据为货币证券

这是指票据是以货币为给付标的物的证券。票据上所表示的财产权,限定为货币的给付,而不能为物的给付。否则,就不是票据法上的票据,比如,提单、仓单等。

(四) 票据为有价证券

这是指在票据上所表示的财产权,其权利的处分或行使,必须占有证券,也就是其权利以票据的存在为前提,权利与证券两者不可分离。如不占有票据,就不能主张其权利。如离开证券,仍可主张权利,比如,股票、提单等,则是不完全的有价证券。票据则是完全的有价证券。

(五) 票据为债权证券

这是指以表示债权为目的的证券。票据债权人占有票据,就可以就票据上所记载一定的金额,向特定的票据债务人行使其请求权。这与占有证券即享有物权的物权证券不同。比如,仓单、提单等;也与公司股票的团体证券不同,股东持有股票,虽享有股东权,但其既非债权,也非物权,而是一种特殊的权利。

(六) 票据为流通证券

这是指票据上的权利可以交付或背书而转让,除非出票人有禁止转让的记载。票据的转让,无需通知原债务人。而民法上的债权转让,必须通知债务人,否则债务人仍可向原债权人清偿债务,而受让人无权要求债务人清偿债务。票据的债务人必须根据票据向受让人承担到期付款的义务,而不能以未接转让通知为由拒绝承担义务。

(七) 票据为无因证券

这是指票据的持有人,可以对票据债务人行使票据上的权利。只要票据具备了法定的要件,即为权利的成立。至于该票据行为的原因如何发生,即票据持有人是怎样取得的,都可不问。比如,甲出售一批货物给乙,货款为100万元。乙按甲的要求给他开立一张金额为100万元的本票。甲把此票转让给丙,丙是善意的持票人。如果后来甲没有交货,乙虽然有权向甲提出抗辩,要求甲按合同的规定赔偿损失,但乙仍应按本票的规定向丙付款,而不能以他对甲的抗辩理由来对抗丙。因为丙的权利是来自于票据,而不是来自买卖合同或民法上其他的债权让与合同。承认票据是不要因的证券,当事人间的权利义务完全以票据为准,这样,人们在接受票据时就可以安心,不必调查票据的来源,从而使票据能够广泛流通。

票据为无因证券,也就是指产生票据上的权利义务关系的原因与票据上的权利义务关系要分开。产生票据上的权利义务关系的原因是票据的基本关系。它包括两个方面的内容:一是指出票人与付款人之间的资金关系。比如,甲发出以乙为付款人的票据时,乙成为付款人并同意承担付款义务,其中必有原因,可能是甲在乙处有存款,或者乙同意给甲以信贷,或者付款人对出票人负有债务,借以清偿等。票据的资金并不以金钱为限,即债权或信用也无不可;一是指出票人与受款人以及票据的背书人与被背书人之间的对价关系。比如,甲开出以乙为受款人的票据,而乙又以背书方式把该票据转让给丙时,其中也定有原因,可能是因为甲购买了乙的货物。而乙之所以要把该票据转让给丙,可能是乙购买了丙的货或欠了丙的债等。这种关系就是对价关系。票据的基本关系与票据上的权利义务关系不能混淆,更不能因为票据的基本关系有缺陷而影响当事人之间根据票据本身的文字记载所应有的权利和义务。否则,人们在接受票据时就会顾虑重重,影响票据的流通。

(八) 票据为提示证券

这是指票据债权人请求债务人履行票据上的义务时,必须向债务人提示其票据。否则,债务人不承担给付的义务,而且不发生中断时效的效力。

(九) 票据为返还证券

这是指票据债权人受领给付时,必须将证券交还给债务人。否则,票据债务人对于善意第三人持有此票据,有重复付款的可能。

(十) 票据为文义证券

这是指票据上的权利义务,都以票据上所记载的文义为准。不能就票据文义以外的事项,作为认定票据上的权利义务。在票据上签名者,就应对票据上所载的文义负责。我国票据法第 4 条规定:票据出票人按照法定条件在票据上签章,其他票据债务人在票据上签章都按照票据所记载的事项承担票据责任。

二、票据的作用

票据在经济中的作用有以下四个方面:

(一) 汇兑的作用

在票据制度产生之前,异地还债付款,都须运送现金,非但携带不便,费用较多,而且风险又大。如以汇票代替现金输送,则简便安全。现今汇票已成为隔地交易、支付金钱的最佳工具。

(二) 信用的作用

在商品经济社会中,买卖商品或其他商业交易以现金支付,有很多不便,而票据为商人信用上利用所不可缺少的工具。比如,甲向乙购入 3 万元的商品,约定于 3 个月后付款,则甲可对乙发行 3 个月后付款的本票。乙收受甲的本票后,如有急需,可将该本票到银行贴现,或以背书转让。这样,甲既可以利用自己的信用,以发行票据代替现金支付,乙也可利用甲的信用筹措现金。

(三) 节约通货的作用

票据可代现金支付,作为流通手段与支付手段。这对当事人来说,可以避免计算现钞的错误及节约时间;对国家来说,则可减少货币的发行,节约通货。

(四) 抵消债务的作用

国际贸易越来越发展,其债权债务的清算,如都以现款汇兑,困难甚多。如以票据为工具,而为彼此间债权债务的抵消,则就方便多了。比如,纽约商人某甲向北京商人某乙购货 200 万美元,而北京商人某丙向纽约商人某丁也购货 200 万美元,甲、丁都在纽约;乙、丙都在北京,如某甲由纽约运送现金给北京某乙,而某丙又须由北京运送现金给纽约某丁,则彼此之间不仅费时而又费力,如利用票据制度将两地的债权债务互相抵消,则不仅手续简便,而且又保证交易安全。

三、票据权利的取得

持票人取得票据权利,必须给付对价,即应当给付票据双方当事人认可的相应的代价。如因税收、继承、赠与可以依法无偿取得票据的,不受给付对价的限制。但是,所享有的票据权利不得优于其前手的权利。前手是指在票据上签章人或者持票人之前签章的其他票据债务人。如果以欺诈、偷盗或者胁迫等手段取得票据的，或者明知有前列情形，出于恶意取得票据的，不得享有票据权利。另外，持票人因重大过失取得不符合票据法规定的票据的，也不得享有票据权利。这是指取得票据时如果承担起一般普通人的谨慎义务就能知悉票据上的问题，而因怠于审核而收受票据。比如，对极易识别的伪造票据予以收受。

我国《票据法》规定：票据权利在下列期限内不行使而消灭：

（一）持票人对票据的出票人和承兑人的权利，自票据到期日起 2 年。见票即付的汇票、本票，自出票日起 2 年；

（二）持票人对支票出票人的权利，自出票日起 6 个月；

（三）持票人对前手的追索权，自被拒绝承兑或者被拒绝付款之日起 6 个月；

（四）持票人对前手的再追索权，自清偿日或者被提起诉讼之日起 3 个月。

票据的出票日、到期日由票据当事人依法确定。

四、票据的伪造和变造

（一）票据的伪造，是指假冒他人的名义而进行票据行为，其目的是行使伪造后票据上的权利义务。伪造行为本身不是票据行为，但从外观上符合票据行为相应的形式要件。凡伪造出票、背书、承兑、保证中任何一种票据行为，都构成票据伪造；伪造者是假冒他人名义在票据上签章，如果不是假冒他人名义，而是受他人委托于票据上签章或者以自己名义于票据上签章，则不存在伪造问题。

伪造的票据，对被伪造人来说，由于其在票据上没有签章，所以当然不承担票据上的责任；对于伪造人来说，由于其在票据上也没有签章，所以伪造人也不承担票据上的责任。但是，伪造人因为伪造有价证券则要承担刑事责任，如果由于其票据伪造行为给他人造成损失的还要承担相应的民事赔偿责任；对于其他于票据上真实签章的人来说，不论其真实签章在伪造前后，都应承担票据责任。这是票据行为独立性原则的体现；对于持票人来说，由于被伪造人和伪造人都不负票据责任，所以，持票人对他们不能取得票据权利。但是，如果持票人是从真实签章人手中取得票据的，持票人可对其行使追索权。如果持票人是从伪造人手中取得该票据的，只能对伪造者按民法有关规定请求赔偿。

（二）票据的变造，是指没有改变票据上文义意义权限的人，以行使变造后的票据权利义务为目的，非法改变票据上除签章以外记载事项的行为。票据的变造必须是对形式上已经有效的票据的有关记载事项进行变更，如果对欠缺形式要件的票据即本来就是无效的票据,对其有关记载事项进行变更,不构成票据的变造;对票据事项的变更必须足以改变票据权利义务的内容。如果变更的只是无关紧要的记载事项或者变更后并不改变票据权利义务的内容,则不构成票据的变造。比如,将以简化汉字记载的事项改成繁体汉字记载;必须是对票据上除签章之外的记载事项进行变更,如果变更票据上的签章,则该变更行为属于票据的伪造。变更除签章以外的其他事项,比如,付款地、付款日期、付款人名称等。如果经变更记载事项后,票据成为无效票据,则该变更行为也不属于票据的变造行为,而是毁灭票据的行为。

如果不以行使票据权利义务为目的,如变更后的票据用于教学或作为纪念品,则不发生票据的变造问题。而如果持票人变更票据金额后向付款人提示承兑或提示付款,以行使票据权利,则构成票据的变造。

我国《票据法》规定:票据上其他记载事项被变造的(指签章以外的事项),在变造之前签章的人,对原记载事项负责;在变造之后签章的人,对变造之后的记载事项负责;不能辨别在票据被变造之前或者之后签章的,视同在变造之前签章。比如,甲签发一张本票并交付给乙金额为 8000 元。乙经背书将该本票转让给丙,丙在取得本票后将金额改为 80000 元,然后经背书将本票转让给丁,丁再将其通过背书的方式转让给戊,在此情况下,按照上述规定,由于甲和乙的签章在丙变造票据之前,故他们只对 8000 元的票据金额负责,而丁签章在丙变造票据之后,故他应对 80000 元的金额负责。丙作为变造者,当然按 80000 元金额负票据责任。

变造人并未在票据上签章时,他不负票据上的责任,但应负刑事及民事上的侵权行为责任。

我国《票据法》规定,对于有伪造、变造票据的,应依法追究刑事责任,如果对其他人造成损失的,还应追究民事赔偿责任。

五、票据的丧失及补救

票据丧失,是指持票人没有抛弃票据的意思,而丧失对票据的占有。比如,被烧毁、撕毁或遗失、被盗窃。票据丧失,失票人应当及时通知票据的付款人或者代理付款人挂失止付。失票人通知票据的付款人或者代理付款人挂失止付时,应当填写挂失止付通知书并签章。

付款人或者代理付款人收到挂失止付通知书,应当立即暂停支付。付款人或者代理付款人自收到挂失止付通知书之日起 12 日内没有收到人民法院的止付通知书的,自第 13 日起,挂失止付通知书失效。失票人应当在通知挂失止付后 3 日内,也可以在票据丧失后，依法向人民法院申请公示催告，或者向人民法院提起诉讼。

第三节　汇　　票
(Bill of Exchange)

一、汇票的概念

汇票，是指由出票人签发的，委托付款人在见票时或者在指定日期无条件支付确定的金额给收款人或者持票人的票据。汇票的当事人有 3 个：出票人；受款人；付款人。

(一) 按出票人的不同，汇票可分：

1. 银行汇票。这是指一家银行向另一家银行开出的汇票；

2. 商业汇票。这是指银行以外的企业或其他组织开出的汇票。

向银行申请办理汇票承兑的商业汇票的出票人，必须具备下列条件：

(1) 在承兑银行开立存款账户；

(2) 资信状况良好，并具有支付汇票金额的可靠资金来源。

(二) 按付款时间不同，汇票可分：

1. 即期汇票。这是指由出票人开出的、要求付款人在见票的当天或提示当时，向收款人或持票人无条件支付一定金额的汇票；

2. 远期汇票。这是指由出票人开出的、要求付款人在一定期限内或指定日期，向收款人或持票人无条件支付一定金额的汇票。

(三) 按有无附属单据的不同，汇票可分：

1. 光票汇票。这是指付款人仅凭汇票即应付款，不得要求附上其他有关单据的汇票；

2. 跟单汇票。这是指付款人凭票付款时，不仅要求收款人或持票人提交汇票，而且还要求收款人或持票人按约定的条件，提交其他有关单据的汇票。

二、汇票的流通程序

汇票的流通程序要经过出票、背书、承兑和付款等环节。

(一) 出票

这是指由出票人制作汇票，并在票上签名，然后将票据交付给受款人的行为。

出票是创立票据的基本行为,因为票据上的权利义务都以开出票据而产生。汇票必须交付给收款人后,才有法律效力。如仅有开票行为,而无交付行为,票据仍然无效,不能算完成出票行为。

汇票是要式证券,发票人在制作汇票时必须按照法律规定,把法定内容记载于上。如果出票人未在汇票上签名或者欠缺法定所必须记载的事项,该汇票无效。

汇票上必须记载的事项有以下十项:

1. 标明汇票字样。汇票必须以文字表明,以区别于其他证券。文字不限于"汇票"二字,凡意义相同的文字,足以表明汇票的性质,比如,汇兑券、汇券等也可。中国、德国法系及日内瓦公约都要求在汇票上必须标明汇票字样。但英、法等国则不要求必须注明汇票等字样。

2. 确定的金额。汇票上所载明的金额必须是确定的,因为这是确定债权债务的范围。

汇票上的金额文字与号码不符时(即大写的数目与小写的数目不同)应以何者为准,各国法律规定不一。德国、意大利及瑞士等国法律认为,应以数额较少者为准。而英、美等国法律则规定应以大写的金额为准。我国票据法第 8 条规定,票据金额以中文大写和数码同时记载,两者必须一致,两者不一致的,票据无效。

3. 无条件支付的委托。汇票付款的委托不得附有任何条件。如果在汇票上规定受款人必须完成某种行为或承担某种义务后,付款人才予以付款,那就是有条件的,这样的证券就不是汇票。比如,票据上记载:"受款人向出票人交付某项货物后本汇票始照兑"或"资金到达后付款",则此票据无效。

4. 付款人的名称。汇票上必须载明付款人的姓名或商号。付款人,是指受出票人的委托而支付汇票金额的人。付款人对汇票上的金额,到期负支付责任。付款人一般为发票人以外的第三人。出票人可以指定银行或其他受托人为付款人,也可以自己为付款人。凡以出票人自己为付款人时,这种汇票称为"对己汇票"。比如,某甲开设一商号于香港,又开设一支店于澳门,有时从香港发出一张汇票,寄交澳门支店为付款人。英、美、法等国对于这种汇票,持票人有权选择把它作为本票或作为汇票处理。其他国家的法律,有的把它作为本票处理,比如,瑞典、挪威等国;有的则把它视为汇票。日内瓦公约认为是变相汇票。

汇票的付款人一般是一个人,但有时也可载明一个以上的付款人。但在这种情况下,任何一个付款人都须承担支付全部汇票金额的责任,不能分别就金额的一部分负责。当其中一个付款人付款后,其余付款人就可不负责任。

5. 收款人的名称。收款人是指汇票上的第一债权人,所以其名称应该记载于汇票上。但各国法律对此有不同规定。英、美法系等国规定可以有无记名式汇票，即汇票上不载明收款人的名称，而仅填写交付来人的字样。但德国、法国、意大利、瑞士等大陆法系国家和我国以及日内瓦公约都不承认无记名式汇票。

根据英国的票据法，汇票上的收款人可以有以下 3 种写法：

(1) 限制式抬头。这是指汇票上载明有限制转让的字样，比如，汇票上载明"仅付给 A 公司"或"付给 B 公司，不准转让"。这种汇票不能以背书方式转让，而只能按一般民法上债权让与的方式转让。

(2) 指示式抬头。这是指汇票上虽然载明收款人的姓名，但没有限制转让的字样。比如，汇票上载明"付给 A 公司或其指定人"，这样抬头的汇票可以经过背书转让。又如，汇票上只载明"付给 A 公司"，这种汇票也视同指示式汇票，可以背书转让。

(3) 来人式抬头。这是指汇票上不载明收款人的姓名，而只写"付与来人"字样。这种汇票在转让时不必由持票人背书，仅凭交付即可。

汇票上如载明有数个收款人，则必须由数人共同行使权利。这种汇票在背书转让时，如果票上规定由甲或乙背书，则可以 1 人为有效的背书。如果没有这种选择的规定，则必须全体背书转让，才发生转让的效力。

汇票上如未载明收款人，则持票人可在无记名汇票的空白内记载自己或他人为收款人，从而改为记名汇票。

6. 汇票发出的地点。这是指出票人发行汇票的处所。汇票上如没有载明出票的地点，则可以出票人的营业场所、住所或经常居住地为出票地。我国票据法即作此规定。出票的地点对国际汇票具有重要意义，它关系到汇票的法律适用问题，如遇到法律冲突，国际上一般是以出票地的法律为准，即适用行为地法的原则。

7. 汇票出票的日期。这是指汇票发行时所记载的年月日。出票的日期是否必须记载，各国法律规定不一，英、美、法等国家规定出票的日期不一定载明，这不是汇票必须记载的事项，没有此项记载，汇票仍然有效。而德国等大多数大陆法系国家包括我国及日内瓦公约规定，汇票必须记载发票的日期，这是汇票的法定要件，否则此票无效。这是因为：从出票日期可知发票人于发票当时，是否有行为能力；出票人如是公司或其他法人时，可知其发票当时是否成立；对于出票日后定期付款的汇票具有确定付款日期的作用；对于见票即付的汇票起着确定提示期限届满的作用。大陆法系各国对于提示承兑或付款的期限都有具体的规定，有的规定为半年，有的规定为 1 年或 2 年。英、美、法等国虽然没有规定具体的期限，但都要求必须在"合理期间"内提示。逾此期限,付款人可以拒绝承兑或付款。

8. 汇票的付款地点。这是指汇票金额的支付地点。各国法律对于汇票上是否必须载明付款地点有不同的规定。英国票据法认为,汇票不一定要载明付款的地点,只要持票人能找到付款人,就可以向他提示汇票要求付款。有些国家包括我国及日内瓦公约认为,汇票上虽无付款地的记载,可以付款人的营业场所、住所或经常居住地为付款地。德国票据法规定,如果汇票上既没有记载付款地点,又没有载明付款人的地址,则该汇票无效。

9. 汇票的到期日。这是指汇票金额支付的日期。也就是确定汇票债权人行使权利、债务人履行义务的时期。

汇票的到期日有以下四种:

(1) 定日付款(Fixed Date)。这是指在出票时订明在一定日期付款;

(2) 出票日后定期付款(After Date)。这是指从出票日后算起,在一定期间内,比如2个月内付款;

(3) 见票即付(Sight Bill)。这是指持票人提示汇票时付款;

(4) 见票后定期付款(After Sight)。这是指持票人提示汇票后起算,于见票后的一定期间付款。

法国、荷兰等国家的法律规定,汇票必须载明到期日,否则无效。英国、德国和日本的法律则认为,到期日并不是汇票的法定要件,如汇票上没有载明到期日,则视为见票即付的汇票处理。我国的票据法也作此规定。

按照英国票据法的规定,汇票的到期日可以是确定的期限或日期,也可以是不确定的期限,这是指把将来肯定会发生但不能肯定其发生的日期的事件定为汇票的到期日。比如,在汇票上可以规定,"于甲死后1年付款"。但如果规定"于甲生育后1年付款",这种汇票无效,因为甲可能终身不育。一些欧洲大陆法系国家的票据法则不允许作这样不确定期限的规定。

10. 出票人必须在汇票上签章。这是指汇票必须有出票人的签名盖章或签名加盖章才能生效。汇票的出票人在汇票被付款人承兑前,是汇票的主债务人,须向受款人承担保证该汇票将被承兑和到期付款的责任。如付款人拒绝承兑或付款,持票人有权向发票人追偿。如果发票人是公司法人,则必须由其授权的代表签章。

我国《票据管理实施办法》规定:银行汇票上的出票人的签章、银行承兑商业汇票的签章,为该银行的汇票专用章加其法定代表人或者其授权的代理人的签名或者盖章。

商业汇票上的出票人的签章,为该单位的财务专用章或者公章加其法定代表人或者其授权的代理人的签名或者盖章。

出票人在票据上的签章不符合《票据法》和《票据管理实施办法》规定的，票据无效；背书人、承兑人、保证人在票据上的签章不符合《票据法》和《票据管理实施办法》规定的，其签章无效，但是不影响票据上其他签章的效力。

汇票上签章是汇票成立的绝对条件，这是各国法律都一致规定的。一般是1人签章，如果2人以上出票人各自签章时，应负连带责任。比如，甲乙丙3人都是签章者，应各负担全部的义务，其中任何1人不得仅承担1/3。如出票人中的1人为清偿时，其他出票的签章人可免除其责任。

我国票据法规定：以上1、2、3、4、5、7、10项为绝对必要记载事项，而6、8、9为相对必要记载事项。

除以上汇票所应载明的事项外（其中有些事项各国法律有不同的规定），还有些任意记载事项，即使不记载汇票仍然有效，如记载也发生票据上的效力。比如，担当付款人的记载，即代付款人承担汇票金额支付的人（比如，汇票的付款人甲在到期日不能付款，出票人就指定乙为担当付款人代甲付款。英、美、法等国不承认担当付款人的记载，其他多数国家都认为是有效记载）；禁止转让的记载；承兑提示及其期限的记载；分期付款等记载。

（二）背书（Endorsement）

这是指持票人在汇票的背面或者粘单上签章，并把它交给对方的行为。也就是持票人以转让票据权利给他人为目的所作的票据行为。在汇票背面签名的人称为背书人（Endorsor），接受经过背书汇票的人称为被背书人（Endorsee）。各国法律规定，除无记名票据可仅以交付票据为转让方式外，记名票据必须受款人在票据背面签名为背书行为后转让。但有时虽属无记名票据，受让人为取得对于让与人的追索权，以加强票据信用，也请求让与人加以背书。

背书行为除把汇票上的权利转让给被背书人外，背书人对包括被背书人在内的一切后手担保该汇票必然会被承兑或付款，如汇票的承兑人或付款人拒绝承兑或付款，任何后手都有权向背书人进行追索。背书转让的次数并无限制，只要在付款拒绝证书作成以前。

1. 背书的方式

（1）一般转让背书

a. 记名背书（Special Endorsement）。这是指持票人在背书时，在汇票背面写上被背书人的名称，并签上自己的名字，然后将汇票交付给被背书人。记名背书又称正式背书或完全背书。记名背书可以仅写上被背书人的姓名，也可以在被背书人姓名后面加上“或其指定人”(or order)字样。记名背书的被背书人仍可以通过背书方式把汇票再次转让。

关于背书是否必须记载年月日,各国法律有不同规定,法国、荷兰、比利时、意大利等国的法律规定,背书必须载明日期;英、美、日等国法律不认为载明日期是背书的必要条件。

我国票据法规定,背书应载明日期,背书未记明日期的,视为在汇票到期日前背书。

b. 空白背书(Blank Endorsement)。这是指背书人仅在汇票背面签上自己的名字,而不记载被背书人的名称。空白背书又称略式背书、无记名背书或不完全背书。经空白背书后的汇票仅凭交付而转让,其后果与来人或抬头汇票相同。空白背书汇票的持票人可以不在票据背面作任何记载,也不签名,就将该汇票交付与受让人,这时让与人可不负票据上的责任。比如,将来该项票据如不能付款时,受让人及其后手都不得对让与人行使票据追索权,因此对让与人极为有利。

空白背书后的持票人,如将自己的名字加注在背书人签名的后面,这就将空白背书转变为记名背书。另外,记名背书后的被背书人也可以用空白背书为汇票转让,从而使记名背书变为空白背书的汇票。空白背书汇票的持票人(让与人)也可在空白内记载受让人为被背书人,并将票据交付与该受让人。持票人虽也将空白背书变更为记名背书,但由于没有记载自己为被背书人,所以他不必在票据背面签名背书,因此不负票据上的责任。

(2) 特殊转让背书

a. 禁止背书(Restrictive Endorsement)。这是指出票人或背书人有某种原因,所作禁止此后再为转让文句的背书。比如,在背书时注明“不得转让”或“只准付与某甲”等。德国、瑞士、意大利及我国等的法律规定,禁止背书汇票的被背书人仍可以把该汇票背书转让,但作出不得转让背书的背书人只对其直接的被背书人负责,对其他后手不负责任。比如,背书人甲以汇票转让给乙,虽在汇票上载明禁止转让,而乙仍可转让给丙,但甲仅直接对乙负责,对丙则不负责。英国和美国法律则把这种背书称为限制背书,认为只具有委托取款的效力,被背书人无权转让其权利。

b. 回头背书(Re-endorsement)。这是指以汇票上的债务人为被背书人的背书。又称还原背书、回环背书。汇票上的债务人,包括出票人、承兑人、付款人或其他票据债务人(如背书人、保证人、参加承兑人)等。比如,甲为出票人,乙为持票人,乙以背书转让给丙,丙以背书再让与甲,这时所作的背书称回头背书。如按民法混同的规定，其债权债务应归消灭，但按票据法规定，为了促进票据流通，故不适用混同的规定。回头背书的被背书人在票据未到期前，仍可再背书转让。如果在到期日后，其票据上的权利因混同而消灭，该受让人不得再为转让。

回头背书的持票人为出票人时，对其前手无追索权。比如，甲为出票人，汇票依背书辗转让与而入于乙、丙、丁之手，丁复以背书转让与甲，此时甲为持票人，对其前手乙、丙、丁不得行使票据上的权利。否则，乙、丙、丁也可以发票人之后手的资格，向甲请求偿还。持票人为背书人时，对该背书的后手无追索权。比如，汇票因背书而辗转入于乙、丙、丁、戊之手，丙为背书人，戊再背书给丙，这时丙为持票人，他对于原有的丁、戊二人就不得行使票据上的权利。

c. 无担保承兑背书(Qualified Endorsement)。这是指背书人在背书时，在票据上记载不负担担保承兑责任文句的背书。这种票据背书人可依特约，无论对于何人都不负票据上担保承兑的责任。这种无担保承兑的背书，我国票据法没有规定。背书如是免除担保付款的记载，则其记载无效。

d. 记载预备付款人背书(Endorsement Containing a Referee in Case of Need)。这是指背书人背书时记载预备付款人的背书。其目的是为了加强票据的信用，避免追索的麻烦。但预备付款人必须为在付款地的1人，如不在付款地者，则该预备付款人的记载不生法律上的效力。预备付款人与担当付款人的区别，在于预备付款人必须在付款地。关于预备付款人，我国票据法并无规定。

e. 委托取款背书(Endorsement by Mandate)。这是指持票人以委托取款为目的的背书。这种背书，仅授与被背书人代理取款权，并非转让票据的所有权。委托取款背书的被背书人可以行使汇票上的一切权利，比如，提示汇票请求承兑或付款，或在被拒付时对前手进行追索等。被背书人也可以委托取款为目的，再以背书转移其代理权于第三人。这时其次的被背书人所行使的权利，与第一被背书人相同。

英、美等国及日内瓦公约规定汇票上的金额，不允许为一部分让与，因此部分背书确定为无效。比如，甲持有汇票1万元，因欠乙、丙各5000元，将该票背书5000元与乙，5000元与丙，这在法律上即不生效力。但如将该票背书与乙、丙二人为共同的被背书人，使其取得共同的债权，则为法律所允许。

此外，背书不得附载任何条件，日内瓦公约规定，背书如附条件，则视为无记载。因票据的背书，如附有条件的记载，其权利义务不能确定，势必影响票据的流通，也影响票据的信用。所谓视为无记载，是指所附条件无效，对于背书并无影响。

2. 背书的效力

背书的效力,是指票据上的一切权利,因背书而发生移转、担保、证明或其他的效力。

(1) 权利移转的效力。简称移转力,这是指票据上的权利因背书转让,由背书人而移转给被背书人。背书人是汇票的出让人(Transferor),被背书人是汇票的受让人(Transferee)。被背书人依背书而受让票据后,就同时取得票据所有权,以及票据上的一些权利。比如,利息、保证、承兑等权利都包括在内。票据上的权利与票据所有权不可分离,但移转效力必须限于转让背书才能发生,如委托取款背书,则不能有权利移转的效力。

(2) 责任担保的效力。简称担保力,这是指背书人以承担票据债务的意义为背书,对于其后手有担保承兑及付款的责任(对于受让人来说,所有在他以前的背书人以及原出票人都是他的前手;而对于出让人来说,所有在他把汇票让出以后的受让人都是他的后手)。前手对后手负有担保汇票被承兑或付款的责任,所以背书人一经在汇票上背书后,就成为汇票的债务人,他与其他在汇票上签名的人承担连带责任。如果以后承兑人对汇票拒绝承兑或承兑人破产或不付款时,持票人有权向背书人中任何一人、数人或全体进行追索,请求偿还票据上的金额。背书人对于票据债权人所负责任,与出票人相同。因此,汇票的背书人越多,就意味着有更多的人担保汇票的承兑和付款,担保的效力就越大,持票人的利益就越有保障。依法背书转让的票据,任何单位和个人不得冻结票据款项;但是法律另有规定的除外。

(3) 权利证明的效力。简称证明力,这是指持票人应以背书的连续,证明其取得的票据权利是正当的。所谓背书的连续,是指票据上的背书,自受款人至最后的被背书人,必须前后连续而不中断。汇票的持票人是否为正当权利人,可就票据上的背书是否连续来断定。持票人行使票据上的权利,不必寻找另外的证明。比如,汇票的受款人甲为背书时,即为第一背书的背书人,第一背书的被背书人乙如再为背书时,则为第二背书的背书人,第二背书的被背书人丙如再为背书时,即为第三背书的背书人,依此类推,以至最后的被背书人。凡为前背书的被背书人,必须是后背书的背书人,互有连续关系。如果第四背书的背书人不是丁,而是另一人子,则子即不连续为丙,则子所取得票据必定不是丙所让与。如果戊未注意背书的不连续,而轻易受让子的票据,就不能受法律的保护。

3. 伪造背书(Forged Endorsement)。伪造背书,是指冒用他人名义进行背书行为。关于伪造背书的法律后果,按照英国票据法,汇票上的伪造签名是完全没有效力的,伪造背书不能产生任何权利。因此,即使被背书人提供了对价并且善意地取得汇票,他也不能享有正当持票人的权利,包括不能把这种汇票再度转让给他人。因为他是从伪造者手中取得汇票的，而伪造者是无权转让任何权利的，所以被背书人从伪造者手中不能取得任何权利，包括不能把这种汇票再度转让给他人。按照英国票据法的规定，正当执票人的权利是不受其前手的权利瑕疵的影响的，即使汇票是他的前手偷来的，只要他是善意的而又付出对价而取得汇票，他对汇票的权利仍然受到法律上的保护。汇票的真正所有人不能以汇票失窃为理由来控告正当的持票人。但伪造背书的后果则与此完全不同，即使被背书人对伪造背书毫不知情而且支付了对价，但真正的所有人仍然可以以伪造背书无效为理由来控告被背书人。当然，善意的被背书人可以向同他打交道的伪造签名者要求赔偿，并可追究其刑事责任。如果银行对持有伪造背书的汇票持票人付了款，银行应对其客户承担责任。这种规定是为了保护汇票的真正所有人，使他不致因为被别人伪造签名而被剥夺汇票上的权利。但如果银行以善意在正常业务中对伪造背书的支票付了款，应视同正当付款，银行对此不负责任。这是个例外规定。

德国票据法和日内瓦公约对伪造背书的处理与英国完全不同。日内瓦公约认为，即使发生伪造背书的情事，被背书人仍然可以取得汇票上的权利。凡是善意地、没有重大过失地、通过连续不断地背书取得票据的人，即使该票据曾发生遗失、被窃或伪造签名等情事，他仍然可以享有汇票上的权利。对于汇票的付款人来说，其责任仅限于核对汇票上一系列背书的连续性，而不负责核对背书人签名的真实性。因此，付款人只要向能以连续背书证明其权利的持票人付款，就可解除对汇票的义务。这种规定是为了保护善意的被背书人。当然对伪造背书或盗窃的人要追究其民事、刑事责任。

伪造背书与伪造票据的法律后果不同，伪造票据原无法律上的效力，虽持票人以善意取得，也不能享受其权利，至于伪造人及被伪造人，因都不是由他们自己在票据上签名，都可不负票据上的责任。当然，伪造人要负刑法上伪造有价证券罪，及负民法上侵权行为的责任，但这不属于票据法的范围。但如以伪造的票据或伪造签名的票据而为真正的签名，则该签名人必须承担票据上的责任。比如，某乙伪造汇票，签署某甲出票人的姓名，将该票据交付给丙，丙以背书让与丁，丁又以背书让与戊。这时戊如果向某甲或某乙请求付款，甲乙都可不负票据上的责任，因为他们都未亲自签名。但某乙应负刑事上及民事上的责任。但这张汇票，即已由丙、丁分别真正签名辗转而让与戊，戊如向丙或丁行使追索权，则丙、丁须承担票据上的责任，丙、丁所受的损害，只能向乙请求赔偿。

（三）承兑（Acceptance）

1. 承兑的概念

承兑,是指汇票的付款人,承诺其付款的委托,负担票面金额支付的义务,而将此意思表示在票据上的行为。承兑制度为汇票所独有。汇票的持票人,在汇票到期日前,可以向付款人为承兑的提示。付款人经承诺兑付之后,称为承兑人,就应负付款的责任。在汇票发出之初,付款人对于汇票的金额不负任何义务,他必须在票据上书面表示承兑后,才成为票据的主债务人。在此之前,汇票的主债务人是出票人。承兑也是付款人在到期日前,表示愿在到期日为付款的单独行为。因此,承兑人必须是付款人。承兑行为以有出票行为为前提,所以承兑为附属的票据行为。

付款人如拒绝承兑,他对汇票的付款就不负法律责任,这时持票人不能对付款人起诉,而只能对其前手背书人和出票人进行追索。如付款人承兑汇票后,到期拒绝付款,持票人可以直接对他提起诉讼。但承兑并不能解除出票人和背书人对汇票的责任,如果承兑人在汇票到期时不付款,持票人仍有权向任何前手背书人或出票人进行追索。因此,承兑与债的变更不同。

2. 承兑的方式

承兑的方式可分为两种:

(1) 正式承兑。这是指在汇票正面记载承兑字样,而由付款人签章。所谓承兑字样,不以承兑两字为限,凡是以表示承兑意思的文字,比如照兑、兑付等都可认为有承兑的效力。但如付款人在口头上或在票据以外的书信、文件上表示承兑,则不生承兑的效力。

(2) 略式承兑。这是指付款人仅在票面上签章,而未记载承兑的字样。我国票据法中没有略式承兑的规定。

至于承兑日期,除西班牙、墨西哥两国外,其余国家都不以载明承兑日期作为有效承兑的必要条件。

在一般情况下,持票人是否向付款人承兑,由持票人自己决定。但是,在某些情况下对于承兑自由则有相当的限制,主要有以下两种情况:

(1) 出票人的限制。出票人除见票即付的汇票外,可以在汇票上注明应为请求承兑,并指定承兑的期限。另外,出票人也可在汇票上注明在一定日期前禁止请求承兑。这是由于出票人与付款人之间在一定日期前未能商妥承兑,或资金不能及时送达,如持票人过早请求承兑,势必遭付款人的拒绝,从而损害票据的信用。

(2) 背书人的限制。背书人除见票即付的汇票外,也可以在汇票上注明请求承兑,并得指定其期限。但背书人的这种限制,不可在出票人所定的禁止期限之内,否则就违背出票人所作限制的原意。背书人不能规定持票人在一定日期前禁止请求承兑,因为背书人没有出票人与付款人之间的上述关系。

如果持票人违背出票人或背书人的规定，就丧失其追索权。

在实际上，持票人对于远期付款的汇票，除汇票上有限制承兑的规定外，一般都乐于及时向付款人提示承兑，这是因为有利于保护持票人的权利，如果付款人拒绝承兑，即使汇票尚未到期，持票人也有权立即向出票人和前手背书人追索；同时也有利于汇票的流通转让，因为未经承兑的汇票，付款人的责任尚未确定，受让人一般不愿接受，而经过承兑特别是经过银行作为参加承兑人的承兑汇票，由于付款有保障，流通转让就比较顺利。

3. 承兑的种类

（1）单纯承兑。又称普通承兑，这是指按照票据上所记载的文义而进行的承兑。这种承兑不附加任何条件，汇票的承兑以单纯为原则，限制承兑为例外。

（2）限制承兑。又称不单纯的承兑或附有限制条件的承兑，这是指付款人并不是完全依照原有汇票上所载的文义而进行的承兑。这种承兑是对汇票上记载的文义，加以限制或变更后的承兑。限制承兑有以下几种情况：

a. 附条件承兑。这是指付款人承兑时，附以变更条件或停止条件。比如，付款人在承兑时，对到期日或付款地加以变更，或记载禁止背书等事项。承兑人如附条件，则视为拒绝承兑，持票人就可依法行使追索权。我国票据法即如此规定。但承兑人仍应按其所附条件负责。比如，汇票到期日原为 10 月 1 日，而付款人承兑时，附记须于 10 月 15 日付款，则到 10 月 15 日付款人仍应负责付款。

b. 一部承兑。这是指付款人就汇票金额一部分承兑。一部承兑必须经持票人同意，并且持票人应将事由通知其前手。我国票据法规定不能一部承兑。

c. 记载担当付款人的承兑。这是指付款人在承兑时，可以指定担当付款人。如果出票人已指定担当付款人，在承兑时，付款人可涂销或变更。

对于附有限制条件的承兑的效力，按照英国票据法的规定，持票人可以拒绝接受附有限制条件的承兑，并可认为这是付款人拒绝承兑汇票的行为。如持票人接受附有限制条件的承兑，必须征得发票人和背书人的同意，否则发票人和背书人可以解除对汇票所承担的义务。德国票据法则认为，持票人必须接受部分承兑（一部承兑），但对未获承兑的部分应作成拒绝证书以保留其权利。至于其他方面的限制，原则上是不允许的。

承兑商业汇票的银行，必须具备下列条件：

（1）与出票人具有真实的委托付款关系；

（2）具有支付汇票金额的可靠资金。

4. 承兑的撤回与效力

(1) 承兑的撤回。当付款人虽在汇票上签名承兑,但尚未将汇票交还给持票人以前,仍得撤回其承兑,因为其意思表示尚未到达相对人,还未发生任何效力。但如付款人已向持票人书面通知承兑,则不得再行撤回。

(2) 承兑的效力。付款人在承兑后,应负付款的责任。他是处于主债务人的地位,对于持票人有如期付款的义务,不能以票款尚未经发票人给付为对抗等事由而拒付款项。

5. 参加承兑

这是指持票人在到期日前行使追索权时,由预备付款人或票据债务人以外的第三人加入票据关系所作的附属票据行为。持票人在到期日前行使追索权,当然是由于汇票得不到承兑,其原因可能是付款人或承兑人的死亡、逃避、破产等。参加承兑行为的人称为参加承兑人,因参加承兑而直接享受利益的债务人称为被参加人。汇票如遇拒绝承兑时,持票人行使追索权,如有第三人出来维持票据的信用,非但持票人得益,即使其前手也保持名誉,所以英、美、法等国称参加承兑为荣誉承兑(Acceptance for honour)。参加承兑行为的目的,在于防止追索权的行使,而维持发票人及背书人的信用。参加承兑的人,必须是预备付款人或票据债务人以外的第三人。预备付款人以外的人参加承兑,应得持票人的同意。参加承兑人在付款后,对于被参加人及其前手仍取得持票人的权利,而承兑人在票据上的权利,即因之消灭。

(四) 保证(Guaranty)

票据上的保证,是指票据债务人以外的第三人,以担保特定票据债务人履行票据债务为目的,所为的一种附属票据行为。由于保证制度是汇票、本票、支票共同具有的,汇票中有关保证的规定,同样适用于本票和支票。

保证人必须在汇票或者粘单(粘单,是指为弥补票据本身不能满足背书人记载事项的需要,粘附于票据上的纸张)上记载下列事项:

1. 表明"保证"的字样;
2. 保证人名称和住所;
3. 被保证人的名称;
4. 保证日期;
5. 保证人签章。

保证人在汇票或者粘单上未记载上述第3项的,已承兑的汇票,承兑人为被保证人;未承兑的汇票,出票人为被保证人。

保证人在汇票或者粘单上未记载上述第4项的,出票日期为保证日期。

保证不得附有条件；附有条件的，不影响对汇票的保证责任。这是指保证人在汇票上记载条件的，票据法视为未记载，仍然发生保证的效力。

保证人对合法取得汇票的持票人所享有的汇票权利，承担保证责任。但是，被保证人的债务因汇票记载事项欠缺而无效的除外。

被保证的汇票，保证人应当与被保证人对持票人承担连带责任。汇票到期后得不到付款的，持票人有权向保证人请求付款，保证人应当足额付款。

保证人为二人以上的，保证人之间承担连带责任。保证人清偿汇票债务后，可以行使持票人对被保证人及其前手的追索权。

（五）付款（Payment）

这是指汇票的付款人，向持票人就汇票金额为全部或一部的清偿行为。如果为全部清偿，则一切票据关系即归消灭；如为一部清偿时，仅已清偿的部分归于消灭，未清偿部分的票据关系仍继续存在。

1. 付款提示

这是指持票人向付款人或承兑人提示汇票而请求付款的行为。持票人必须在法定的时间内向付款人作付款提示。比如，日内瓦公约及日本法规定应于到期日或其后 2 日为付款的提示。后者是指到期日为星期日、假日或其他纪念日，则应以其次日为到期日。到期日后的第二天如为星期日、假日或其他纪念日，也可以其次日为付款的提示。英国、美国、法国、比利时及意大利等国法律规定，都限于到期日为付款提示，如在这一天不作提示，就丧失票据上追索的权利（英国、美国法规定）或须负担损害赔偿的责任（法国、比利时及意大利等国法律规定）。我国票据法第 53 条规定，见票即付的汇票，自出票日起 1 个月内向付款人提示付款；定日付款、出票后定期付款或者见票后定期付款的汇票，自到期日起 10 日内向承兑人提示付款。持票人未按规定期限提示付款的，在作出说明后，承兑人或付款人仍应继续对持票人承担付款责任。

如果持票人在法定期限内不作付款提示，则日后如付款人拒付，持票人就不能向出票人和前手背书人进行追索。但持票人仍然有权可以向付款人请求付款。当然，各国对此也有时效的规定，比如，英国规定为 6 年；日内瓦公约规定为 3 年。一旦时效完成，持票人就将丧失汇票上的一切权利。

2. 付款期限

一般来说，持票人不得在到期日前请求付款，而付款人也不得在到期日前预先付款，所以到期日前请求付款，出票人可以拒绝。如付款人在到期日前付款，应自负责任。比如，甲出一汇票给丙，记载乙为付款人，承兑后，丙以空白背书让与丁，丁的汇票被戊窃取,戊即将该票在到期日前向付款人协商以 8 折兑现,乙付款后,丁前去挂失,乙仍应负责。我国票据法第 58 条规定,对定日付款、出票后定期付款或者见票后定期付款的汇票,付款人在到期日前付款的,由付款人自行承担所产生的责任。

当持票人持有已到期的远期汇票向付款人提示付款时,付款人是否必须当天付款,各国法律有不同的规定。英国票据法规定对定期付款汇票有 3 日的宽限期,即期汇票则否。美国、法国、德国、瑞士、意大利等国的法律都不承认付款的宽限权利。

付款人就汇票的金额如数照付后,汇票上的一切债权债务关系即告消灭。付款人在付款时可要求持票人在汇票上签名,记载"收讫"字样,并把汇票交给付款人。付款人如就汇票金额为一部分付款时,得要求持票人在票上记载所收金额,并另给收据。如持票人在法定期限内不作付款提示,则付款人可将汇票金额依法提存,其提存费用由持票人承担。

3. 参加付款

这是指付款人不为付款时,由付款人以外的人代为付款。参加付款与参加承兑的作用,都是为了保全票据债务人的信用,而防止持票人行使追索权。所不同的,前者是在拒绝付款时,防止追索权的行使;后者是在拒绝承兑时,防止追索权的行使。

票据上的债权债务,不因参加付款而消灭,参加付款人对于承兑人、被参加付款人及其前手,仍取得持票人的权利。

不论何人都可参加付款,但应在持票人可以行使追索权时才可进行。也就是在汇票到期得不到付款,或在到期日前汇票得不到承兑时。持票人对于任何人参加付款,不得予以拒绝,否则对于被参加人及其后手丧失追索权。参加付款不必征得持票人的同意,这是因为参加付款对持票人有利无害,故不必问其为何人。如有参加承兑人时,持票人应向参加承兑人为付款的提示,无参加承兑人而有预备付款人时,应向预备付款人为付款的提示。参加承兑人或预备付款人不在付款提示时为清偿,持票人应请作成拒绝证书的机关,在拒绝证书上载明。持票人如违反以上规定时,对于被参加人与指定预备付款人以及其后手丧失追索权。

三、汇票的追索权

(一) 追索权的概念

汇票的追索权,是指汇票到期得不到付款或期前得不到承兑,持票人对于其前手(包括所有背书人及汇票的出票人)有请求偿还汇票上金额的权利。行使追索权,除了持票人外,已为清偿票据的债务人也可行使。比如,保证人为清偿后,对于承兑人、被保证人及其前手可行使追索权;参加付款人对于承兑人、被参加付款人及其前手,都可行使追索权。我国票据法第 61 条规定,下列四种原因,可行使追索权:(1)全票到期被拒绝付款的;(2)汇票被拒绝承兑的;(3)承兑人或付款人死亡、逃匿的;(4)承兑人或付款人被依法宣告破产的或者因违法被责令终止业务活动的。

(二) 行使追索权的条件

各国票据法都规定,持票人在行使追索权时必须具备以下条件:

1. 在法定期限内向付款人提示承兑或提示付款。凡未经提示的汇票,持票人不能对其前手进行追索。除非付款人或承兑人死亡、逃匿、受破产宣告,以及其他原因无法提示。

2. 在法定期限内作成拒绝证明。拒绝证明,是指证明持票人行使票据上的权利而未获结果的一种证书。其作用是证明持票人曾经依法或无从行使票据权利,作为行使追索权的根据。我国票据法规定,持票人行使追索权时,应当提供被拒绝承兑或者被拒绝付款的有关拒绝证明[拒绝证明应包括下列事项:(1)被拒绝承兑、付款的票据种类及其主要记载事项;(2)拒绝承兑、付款的事实依据和法律依据;(3)拒绝承兑、付款的时间;(4)拒绝承兑人、拒绝付款人的签章]。持票人不能出示拒绝证明、或退票理由书[退票理由书应包括下列事项:(1)所退票据的种类;(2)退票的事实依据和法律依据;(3)退票时间;(4)退票人签章],或者未按照规定期限提供其他合法证明的,丧失对其前手的追索权,但是承兑人或者付款人仍应当对持票人承担责任。持票人因承兑人或者付款人死亡、逃匿、破产或者其他原因不能取得拒绝证明的,可以依法取得其他有关证明。其他有关证明是指:(1)医院或者有关单位出具的承兑人、付款人死亡的证明;(2)司法机关出具的承兑人、付款人逃匿、破产的证明;(3)公证机关出具的具有拒绝证明效力的文书。

拒绝证明应由持票人请求拒绝承兑或拒绝付款地的法院公证处、商会或银行公会以及其他依法有权作成这种证书的机关作成。究竟在哪一机关作成,持票人有选择权。拒绝证明作成后,作成人应将证明原本交付持票人,由持票人连同汇票据以向其前手追索。拒绝承兑证明,在提示承兑期内,不论何时都可作成。拒绝付款证明,应于拒绝付款日或其后法定期限内作成。如超过此期限,则持票人丧失对其前手的追索权。比如,德国票据法规定,持票人必须在汇票到期日或拒付日起 2 天内作成拒绝证书,才能向前手背书人及出票人行使追索权,如不按时作成拒绝证书即丧失其追索权。按英国法律，国内汇票在遭到拒付时，不一定要作成拒绝证书，只有国外汇票才必须在拒付的当天或第二个营业日作成拒绝证书。

出票人或背书人可以在汇票上记载免除作成拒绝证书。出票人在汇票上记载免除作成拒绝证书，则对于其一切后手都生效力。持票人可不请求作成拒绝证书，直接行使追索权。背书人在汇票上记载免除作成拒绝证书，仅对于该背书人发生效力。

3. 持票人在拒绝证书作成后，对于出票人、背书人，及其他汇票上的债务人，应将拒绝事由予以通知。通知的次序，除出票人外，则为其自己直接前手背书人。背书人收到通知后，也须将所接到的通知，再通知其直接前手，按此类推。但背书人如未在汇票上记载住所，或记而不明时，则可向该背书人的直接前手发送通知。按英国票据法规定，如果当事人居住在同一地区，则拒付通知应于拒付的翌日作出或于拒付之后及时发出通知，使对方能于翌日收到；如当事人居住在不同的地区，则拒付通知应于拒付的翌日发出。如持票人不按时发出拒付通知，即丧失其对所有前手背书人与发票人的追索权。按美国统一商法典规定，拒付通知应于拒付后第三个营业日的24点以前发出，否则前手背书人得解除对汇票的义务，但如持票人未按时向出票人发出拒付通知，出票人并不能解除对汇票的义务，而只能在持票人未及时通知所造成的损失的范围内免除其责任。德国票据法规定，持票人必须在作成拒绝证书之日起4个营业日内将拒付事由通知其直接前手，而后者则应于接到通知后的2个营业日内通知自己的直接前手，依此类推。持票人不按时发出拒付通知并不丧失其追索权，而仅对其未及时通知所造成的损失承担损害赔偿的责任。我国票据法第66条规定，持票人应当自收到被拒绝承兑或者被拒绝付款的有关证明之日起3日内，将被拒绝事由书面通知其前手，其前手应当自收到通知之日起3日内书面通知其再前手。

一般国家法律对拒付通知的效力发生，采取发信主义，即以发信日为通知日，即使邮递遗失，被通知人未见通知，只要所写被通知人的住所没错，则视为已通知。我国的票据法也作此规定。

持票人向汇票债务人行使追索权时，可要求以下金额：

(1) 被拒绝承兑或付款的汇票金额；

(2) 如有约定利息者，按其利息。如无约定利率者，按法定利率计算的利息；

(3) 作成拒绝证书与通知及其他必要费用。

第四节 本 票
(Promissory Note)

一、本票的概念

本票,是指出票人签发的,承诺自己在见票时无条件支付确定的金额给收款人或持票人的票据。本票的当事人仅有两个,一个是出票人,另一个是受款人。

本票与汇票的款式大体相同,其不同处有以下两点:

第一,标明文字不同,一则标明为汇票字样,一则标明为本票字样。

第二,汇票系委托付款人付款,是无条件支付的委托,所以汇票上有 3 个当事人:出票人、付款人与受款人。本票则是约定自己付款,而由出票人无条件担任支付。因此,本票只有两个当事人,出票人本身就是付款人,所以本票上不必记载付款人的姓名。

二、见票提示

本票的到期日有定日付款、发票后定期付款、见票即付及见票后定期付款等,与汇票相同。汇票必须经过承兑后,才能确定付款人对汇票的责任,而本票的出票人始终就是本票的主债务人,所以本票不必承兑,本票的出票人必须对本票债务承担绝对的偿付义务。但见票后定期付款的本票,仍应由持票人向出票人为见票提示,否则就无法确定本票付款的到期日。在持票人提示时,出票人应在本票上记载见票字样并签名。提示期限,一般适用汇票见票后定期付款的规定;未载见票日期者,应以法定提示见票期限的末日为见票日。比如,法定提示见票期限为 6 个月,则为 6 个月的末日。我国票据法第 79 条规定,本票自出票日起,付款期限最长不得超过 2 个月。出票人如在提示见票时拒绝签名,持票人应在提示见票期限内请求作成拒绝证书,以证明见票拒绝的事实。持票人未在法定或约定期限为见票提示,或作成拒绝证书,则对于出票人以外的前手丧失追索权,但对于出票人则不丧失,因出票人为最后的偿还义务人。持票人依法作成见票拒绝证书后,不必再为付款的提示,也无须再请求作成付款拒绝证书。持票人向出票人行使追索权时,可申请法院裁定后强制执行。

本票与汇票在许多方面都是相同或相似的,比如,汇票中有关出票人、背书、到期日、付款、参加付款、追索权、拒绝证书等规定,基本上都适用于本票。因此,各国票据法一般对汇票的法律问题规定得很详细,而对本票则只有几条特别的规定,除此以外,都准用汇票的有关规定。

第五节 支 票

(Cheque; Check)

一、支票的概念

支票,是指出票人签发的,委托办理支票存款业务的银行或者其他金融机构,在见票时无条件支付确定的金额给收款人或者持票人的票据。支票上的出票人的签章,出票人为单位的,为与该单位在银行预留签章一致的财务专用章或者公章加其法定代表人或者其授权的代理人的签名或者盖章;出票人为个人的,为与该个人在银行预留签章一致的签名或者盖章。支票与汇票同样有三个当事人,即出票人、付款人与受款人。支票与汇票的区别点主要有以下五点:

1. 标明文字不同,一则标明汇票字样,另一则标明为支票字样;
2. 支票付款人限于金融机构,而汇票的付款人则不以此为限;
3. 支票都为见票即付,而汇票则不限于见票即付;
4. 支票是支付工具,而汇票除具有支付工具的作用以外,还具有信贷工具的作用;
5. 支票无承兑手续,而汇票除见票即付者外,一般都要办理承兑手续。因为支票的主债务人是出票人,而汇票的主债务人是承兑人。

我国票据法规定,支票限于见票即付,不得另行记载付款日期,另行记载付款日期的,该记载无效;支票的持票人应当自出票日起10日内提示付款,超过提示付款期限的,付款人可以不予付款,但出票人仍应当对持票人承担票据责任。

支票的出票人为在经中国人民银行批准办理支票存款业务的银行、城市信用合作社和农村信用合作社开立支票存款账户的企业,其他组织和个人。

二、支票的种类

支票的种类,从形式上可分为以下四种:

(一) 记名式支票(Check to Order)

这是指在票上记载受款人名称的支票。这种支票限于受款人亲自签名或盖章在票上，才可支付。其用语如“限付某甲”，如欲转让，必须受款人背书。

（二）无记名支票（Check to Bearer）

这是指在票上不记载受款人名称的支票。这种支票又称空白支票。持票人不论何人，也不须在票后签字或盖章，就可向银行领取票面金额。其用语“凭票即付”。如欲转让，可以交付或背书。

（三）平行线支票（Crossed Cheque）

这是指由出票人、背书人或持票人在支票正面划两道平行线的支票。这种支票又称划线支票或横线支票。

平行线支票的特点是只能对银行或其他金融机构付款，即受款人必须是银行或其他金融机构。平行线支票主要分为两种：

1. 普通平行线支票（General Crossing Cheque）。这是指在支票上只划两道平行线，或加上“银行”或“公司”字样，但不注明银行、公司名称的支票；

2. 特别平行线支票（Special Crossing Cheque）。这是指除在支票上划两道平行线外，还在两道平行线中间指定受款银行或其他金融机构的名称的支票。这种支票付款人只能对票上指定的银行或其他金融机构支付票面金额。被指定的银行或其他金融机构可以其他银行或其他金融机构为被背书人，背书后委托其取款。

划平行线的支票如欲撤销平行线，可由发票人在平行线内，记载照付现款的字样，由出票人在其旁签名或盖章。

平行线支票的作用，主要是为了防止支票的遗失或被窃等风险。因为普通支票一旦丧失，持票人如未通知止付，付款人凭票支付金额则不负任何责任。平行线支票则只能由银行或其他金融机构领取票款，由于收付双方都是金融机构，同业之间业务往来较多，彼此比较熟悉，如发生冒领情事，也比较容易追查。所以为了谋取金融机构及客户两方面的安全，应提倡平行线支票的使用。如果付款人对于普通平行线支票，把票款不是付给金融机构，或对于特别平行线支票，把票款不是付给平行线中所指定的金融机构，则应承担损害赔偿的责任。

（四）保付支票（Certified or Accepted Check）

这是指支票的付款人在支票上记载“照付”或“保付”或其他同义字样的支票。支票一经保付，其付款人的责任与汇票的承兑人相同，出票人及背书人即因此而免除其责任。保付支票的持票人可以不受付款提示的拘束，即在期限外，仍可请求付款，而付款人有照付的义务。但持票人如丧失其支票，则不得为止付的通知。付款人为支票的保付后，应即将支票金额由出票人存款内提出，另立户头，专供保付支票的付款。所以支票保付后，已不是存户与受款人的关系，而是金融机构与受款人的关系，其实际责任由金融机构承担。出票人存款数额不够票载金额时，付款人不得予以保付。

出票人明知没有存款，或未经金融机构同意透支而滥开的支票，就是所谓空头支票。各国法律都规定对开立空头支票的恶意出票人予以处罚，有的科以罚金，情节严重的还要负刑事责任。

关于金融机构对伪造支票付款的责任，各国法律规定不完全相同。英国法律规定，支票由他人伪造出票人的签名开出的，如果银行对这种支票付了款，必须承担责任，银行的损失只能向受款人索回，因为这是没有授权的付款。如果不是伪造出票人的签名，而只是伪造背书的支票，银行在正常的业务过程中出于善意，对这种支票付了款，那是没有责任的，因为不可能要求银行了解每个背书人并熟悉他们的签名。但如果银行已经知道该支票的背书是伪造的，仍然付款，则银行不得解除其责任。按照法国法院的判例，关于银行对伪造支票付款，须根据不同情况处理：

1. 如出票人对他人非法冒用其签名开立支票有直接责任的，应由出票人自己承担责任。比如，出票人把支票簿交给不可靠的人，以致发生伪造支票情事；

2. 银行在付款时应该核对背书的连续性和提示持票人的身份，如因失察而付了款，应由银行负责；

3. 银行与出票人（客户）都没有过失，但如果支票在出票时就是伪造签名的（比如，支票被窃），则这种支票就不是真正的支票。因此，银行对这种支票付款并不是向债权人付款，银行不能解除其对客户的责任。

第六节　票据的法律责任

我国《票据法》规定：有下列票据欺诈行为之一的，依法追究刑事责任：

一、伪造、变造票据的；

二、故意使用伪造、变造的票据的；

三、签发空头支票或者故意签发与其预留的本名签名式样或者印鉴不符的支票，骗取财物的；

四、签发无可靠资金来源的汇票、本票，骗取资金的；

五、汇票、本票的出票人在出票时作虚假记载，骗取财物的；

六、冒用他人的票据，或者故意使用过期或者作废的票据，骗取财物的；

七、付款人同出票人、持票人恶意串通，实施上述六项所列行为之一的。

根据我国刑法，对上述金融票据诈欺行为数额特别巨大或情节特别严重的可处 10 年以上有期徒刑或者无期徒刑，并处以罚金。对于情节较为轻微，尚不构成犯罪的，可依照国家规定给予行政处罚，也可由公安机关依法予以处罚，处以 15 日以下拘留，5000 元以下罚款。

金融机构工作人员在票据业务中玩忽职守，对违反《票据法》规定的票据予以承兑、付款或者保证的，给予处分；造成重大损失，构成犯罪的，依法追究刑事责任。《票据管理实施办法》中也规定：金融机构的工作人员在票据业务中玩忽职守，对违反《票据法》和本办法规定的票据予以承兑、付款、保证或者贴现的，对直接负责的主管人员和其他直接责任人员给予警告、记过、撤职或者开除的处分；造成重大损失，构成犯罪的，依法追究刑事责任。

由于金融机构工作人员因上述行为给当事人造成损失的，由该金融机构和直接责任人员依法承担赔偿责任。

票据的付款人对见票即付或者到期的票据，故意压票、拖延支付的，由中国人民银行处以压票、拖延支付期间每日票据金额 0.7‰的罚款；对直接负责的主管人员和其他直接责任人员给予警告、记过、撤职或者开除的处分。

票据的付款人故意压票，拖延支付，给持票人造成损失的，依法承担赔偿责任。

违反中国人民银行规定，擅自印制票据的，由中国人民银行责令改正，处以 1 万元以上 20 万元以下的罚款；情节严重的，中国人民银行有权提请有关部门吊销其营业执照。

第十二章　保　险　法

第一节　保险制度的意义及保险的种类

一、保险制度的意义

保险,是指对被保险人由于自然灾害或意外事故所致经济损失给予补偿,或对个人因死亡或丧失工作能力给予物质保证的一种制度。所以,保险不是保证事故不发生,而是事故发生后在经济上给予补偿。

在任何社会,自然灾害和意外事故总是难以避免的。现代科学技术虽然已很发达,抵抗自然灾害和意外事故的能力加强了,但仍然不是对任何自然灾害和偶发的不幸事故都能防止的,中国有句俗语:"天有不测风云,人有旦夕祸福。"比如,火灾、水灾、风灾、地震、海啸等自然灾害和翻车、翻船等不幸事故,在任何社会都是客观存在的。同时由于科学技术、工矿生产、交通工具等发展,虽然能为人类带来更多的物质福利,但也产生了新的危险。比如,电的发明和应用,就增加了电火、触电等危险;汽车的激增,带来了惊人的车祸;原子能的应用,出现了原子放射及爆炸的危险等等。

危险,是指人类无法控制与不能确定事故的发生,导致损失的不确定性。不论事故发生与否,造成损失与否,都存在不确定性。这些灾害和事故什么时候发生,发生后又会造成什么后果,也不是人们可以预料的。它对于某个单位或个人来说可能是长年不遇,但就整个社会来说,却每时每地都可能发生。人类社会物质文明越发达,财富越增加,就越需要在发生自然灾害或意外事故而使经济上遭受损失时,能够得到补偿,使生产、生活不因此而受影响。

因此,国家必须从社会总产品中取出一部分作为保险基金,用来补偿个别企事业单位以及公民因自然灾害或意外事故所遭受的损失,用来作为公民及其家属在死亡或丧失劳动能力时的物质保障。保险基金的来源就是向被保险人收取保险费,把这些保险费积累起来组成一笔保险基金,就用这笔保险基金应付不幸事故。

保险法中所称的保险，是指投保人根据合同约定，向保险人支付保险费，保险人对于合同约定的可能发生的事故因其发生所造成的财产损失承担赔偿保险金责任，或者当被保险人死亡、伤残、疾病或者达到合同约定的年龄、期限时承担给付保险金责任的商业保险行为。

在中华人民共和国境内的法人、其他组织及个人需要办理境内保险的，应当向我国境内的保险公司投保。

二、保险的种类

按保险标的划分，保险主要可分为人身保险与财产保险。

（一）人身保险

人身保险，是以人身作为保险标的一种保险，即保险企业在被保险方人身伤亡、疾病、养老或保险期满时向被保险方或其受益人给付保险金的保险。人身保险与财产保险就其性质和实施方法来说是根本不同的。财产保险是一种损害赔偿保险，只有投保人所投保的财产在保险范围内蒙受损失时，保险人才负赔偿责任，即损失多少赔多少，也可说是一种损失补偿保险。人身保险则不同，它是一种定额保险，保险公司只能按保险合同所订的定额给付。因为人的生命与财产不一样，很难用一个固定金额去衡量，因而人身保险的投保人或者受益人从保险人处取得人身保险金，不排除他们同时接受国家社会保险法所规定的款项，比如国家建立的基本养老保险、基本医疗保险、失业保险、生育保险等社会保险制度获得的物质帮助，以及第三人给付的损害赔偿金。比如，一个人保了人身意外事故险，他碰到意外事故受了伤，按保险单规定，保险公司赔他 30 万元。他还可以向致害人要求赔偿，假如致害人赔他 60 万元，这个人共得 90 万元，保险公司不能把赔偿的 60 万元取回。财产保险经保险人将赔款给付投保人以后，如果这种损失可以向造成损失方追偿，投保人有义务将追偿权利转移给保险人，由保险人代位行使这种追偿权利，投保人不得既从损害方得到赔偿，又取得保险人的赔偿。比如，一个外国进口商向我国购买一批货，由于船东的责任，货物受到损失，保险公司赔了他，他就应该将向船东追索赔偿的权利转移给保险公司，由保险公司代他向船东追索赔偿，他自己不能再得到船东的赔偿。因此，一般财产保险如发生重复投保（同一财产标的在几个保险公司投保）、超额投保财产险，对超过账面金额的部分保险人不负责任；而人身保险则不存在代位追偿权，也就是说人身受到损害，投保人或受益人既可向损害人要求赔偿，又可以从保险人那里得到约定的赔偿。因为财产保险是属于补偿性质的保险,不能因为保了险,受了损失就可多得利;而人身保险是给付性质的保险,损害人与保险公司各赔各的,保险人没有向损害人请求返还他所支付保险金额的权利,也不能取得代位追偿权,即不能取代投保人或受益人向过失方索赔。投保人或受益人可以直接向肇事者索取经济补偿。因此,被保险人不论参加过几种人寿保险,都可以从每种合同中得到规定的保险金。比如,某甲参加简易人身保险,出外旅游,旅行社又为他保了旅游险。当他乘飞机时发生事故,其受益人既可领取航空公司为乘客投保的飞机旅客意外伤害险而得到的保险金,又可以领取旅游保险和简易人身保险的保险金。

人身保险分为两种:

1. 人寿保险。指根据保险单约定,当被保险人生存至一定年龄时或在保险期内死亡,由保险人给付一定保险金的一种保险。前者叫生存保险,即生存不到一定年龄不给保险金;后者叫终身保险,即死亡保险。还有把生存保险与死亡保险结合起来保险,叫作两全保险,又称混合保险。即被保险人在保险有效期间内死亡,保险人要给付保险金;被保险人在保险期届满后仍生存时,保险人也要给付保险金。比如,某甲投保以10年为期的两全保险,保险金为50万元,如甲在10年内死亡或满10年后仍生存时,保险公司均须给付50万元保险金。这种保险为群众所欢迎,但保险费特别高。

2. 人身意外伤害保险。这是指被保险人发生意外事故而致伤亡的,按保险合同规定根据伤亡的不同情况,由保险公司给付保险金的一种保险。意外伤害保险只承保意外伤害责任,与投保人的年龄、健康关系不大,因此没有投保年龄的限制,也不必检查身体。但有精神病以及全部丧失劳动能力的人不能投保意外伤害险。对于意外伤害事故的范围,一般只能以外来的、明显的、剧烈的为限,有的国家保险公司是用列举的方式予以规定。被保险人发生意外事故而致伤亡的,按保险合同的规定,根据伤亡的不同情况,由保险人给付保险金。

意外伤害的保险费率是根据被保险人所从事的生产事业或职业性质、危险程度的大小来订定的。比如,旅行伤害保险、交通事故伤害保险、电梯乘客意外伤害保险等。

国外一些富翁或政界要人经常被绑架,被勒索巨额赎金,保险公司对绑票保险的保险费就比较高。

人身保险除了个人投保人寿保险与人身意外伤害保险外,保险公司还开办有:

1. 团体人身保险。这是以单位、团体为投保人,被保险人按年龄和行业不同缴纳不同的保险费,在保险期限内发生保险责任事故以至死亡或伤残时,保险公司按规定给付保险金。

2. 团体人身意外伤害保险。这是以单位、团体为投保人,被保险人按行业的不同缴纳不同的保险费,在保险期限内因意外事故以至身亡或伤残时,保险公司按规定条款给付保险金。

3. 简易人身保险。又称小额两全人寿保险,是具有储蓄性质的一种人身保险。被保险人在保险有效期内发生保险责任事故以至身亡或意外伤残,或者被保险人生存到保险期满,保险公司都按照规定条款给付保险金。

4. 医疗保险。又称疾病保险或健康保险,是养老金保险的附加险,保险费由投保单位负责按月缴纳,职工在因病需要就医时,到保险公司指定的医院治疗,保险公司按规定负责医疗费补助。

除以上的人身保险外,不同国家、不同保险公司有各种不同种类的人身保险险种。

此外,必须把社会保险与人身保险区别开来。社会保险即劳动保险,是国家给予职工在生、老、病、死、伤、残时的物质帮助。比如,国家建立基本养老保险、基本医疗保险、工伤保险、失业保险、生育保险等社会保险制度,保障公民在年老、患病、工伤、失业、生育等情况下依法获得物质帮助的权利。社会保险费用来源于国家财政或企业行政开支;人身保险是投保人因支付保险费与保险公司之间所建立的合同关系,费用来源于保险公司的保险基金。

(二) 财产保险

财产保险,是指保险人承保被保险人的以物质财富为内容的损害风险。财产保险又可分为财产损失保险、责任保险、保证保险等。

1. 财产损失保险。财产损失保险又称“产物保险”,是指对物或其他财产利益损害的保险。凡是为被保险人所有或替他人保管,或与他人所共有,而由被保险人负责的财产,都可投保财产损失保险。

财产损失保险保的是各种各样的财产损失,它以各种不同的物质财富和与之有关的利益作为保险标的。比如,建筑物、生产设备、运输工具等。财产保险中还可按财产种类的不同细分为:企业财产保险、无形财产保险、船舶飞机机动车辆保险、货物保险、货物运输保险、家庭财产保险、房屋保险、农业保险等;依危险来源的不同可细分为:火灾保险、水灾保险、风灾保险等。

2. 责任保险。责任保险是指以被保险人对第三者依法应负的赔偿责任为保险标的的保险。保险人在被保险人对于第三人应负赔偿责任而受赔偿的请求时,负赔偿责任的一种无形财产保险。这就是说,被保险人因工作中的过失责任,造成他人损失而要赔偿时,由保险人负赔偿责任。比如,工程师、医生、会计师或机关、企业等都可保责任险。责任保险的目的,即是事先为个人或企业承保此种法律上的责任,于受害人发生损失时为被保人负赔偿的责任。比如,1984 年 12 月美国联合碳化公司在印度的一个农药厂,因储气罐阀门失灵,罐内剧毒气体漏出,造成 2 千多人丧生。如果该公司保了责任险则由保险公司负责赔偿。

责任保险的保险标的,既不是特定财产,也不是人身,而是被保险人对于第三人应负的赔偿责任。这种责任必须具备下列条件:(1)被保险人对于第三人应负的赔偿责任;(2)民事责任;(3)依法应负的责任;(4)过失责任。

责任保险的保险事故与一般财产损失保险的保险事故有所不同,不是意外事故的发生本身,而是损失事故发生后,被保险人依法应负赔偿责任时,即为保险事故的发生。也就是说,被保险人责任的发生,便是保险事故。如果发生意外事故,被保险人并无责任,也就不存在责任保险的保险事故。

为了保护保险人,对被保险人给第三人的赔偿问题,保险人有参与权。比如,参加调查了解事故发生的原因及分析责任的主次等。如保险人没有参与,则不受保险合同的约束。

责任保险的保险公司只承担经济赔偿责任,而不承担被保险人或致害人的行政责任或刑事责任,以及对被保险人一方因保险事故造成的损失,不负经济赔偿责任。如保汽车第三者责任险,被保险人及其驾驶人员、工作人员、家属的人身伤亡,以及他们自有的或代管的财产遭受损毁,保险公司不负赔偿责任。

一般的财产保险,在当保险标的遭受损失时,保险公司按财产的实际损失金额予以经济补偿,保险金额是作为补偿的限额。而责任保险是依法对第三者应承担的民事责任来决定赔偿金额,因此就不能根据它所依托的有形财产来作为确定保险金额的依据。比如,1 辆汽车的价格为 50 万元,但保险公司对第三者应负的经济赔偿责任可能一次就达 100 万元。在责任保险的赔偿金额上,往往采用两种不同的方式:一种是在保险单上订明最高赔偿金额,在保险事故发生后,赔款低于最高赔偿金额时,保险公司按实际金额进行赔偿,如高于最高赔偿金额时,超出部分由被保险人自己负责;另一种是在保险单上不订明最高赔偿额,即不确定保险金额,保险公司对第三者责任保险的赔偿额度不加限制。我国采用这种方式。

责任保险的被保险人因给第三者造成损害的保险事故而被提起仲裁或者诉讼的,被保险人支付的仲裁或者诉讼费用以及其他必要的、合理的费用,除合同另有约定外,由保险人承担。

投保人可以同时办理几个险种,比如,汽车主可办理本人人身意外伤害险、车身保险、责任保险。

3. 保证保险。这种保险实际上是保险人向权利人所提供的一种担保，在被保证人不履行契约义务、失去信用或有犯罪行为使权利人受到损失时，由保险人负赔偿责任。保证保险主要有忠实保证保险，如保险公司承保雇主因所雇职工偷窃、侵占、挪用等所受损失；契约保证保险，即承保被保证人违约而造成损失；信用保险，即承保因被保证人失掉信用而造成的损失。比如，投保人利用一个商号的信用向银行贷款，现在这个商号失去信用（破产），银行不再贷款给他，因而造成投保人的损失。信用保险的投保人一定是权利人，也就是要求保险人担保对方（被保证人）信用的人。

除以上三种财产保险外，不同国家、不同保险公司有各种不同形式的财产保险险种。

第二节　保 险 合 同

一、保险合同的概念

保险合同，是投保人与保险人约定保险权利义务关系的协议。

投保人是指与保险人订立保险合同，并按照保险合同负有支付保险费义务的人。保险人是指与投保人订立保险合同，并按照合同约定承担赔偿或者给付保险金责任的保险公司。

投保人和保险人订立保险合同，应当遵循公平互利、协商一致、自愿订立的原则，确定各方的权利和义务。除行政法规规定必须保险的以外，保险公司和其他单位不得强制他人订立保险合同。

投保人对保险标的应当具有保险利益。保险标的是指作为保险对象的财产及其有关利益或者人的寿命和身体。投保人对保险标的不具有保险利益的，保险合同无效。超过了保险利益所订立的保险合同也是无效的。保险利益是指投保人对保险标的具有的法律上承认的利益，即当保险事故发生时，投保人或被保险人在经济上可能丧失的利益。如果以与己毫无利害关系的标的订立保险合同，因其无得失的关系，也就无保险利益可言。如一个人将与他没有利害关系的标的要求投保，企图在发生保险事故后取得一份赔款，这是与保险合同的补偿经济损失的原则相违背的。因此，无保险利益就不能成立保险合同，各国法律都规定没有保险利益的人不能作为投保人。另外，保险利益必须是可以确定的利益，即其利益已经确定。比如，已经取得货物的所有权;已经取得租赁标的的使用权等。

对同一标的如有多个保险利益,可就不同的保险利益签订不同的保险合同。比如,同一幢房屋,所有人、租赁人、抵押权人都有各自的保险利益,则可就同一标的不同的保险利益订立多个保险合同。如果在几个保险标的上具有同一保险利益,投保人可以就不同的保险标的签订一个保险合同。比如,某商人将自己所有的不同的商品存放在同一仓库中,因具有同一保险利益,即可签订一个财产保险合同。

投保人提出保险要求,经保险人同意承保,并就合同的条款达成协议,保险合同成立。保险人应当及时向投保人签发保险单或者其他保险凭证,并在保险单或者其他保险凭证中载明当事人双方约定的合同内容。

保险合同的成立与其他合同一样,要有要约和承诺。保险公司的各种规章不能看作要约。要约是被保险人看到规章后到保险公司要求投保;保险公司表示同意后签发保险单或其他保险凭证,这是承诺。然后在投保单或其他保险凭证上盖章,保险合同就成立了。如果某工厂来投保时,保险公司认为它的建筑物比较危险,必须改建,否则不予承保。这就是保险公司发出新要约,投保人如同意办,就是承诺。在新要约提出后,保险标的灭失,保险公司不负赔偿责任。

保险合同必须采用保险单或其他保险凭证的书面形式签订。

保险单或者其他保险凭证应当载明当事人双方约定的合同内容。当事人也可以约定采用其他书面形式载明合同内容。

依法成立的保险合同,自成立时生效。投保人和保险人可以对合同的效力约定附条件或者附期限。

保险合同成立后,除保险法另有规定或者保险合同另有约定外,投保人可以解除合同,保险人不得解除合同。

订立保险合同,采用保险人提供格式条款的,保险人向投保人提供投保单应当附格式条款,保险人应当向投保人说明合同的内容,以使投保人在投保前能够全面了解保险合同格式条款的内容,以决定是否投保。

对保险合同中免除保险人责任的条款,保险人在订立合同时应当在投保单、保险单或者其他保险凭证上作出足以引起投保人注意的提示,并对该条款的内容以书面或者口头形式向投保人作出明确说明;未作提示或者明确说明的,该条款不产生效力。

保险合同成立后,投保人按照约定交付保险费;保险人按照约定的时间开始承担保险责任。

保险费是指投保人向保险人缴纳的费用，又叫保险付款。保险费是按照一定的比率（保险费率），从保险金额中计算出来。保险费＝保险金额×保险费率。保险费率，即保险价格。

财产保险费率的确定，是根据各类财产，分别在某种危险情况下，在一定时期内，就其价值找出它的损失率，也就是保险金额和损失赔偿金额的比例，即保险额损失率。订立保险费率应该是以保险额损失率为依据，再参照各个不同保险财产的建筑等级和其占用性质或保险标的物本身的性质来加以确定。保险费率是以过去损失统计作为基础来制定的，即以过去损失的发生率预测今后损失的发生率，从而决定保险费率。损失概率大的，保险费率高些，反之则低些。

人身保险费率的计算方式与其他保险费率的计算有不同之点，虽然各种保险都是根据事故发生的概率加上各种业务附加费，人身保险也不例外。但是一般保险业务的保险费率都是相对的稳定，如企业投保财产险，每年都负担相同的保险费率，而人身保险的死亡保险费率每年随着年龄增加而逐年上升。保险公司在收取保险费时，除了按上述的保险费率计算外，还要加上用来供保险公司在经营业务时所开支的费用。

订立保险合同，保险人可以就保险标的或者被保险人的有关情况提出询问，投保人应当如实告知。投保人故意隐瞒事实，不履行如实告知义务的，或者因过失未履行如实告知义务，足以影响保险人决定是否同意承保或者提高保险费率的，保险人有权不承保或解除保险合同。投保人故意不履行如实告知义务的，保险人对于保险合同解除前发生的保险事故，不承担赔偿或者给付保险金的责任，并不退还保险费。投保人因过失未履行如实告知义务，对保险事故的发生有严重影响的，保险人对于保险合同解除前发生的保险事故，不承担赔偿或者给付保险金的责任，但可以退还保险费。保险事故是指保险合同约定的保险责任范围内的事故。

二、保险合同的内容

保险合同应当包括下列事项：

1. 保险人的名称和住所；

2. 投保人、被保险人的姓名或者名称、住所，以及人身保险的受益人的姓名或者名称、住所；

3. 保险标的；

4. 保险责任和责任免除；

5. 保险期间和保险责任开始时间;

6. 保险金额;

7. 保险费以及支付办法;

8. 保险金赔偿或者给付办法;

9. 违约责任和争议处理;

10. 订立合同的年、月、日。

投保人和保险人在上列保险合同事项外,可以就与保险有关的其他事项作出约定。在保险合同有效期内,投保人和保险人经协商同意,可以变更保险合同的有关内容。变更保险合同的,应当由保险人在原保险单或者其他保险凭证上批注或者附贴批单,或者由投保人和保险人订立变更的书面协议。

投保人、被保险人或者受益人知道保险事故发生后,应当及时通知保险人,使保险人可以了解损失的真实情况或采取措施减少损失。同时保险人要确定是否应承担赔偿责任、赔偿的范围等。

被保险人是指其财产或者人身受保险合同保障,享有保险金请求权的人,投保人可以为被保险人。

受益人是指人身保险合同中由被保险人或者投保人指定的享有保险金请求权的人,投保人、被保险人可以为受益人。

采用保险人提供的格式条款订立的保险合同中的下列条款无效:

1. 免除保险人依法应承担的义务或者加重投保人、被保险人责任的;

2. 排除投保人、被保险人或者受益人依法享有的权利的。

投保人和保险人可以协商变更合同内容。变更保险合同的,应当由保险人在保险单或者其他保险凭证上批注或者附贴批单,或者由投保人和保险人订立变更的书面协议。

三、保险合同的履行与时效

保险事故发生后,按照保险合同请求保险人赔偿或者给付保险金时,投保人、被保险人或者受益人应当向保险人提供其所能提供的与确认保险事故的性质、原因、损失程度等有关的证明和资料。

投保人、被保险人或者受益人知道保险事故发生后,应当及时通知保险人。故意或者因重大过失未及时通知,致使保险事故的性质、原因、损失程度难以确定的,保险人对无法确定的部分不承担赔偿或者给付保险金的责任,但保险人通过其他途径已经及时知道或者应当及时知道保险事故发生的除外。保险人按照合同的约定，认为有关的证明和资料不完整的，应当及时一次性通知投保人、被保险人或者受益人补充提供。

保险人收到被保险人或者受益人的赔偿或者给付保险金的请求后，应当及时作出核定；情形复杂的，应当在 30 日内作出核定，但合同另有约定的除外。保险人应当将该核定结果通知被保险人或者受益人；对属于保险责任的，在与被保险人或者受益人达成赔偿或者给付保险金的协议后 10 日内，履行赔偿或者给付保险金义务。保险合同对赔偿或者给付保险金期限有约定的，保险人应当按照约定履行赔偿或者给付保险金义务。保险人未及时履行依法规定义务的，除支付保险金外，应当赔偿被保险人或者受益人因此受到的损失。

保险金额是指保险人承担赔偿或者给付保险金责任的最高限额。

保险人收到被保险人或者受益人的赔偿或者给付保险金的请求后，对不属于保险责任的，应当自作出核定之日起 3 日内向被保险人或者受益人发出拒绝赔偿或者拒绝给付保险金通知书，并说明理由。

保险人自收到赔偿或者给付保险金的请求和有关证明、资料之日起 60 日内，对其赔偿或者给付保险金的数额不能确定的，应当根据已有证明和资料可以确定的数额先予支付；保险人最终确定赔偿或者给付保险金的数额后，应当支付相应的差额。

人寿保险以外的其他保险的被保险人或者受益人，向保险人请求赔偿或者给付保险金的诉讼时效期间为 2 年，自其知道或者应当知道保险事故发生之日起计算。

人寿保险的被保险人或者受益人向保险人请求保险金的诉讼时效期间为 5 年，自其知道或者应当知道保险事故发生之日起计算。

四、保险人的除外责任

被保险人或者受益人在未发生保险事故的情况下谎称发生了保险事故，向保险人提出赔偿或者给付保险金的请求的，保险人有权解除保险合同，并不退还保险费。

投保人、被保险人故意制造保险事故的，保险人有权解除保险合同，不承担赔偿或者给付保险金的责任。

保险事故发生后，投保人、被保险人或者受益人以伪造、变造的有关证明、资料或者其他证据,编造虚假的事故原因或者夸大损失程度的,保险人对其虚报的部分不承担赔偿或者给付保险金的责任。

投保人、被保险人或者受益人有上列行为之一的,致使保险人支付保险金或者支出费用的,应当退回或者赔偿。

五、再 保 险

再保险是指保险人将其承担的保险业务以分保形式,部分转移给其他保险人的保险业务。

再保险就是保险人在接受保险业务时,如认为自己所承担的保险金额过高,为了避免或减轻其保险责任,将其所承保的危险一部分或全部转让给另一保险人。这在保险术语上,一般叫作“分保”。“分保”的作用主要在于能够避免危险过分集中,并保持业务经营中的财政稳定性。因为通过“分保”以后,如所保危险发生损失,凡属于再保险的,就由原保险人向再保险人请求赔偿。因此,再保险也是保险人的一种必要保障。

再保险是原保险人与再保险人之间的保险关系,投保人与再保险人之间没有直接关系,互不承担义务。原保险人称分出公司,再保险人称分入公司。

再保险接受人不得向原保险的投保人要求支付保险费。原保险的被保险人或者受益人不得向再保险接受人提出赔偿或者给付保险金的请求。再保险分出人不得以再保险接受人未履行再保险责任为由,拒绝履行或者迟延履行其原保险责任。

再保险一般有两种类型:

(一) 固定契约再保险

这是由保险人与再保险人事先签订分保契约,由保险人把超过自留限额部分,按照约定分给再保险人,而再保险人对这些分入的业务必须完全接受。与此相适应,分出公司应按与分入公司承担责任相同比例的原保险费付给分入公司。这种再保险的分配方式一般有两种:

1. 溢额式。这是由保险人先对每一承保业务订有自留额,而把超出自留额的溢额部分分给再保险人。如自留额为100万元,则所有低于自留额的危险,全部由保险人自己承保,如超过自留额,除保险人自留100万元外,应将全部溢额分给再保险人。溢额较多时,可以分给几个再保险人。因此,有第一溢额、第二溢额,甚至第三溢额等。自留额的大小,按照损失率的大小、出险机会的多少来确定,损失率大、出险机会多的业务,自留额小,反之则大。

2. 成数式。这是由再保险人承保保险人所承担全部危险中的一定比例部分，如10%—30%不等。这种分保方式的特点在于，分入公司接受的每笔业务，同分出公司建立在相同利害关系的基础上。不同的只是双方承担的比例有大小，因此不存在对分入公司有利与不利的选择。

3. 超额损失式。这是指分出公司与分入公司协议，规定一个赔款限度或者赔款率限度（赔款率是保险费收入与赔款的比率），对超过这一限度以上赔款的全部或大部分责任，由分入公司承担赔偿责任。分出公司应将净保险收入的一部分付给分入公司，费率不照原保险费率计算，而按协议规定计算。超额损失再保险也称超额赔款再保险，可以使原保险人在碰到任何一次巨额损失时，不致受到冲击，始终将其赔偿责任限定在一个固定的数额内，以保证原保险人的财政稳定。

（二）临时再分保

这是由保险人在接受保险业务时出于某种原因，临时接洽再保险的一种业务办法。再保险人可以不受任何拘束，即可以接受，可以少接受，也可以不接受。

再保险关系是以原保险关系的存在为前提，再保险人的责任以原保险人的责任为限。因此，再保险的保险金额不得超过原保险合同的保险金额；再保险合同的有效期限也不得超过原保险合同的有效期限；原保险合同因故失效时，再保险合同也同时失效；如果原保险人因故意或过失遗漏足以使再保险人对危险作出错误的估计事实时，再保险人可以此为由解除再保险合同。

我国保险法规定，保险公司对每一危险单位，即对一次保险事故可能造成的最大损失范围所承担的责任，不得超过其实有资本金加公积金总和的10%；超过的部分，应当办理再保险。

六、共　保

共保是指保险人与投保人约定，保险标的物的一部分因保险事故发生而受的损失，由投保人自行负担。

有此约定，投保人不得将未经保险的部分，另向其他保险人订立保险合同。这是由于保险人为防止投保人对于保险标的物保管的疏懈而订定的条款，保险人就整个保险标的物的价值承保其一部分，其余部分则限由投保人自行负担其损失。比如，某商店的盗窃保险，约定于事故发生时，由保险人赔偿损失额1/2或2/3或3/4，其余由投保人自行负担。

第三节 人身保险合同

一、人身保险合同的概念

人身保险合同,是指以人的寿命和身体作为保险标的的保险合同。人身保险业务,包括人寿保险、健康保险、意外伤害保险等保险业务。人身保险的投保人对下列人员具有保险利益:(1)本人;(2)配偶、子女、父母;(3)与投保人有劳动关系的劳动者。除前述规定外,被保险人同意投保人为其订立保险合同的,视为投保人对被保险人具有保险利益。

订立合同时,投保人对被保险人不具有保险利益的,合同无效。

投保人申报的被保险人年龄不真实,并且其真实年龄不符合合同约定的年龄限制的,保险人可以解除合同,并按照合同约定退还保险单的现金价值。

投保人申报的被保险人年龄不真实,致使投保人支付的保险费少于应付保险费的,保险人有权更正并要求投保人补交保险费;如投保人支付的保险费多于应付保险费的,保险人应当将多收的保险费退还投保人。

投保人不得为无民事行为能力人投保以死亡为给付保险金条件的人身保险,保险人也不得承保。但是,父母为其未成年子女投保的人身保险,不受此限制,只是死亡给付保险金额总和不得超过国务院保险监督管理机构规定的限额。以死亡为给付保险金条件的合同,未经被保险人同意并认可保险金额,合同无效。但父母为其未成年子女投保的人身保险除外。

按照以死亡为给付保险金条件的合同所签发的保险单,未经被保险人书面同意,不得转让或者抵押。

二、投保人支付保险费及受益人的被指定

投保人于合同成立后,可以向保险人一次支付全部保险费,也可以分期支付保险费。合同约定分期支付保险费的,投保人支付首期保险费后,除合同另有约定外,投保人自保险人催告之日起超过 30 日未支付当期保险费,或者超过约定的期限 60 日未支付当期保险费的,合同效力中止,或者由保险人按合同约定的条件减少保险金额。合同效力中止后,经保险人与投保人协商并达成协议,在投保人补交保险费后,合同效力恢复。但是,自合同效力中止之日起满 2 年双方未达成协议

的，保险人有权解除合同，应当按照合同约定退还保险单的现金价值。

保险人对人寿保险的保险费，不得用诉讼方式要求投保人支付。人身保险的受益人由被保险人或者投保人指定。投保人指定受益人时须经被保险人同意。投保人为与其有劳动关系的劳动者投保人身保险，不得指定被保险人及其近亲属以外的人为受益人。被保险人为无民事行为能力人或者限制民事行为能力人的，可以由其监护人指定受益人。被保险人或者投保人可以指定一人或者数人为受益人。受益人为数人的，被保险人或者投保人可以确定受益顺序和受益份额；未确定受益份额的，受益人按照相等份额享有受益权。

被保险人或者投保人可以变更受益人并书面通知保险人。保险人收到变更受益人的书面通知后，应当在保险凭证上批注或者附贴批单。投保人变更受益人时，须经被保险人同意。

被保险人死亡后，遇有下列情形之一的，保险金作为被保险人的遗产，由保险人向被保险人的继承人履行给付保险金的义务：

1. 没有指定受益人或者受益人指定不明无法确定的；
2. 受益人先于被保险人死亡，没有其他受益人的；
3. 受益人依法丧失受益权或者放弃受益权，没有其他受益人的。

受益人与被保险人在同一事件中死亡，且不能确定死亡先后顺序的，推定受益人死亡在先。

三、保险人的除外责任

投保人故意造成被保险人死亡、伤残或者疾病的，保险人不承担给付保险金的责任。投保人已交足 2 年以上保险费的，保险人应当按照合同约定向其他享有权利人退还保险单的现金价值。受益人故意造成被保险人死亡、伤残、疾病的，或者故意杀害被保险人未遂的，该受益人丧失受益权。

以被保险人死亡为给付保险金条件的合同，自合同成立或者合同效力恢复之日起 2 年内被保险人自杀的，保险人不承担给付保险金的责任；但被保险人自杀时为无民事行为能力人的除外。对投保人已支付的保险费，保险人应按照合同约定退还保险单的现金价值。另外，以死亡为给付保险金条件的合同，自成立之日起满 2 年后，如果被保险人自杀的，保险人按照合同约定给付保险金。被保险人故意犯罪或者抗拒依法采取的刑事强制措施，导致其伤残或者死亡的，保险人不承担给付保险金的责任；投保人已交足 2 年以上保险费的，保险人应当按照合同约定退还保险单的现金价值。

人身保险的被保险人因第三者的行为而发生死亡、伤残或者疾病等保险事故的,保险人向被保险人或者受益人给付保险金后,不享有向第三者追偿的权利。但被保险人或者受益人仍有权向第三者请求赔偿。

被保险人因履行道德上的义务,比如为了拯救他人溺水而致自己被淹死,保险人仍应承担责任。

投保人解除合同的,保险人应当自接到解除合同通知之日起30日内,按照合同约定退还保险单的现金价值。

第四节　财产保险合同

一、财产保险合同的概念

财产保险合同,是指以财产及其有关利益为保险标的的保险合同。

财产保险业务,包括财产损失保险、责任保险、信用保险、保证保险等保险业务。

保险事故发生时,被保险人对保险标的不具有保险利益的,不得向保险人请求赔偿保险金。

保险标的转让的,保险标的受让人承继被保险人的权利和义务。转让的被保险人或者受让人应当及时通知保险人。但是,货物运输保险合同和另有约定的合同除外(货物运输保险合同和运输工具航程保险合同,保险责任开始后,合同当事人不得解除合同)。

因保险标的转让导致危险程度显著增加的,保险人自收到上述规定的通知之日起30日内,可以按照合同约定增加保险费或者解除合同。保险人解除合同的,应当将已收取的保险费,按照合同约定扣除自保险责任开始之日起至合同解除之日止应收的部分后,退还投保人。被保险人、受让人未履行通知义务的,因转让导致保险标的危险程度显著增加而发生的保险事故,保险人不承担赔偿保险金的责任。

保险人可以按照合同约定对保险标的的安全状况进行检查,及时向投保人、被保险人提出消除不安全因素和隐患的书面建议。被保险人未按照约定履行其对保险标的安全应尽的责任的,保险人有权要求增加保险费或者解除合同。保险人为维护保险标的的安全,经保险人同意,可以采取安全预防措施。

在合同有效期内，保险标的危险程度显著增加的，被保险人应当按照合同约定及时通知保险人，保险人可以按照合同约定增加保险费或者解除合同。保险人解除合同的，应当将已收取的保险费，按照合同约定扣除自保险责任开始之日起至合同解除之日止应收的部分后，退还投保人。被保险人未履行法律规定的通知义务的，因保险标的的危险程度显著增加而发生的保险事故，保险人不承担赔偿保险金的责任。如果据以确定保险费率的有关情况发生变化，保险标的危险程度明显减少或者保险标的的保险价值明显减少，除合同另有约定外，保险人应当降低保险费，并按日计算退还相应的保险费。

保险标的的保险价值，可以由投保人和保险人约定并在合同中载明，也可以按照保险事故发生时保险标的的实际价值确定。保险金额不得超过保险价值，超过的部分无效。保险人应当退还相应的保险费。保险金额低于保险价值的，除合同另有约定外，保险人按照保险金额与保险价值的比例承担赔偿保险金的责任。这称为比例责任制。赔偿数额的计算方法是：$\frac{\text{保险赔偿}}{\text{实际损失}}=\frac{\text{保险金额}}{\text{实际价值}}$。比如，保险金额 1000 万元，实际价值 2000 万元，实际损失 1000 万元，则保险赔偿 500 万元。保险金额与实际价值越接近，赔款与损失金额也越接近；反之，赔款就越低于损失金额。

二、重复保险

重复保险，是指投保人对同一保险标的、同一保险利益、同一保险事故分别与两个以上保险人订立保险合同，且保险金额总和超过保险价值的保险。重复保险的投保人应当将重复保险的有关情况通知各保险人。重复保险的，各保险人赔偿保险金的总和不得超过保险价值。除合同另有约定外，各保险人按照其保险金额与保险金额总和的比例承担赔偿保险金的责任。比如，某甲以价值 100 万元的房屋向甲保险公司投保 100 万元金额的火灾险，同一房屋又向乙保险公司保火灾险 100 万元，共为 200 万元。重复保险如有诈欺或图不当得利的情况，其合同无效，而且要承担法律责任。如果出于善意，则甲乙两个保险公司就其所保的金额，按比例分担，即各赔偿 50 万元。重复保险的作用在于增强安全保障，预防保险人中有一破产而不能履行其义务时，投保人仍可向另一保险人求偿其利益，而不致全部落空。

三、保险人赔偿的效力

保险事故发生后,被保险人为防止或者减少保险标的的损失所支付的必要的、合理的费用,由保险人承担;保险人所承担的费用数额在保险标的损失赔偿金额以外另行计算,最高不超过保险金额的数额。

保险标的发生部分损失的,自保险人赔偿之日起30日内,投保人可以解除合同;除合同另有约定外,保险人也可以解除合同,但应当提前15日通知投保人。

合同解除的,保险人应当将保险标的未受损失部分的保险费,按照合同约定扣除自保险责任开始之日起至合同解除之日止应收的部分后,退还投保人。

保险事故发生后,保险人已支付了全部保险金额,并且保险金额等于保险价值的,受损保险标的的全部权利归于保险人;保险金额低于保险价值的,保险人按照保险金额与保险价值的比例取得受损保险标的的部分权利。

因第三者对保险标的的损害而造成保险事故的,保险人自向被保险人赔偿保险金之日起,在赔偿金额范围内代位行使被保险人对第三者请求赔偿的权利。如果被保险人已经从第三者取得损害赔偿的,保险人赔偿保险金时,可以相应扣减被保险人从第三者已取得的赔偿金额。保险人行使代位请求赔偿权,不影响被保险人就未取得赔偿部分向第三者请求赔偿的权利。保险事故发生后,保险人未赔偿保险金之前,被保险人放弃对第三者请求赔偿的权利的,保险人不承担赔偿保险金的责任。保险人向被保险人赔偿保险金后,被保险人未经保险人同意放弃对第三者请求赔偿权利的,该行为无效。由于被保险人故意或者因重大过失致使保险人不能行使代位请求赔偿的权利的,保险人可以扣减或者要求返还相应的保险金。

保险事故发生时,被保险人有责任尽力采取必要的措施,防止或者减少保险标的的损失。保险事故发生后,保险人、被保险人为查明和确定保险事故的性质、原因和保险标的的损失程度所支付的必要的、合理的费用,由保险人承担。

四、责 任 保 险

责任保险,是指以被保险人对第三者依法应负的赔偿责任为保险标的的保险。

责任保险的被保险人因给第三者造成损害的保险事故而被提起仲裁或者诉讼的,被保险人支付的仲裁或者诉讼费用以及其他必要的、合理的费用,除合同另有约定外,由保险人承担。

保险人对责任保险的被保险人给第三者造成的损害,可以依照法律的规定或者合同的约定,直接向该第三者赔偿保险金。

责任保险的被保险人给第三者造成损害,被保险人未向第三者赔偿的,保险人不得向被保险人赔偿保险金。

责任保险的被保险人给第三者造成损害,被保险人对第三者应负的赔偿责任确定的,根据被保险人的请求,保险人应当直接向该第三者赔偿保险金。被保险人怠于请求的,第三者有权就其应获赔偿部分直接向保险人请求赔偿保险金。

第五节 保险公司的设立与管理

一、保险公司的设立

设立保险公司,应当经国务院保险监督管理机构批准。设立保险公司,必须符合保险法与公司法的有关规定,其注册资本的最低限额为人民币 2 亿元,而且必须为实缴货币资本。

申请设立保险公司,应当提交下列材料:

1. 设立申请书,申请书应当载明拟设立的保险公司的名称、注册资本、业务范围等;
2. 可行性研究报告;
3. 筹建方案;
4. 投资人的营业执照或者其他背景资料,经会计师事务所审计的上一年度财务会计报告;
5. 投资人认可的筹备组负责人和拟任董事长、经理名单及本人认可证明;
6. 国务院保险监督管理机构规定的其他材料。

经批准设立的保险公司及其分支机构,凭经营保险业务许可证向工商行政管理机关办理登记,领取营业执照。

保险公司有下列情形之一的,应当经保险监督管理机构批准:

1. 变更名称;
2. 变更注册资本;
3. 变更公司或者分支机构的营业场所;
4. 撤销分支机构;
5. 公司分立或者合并;

6. 修改公司章程;

7. 变更出资额占有限责任公司资本总额5%以上的股东,或者变更持有股份有限公司股份5%以上的股东;

8. 国务院保险监督管理机构规定的其他情形。

保险公司应当按照其注册资本总额的20%提取保证金,存入国务院保险监督管理机构指定的银行,除保险公司清算时用于清偿债务外,不得动用。

保险公司分支机构不具有法人资格,其民事责任由保险公司承担。

保险公司因分立、合并需要解散,或者股东会、股东大会决议解散,或者公司章程规定的解散事由出现,经国务院保险监督管理机构批准后解散。

经营有人寿保险业务的保险公司,除因分立、合并或者被依法撤销外,不得解散。

保险公司解散,应当依法成立清算组进行清算。

二、保险公司的管理

保险人不得兼营人身保险业务和财产保险业务以及国务院保险监督管理机构批准的与保险有关的其他业务。但是,经营财产保险业务的保险公司经国务院保险监督管理机构批准,可以经营短期健康保险业务和意外伤害保险业务。

保险公司应当在国务院保险监督管理机构依法批准的业务范围内从事保险经营活动。

保险公司应当根据保障被保险人利益、保证偿付能力的原则,提取各项责任准备金。

保险公司应当根据保障被保险人利益、保证偿付能力的原则,提取各项责任准备金。

保险公司除提取准备金外,还应当依法提取公积金及缴纳保险保障基金。

保险公司应当具有与其业务规模和风险程度相适应的最低偿付能力。保险公司的认可资产减去认可负债的差额不得低于国务院保险监督管理机构规定的数额;低于规定数额的,应当按照国务院保险监督管理机构的要求采取相应措施达到规定的数额。经营财产保险业务的保险公司当年自留保险费,不得超过其实有资本金加公积金总和的4倍。

保险公司对每一危险单位,即对一次保险事故可能造成的最大损失范围所承担的责任,不得超过其实有资本加公积金总和的10%;超过的部分应当办理再保险。

保险公司的资金运用限于：在银行存款，买卖债券、股票、证券投资基金份额等有价证券，投资不动产，以及国务院规定的其他资金运用形式。

国务院保险监督管理机构依照保险法对保险业实施监督管理。

保险公司及其工作人员在保险业务活动中不得有下列行为：

1. 欺骗投保人、被保险人或者受益人；

2. 对投保人隐瞒与保险合同有关的重要情况；

3. 阻碍投保人履行保险法规定的如实告知义务，或者诱导其不履行保险法规定的如实告知义务；

4. 给予或者承诺给予投保人、被保险人、受益人保险合同约定以外的保险费回扣或者其他利益；

5. 拒不依法履行保险合同约定的赔偿或者给付保险金义务；

6. 故意编造未曾发生的保险事故、虚构保险合同或者故意夸大已经发生的保险事故的损失程度进行虚假理赔，骗取保险金或者牟取其他不正当利益；

7. 挪用、截留、侵占保险费；

8. 委托未取得合法资格的机构或者个人从事保险销售活动；

9. 利用开展保险业务为其他机构或者个人牟取不正当利益；

10. 利用保险代理人、保险经纪人或者保险评估机构，从事以虚构保险中介业务或者编造退保等方式套取费用等违法活动；

11. 以捏造、散布虚假事实等方式损害竞争对手的商业信誉，或者以其他不正当竞争行为扰乱保险市场秩序；

12. 泄露在业务活动中知悉的投保人、被保险人的商业秘密；

13. 违反法律、行政法规和国务院保险监督管理机构规定的其他行为。

第六节　保险代理人和保险经纪人

保险代理人，是指根据保险人的委托，向保险人收取佣金，并在保险人授权的范围内代为办理保险业务的机构或者个人。

保险经纪人，是指基于投保人的利益，为投保人与保险人订立保险合同提供中介服务，并依法收取佣金的机构。

保险代理人根据保险人的授权代为办理保险业务的行为，由保险人承担责任。

个人保险代理人在代为办理人寿保险业务时不得同时接受两个以上保险人的委托。

保险经纪人因过错,给投保人、被保险人造成损失的,依法承担赔偿责任。

保险代理人、保险经纪人及其从业人员在办理保险业务活动中不得有下列行为:

1. 欺骗保险人、投保人、被保险人或者受益人;

2. 隐瞒与保险合同有关的重要情况;

3. 阻碍投保人履行保险法规定的如实告知的义务;或者诱导其不履行保险法规定的如实告知义务;

4. 给予或者承诺给予投保人、被保险人或者受益人保险合同约定以外的利益;

5. 利用行政权力、职务或者职业便利以及其他不正当手段强迫、引诱或者限制投保人订立保险合同。

6. 伪造、擅自变更保险合同,或者为保险合同当事人提供虚假证明材料;

7. 挪用、截留、侵占保险费或者保险金;

8. 利用业务便利为其他机构或者个人牟取不正当利益;

9. 串通投保人、被保险人或者受益人,骗取保险金;

10. 泄露业务活动中知悉的保险人、投保人、被保险人的商业秘密。

保险代理机构、保险经纪人应当具备国务院保险监督管理机构规定的条件,取得国务院保险监督管理机构颁发的经营保险代理业务许可证。保险专业代理机构、保险经纪人凭许可证向工商行政管理机关办理登记,领取营业执照。

保险代理机构、保险经纪人应当有自己的经营场所,设立专门账簿记载保险代理业务、经纪业务的收支情况,并接受国务院保险监督管理机构的监督。

海上保险适用《中华人民共和国海商法》的有关规定;海商法未作规定的,适用保险法的有关规定。

中外合资保险公司、外资独资保险公司、外国保险公司分公司适用我国保险法的有关规定;法律、行政法规另有规定的,适用其规定。

第十三章　专　利　法

第一节　专利法的概念

专利制度，是国家对发明创造的一种法律保护制度，也是一种运用法律手段和经济手段管理技术发明成果，推动技术进步的制度。这个制度的基本内容是依据专利法，对申请专利的发明，经过审查和批准授予专利权，同时把申请专利的发明内容公诸于世，以便进行发明创造的信息交流和有偿技术转让。为了保护专利权人的合法权益，鼓励发明创造，推动发明创造的应用，提高创新能力，促进科学技术进步和经济社会发展，国家制订了专利法，给予发明人以专利权。专利权就是确认发明人对其发明成果，在法律规定的有效期限内享有独占权，也就是垄断权。非经专利权人的同意，其他人不能使用该项发明成果，不准享受这种权利，否则就是侵权。所以专利法就是保护当事人专利权的法律。比如，我国有个科技企业向外商推销未申请注册专利的科技新产品，结果被美国两家企业仿制，白白吃了亏。

专利法是国内法，只在一国之内有效；又是涉外法，适用于来申请专利的外国人。

专利法是调整发明创造所有权和因利用发明创造而产生的各种产权关系的法律。具体地说，专利法是专门解决发明创造的归属问题和利用问题的法律。如果一项发明创造符合专利法所规定的条件，由国家专门机构按法定程序审查批准后，发明人就取得对该发明创造的一定期限的专有权，只允许权利持有人（发明人、权利受让人或继承人）制造、使用和销售专利产品的权利。其他人要使用该专利产品时，必须得到他的同意，并付给一定的使用费。否则，就是侵犯专利权，要赔偿专利权人的损失，严重的还要受到法律制裁。但是发明人在申请专利权时，也必须承担一项义务，就是把发明创造的技术资料，详细地向主管审批专利的机构报告。这是由于，一方面便于审查该项发明创造是否符合专利条件；另一方面将技术资料公布，以便任何人在得到发明人的同意或法律规定能够利用该项发明创造时，避免搞重复劳动，也可以在此基础上更新、发展技术。所以说，专利制度既保护了发明人在一定期限内对该项发明的独占权,又要求发明人把自己的发明创造贡献给社会。从这个意义上说,给予发明人一定时期的独占权,是为了换取他把该项发明公开,为人类增加技术财富,这就是专利法的核心内容。“专利”这个词出自拉丁文(patere),意思是摆出来的衣服挂钩。因此,“专利”一词也就是指公开给人看,敞开受公众审查的东西。

历来对发明有两种保护方法:一种是保密;一种是专利。在建立专利制度前,西方国家的行会制度是封锁新技术的。这样,显然对经济和技术的发展是不利的。

专利权是发明权的一个方面,是指为法律所保护的发明人所享有的财产权利。

发明权从广义上来讲,包括两个方面:一是发明人所具有的人身权,这就是指和人身不可分割的非财产的权利。作为一个发明者,法律赋予他某种荣誉称号,在发明物上冠以他的姓名,接受奖状、奖章、学衔及其他职称等。这种人身权是不能转让和继承的。发明权的另一个方面就是赋予发明人的财产权,就是指法律规定和保障发明人所享有的由发明所产生的财产权,这是具有一定物质财富内容,直接和经济利益相联系的权利。发明人有权制造、使用和出售发明物,或转让发明或允许别人利用其发明,从而取得物质利益的权利,这就叫专利权。专利权是可以转让,也可以继承的。专利权简称专利。

专利权所包含的财产权,与对物的财产权是有区别的。物权体现在有形物体上。比如,土地、房屋、矿山、机器等,所以称为有形财产权。发明本身包含的价值是无形的,专利权是依存于无形物的权利,所以称为无形财产权。技术发明成果是劳动的产物,它凝结着发明人的创造性的脑力劳动。技术发明成果运用到生产中去可以转化为生产力,产生经济技术和社会效果。因此,它具有价值和使用价值,应把它作为财富加以保护。无形财产权还有商标权、著作权等。当然,发明、作品、商标都要通过图纸、说明、文稿、图样等加以表示。但是,仅仅这些东西本身并不表示它们的价值,它们的价值实际上在图纸、说明、文稿、图样实施以后所产生的物质上。从这一点来看,它们同一个人所具有的一间房屋、一块土地的价值是不同的,因而叫做无形财产。另外,在引进技术中涉及的只是专利权许可,即可以使用、仿制其发明,取得这项专利的制造权、使用权和销售权,而专利权仍在原主手中,他并不承担保证该专利实施的责任,如提供资料和技术指导等。把发明人的专利权买过来,买主变成了专利权人,发明人不再拥有专利权,也不能制造、使用和销售该发明品了,这样的交易是很少的。所以,如把专利权许可称作为“买专利”是不确切的。

从法律上讲,专利权和商标权通常称为工业产权;专利权、商标权再加上版权

(即著作权),通常统称为知识产权。

知识产权主要具有三个共同的法律特点。

一、排他性

排他性也叫“垄断性”或“独占性”。这是指这类权利只有权利人(发明人、作者、有商标权的公司或个人)所专有,非经权利人同意,任何其他人不得制造、使用和销售专利产品,或使用专利方法。否则就构成侵权行为,要受到法律的制裁。这种独占权与其他财权不同。一项发明、一个商标或一部科学著作的独占权只能授予1次,其他人再作出同样内容的发明、商标或科学著作,就再不能得到法律上的确认。物权则不同,完全相同的两所房子或更多所的房子,其房主的财产权都成立,互不排斥,互不相涉。

二、地域性

这是指仅在一国法律管辖的地域范围内享受保护。就是说,在哪个国家申请批准的知识产权,只能在该国境内享受保护。经过一个国家申请批准,享有专利权的发明仅在该国境内不许仿造;在一国享有版权的著作,仅在该国境内非经作者同意,不得翻印;经过一国有关机关注册的商标,仅在该国境内不许假冒使用。其他财产权则不然,如某人对汽车的所有权,不会因汽车移至另一国家就不受保护。

三、时间性

无论专利权、商标权、版权,都是有一定期限的,法律规定的期限届满后,知识产权就自动终止。而其他财产权(包括动产和不动产)并没有时间限制。

第二节　专利法的基本内容

一、专利法的主体和保护范围

(一) 专利法的主体

各国专利法都规定,凡本国的法人、其他组织和自然人都有权申请并取得专利权。一般也规定,外国人可申请专利权,如果赋予外国人和本国人同等的权利,叫作给予国民待遇。但是,有些国家法律规定,外国人必须在一定条件下才可以享受“国民待遇”。比如,必须由该外国人所属国家也给予该申请地国家的法人、其他组织和自然人以同等的权利,这叫对等原则;有的国家法律规定,必须在申请地国家有住所的外国自然人或有营业所的外国法人及其他组织才有申请的权利;有的国家法律规定无条件的国民待遇,即外国人与本国人享有完全相等的权利,不附加任何条件。

我国专利法规定,在中国没有经常居所或者营业所的外国人、外国企业或者外国其他组织在中国申请专利和办理其他专利事务的,应当委托依法设立的专利代理机构办理。

中国单位或者个人在国内申请专利和办理其他专利事务的,可以委托依法设立的专利代理机构办理。

任何单位或者个人将在中国完成的发明或者实用新型向外国申请专利的,应当事先报经国务院专利行政部门进行保密审查。保密审查的程序、期限等按照国务院的规定执行。对违反此规定向外国申请专利的发明或者实用新型,在中国申请专利的,不授予专利权。申请专利的发明创造涉及国家安全或者重大利益需要保密的,按照国家有关规定办理。

对违反法律、社会公德或者妨害公共利益的发明创造,不授予专利权;对违反法律、行政法规的规定获取或者利用遗传资源,并依赖该遗传资源完成的发明创造,不授予专利权。

工作人员因执行本单位的任务或者主要是利用本单位的物质技术条件所完成的发明创造为职务发明创造。职务发明创造申请专利的权利属于该单位;申请被批准后,该单位为专利权人。非职务发明创造,申请专利的权利属于发明人或者设计人;申请被批准后,该发明人或者设计人为专利权人。

利用本单位的物质技术条件所完成的发明创造,单位与发明人或者设计人订有合同,对申请专利的权利和专利权的归属作出约定的,从其约定。

任何单位或者个人对发明人或者设计人的非职务发明创造专利申请不得压制。

两个以上单位或者个人合作完成的发明创造、一个单位或者个人接受其他单位或者个人委托所完成的发明创造,除另有协议的以外,申请专利的权利属于完成或者共同完成的单位或者个人;申请被批准后,申请的单位或者个人为专利权人。

同样的发明创造分别由两人以各自作出并分别提出申请,大多数国家法律采用先申请原则,即谁先提出申请,专利权就授予谁。我国专利法也采取这个原则。少数国家法律采用先发明原则,即谁先发明,专利权就批给谁。这两种做法各有利弊,采取先申请原则,可以鼓励发明人尽快申请专利,以便早日公开新发明,发挥发明的创造作用,促进科学技术发展;减少大量的法律纠纷,不需原始发明记录和历史的人证物证;国际往来方便,易使专利国际化。采用先发明原则,可使发明人较安心地长期研究尖端技术,比起先申请原则要合理些,但要证明谁最先发明是很困难的,而且采用这个原则易使发明长期保密，促使个人垄断，不能早日为公众所知。

专利申请权和专利权可以转让。中国单位或者个人向外国人、外国企业或者外国其他组织转让专利申请权或者专利权的，应当依照有关法律、行政法规的规定办理手续。转让专利申请权或者专利权的，当事人应当订立书面合同，并向国务院专利行政部门登记，由国务院专利行政部门予以公告。专利申请权或者专利权的转让自登记之日起生效。

发明人或者设计人有权在专利文件中写明自己是发明人或者设计人。专利权人有权在其专利产品或者该产品的包装上标明专利标识。被授予专利权的单位应当对职务发明创造的发明人或者设计人给予奖励；发明创造专利实施后，根据其推广应用的范围和取得的经济效益，对发明人或者设计人给予合理的报酬。

发明和实用新型专利权被授予后，除我国专利法另有规定的以外，任何单位或者个人未经专利权人许可，都不得实施其专利，即不得为生产经营目的的制造、使用、许诺销售、销售、进口其专利产品，或者使用其专利方法以及使用、许诺销售、销售、进口依照该专利方法直接获得的产品。外观设计专利权被授予后，任何单位或者个人未经专利权人许可，都不得实施其专利，即不得为生产经营目的制造、销售、进口其外观设计专利产品。

任何单位或者个人实施他人专利的，应当与专利权人订立实施许可合同，向专利权人支付专利使用费。被许可人无权允许合同规定以外的任何单位或者个人实施该专利。

专利申请权或者专利权的共有人对权利的行使有约定的，从其约定。没有约定的，共有人可以单独实施或者以普通许可方式许可他人实施该专利；许可他人实施该专利的，收取的使用费应当在共有人之间分配。

发明专利申请公布后，申请人可以要求实施其发明的单位或者个人支付适当的费用。

国有企业事业单位的发明专利，对国家利益或者公共利益具有重大意义的，国务院有关主管部门和省、自治区、直辖市人民政府报经国务院批准，可以决定在批准的范围内推广应用，允许指定的单位实施，由实施单位按照国家规定向专利权人支付使用费。中国集体所有制单位和个人的发明专利，对国家利益或者公共利益具有重大意义，需要推广应用的参照上述规定办理。

（二）专利法保护的范围

专利法保护的范围是指专利法所保护的对象，即哪些发明可以申请并取得专利。

1. 发明

在科学技术成就中属于改造客观世界的成就,对于国民经济建设、社会文化建设或国防建设的任何技术领域中的某一个问题,提供新的、先进的、经济效益好、非显而易见的解决方案,这就叫发明。专利法所称的发明是指对产品、方法或者其改进所提出的新的技术方案。发明本来是个技术范畴,但是,作为专利法保护的对象,它又成为一个法律范畴。这两个概念有时并不完全一致。因为有的发明,仅从技术意义上来理解,肯定是一项发明,但不一定构成法律意义上的发明,可能不是专利法保护的对象,不能取得专利权。比如,有人发明一件用电子控制的新的赌博工具、吸毒工具。这种发明违反国家法律,就不能授予专利权。一般来说,一项发明只要符合法律规定和专利条件的,都可获得专利权。有些国家基于社会制度、科技水平和经济方面的因素,在专利立法中明确规定对某些领域的发现和发明不授予专利权。我国专利法规定,下列各项不授予专利权:

(1) 科学发现;

(2) 智力活动的规则和方法;

(3) 疾病的诊断和治疗方法;

(4) 动物和植物品种;

(5) 用原子核变换方法获得的物质。

对上款第四项所列产品的生产方法,可以依照专利法规定授予专利权。

工业比较发达的国家趋向于扩大专利保护范围,而绝大多数国家仍然坚持对以上各项不给专利。因此,从每个国家的经济和生产技术水平出发,保护本国的经济利益,是决定专利保护范围的一个重要因素。

2. 实用新型

这是指对产品的形状、构造或者其结合所提出的适于实用的新的技术方案。它与发明专利的区别,主要在于发明水平的高低。实用新型专利的水平较低,所以有的国家称为“小专利”或“小发明”。比如,首次造出的电话是一项发明,后来有人将话筒和听筒由原来分离为两部分组合在一起,这是对电话的改革(对电话机形状和结构的改革),称为实用新型。实用新型只涉及对有形状的物品(设备、机器、装置、产品等)的革新设计,而不涉及无一定形状的物品,如流体饮料,也不涉及制造方法或工艺程序。实用新型的申请和审批手续也比较简单。

3. 外观设计

这是指对产品的形状、图案或者其结合以及色彩与形状、图案的结合所作出的富有美感并适于工业上应用的新设计。对外观设计予以保护,可以促进产品式样的改进。外观设计与发明、实用新型的区别，在于它只涉及商品的外表，而不涉及其制造技术。外观设计专利所保护的是外表的美观，而发明专利或实用新型专利所保护的是造成这些外观效果的技术。一种外观设计，只能用于一类产品，如申请贴墙布上的图案设计，专利权只适用于贴墙布，如有人将相同的图案用于衣服上，不视为侵犯外观设计专利权。

我国为了保护和鼓励广大群众从事小发明(即实用新型)和外观设计的积极性，专利的保护范围除发明外还包括实用新型和外观设计，这可以鼓励产品品种和花色的多样化，以满足人民生活和生产日益增长的需要，增强国际竞争能力。

有些发明如符合条件，可以同时申请2种或3种专利。比如，一种对小汽车外形的新的美观设计，可以申请外观设计专利；如果这种外形又可以减少空气阻力，就可以同时申请发明专利及实用新型专利。

二、专 利 条 件

发明和实用新型要具备哪些条件才能取得专利权？各国专利法规定的专利条件不完全一样，但是大部分国家包括我国的专利法规定，作为发明和实用新型必须具备新颖性、创造性和实用性三个条件。

(一) 新颖性

各个国家的专利法对新颖性有两种不同的规定：一种是世界范围的新颖性，即在世界范围内没有公布和使用的，才认为具有新颖性，即所谓“绝对”新颖性。采用这种规定的多数是发达国家。但所谓“绝对性”也仅是指最大限度而言，不可能真正达到；另一种是在国内外(世界范围内)没有公开出版，但未公开使用和公众所知只限于国内。也就是说，对未公开出版采用绝对新颖性，而对未公开使用和公众所知采用相对新颖性。这种做法比较现实可行。

我国专利法规定，新颖性，是指该发明或者实用新型不属于现有技术；也没有任何单位或者个人就同样的发明或者实用新型在申请日以前向国务院专利行政部门提出过申请，并记载在申请日以后公布的专利申请文件或者公告的专利文件中。

现有技术，是指申请日以前在国内外为公众所知的技术。比如，发明或者实用新型在国内外刊物上公开发表过。

从某种意义上讲，采用专利制度是为了解除发明人或发明所有人对其发明内容的保密，既然发明内容已经泄露，已为公众所知，就不必考虑给予专利权了。但是，如果发明虽然已用于生产，却仍限于发明人和负有保密责任人的范围内使用，而这种使用又不至于导致发明内容的泄露,或者公开发表的仅仅是发明的消息,不涉及发明的实质内容。像这种情况都不应该视为丧失新颖性。判断一件发明是否因其本身被使用或公开丧失新颖性的主要依据是:发明在申请专利之前,发明实质内容是否从发明人和负有保密责任人的范围内泄露出去了,即使是一种可能性,也是丧失了新颖性。

为了有利于科学技术的发展,大多数国家的专利法都规定了新颖性例外的条款。比如,我国专利法规定,申请专利的发明创造在申请日以前6个月内,有下列情形之一的,不丧失新颖性:

1. 在中国政府主办或者承认的国际展览会上首次展出的;
2. 在规定的学术会议或者技术会议上首次发表的;
3. 他人未经申请人同意而泄露其内容的。

授予专利权的外观设计,应当不属于现有设计,也没有任何单位或者个人就同样的外观设计在申请日以前向国务院专利行政部门提出过申请并记载在申请日以后公告的专利文件中。授予专利权的外观设计与现有设计或者现有设计特征的组合相比,应当具有明显区别。授予专利权的外观设计不得与他人在申请日以前已经取得的合法权利相冲突。现有设计,是指申请日以前在国内外为公众所知的设计。

另外,判断一项发明或实用新型是否具有新颖性,可以有三个不同的时间标准:一个是以申请专利的时间为准;一个是以发明的时间为准;再一个是以发明公开日时间为准。目前,大多数国家的专利法都以提出专利申请的时间为判断新颖性的标准。我国也这样规定。

(二) 创造性

这是指与现有技术相比,该发明具有突出的实质性特点和显著的进步,该实用新型具有实质特点和进步。这也就是对所属技术领域的普通专业人员非显而易见、不是很容易搞得出来的。如果它与同一技术领域现有技术相比,不能提供更先进的技术解决方案,没有创造性,那就不能称为发明,不能取得专利。比如,能够从两头挤牙膏的新结构第一次设计出来时,具备了新颖性也有小的改进,但无本质上的技术独创性,所以不能视为发明。

对创造性,很难有一个绝对统一的标准。各国的技术水平有很大不同,即便是同一个国家,其审查人员的水平也各有不同。普通专业人员是指哪种水平的技术人员,非显而易见又是按哪种标准来定?各国掌握都不一样,因此无法有一个统一的尺度。

(三) 实用性

这是指发明或者实用新型能够制造或者使用,并能够产生积极效果。一项技术方案，虽然是新颖的和有创造性的，但在生产中不能应用，那是不能授予专利权的。在生产中不能直接应用的发现、科学原理等不能取得专利权；只提出设想而没有提出解决问题的方案，从而不能应用的构思，也不能得到专利保护。

发明的实用性还包括发明品能重复制造或再现或者发明方法能重复使用这样一个含义。这也就是发明的再现性。一项构思只能使用一次，而不能在生产中反复出现，就不能取得专利权。比如，一项新的桥梁设计方案，因受桥梁地点的限制，不能用于另一地点的桥梁建筑，那么除非加以改变，否则不能给予专利。但是，桥梁的构件，可在生产中不断制造，符合再现性的要求，可取得专利权。

三、专 利 的 申 请

任何单位或个人要取得专利权，必须由发明人向政府主管部门——国务院专利行政管理部门提出专利申请，经国务院专利行政部门依照法定程序审查批准后，才能取得专利权。发明或实用新型专利申请应当提交请求书、说明书及其摘要和权利要求书等文件。

请求书应写明发明或者实用新型的名称，发明人或者设计人的姓名，申请人姓名或者名称、地址，以及其他事项。

发明或者实用新型的说明书，主要应该写明发明或者实用新型所属技术领域；发明或者实用新型的目的；清楚、完整地写明发明或者实用新型的内容，以所属技术领域的技术人员能够实现为准；发明或者实用新型与现有技术相比所具有的优点或者积极效果；必要时应当有附图及图面说明；详细描述申请人认为实现发明或者实用新型的最好方式。

摘要应当简要说明发明或者实用新型的技术要点。

权利要求书应当以说明书为依据，清楚、简要地限定要求专利保护的范围。依赖遗传资源完成的发明创造，申请人应当在专利申请文件中说明该遗传资源的直接来源和原始来源；申请人无法说明原始来源的，应当陈述理由。权利要求书是专利申请人说明要求专利保护范围的文件，申请一经批准即具有法律效力。发明或者实用新型专利权的保护范围，是以申请人向国务院专利行政部门递交的权利要求书内容为准的。权利要求书可以包括独立权利要求和从属权利要求。独立权利要求应当从整体上反映发明或者实用新型的主要技术内容，记载构成发明或者实用新型最必要的技术特征。一项发明或者实用新型只能有一个独立权利要求。

权利要求的主要内容是陈述发明或实用新型与已有技术相区别的实质特征，

是组成发明或实用新型的基本因素。经国务院专利行政管理部门批准专利权后,“权利要求”就具有法律效力。一项专利权是否受到侵犯,主要用权利要求来判断。权利要求又称权项。

申请外观设计专利的,应当提交请求书、该外观设计的图片或者照片以及对该外观设计的简要说明等文件。申请人提交的有关图片或者照片应当清楚地显示要求专利保护的产品的外观设计。

一件发明或者实用新型专利申请应当限于一项发明或者实用新型。属于一个总的发明构思的两项以上的发明或者实用新型,可以作为一件申请提出。

一件外观设计专利申请应当限于一项外观设计。同一产品两项以上的相似外观设计或者用于同一类别并且成套出售或者使用的产品有两项以上的外观设计,可以作为一件申请提出。

申请人可以在被授予专利权之前随时撤回其专利申请。

申请人可以对其专利申请文件进行修改,但是,对发明和实用新型专利申请文件的修改不得超出原说明书和权利要求书记载的范围,对外观设计专利申请文件的修改不得超出原图片或者照片表示的范围。

由于申请书的内容相当复杂,如果不符合法律的要求,往往会被专利行政管理部门驳回。因此,发明人一般都委托专利律师或专利代理人代为申请。如果是这种情况,申请时应提交专利代理委托书。

四、专利申请的审查

世界各国专利申请审查制度,有下列三种:

(一)登记制,也叫形式审查。即只审查申请案是否按法律规定的手续办理,文件是否齐全清楚,填写是否符合规定的格式要求,发明是否属于现行法律规定不授予专利的范围。凡是符合其审查程序的即予以登记,授予专利权。这种制度不要求对发明进行实质性审查,即不审查发明的新颖性、创造性和实用性。优点是简单省事,但批准的发明物水平不高,发生诉讼时专利权人往往败诉。

(二)实质审查制。这是指在对申请案进行形式审查后再作严格的技术审查,审查它是否符合新颖性、创造性、实用性。用这种办法审查,专利的质量较高。目前多数国家实行这种审查制度。但是实行这种制度,需要有一支强大的审查员队伍,需要大量高水平的技术专家担任审查工作,还要有一套完整的专利文献资料,审查量很大。

（三）延期审查制，也称请求审查制。兼备登记制与审查制的优点，即一件申请案提出后，先对它进行形式审查，合格后，自申请案提出申请之日起（有的国家规定满 18 个月），即予以公告，用以探询社会上对这项申请的反应（主要是征求对新颖性的意见，任何人均可对申请案提出异议）。专利机构对这些公开发表的申请案，要等待申请人请求后，才进行实质审查。如申请人在早期公开后一定期限内不提出请求审查，则认为其申请自行撤销，专利机构不予审查。

延期审查制的优点是，给申请人一个考虑的机会，考虑是否请求审查并取得专利权，如想早日取得专利权，可提前请求审查；如果申请人感到这项申请并不完全具备专利条件，没有把握取得专利权（比如，因为申请时抢先，对专利条件来不及充分调查和考虑），或社会上对这项申请案不感兴趣，没人想用，那就可以放弃申请，不交以后的一系列费用而自动撤销。这样，一部分申请案就自行淘汰，可以减少审查量，减少积压。

我国采取这种制度，我国专利法规定，发明专利申请自申请日起 3 年内，国务院专利行政部门可以根据申请人随时提出的请求，对其申请进行实质审查；申请人无正当理由逾期不请求实质审查的，该申请即被视为撤回；国务院专利行政部门认为必要的时候，可以自行对发明专利申请进行实质审查。

国务院专利行政部门对发明专利申请进行实质审查后，认为不符合专利法规定的，应当通知申请人，要求在指定的期限内陈述意见，或者对其审查进行修改；无正当理由逾期不答复的，该申请被视为撤回。发明专利申请经申请人陈述意见或者进行修改后，国务院专利行政部门仍然认为不符合专利法规定的，应当予以驳回，即不批准专利申请。但申请人对驳回申请的决定不服的，可以自收到通知之日起 3 个月内向专利复审委员会请求复审，提出复审请求书，说明理由并且附具有关的证明文件。申请人请求复审时，可以修改专利申请，但修改应当仅限于驳回申请的决定所涉及的部分。专利复审委员会复审后，作出决定并通知专利申请人。专利申请人对专利复审委员会的复审决定不服的，可以自收到通知之日起 3 个月内向人民法院起诉。

发明专利申请经实质审查没有发现驳回理由的，国务院专利行政部门作出授予发明专利权的决定，发给发明专利证书，同时予以登记和公告。发明专利权自公告之日起生效。

实用新型和外观设计专利申请经初步审查没有发现驳回理由的，由国务院专利行政部门应当作出授予实用新型专利权或者外观设计专利权的决定，发给相应的证书，同时予以登记和公告。实用新型专利权和外观设计专利权自公告之日起生效。

五、专利权的期限、终止和无效

专利权是有期限的。在法定的有效期限内,专利权才受到法律保护;过了这个期限,这项发明就成为社会公共财产,谁都可以无偿使用。在保护期内,如专利权人未按规定缴纳专利年费的,可认为专利权自动失效,或由于其他原因根据法院的判决宣告专利权失效。

目前世界上专利保护期限各不相同,有的国家较长,有的国家较短,大体分为四种典型期限:即20年、17年、15年和10年。也有少数国家在3～9年之间。我国规定发明专利权的期限为20年,实用新型和外观设计专利权各为10年。

专利期限长的,对专利权人的权利保护就长些,鼓励发明人大量投资,促使人们考虑长远技术的发明,但限制公众自由使用的时间太长。专利期限短的,可使专利权垄断的时间短些,尽早公开于社会,但对刺激外国先进技术的引进和鼓励复杂的高精尖技术的发明不利。专利保护期限发达国家规定较长,发展中国家则规定较短。

专利期限计算的日期,多数国家从申请之日算起,也有的国家从批准之日算起。我国自申请日起算。

有下列情况之一的,专利权在期限届满前终止:

(一)没有按照规定缴纳年费的;

(二)专利权人以书面声明放弃其专利权的。

专利权在期限届满前终止的,由国务院专利行政部门登记和公告。

在受法律保护的时间性上,专利权比商标权严格得多。商标权在有效期届满后可以续展,而且各国对续展的次数都不加任何限制,但专利权有效期限届满后,原则上都不能续展,即不能延长,任何人都可以随意使用。有些国家对某些专利虽然允许其续展,但续展的期限一般都不能超过原来的有效期,而且只能续展1次。我国专利法没有规定可以申请续展。

我国专利法规定,自国务院专利行政部门公告授予专利权之日起,任何单位或者个人认为该专利权的授予不符合专利法有关规定的,可以请求专利复审委员会宣告该专利权无效。

专利复审委员会对宣告专利权无效的请求应当及时审查和作出决定,并通知请求人和专利权人。宣告专利权无效的决定,由国务院专利行政部门登记和公告。

对专利复审委员会宣告专利权无效或者维持专利权的决定不服的,可以自收到通知之日起3个月内向人民法院起诉。人民法院应当通知无效宣告请求程序的对方当事人作为第三人参加诉讼。

宣告无效的专利权视为自始即不存在。宣告专利权无效的决定，对在宣告专利权无效前人民法院作出并已执行的专利侵权的判决、调解书，已经履行或者强制执行的专利侵权纠纷处理决定，以及已经履行的专利实施许可合同和专利权转让合同，不具有追溯力。但是因专利权人的恶意给他人造成的损失，应当给予赔偿。

如果依照上述规定，不返还专利侵权赔偿金、专利使用费、专利权转让费，明显违反公平原则的，应当全部或者部分返还。

根据统计，国外专利的专利权真正维持到有效期届满的专利数目是有限的，一般不超过30%。因此，在引进技术时，一定要注意到这种情况，不要把已失效的专利当作是有效的专利。比如，我国一家汽车厂与一家外商创办合资公司，对方拿技术投资共1600万美元，其中专利97件。我方在未检索查证的情况下匆匆签约，后来查出外商提供的23件专利是过期的，29件专利已经到期，13件专利才开始申请，给我方造成不应有的损失。

从法律上讲，在一国取得专利权的发明，只能在本国领土范围内有效，在别的国家仍可以自由使用，不需专利权人的许可，也无付费的义务，不算侵犯专利权。所以，一项发明要想得到某个国家的法律保护，还必须在该国提出专利申请并取得专利权。我国有的企业对西方一些大公司通过广泛申请注册专利占领和垄断市场估计不足，造成出口困难。比如，我国一家沿海企业从美国一个公司引进制造胶卷的技术，但合同规定产品不能向技术转让厂商传统市场出口，结果出口地区被限制得很小。

向国务院专利行政部门申请专利和办理其他手续，应当按照规定缴纳费用。

六、专利实施的强制许可

任何一个国家批准一项专利，都是为了发展本国的技术和工业，目的是为了在本国应用。所谓实施是指由专利权人或该项专利的使用许可证购买人，把专利在专利授予国投入生产，制造产品，以满足当地市场和经济发展的需要。多数国家规定取得专利权的发明，自申请发明专利之日起满4年，或自批准之日起满4年，如无正当理由而未实施或未充分实施，则专利机构可给予实施该发明的强制许可，也叫非自愿许可，即强制专利权人允许他人实施其发明。申请强制许可的单位或个人应当提供证据证明其以合理的条件请求专利权人许可其实施其专利，但未能在合理的时间内获得许可。取得专利权的发明，对国防、国民经济或公共卫生有重大关系,经政府批准,专利机构可以准许任何单位实施该项专利发明,或予以征用。同时,都要付给专利权人合理的使用费。

我国专利法规定,具备实施条件的单位以合理的条件请求发明或者实用新型专利权人许可实施其专利,而未能在合理长的时间内获得这种许可时,国务院专利行政部门根据该单位的申请,可以给予实施该发明专利或者实用新型专利的强制许可。

在国家出现紧急状态或者非常情况时,或者为了公共利益的目的,国务院专利行政部门可以给予实施发明专利或者实用新型专利的强制许可。

我国专利法规定:有下列情形之一的,国务院专利行政部门根据具备实施条件的单位或者个人的申请,可以给予实施发明专利或者实用新型专利的强制许可:

(一)专利权人自专利权被授予之日起满 3 年,且自提出专利申请之日起满 4 年,无正当理由未实施或者未充分实施其专利的;

(二)专利权人行使专利权的行为被依法认定为垄断行为,为消除或者减少该行为对竞争产生的不利影响的。

为了公共健康目的,对取得专利权的药品,国务院专利行政部门可以给予制造并将其出口到符合中华人民共和国参加的有关国际条约规定的国家或者地区的强制许可。

各国专利法关于专利权人这一义务的规定,也体现了权利与义务相一致的原则。既然国家授予并以强制力保障专利权人的专利权,那么专利权人也应该承担把专利发明切实付诸实施的义务,使之尽快转化为生产力,推动国内经济技术的发展。

实施有几种形式,如专利权人直接投资办厂、合作经营以及出售许可证,都应承认是实施。但专利权人输入专利产品和输入用专利方法生产的产品,不能作为实施。

采取这种措施的目的,是为了防止专利权的滥用,特别是防止专利权人不在当地使用其专利发明,而给专利授予国的经济发展造成不利的影响。因为发达的资本主义国家的垄断资本,往往利用其在经济和技术上的优势地位,把它的某些发明在别国,特别是在某些发展中国家申请专利,但在取得专利权后,又不在这些国家实施其专利发明,而是利用专利权所赋予的进口垄断权,从本国大量输出采用这种专利生产的产品,借以达到垄断这些国家的市场、排斥其他国家同样产品的进口、攫取高额利润的目的。这种做法,对于这些国家的技术进步和经济发展显然是十分不利的。因此,许多国家特别是发展中国家在其专利法中一般都规定,专利发明必须在当地付诸实施,如在法律规定的期限内不予使用,政府有关当局有权颁发强制使用许可证,甚至在某些情况下有权撤销或征用其专利。所谓使用是指在当地实施专利发明,而从外国进口专利产品不能代替此项专利在该国的使用,也不能以此作为不在当地实施该项专利发明的正当理由。这是作为保障本国经济利益的一种必要措施。

申请强制许可的单位或者个人应当提供证据证明其以合理的条件请求专利权人许可其实施专利,但未能在合理的时间内获得许可。

一项取得专利的发明或者实用新型比前已经取得专利权的发明或者实用新型具有显著经济意义的重大技术进步,其实施又有赖于前一发明或者实用新型的实施的,国务院专利行政部门根据后一专利权人的申请,可以给予前一发明或者实用新型的强制许可。按照上述规定给予实施强制许可的情形下,国务院专利行政部门根据前一专利权人的申请,也可以给予实施后一发明或者实用新型的强制许可。

给予实施强制许可的决定,应当根据强制许可的理由规定实施的范围和时间。强制许可的理由消除并不再发生时,国务院专利行政部门应当根据专利权人的请求,经审查后作出终止实施强制许可的决定。

取得实施强制许可的单位或者个人应当付给专利权人合理的使用费,或者依照中华人民共和国参加的有关国际条约的规定处理使用费问题。付给使用费的,其数额由双方协商;双方不能达成协议的,由国务院专利行政部门裁决。

专利权人对国务院专利行政部门关于实施强制许可的决定不服的,专利权人和取得实施强制许可的单位或者个人对国务院专利行政部门关于实施强制许可的使用费的裁决不服的,可以自收到通知之日起3个月内向人民法院起诉。

取得实施强制许可的单位或个人,不享有独占的实施权,并且无权允许任何单位或者个人实施该专利。

七、专利权的保护

专利权人的专利,国家法律要给予保护。发明或者实用新型专利权的保护范围以其权利要求的内容为准,说明书及附图可以用于解释权利要求的内容。外观设计专利权的保护范围以表示在图片或者照片中的该外观设计为准,简要说明可以用于解释图片或者照片所表示的该产品的外观设计。

我国专利法规定,未经专利权人许可,实施其专利,即侵犯其专利权,引起纠纷的,由当事人协商解决;不愿协商或者协商不成的,专利权人或者利害关系人可以向人民法院起诉,也可以请求管理专利工作的部门处理。管理专利工作的部门处理时,认定侵权行为成立的,可以责令侵权人立即停止侵权行为,当事人不服的,可以自收到处理通知之日起 15 日内向人民法院起诉;侵权人期满不起诉又不停止侵权行为的,管理专利工作的部门可以申请人民法院强制执行。进行处理的管理专利工作的部门应当事人的请求,可以就侵犯专利权的赔偿数额进行调解;调解不成的,当事人可以向人民法院起诉。

专利侵权纠纷涉及新产品制造方法的发明专利的,制造同样产品的单位或者个人应当提供其产品制造方法不同于专利方法的证明;涉及实用新型或者外观设计专利的,人民法院或者管理专利工作的部门可以要求专利权人或者利害关系人出具由国务院专利行政部门对相关实用新型或者外观设计进行检索、分析和评价后作出的专利权评价报告,作为审理、处理专利侵权纠纷的证据。

在专利侵权纠纷中被控侵权人有证据证明其实施的技术或者设计属于现有技术或者现有设计的,不构成侵犯专利权。

假冒专利的,除依法承担民事责任外,由管理专利工作的部门责令改正并予公告,没收违法所得,可以并处违法所得 4 倍以下的罚款;没有违法所得的,可以处 20 万元以下的罚款;构成犯罪的,依法追究刑事责任。

侵犯专利权的赔偿数额,按照权利人因被侵权所受到的实际损失或者侵权人因侵权所获得的利益确定;权利人的损失或者侵权人获得的利益难以确定的,参照该专利许可使用费的倍数合理确定。赔偿数额还应包括权利人的制止侵权行为所支付的合理开支。权利人的损失、侵权人获得的利益和专利许可使用费均难以确定的,人民法院可以根据专利权的类型、侵权行为的性质和情节等因素,确定给予 1 万元以上 100 万元以下的赔偿。

管理专利工作的部门根据已经取得的证据,对涉嫌假冒专利行为进行查处时,可以询问有关当事人,调查与涉嫌违法行为有关的情况;对当事人涉嫌违法行为的场所实施现场检查;查阅、复制与涉嫌违法行为有关的合同、发票、账簿以及其他有关资料;检查与涉嫌违法行为有关的产品。对有证据证明是假冒专利的产品,可以查封或者扣押。

专利权人或者利害关系人有证据证明他人正在实施或者即将实施侵犯专利权的行为,如不及时制止将会使其合法权益受到难以弥补的损害的,可以在起诉前向人民法院申请采取责令停止有关行为的保全措施。申请人提出申请时,应当提供担保;不提供担保的,驳回申请。

人民法院应当自接受申请之时起 48 小时内作出裁定;有特殊情况需要延长

的，可以延长48小时。裁定责令停止有关行为的，应当立即执行。当事人对裁定不服的，可以申请复议一次；复议期间不停止裁定的执行。

申请人自人民法院采取责令停止有关行为的措施之日起15日内不起诉的，人民法院应当解除该措施。

侵犯专利权的诉讼时效为2年，自专利权人或者利害关系人得知或者应当得知侵权行为之日起计算。发明专利申请公布后至专利权授予前使用该发明未支付适当使用费的，专利权人要求支付使用费的诉讼时效为2年，自专利权人得知或者应当得知他人使用其发明之日起计算，但是，专利权人于专利权授予之日前即已得知或者应当得知的，自专利权授予之日起计算。

有下列情形之一的，不视为侵犯专利权：

（一）专利产品或者依照专利方法直接获得的产品，由专利权人或者经其许可的单位、个人售出后，使用、许诺销售、销售、进口该产品的；

（二）在专利申请日前已经制造相同产品、使用相同方法或者已经作好制造、使用的必要准备，并且仅在原有范围内继续制造、使用的；

（三）临时通过中国领陆、领水、领空的外国运输工具，依照其所属国同中国签订的协议或者共同参加的国际条约，或者依照互惠原则，为运输工具自身需要而在其装置和设备中使用有关专利的；

（四）专为科学研究和实验而使用有关专利的；

（五）为提供行政审批所需要的信息，制造、使用、进口专利药品或者专利医疗器械的，以及专门为其制造、进口专利药品或者专利医疗器械的。

为生产经营目的使用、许诺销售，或者销售不知道是未经专利权人许可而制造并售出的专利侵权产品，能证明其产品合法来源的，不承担赔偿责任。

违反专利法规定，擅自向外国申请专利，泄露国家秘密的，由所在单位或者上级主管机关给予行政处分；构成犯罪的，依法追究刑事责任。侵夺发明人或者设计人的非职务发明创造申请权和专利法规定的其他权益的，由所在单位或者上级主管机关给予行政处分。

管理专利工作的部门不得参与向社会推荐专利产品等经营活动。管理专利工作的部门违反前述规定的，由其上级机关或者监察机关责令改正，消除影响，有违法收入的予以没收；情节严重的，对直接负责的主管人员和其他直接责任人员依法给予行政处分。

从事专利管理工作的国家机关工作人员以及其他有关国家机关工作人员玩忽职守、滥用职权、徇私舞弊、构成犯罪的，依法追究刑事责任；尚不构成犯罪的，依法给予行政处分。

向国务院专利行政部门申请专利和办理其他手续,应当按照规定缴纳费用。

知识产权信息如世界各国申请注册的专利是宝贵的商业技术和商业资料,发展科技必须要充分利用这些资料,以便了解世界技术发展的现状,了解世界各国推行的专利战略。只有如此,才能正确制定我国科技的发展战略,避免重复劳动。在商业方面,如充分了解知识产权的信息,不仅可以避免发生侵权,而且还可以了解技术的替代来源,利用外商之间的竞争。

第三节　专利制度国际化的发展

各国制订和颁布的专利法,仅在本国范围内有效。在19世纪末期,资本主义经济迅速发展,国际贸易越来越发达,国际市场逐步形成。各工业国家都要求把各自的专利垄断权由本国扩展到国外,这个国家的专利要到那个国家去申请保护,那个国家的专利也要到这个国家来申请保护。但是,一国的专利法只在本国有效,在别的国家无效;而且各国的专利法,在内容和做法上有各种差别,这些都给国际贸易和技术交流带来很大的不便,因此就产生了专利制度国际化的需要,希望有一个协调组织和一些协调原则。各主要工业国从19世纪末开始缔结有关工业产权的国际公约。下面对几个主要的国际公约作概括介绍。

一、巴黎公约

(Paris Convention for Protection of Industrial Property)

在1873年维也纳的国际博览会上,参加博览会的各国厂商要求对展出的新技术发明给予更充分的保护,否则就不能放心展出新发明的产品。于是,根据美国提议,1878年和1880年在巴黎举行了国际专利会议,最后在1883年3月20日有11个国家在巴黎成立了"保护工业产权国际联盟"(简称巴黎联盟),签订了保护工业产权巴黎公约(简称巴黎公约)。这些国家是比利时、巴西、危地马拉、荷兰、西班牙、意大利、葡萄牙、萨尔瓦多、塞尔维亚、法国和瑞士。公约于1884年开始生效,后来英国(1884年)、美国(1887年)、丹麦(1894年)、日本(1899年)也先后参加了巴黎公约。巴黎公约缔结以来,先后经过6次修订:1900年12月14日于布鲁塞尔,1911年6月2日于华盛顿,1925年11月6日于海牙,1934年6月2日于伦敦,1958年12月31日于里斯本,1967年7月14日于斯德哥尔摩,1980年2月在日内瓦，1981 年 9 月在肯尼亚的内罗毕就巴黎公约修改进行讨论，修改讨论还将继续进行。公约虽经多次修改，但其基本原则未变。

巴黎联盟设有大会、执行委员会和国际事务局。1967 年，各国在斯德哥尔摩签订了建立世界知识产权组织（WIPO）的公约，这个组织的成员已达 100 多个。我国是在 1985 年 3 月 19 日正式参加《保护工业产权巴黎公约》的。

巴黎公约的许多规定是既适用于专利权也适用于商标权，以及其他工业产权。比如版权，主要有文学、音乐、艺术、摄影、电影作品等。

巴黎公约是专利制度的第一个国际公约，也是迄今为止最重要的国际专利公约，一切巴黎公约成员国的专利法都受巴黎公约基本原则的影响和约束。巴黎公约的主要原则有以下几项：

（一）国民待遇原则

巴黎公约规定，在专利权保护方面，任何公约缔约国的国民，不论他们在一成员国内有无永久住所或营业所，只要他们遵守对该国国民适用的条件和手续，就享有同该国国民同样的待遇。

非本公约成员国的国民，如果在一个本公约成员国境内有永久住所或正当的工商营业所，也享有与本公约成员国国民同样的待遇。比如，一个美国公民在日本拥有的专利权的效力，同日本公民享有的专利权效力一样。同样，他在德国所享有的专利权效力也和德国公民享有的一样。甚至他在美国享有的专利有效期仅有 17 年，而在日本、德国却可享受 20 年的专利有效期。

（二）优先权原则

巴黎公约规定对专利申请给予优先权。优先权是指申请人从首次向成员国之一提出申请之日起，可以在一定期限内（发明和实用新型为 12 个月，工业品外观设计为 6 个月），以同一发明向其他成员国提出申请，而其后来申请的日期可视同首次申请的日期。任何第三者就同一发明提出申请时都不妨碍其专利权的获得。比如，一个丹麦公民于 1987 年 10 月 1 日在本国提出发明专利申请案，直到 1988 年 9 月 30 日他都有权向其他巴黎公约成员国家提出同样的申请，而每一个接受申请的国家在判定这个丹麦人发明的新颖性时，不是根据各国的受案期起算，而应按他在丹麦第一次提出申请的日期计算。优先权对成员国的专利申请人有两点好处：第一，在优先权期限内，任何人不能以其在第一次申请时已将其发明的内容公开，就认为该发明已失去新颖性，从而阻止其在其他成员国取得专利权；第二，在优先权期限内，其他成员国不得以已有其他人就同一发明提出了专利申请为理由来对抗首先申请人取得专利权。

行使优先权的条件是:申请人必须在成员国之一完成了第一次合格的申请,而且第一次申请的内容必须与日后向其他成员国所提出的专利申请内容完全相同,并不能超过规定的期限。

我国专利法规定,申请人自发明或者实用新型在外国第一次提出专利申请之日起 12 个月内,或者自外观设计在外国第一次提出专利申请之日起 6 个月内,又在中国就相同主题提出专利申请的,依照外国同中国签订的协议或者共同参加的国际条约,或者依照相互承认优先权的原则,可以享有优先权。

申请人自发明或者实用新型在中国第一次提出专利申请之日起 12 个月内,又向国务院专利行政部门就相同主题提出专利申请的,可以享有优先权。申请人要求优先权的,应当在申请的时候提出书面声明,并且在 3 个月内提交第一次提出的专利申请文件的副本;未提出书面声明或者逾期未提交专利申请文件副本的,视为未要求优先权。

(三) 独立性原则

巴黎公约规定,同一发明在不同国家所获得的专利权彼此无关,即各缔约国独立地按本国的法律规定给予,或拒绝,或撤销,或终止某项发明专利权,不受该项专利权在其他成员国决定的影响。这也就是说,已经在一个成员国取得专利权的发明,在向其他成员国提出同样申请时,不一定能获准;反之,在一成员国已经遭到拒绝的专利申请,在向其他成员国提出同样申请时,不一定会遭到拒绝。这就是说,在任何一个成员国里,一项发明专利申请的结果(不论批准与否),对其他任何成员国就同一发明专利性的确定没有任何影响。比如,一个意大利发明人在联盟成员国的西班牙得到专利权后,这个专利权在其他联盟成员国并不一定能有效。如果这个意大利发明人还希望这项发明得到法国、英国等国的保护,仍须向这些国家申请,履行这些国家规定的法定手续。同时他在法国、英国申请得到了专利权,如果他再向美国、日本等国申请,并不一定仍可获得专利权,可能会因不符该两国的法律规定而被驳回。这说明在国与国之间,实行的法律是不一致的。公约对这种不一致予以承认,这就是实行专利独立原则的原因。所以,凡是成员国的国民向数个成员国申请专利,虽是同一发明,也是相互独立的。

(四) 强制许可原则

这也称非自愿许可。自申请专利之日起满 4 年,或批准专利之日起满 3 年,取得专利权的发明,无正当理由没有实施,或没有充分实施,主管专利机构可根据有关单位的申请,给予实施发明的强制许可。取得强制许可的单位,应给专利权人合理的使用费。此种强制许可不具有专有性,即专利权人仍可自己使用、制造、进口和销售。同时,强制许可不得转让,除非随同使用这种特许的企业或企业的一部分一同转让。如果专利权人能够提出不实施的正当理由,则必须拒绝给予强制许可。如果给了第一次强制许可证之后,2 年之内仍未实施或仍未充分实施发明,就可以撤销专利权。

此外,公约还规定,巴黎联盟一成员国的船只、飞机或车辆临时进入另一成员国时,在船身、机器、船具、设备及其他附件上,或在飞机和车辆的结构或其附件上,使用了另一成员国批准的专利发明时,不认为是侵犯专利权,只要使用这些发明是专为运输工具所需要。

二、专利合作条约
(PCT)

巴黎公约解决了专利权的保护问题,但没有涉及专利权的国际申请问题,即受到一成员国保护的专利如果也要受到其他成员国的保护,就必须分别到各个成员国去申请,由每个成员国分别进行审查和批准。这样就比较麻烦和要增加费用。一些国家谋求在专利的国际申请方面进行世界范围的合作,这就是缔结专利合作条约的重要原因之一。它的主要目的是使成员国在若干国家同时申请专利时,能通过一个统一的渠道,减少各国就同一个专利申请进行的重复劳动并减少手续和费用,使成员国的专利申请人在一国申请批准后,可以指定同时在哪几个国家生效。缔结这个条约的倡议首先是美国在 1966 年 6 月的巴黎联盟公约执行委员会上作为专利合作的提案提出来的。专利合作条约是 1970 年 6 月 19 日由 35 个国家在华盛顿签订的,于 1978 年 6 月 1 日生效。我国从 1994 年 1 月 1 日起正式成为该条约的成员国。中国专利局成为该条约的受理局、指定局和选定局、国际检索单位和国际初步审查单位,中文也成为该条约的正式工作语言。

专利合作条约的中心内容是统一缔约国的专利申请手续和审批程序以及在专利文献的检索工作和批准专利以前的初步审查工作,批准后的公布出版等方面进行合作,以便一项发明通过一次国际申请就可同时在申请人选定的几个或全部成员国获得批准。

成员国的申请人可向设在华盛顿、莫斯科和东京等的国际专利申请受理处提出国际申请,并指明要求发明拟在哪些成员国获得专利。受理处接受国际申请后,即对该项发明进行审查,然后做成审查报告送交申请书上指定要求给予专利的国家的专利机构,由有关国家的专利机构根据各自国家的法律决定是否授予专利权。

因此,专利合作条约只是对专利的申请进行统一的审查,至于是否给予专利权,仍由各国根据国内法自行决定。但专利合作条约在简化国际专利申请手续和审批程序等方面的合作,已朝着国际统一专利制度的目标迈出了重要的一步,在这方面它比巴黎公约前进了一步。

三、欧洲专利公约
(EPC)

欧洲专利公约是西欧16个国家于1973年10月5日在慕尼黑签订的,所以又称慕尼黑公约。公约于1977年10月7日生效,并自1978年6月1日起开始受理欧洲专利申请案。

根据欧洲专利公约的规定,成立了欧洲专利局。欧洲专利局办理欧洲专利的申请、审查和授予,申请人不必分别向各欧洲国家提出申请,而只须向欧洲专利局提出一次申请即可。欧洲专利局受理申请后,先进行形式审查,并提出审查报告,然后从申请日(优先权日)起18个月后,将申请公开。申请人提出申请后,欧洲专利局再进行实质审查,并决定是否授予专利权。欧洲专利局授予的欧洲专利权只是在申请人所指定的一个或几个成员国发生效力的专利权,并不是在所有成员国都发生效力的专利权。

欧洲专利权的有效期为20年,从公布发证之日起算。

四、欧洲共同体专利公约
(Community Patent Convention)

为了统一欧洲经济共同体各国的专利制度,当时的共同体9个成员国于1975年12月15日在卢森堡签订了欧洲共同体专利公约,所以又称卢森堡公约。公约规定,共同体专利权的授予,应按慕尼黑公约规定的程序和规则办理。但与慕尼黑公约不同,这种专利权不再转化为各个国家的专利权而是共同体的专利权。共同体专利权是在所有共同体成员国都受到保护的专利权。也就是“共同体集团”统一的权利。

共同体专利权,原则上受欧洲专利法支配,共同体专利权的有效性适用欧洲专利法,即由欧洲专利公约来确定。审理有关专利有效性的管理权也属于共同体的有关机构。这样就可避免由各成员国分别审理时,各国法院在对专利无效条件的解释上可能引起的分歧。实施欧洲专利权和共同体专利权后，各国的专利权仍然存在，申请人既可按公约的规定申请共同体专利权，也可按某个国家专利法的规定申请该国的专利权。

共同体专利公约比专利合作条约和欧洲专利公约都前进了一步。

五、北欧共同专利法

北欧的瑞典、挪威、丹麦、芬兰 4 国于 1968 年制订了统一的专利法——《北欧共同专利法》，成员国根据共同专利法在同一年修订了国内专利法。这 4 个国家实行的制度是：向一国申请，即具有向其他 3 国申请的效力。

第十四章　商　标　法

第一节　商标与商标权

一、商标的概念

商标，是指自然人、法人或其他组织用以标明自己所生产、制造、加工、拣选或者经销的商品，并使该商品与他人生产、加工、拣选或者经销的商品有所区别的文字、图形、字母、数字、三维标志、颜色组合和声音等以及上述要素组合的一种标志。简单地说，商标就是区别商品的标记。

不同种类的产品，不论有无商标都容易识别，比如，毛巾和电视机。但是，同样是电视机就有几十、几百种，没有标记就不易区别了。比如，牡丹牌电视机就能使我们把北京电视机厂生产的电视机与国内外所有其他电视机厂生产的电视机区别开来。

商标是商品经济的产物，是随着商品生产的发展而发展起来的，自然经济初期，生产的目的主要是为了自给自足，产品不存在什么商品标记，即使一些物品上刻有铭文、年号，也只是为了纪念、装饰或者表示物品归谁所有。随着商品经济的发展，社会上出现了许多作坊、行铺和行会，产品的数量和品种大大增加，同一种商品往往有许多地区、许多生产单位或个体劳动者从事生产、制造、加工、拣选或者经销。为了使自己的产品获得好的信誉，以便更多更快地销售出去，商家就有必要在自己制造或者经营的商品上刻印记号，以将其与其他生产者或者经营者的商品相区别。他们有的在商品或包装上刻印制造者的姓名或行铺、作坊的名称，有的刻印图形，有的图文并有。随之，市场上刻印这些标记的商品越来越多，渐渐形成了商标。我国早在北宋时期就已经出现既有文字又有图形的商标。欧洲在 13 世纪行会盛行时，许多作坊已在其商品上刻印商标。

随着市场对商标存在的逐步接受和认可，商标作为一种私有的财产权开始受到法律的承认和保护，但其真正成为一种严密的法律制度，则是在资本主义生产方式下逐渐完备起来的。当商品生产发展到资本主义阶段，商标被广泛地使用起来，其作用也起了变化，它不仅是单纯为了在交换中区别不同生产者与经营者的一种手段，而且变成企业或个人之间竞争的一个重要工具。一个享有声誉的商标，可以使企业或个人大获利润，进而成为他们的一种财富。现代商标作为一种财产，可以转让、买卖，商标本身也是企业或个人的一种产品，一种无形资产。这是现代商标同早期商标最重要的区别之一。另外，有些企业或个人为了追求利润，在竞争中取得优势，甚至故意假冒名牌商标推销商品。这种情况，不但使消费者难以辨认商品，而且导致商品的生产者之间，生产者与经营者之间，生产者、经营者与消费者之间的纠纷不断发生，扰乱了社会经济秩序。因此，发达的资本主义国家，从 19 世纪 50 年代起就先后制订了有关保护商标的法律，用法律手段调整商标使用中的社会关系，保护商标专用权，明确地把商标作为一种工业产权，依法加以保护，不许他人侵犯，以确认和保护商标权所有人的利益。

商标法，是指为了加强商标管理，保护商标专用权，促使生产、经营者保证商品和服务质量，维护商标信誉，以保障消费者和生产、经营者的利益，促进社会经济的发展而制定的法律规范。

二、商标权的特点

商标权，是指商标所有人在一定期限内依法把某一特定的商标用于其商品上的一种专用权。商标权具有以下特点：

（一）商标权即商标专用权，这是指只有商标所有人才有专用注册商标的权利。

（二）商标权是无形财产权，这种权利只有在注册后才有效。

无形财产本身是没有实体的，必须到政府主管部门申请登记，被批准后才能赋予财产所有人一定时限内专有该无形财产的权利。比如，申请专利、注册商标，以取得无形财产权。

（三）商标权所有人可以转让或出售商标。

（四）受到法律保护的商标，任何其他人不得仿冒，否则商标所有人可以向任何个人和单位要求停止侵权行为并赔偿损失。

商标权与专利权一样，是一种排他性的独占权，只有商标权所有人才有权使用，也有权转让给他人使用或出售给别人。

三、商标的作用

社会主义市场经济,也要大力发展社会主义的商品生产和商品交换,商标可以促进商品生产和商品流通,具体表现在以下几个方面。

(一) 商标具有标示商品来源的作用

商品来源是指商品产于哪个企业。也就是说,使用同一商标的商品是同一家企业生产的。企业可以通过商标把自己的商品与他人的商品在市场上区别开来,以便消费者辨识。同时,企业可通过各种方式扩大品牌影响力,吸引消费者购买自己的商品。认牌选购,促使生产者必须培植和巩固自己的商标信誉,为市场提供价格公道、质量优良的商品,创造名牌,以确保自己在市场上的持续竞争力。

(二) 商标具有便于宣传和扩大购销的作用

由于商标代表企业信誉并表示商品质量,它就自然地成为一种有效的宣传手段。通过对商标的广告宣传,可以使人们对生产者及其产品留下深刻印象,收到扩大购销的市场效果。

(三) 商标具有便于国家主管部门监督商品质量的作用

有些经营作风不端正的生产者,往往对商标不爱护,对质量不重视,甚至单纯从牟利出发,粗制滥造,欺骗消费者。但此种投机手段往往只适用于一次博弈,消费者会根据博弈效果决定是否再次合作。也就是说,消费者买了质量不好的商品上了当,下次就不会再买,企业因产品滞销面临危机甚至倒闭,这种现象也称之为"来自消费者的惩罚"。作为国家行政主管部门,当然不能听任消费者去"购买教训",也不能依赖"消费者的惩罚"来维护市场秩序,而应当通过法律、行政与经济手段,大力打击假冒伪劣商品,对商品质量进行监督,防止和减少上述现象的出现,以保护消费者的利益。

(四) 商标具有有利于开展对外贸易的作用

商标具有有利于开展对外贸易的作用。商标对加强我国商品在国际市场上的竞争力有重要作用,比如,有的产品被认定为驰名商标,其影响不仅存在于国内市场,在国际市场上,该产品的核心竞争力也会随之增强,销量随之增加,为国家多创外汇。这就有利于开展我国的对外贸易。我国商标法规定:认定驰名商标应当考虑下列因素:1. 相关公众对该商品的知晓程度;2. 该商标使用的持续时间;3. 该商标的任何宣传工作的持续时间、程度和地理范围;4. 该商标作为驰名商标受保护的记录;5. 该商标驰名的其他因素。

第二节 商标法的主要内容

一、商标的注册

商标法,是指为调整商标使用中所发生的社会关系而制定的法律规范。它规定商标的注册、管理和使用,保证商标的专用权。

商标的注册,就是对商标权的确认。各国商标法都规定,商标必须向商标主管部门申请注册,经批准注册后,才能获得商标权。所以,注册是承认一个商标在法律上得到专用权的根据,批准商标的法律含义就是授予商标权。

商标注册申请人可以是自然人、法人或者其他组织。我国国务院工商行政管理部门商标局主管全国商标注册和管理工作。

经商标局核准注册的商标为注册商标、服务商标和集体商标、证明商标。

集体商标,是指以团体、协会或者其他组织名义注册供该组织成员在商事活动中使用,以表明使用者在该组织成员资格的标志。

证明商标,是指由对某种商品或者服务具有监督能力的组织所控制,而由该组织以外的单位或者个人使用于其商品或者服务,用以证明该商品或者服务的原产地、原料、制造方法、质量或者其他特定品质的标志。

自然人、法人或者其他组织对其提供的商品或者服务项目,需要取得商标专用权的,应当向商标局申请相应的商品或服务商标注册。

对申请注册的商标,商标局应当自收到商标注册申请文件之日起九个月内审查完毕,符合本法有关规定的,予以初步审定公告。在审查过程中,商标局认为商标注册申请内容需要说明或者修正的,可以要求申请人做出说明或者修正。申请人未做出说明或者修正的,不影响商标局做出审查决定。凡不符合商标法有关规定或者同他人在同一种商品或者类似商品上已经注册的或者初步审定的商标相同或者近似的,由商标局驳回申请,不予公告。两个或者两个以上的商标注册申请人在同一种商品或类似商品上,以相同或者近似的商标申请注册的,初步审定并公告申请在先的商标;同一天申请的,初步审定并公告使用在先的商标,驳回其他人的申请,不予公告。同日使用或者均未使用的,各申请人可以自收到商标局通知之日起 30 日内自行协商,并将书面协议报送商标局;不愿协商或协商不成的,商标局通知各申请人以抽签的方式确定一个申请人,驳回其他人的注册申请。对初步审定公告的商标,自公告之日起三个月内,在先权利人、利害关系人认为其行为涉及复制、摹仿、翻译他人驰名商标、无权代理、使用他人在先使用的未注册商标、同类似商品已注册或已通过初步审定的商标相近、同他人同时就类似商品申请类似商标、抢注他人已使用商标、商标中有地理标志与商品来源不符等情况,或者任何人发现其使用商标法规定的禁止作为商标使用的标志、商标法规定禁止作为商标注册的标志、以仅由商品自身的性质产生的形状、为获得技术效果而需有的商品形状或者使商品具有实质性价值的形状之三维标志作为商标等情况,均可向商标局提出异议。公告期满无异议的,予以核准注册,发给商标注册证,并予公告。对驳回申请、不予公告的商标,申请人不服的,可以自收到通知之日起15日内向商标评审委员会申请复审,商标评审委员会应当自收到申请之日起九个月内做出决定,并书面通知申请人。有特殊情况需要延长的,经国务院工商行政管理部门批准,可以延长三个月。当事人对商标评审委员会的决定不服的,可以自收到通知之日起30日内向人民法院起诉。对初步审定、予以公告的商标,提出异议的,商标局应对听取异议人和被异议人陈述事实和理由,经调查核实后,商标评审委员会在依照前款规定进行复审的过程中,所涉及的在先权利的确定必须以人民法院正在审理或者行政机关正在处理的另一案件的结果为依据的,可以中止审查。中止原因消除后,应当恢复审查程序。法定期限届满,当事人对商标局做出的驳回申请决定、不予注册决定不申请复审或者对商标评审委员会做出的复审决定不向人民法院起诉的,驳回申请决定、不予注册决定或者复审决定生效。经审查异议不成立而准予注册的商标,商标注册申请人取得商标专用权的时间自初步审定公告三个月期满之日起计算。自该商标公告期满之日起至准予注册决定做出前,对他人在同一种或者类似商品上使用与该商标相同或者近似的标志的行为不具有追溯力;但是,因该使用人的恶意给商标注册人造成的损失,应当给予赔偿。法定期限届满,当事人对商标局做出的驳回申请决定、不予注册决定不申请复审或者对商标评审委员会做出的复审决定不向人民法院起诉的,驳回申请决定、不予注册决定或者复审决定生效。

注册商标需要改变其标志的,应当重新提出注册申请。注册商标需要变更注册人的名义、地址或者其他注册事项的,应当提出变更申请。

申请商标注册或者办理其他商标事宜,可以自行办理,也可以委托依法设立的商标代理机构办理。外国人或者外国企业在中国申请商标注册的,应当按其所属国和中华人民共和国签订的协议或者共同参加的国际条约办理,或者按对等原则办理。外国人或者外国企业在中国申请商标注册和办理其他商标事宜的,应当委托国家认可的具有商标代理资格的组织代理。后者是指在中国没有经常居所或者营业所的外国人或者外国企业。

商标代理机构应当遵循诚实信用原则，遵守法律、行政法规，按照被代理人的委托办理商标注册申请或者其他商标事宜；对在代理过程中知悉的被代理人的商业秘密，负有保密义务。委托人申请注册的商标可能存在商标法规定不得注册情形的，商标代理机构应当明确告知委托人。商标代理机构知道或者应当知道委托人申请注册的商标涉及无权代理、损害他人在先权利、抢注他人商标等情况，不得接受其委托。商标代理机构除对其代理服务申请商标注册外，不得申请注册其他商标。商标代理行业组织应当按照章程规定，严格执行吸纳会员的条件，对违反行业自律规范的会员实行惩戒。商标代理行业组织对其吸纳的会员和对会员的惩戒情况，应当及时向社会公布。商标国际注册遵循中华人民共和国缔结或者参加的有关国际条约确立的制度，具体办法由国务院规定。

商标代理机构有下列行为之一的，由工商行政管理部门责令限期改正，给予警告，处一万元以上十万元以下的罚款；对直接负责的主管人员和其他直接责任人员给予警告，处五千元以上五万元以下的罚款；构成犯罪的，依法追究刑事责任：

（一）办理商标事宜过程中，伪造、变造或者使用伪造、变造的法律文件、印章、签名的；

（二）以诋毁其他商标代理机构等手段招徕商标代理业务或者以其他不正当手段扰乱商标代理市场秩序的；

（三）违反本法第十九条第三款、第四款规定的。

商标代理机构有前款规定行为的，由工商行政管理部门记入信用档案；情节严重的，商标局、商标评审委员会并可以决定停止受理其办理商标代理业务，予以公告。

商标代理机构违反诚实信用原则，侵害委托人合法利益的，应当依法承担民事责任，并由商标代理行业组织按照章程规定予以惩戒。

申请注册和使用商标，也应当遵循诚实信用原则。申请商标注册不得损害他人现有的在先权利，也不得以不正当手段抢先注册他人已经使用并有一定影响的商标。目前社会上存在着抢先注册他人使用的具有一定知名度的未注册商标的现象，使商标创始人蒙受很大损失。

为相关公众所熟知的商标，持有人认为其权利受到侵害时，可以依照商标法规定请求驰名商标保护。就相同或者类似商品申请注册的商标是复制、摹仿或者翻译他人未在中国注册的驰名商标，容易导致混淆的，不予注册并禁止使用。就不相同或者不相类似商品申请注册的商标是复制、摹仿或者翻译他人已经在中国注册的驰名商标，误导公众，致使该驰名商标注册人的利益可能受到损害的，不予注册并禁止使用。

此外,驰名商标应当根据当事人的请求,作为处理涉及商标案件需要认定的事实进行认定。在商标注册审查、工商行政管理部门查处商标违法案件过程中,当事人依照合同法关于复制、摹仿、翻译他人驰名商标条例主张权利的,商标局根据审查、处理案件的需要,可以对商标驰名情况作出认定。在商标争议处理过程中,当事人依照合同法关于复制、摹仿、翻译他人驰名商标条例主张权利的,商标评审委员会根据处理案件的需要,可以对商标驰名情况作出认定。在商标民事、行政案件审理过程中,当事人依照合同法关于复制、摹仿、翻译他人驰名商标条例主张权利的,最高人民法院指定的人民法院根据审理案件的需要,可以对商标驰名情况作出认定。此外,商标法还规定,生产、经营者不得将“驰名商标”字样用于商品、商品包装或者容器上,或者用于广告宣传、展览以及其他商业活动中。

任何能够将自然人、法人或者其他组织的商品与他人商品区别开的标志,包括文字、图形、字母、数字、三维标志、颜色组合和声音等,以及上述要素的组合,均可作为商标申请注册。

两个以上的自然人、法人或者其他组织可以共同向商标局申请注册同一商标,共同享有和行使该商标专用权。

国家规定必须使用注册商标的商品,必须申请商标注册,未经核准注册的,不得在市场上销售,这是指法律、行政法规规定必须使用注册商标的商品。

二、商标保护范围

申请注册的商标,一般说来,只要符合法律规定的,都可以获得注册,但各国商标法都对某些不能作为商标的标志做出规定,列为禁用条款。我国商标法规定下列标志不得作为商标使用:

(一) 同中华人民共和国的国家名称、国旗、国徽、国歌、军旗、军徽、军歌、勋章等相同或者近似的,以及同中央国家机关的名称、标志、所在地特定地点的名称或者标志性建筑物的名称、图形相同的;

(二) 同外国的国家名称、国旗、国徽、军旗等相同或者近似的,但该国政府同意的除外;

(三) 同政府间国际组织的名称、旗帜、徽记等相同或者近似的,但经该组织同意或者不易误导公众的除外;

(四) 与表示实施控制、予以保证的官方标志、检验印记相同或者近似的,但经授权的除外；

（五）同“红十字”、“红新月”的名称、标志相同或者近似的；

（六）带有民族歧视性的；

（七）带有欺骗性，容易使公众对商品的质量等特点或者产地产生误认的；

（八）有害于社会主义道德风尚或者有其他不良影响的。

县级以上行政区划的地名或者公众知晓的外国地名，不得作为商标。但是，地名具有其他含义或者作为集体商标、证明商标组成部分的除外；已经注册的使用地名的商标继续有效。

下列标志不得作为商标注册：

（一）仅有本商品的通用名称、图形、型号的；

（二）仅直接表示商品的质量、主要原料、功能、用途、重量、数量及其他特点的；

（三）其他缺乏显著特征的。

以三维标志申请注册商标的，仅由商品自身的性质产生的形状，为获得技术效果而需有的商品形状或者使商品具有实质性价值的形状，不得注册。

未经授权，代理人或者代表人以自己的名义将被代理人或者被代表人的商标进行注册，被代理人或者被代表人提出异议的，不予注册并禁止使用。

商标中有商品的地理标志，而该商品并非来源于该标志所标示的地区，误导公众的，不予注册并禁止使用；但是，已经善意取得注册的继续有效。地理标志，是指标示某商品来源于某地区，该商品的特定质量、信誉或者其他特征，主要由该地区的自然因素或者人文因素所决定的标志。

三、注册商标专用权的保护

为了保护注册商标的专用权，有下列行为之一的，均属侵犯注册商标专用权：

（一）未经商标注册人的许可，在同一种商品上使用与其注册商标相同的商标的；

（二）销售侵犯注册商标专用权的商品的；

（三）伪造、擅自制造他人注册商标标识或者销售伪造、擅自制造他人注册商标标识或者销售伪造、擅自制造的注册商标标识的；

（四）未经商标注册人同意，更换其注册商标并将该更换商标的商品又投入市场的；

(五)给他人的注册商标专用权造成其他损害的。

(六)未经商标注册人的许可,在同一种商品上使用与其注册商标近似的商标,或者在类似商品上使用与其注册商标相同或者近似的商标,容易导致混淆的;

(七)故意为侵犯他人商标专用权行为提供便利条件,帮助他人实施侵犯商标专用权行为的;

工商行政管理部门在处理商品专用权纠纷时,如认定侵权行为成立的,责令立即停止侵权行为,没收、销毁侵权商品和专门用于制造侵权商品、伪造注册商标标识的工具,并可处以罚款。

违法经营额五万元以上的,可以处违法经营额五倍以下的罚款,没有违法经营额或者违法经营额不足五万元的,可以处二十五万元以下的罚款。对五年内实施两次以上商标侵权行为或者有其他严重情节的,应当从重处罚。销售不知道是侵犯注册商标专用权的商品,能证明该商品是自己合法取得并说明提供者的,由工商行政管理部门责令停止销售。

对侵犯商标专用权的赔偿数额的争议,当事人可以请求进行处理的工商行政管理部门调解,也可以依照《中华人民共和国民事诉讼法》向人民法院起诉。经工商行政管理部门调解,当事人未达成协议或者调解书生效后不履行的,当事人可以依照《中华人民共和国民事诉讼法》向人民法院起诉。

对侵犯注册商标专用权的行为,工商行政管理部门有权依法查处;涉嫌犯罪的,应当及时移送司法机关依法处理。

侵犯商标专用权的赔偿数额,按照权利人因被侵权所受到的实际损失确定;实际损失难以确定的,可以按照侵权人因侵权所获得的利益确定;权利人的损失或者侵权人获得的利益难以确定的,参照该商标许可使用费的倍数合理确定。对恶意侵犯商标专用权,情节严重的,可以在按照上述方法确定数额的一倍以上三倍以下确定赔偿数额。赔偿数额应当包括权利人为制止侵权行为所支付的合理开支。

人民法院为确定赔偿数额,在权利人已经尽力举证,而与侵权行为相关的账簿、资料主要由侵权人掌握的情况下,可以责令侵权人提供与侵权行为相关的账簿、资料;侵权人不提供或者提供虚假的账簿、资料的,人民法院可以参考权利人的主张和提供的证据判定赔偿数额。

权利人因被侵权所受到的实际损失、侵权人因侵权所获得的利益、注册商标许可使用费难以确定的,由人民法院根据侵权行为的情节判决给予三百万元以下的赔偿。

注册商标专用权人请求赔偿,被控侵权人以注册商标专用权人未使用注册商标提出抗辩的，人民法院可以要求注册商标专用权人提供此前三年内实际使用该注册商标的证据。注册商标专用权人不能证明此前三年内实际使用过该注册商标，也不能证明因侵权行为受到其他损失的，被控侵权人不承担赔偿责任。

销售不知道是侵犯注册商标专用权的商品，能证明该商品是自己合法取得并说明提供者的，不承担赔偿责任。

商标注册人或者利害关系人有证据证明他人正在实施或者即将实施侵犯其注册商标专用权的行为，如不及时制止，将会使其合法权益受到难以弥补的损害的，可以依法在起诉前向人民法院申请采取责令停止有关行为和财产保全的措施。

未经商标注册人许可，在同一种商品上使用与其注册商标相同的商标；伪造、擅自制造他人注册商标标识或者销售伪造、擅自制造的注册商标标识；销售明知是假冒注册商标的商品，构成犯罪的，除赔偿被侵权人的损失外，依法追究刑事责任。

四、注册商标的续展、转让和使用许可

商标注册的效力有一定期限的限制，各国商标法对商标注册有效期限的规定长短不一，最长的为 20 年，最短的为 5 年。一般为 10 年到 15 年不等。我国商标法规定，注册商标的有效期为 10 年，自核准注册之日起算。注册商标有效期满，需要继续使用的，应当在期满前 12 个月内申请续展注册；在此期间未能提出申请的，可以给予 6 个月的宽展期。宽展期满仍未提出申请，注销其注册商标。每次续展注册的有效期为 10 年。因此，只要商标的注册人按时办理续展手续，缴纳规定的费用，就可以继续使用他所注册的商标。从这个意义上说注册商标的使用是没有时间限制的，因为申请续展不受次数的限制，其他各国都有类似的规定。

转让注册商标的，转让人和受让人应当签订转让协议，并共同向商标局提出申请，受让人应当保证使用该注册商标的商品质量。转让注册商标的，商标注册人对其在同一种商品上注册的近似的商标，或者在类似商品上注册的相同或者近似的商标，应当一并转让。对容易导致混淆或者有其他不良影响的转让，商标局不予核准，书面通知申请人并说明理由。转让注册商标经核准后，予以公告。商标局核准转让注册商标申请后，发给受让人相应证明，并予以公告。受让人自公告之日起享有商标专用权。

商标注册人可以通过签订商标使用许可合同，许可他人使用其注册商标。许可人应当监督被许可人使用其注册商标的商品质量。被许可人应当保证使用该注册商标的商品质量。

经许可使用他人注册商标的,必须在使用该注册商标的商品上标明被许可人的名称和商品产地。

五、注册商标争议的裁定

对于已经注册的商标,发现其违反不得作为商标使用的标志、不得作为商标注册的标志等规定,或者是以欺骗手段或者其他不正当手段取得注册的,由商标局宣告该注册商标无效;其他单位或者个人可以请求商标评审委员会宣告该注册商标无效。

商标局做出宣告注册商标无效的决定,应当书面通知当事人。当事人对商标局的决定不服的,可以自收到通知之日起十五日内向商标评审委员会申请复审。商标评审委员会应当自收到申请之日起九个月内做出决定,并书面通知当事人。有特殊情况需要延长的,经国务院工商行政管理部门批准,可以延长三个月。当事人对商标评审委员会的决定不服的,可以自收到通知之日起三十日内向人民法院起诉。

其他单位或者个人请求商标评审委员会宣告注册商标无效的,商标评审委员会收到申请后,应当书面通知有关当事人,并限期提出答辩。商标评审委员会应当自收到申请之日起九个月内做出维持注册商标或者宣告注册商标无效的裁定,并书面通知当事人。有特殊情况需要延长的,经国务院工商行政管理部门批准,可以延长三个月。当事人对商标评审委员会的裁定不服的,可以自收到通知之日起三十日内向人民法院起诉。人民法院应当通知商标裁定程序的对方当事人作为第三人参加诉讼。

六、商标使用的管理

商标的使用,是指将商标用于商品、商品包装或者容器以及商品交易文书上,或者将商标用于广告宣传、展览以及其他商业活动中,用于识别商品来源的行为。

商标注册人在使用注册商标的过程中,自行改变注册商标、注册人名义、地址或者其他注册事项的,由地方工商行政管理部门责令限期改正;期满不改正的,由商标局撤销其注册商标。

注册商标成为其核定使用的商品的通用名称或者没有正当理由连续三年不使用的,任何单位或者个人可以向商标局申请撤销该注册商标。商标局应当自收到申请之日起九个月内做出决定。有特殊情况需要延长的，经国务院工商行政管理部门批准，可以延长三个月。

注册商标被撤销、被宣告无效或者期满不再续展的，自撤销、宣告无效或者注销之日起一年内，商标局对与该商标相同或者近似商标注册申请，不予核准。国家规定必须使用注册商标的商品，而未经申请注册的，由地方工商行政管理部门责令限期申请注册，可以并处罚款。违法经营额五万元以上的，可以处违法经营额百分之二十以下的罚款，没有违法经营额或者违法经营额不足五万元的，可以处一万元以下的罚款。

将未注册商标冒充注册商标使用的，或者使用商标法规定的不得作为商标使用标志的，由地方工商行政管理部门予以制止，限期改正，并可以予以通报，违法经营额五万元以上的，可以处违法经营额百分之二十以下的罚款，没有违法经营额或者违法经营额不足五万元的，可以处一万元以下的罚款。

对商标局撤销或者不予撤销注册商标的决定，当事人不服的，可以自收到通知之日起十五日内向商标评审委员会申请复审。商标评审委员会应当自收到申请之日起九个月内做出决定，并书面通知当事人。有特殊情况需要延长的，经国务院工商行政管理部门批准，可以延长三个月。当事人对商标评审委员会的决定不服的，可以自收到通知之日起三十日内向人民法院起诉。

法定期限届满，当事人对商标局做出的撤销注册商标的决定不申请复审或者对商标评审委员会做出的复审决定不向人民法院起诉的，撤销注册商标的决定、复审决定生效。

被撤销的注册商标，由商标局予以公告，该注册商标专用权自公告之日起终止。

伪造或者变造《商标注册证》的，依照刑法关于伪造、变造国家机关证件罪或者其他罪的规定，依法追究刑事责任。

第三节　保护商标权的国际公约

商标权与专利权一样，具有严格的地域性，即在那个国家注册的商标，只在该国境内受到保护，一旦附有此项商标的商品离开国境，就需要在其他国家取得法律上的保护，就会产生商标的国际保护问题。商标的国际保护，通常是通过签订国际公约的办法来取得。从 19 世纪末起，世界各国先后签订了一些有关保护商标的国际公约。

一、《保护工业产权巴黎公约》

(Paris Convention for Protection of Industrial Property)

巴黎公约中除前已讲过的有关保护专利权部分外,有关保护商标权的主要基本原则有以下四点:

(一) 国民待遇

每一缔约国必须把它给予本国国民的待遇同等地给予其他缔约国的国民;非缔约国国民,如在缔约国国内有住所或营业场所,也可以得到同样保护。

(二) 优先权

缔约国国民已在一个缔约国申请注册的商标,又向另一个缔约国申请注册时,可以享受自初次申请之日起为期 6 个月的优先权,即如果在 6 个月内,申请人再向其他成员国提出同样申请,其后来申请的日期可视同首次申请的日期。这优先权可以使第一个申请人在优先权期限内,向其他缔约国申请注册时,免遭他人抢先注册的风险。

(三) 独立性

处理商标注册均由缔约国国内法决定,各自独立。因而,对缔约国国民提出的商标注册申请,不得以申请人未在其所属国注册为由而予以拒绝。注册的商标在一个缔约国过期被撤销,不影响在其他缔约国注册的效力。

(四) 保护缔约国的服务商标(用在服务项目上的商标,比如,交通运输、修理服务、建筑事业等没有商品的项目)和集体商标

巴黎公约对缔约国之间的商标注册提供了国际保护,但并没有解决国际注册的问题。

二、《商标国际注册马德里协定》

(The Madrid Agreement for International Registration of Trade Marks)

马德里协定是于 1891 年 4 月 14 日在西班牙马德里签订的。该协定自签订以来,曾先后进行过多次修改。

马德里协定规定,凡缔约国国民在本国注册商标后,可以向世界知识产权国际事务局申请国际注册。国际事务局审查同意后,即将这个商标公布,并通知申请人选定缔约国。被选定的缔约国接到通知后,如不同意接受,应在 1 年内向国际事务局提出，并说明同样运用于本国商标的批驳理由；如在 1 年内未提出批驳，这个商标即被认为在该国注册生效。马德里协定规定优先权的期限为 6 个月。协定规定了一个统一的保护期限，即 20 年，到期可申请续展。协定还规定，如果一个商标在原始注册国一经废除，则在其他缔约国也同时失效。

马德里协定第一次提出了解决商标国际注册的规定。这种国际注册，有利于简化手续，节省费用，申请人不必一个一个地向选定的缔约国去申请注册和交纳注册费，但商标的有效性则取决于缔约国的国内法，对于申请国际注册的商标，各缔约国均按照本国的国内法来决定是否准予注册。

马德里协定是对巴黎公约关于商标注册部分的一个补充。根据规定，必须先参加巴黎公约，才能参加马德里协定。

我国于 1989 年 10 月 4 日起加入《商标国际注册马德里协定》。

三、《商标注册条约》
(Trademark Registration Treaty)

商标注册条约是于 1973 年 6 月 12 日在维也纳签订的，已于 1980 年 9 月起生效。

《商标注册条约》的签订，是由于一些主要国家，如美、英、日等国不愿意参加马德里协定。他们认为，按马德里协定申请国际注册，必须先在本国注册，而在本国注册往往需要较长时间，如等到本国批准后再申请国际注册，则他们的商标可能在其他缔约国被别人抢先注册。商标注册条约不要求先在本国注册，可直接向世界知识产权组织的国际事务局申请国际注册，被选定国家的批驳期限为 15 个月(马德里协定规定 1 年)，国际注册后还允许延缓 3 年使用。按照马德里协定，在国际注册后第一个 5 年内，最初的国家注册的撤销导致国际注册的撤销，而商标注册条约则不存在这样的依赖关系。马德里协定规定必须用法文申请注册，而商标注册条约规定可以用英文或法文提出申请。除了上述区别外，商标注册条约与马德里协定基本相同。在商标国际注册方面的简化，使得它比马德里协定又前进了一步。此外，与马德里条约相同，参加该条约的国家必须是巴黎公约的成员国。

以上三个国际条约，给商标的国际保护和国际注册提供了方便，创造了条件，但对申请注册的商标是否给予保护，仍由各缔约国的国内法来决定。

四、《商标法律条约》

(Trademark Law Treaty)

联合国世界知识产权组织于 1994 年 10 月在日内瓦讨论通过了《商标法律条约》及其《实施细则》,中国代表在这一条约上签字。该条约是为了协调各国商标立法,简化行政程序,促进国际间商标权利的相互保护。其内容主要包括主管机关不得要求申请人提供商业注册证明,申请人可以在一份申请书上申请多个类别的注册、变更、转让,注册及续展的有效期统一为 10 年,不必就每一份申请提交一份代理人委托书,不得对签字要求进行公证、认证、证明、确认等。美、英、俄等 35 个国家的代表也在这一条约上签字。

第十五章　著 作 权 法

第一节　著作权的概念

著作权也称版权，是指著作权人对他的作品所享有的权利。著作权与专利权、商标权，统称为知识产权。

文学、艺术和科学作品是人类智慧的结晶，它反映出具有感知与思维能力的人以特有的方式对自然及人类本身的认识水平。优秀的作品，不仅可以在潜移默化中陶冶人的情操，增长其才能，而且对促进社会文化、科学事业以及经济的发展与繁荣具有极大的推动作用。

著作权法，是指保护文字、艺术和科学作品作者的著作权，以及与著作权有关的权益而制定的法律规范的总称。

著作权，是属于民事权利的一种，我国著作权法规定："中国公民、法人或者其他组织的作品，不论是否发表，依照本法享有著作权。"按照这一规定，著作权是伴随作品的创作而发生，无须履行注册登记手续。作品创作之时即是著作权产生之时。

我国著作权法还规定，"外国人、无国籍人的作品根据其作者所属国或者经常居住地国同中国签订的协议或者共同参加的国际条约享有的著作权，受本法保护"；"外国人、无国籍人的作品首先在中国境内出版的，依照本法享有著作权"；"未与中国签订协议或者共同参加国际条约的国家的作者以及无国籍人的作品首次在中国参加的国际条约的成员国出版的，或者在成员国和非成员国同时出版的，受本法保护。"

著作权着重在保护作品的表达形式，而不是作品本身的内容。我国著作权法对于它所保护的作品，不论创作水平如何只要具有独创性，都受著作权法同等保护。比如，一个小学二年级学生自己画的画，尽管很幼稚，但就其作品本身而言，可与著名的大画家齐白石的画同样受著作权法保护。著作权法所称的创作，是指直接产生文学、艺术和科学作品的智力活动。为他人创作进行组织工作，提供咨询意见、物质条件,或者进行其他辅助工作,均不视为创作。

著作权法所称的作品必须有一定的表现形式,即作者必须以文字、言语、符号、声音、动作、色彩等一定的表现形式将其无形的思想表达出来,使他人通过感官而感觉其存在。如果没有一定的表现形式,而将其思想仅存在于自己脑子里,他人无法感知,则不能称为作品。著作权法只保护表达,而不保护思想。各国的著作权立法都强调著作权法只保护作者思想的表现形式,而不保护思想本身。

著作权法所称的作品,包括以下列形式创作的文学、艺术和自然科学、社会科学、工程技术等作品,其中包括:

一、文字作品

文字作品,是指小说、诗词、散文、论文等以文字形式表现的作品。

二、口述作品

口述作品,是指即兴的演说、授课、法庭辩论等以口头语言形式表现的作品。

三、音乐、戏剧、曲艺、舞蹈、杂技艺术作品

(一) 音乐作品

是指以歌曲、交响乐等能够演唱或演奏的带词或者不带词的作品。

(二) 戏剧作品

是指话剧、歌剧、地方戏等供舞台演出的作品。

(三) 曲艺作品

是指相声、快书、大鼓、评书等以说唱为主要形式表演的作品。

(四) 舞蹈作品

是指通过连续的动作、姿势、表情来表达思想感情的作品。比如,芭蕾舞、迪斯科、秧歌舞等。

(五) 杂技艺术作品

是指杂技、魔术、马戏等通过形体动作和技巧表现的作品。

上述作品并不包括表演者对上列作品的表演。表演者在传播作品过程中所付出的创造性劳动,可依法取得表演者权。

四、美术、建筑作品

(一) 美术作品

是指绘画、书法及雕塑等以线条色彩或者其他方式构成的有审美意义的平面或者立体的造型艺术作品。

(二) 建筑作品

是指以建筑物或者构筑物形式表现的有审美意义的作品。

五、摄影作品

摄影作品，是指借助器械(照相机)在感光材料或其他介质上记录客观物体形象的艺术作品。如纯复制性的摄影作品，不论是人物肖像、风景，还是时事摄影作品，也不论是专业摄影、业余摄影、艺术摄影，还是广告摄影，都受著作权法保护。

六、电影作品和以类似摄制电影的方法创作的作品

电影和以类似摄制电影方法创作的作品，是指摄制在一定介质上，由一系列有伴音或者无伴音的画面组成，并且借助适当的装置放映或者以其他方式传播的作品。比如，电影片、电视片、录像带、VCD、DVD等光盘作品。

七、工程设计图、产品设计图、地图、示意图等图形作品和模型作品

(一) 图形作品，是指为施工、生产绘制的工程设计图、产品设计图以及反映地理现象、说明事物原理或者结构的地图示意图等作品。

1. 工程设计图是指在工厂、矿山、铁路、桥梁等建筑工程建设之前，所创作的为建设施工提供的设计图纸及其说明，其中包括初步设计、技术设计和施工图设计等的图纸及其说明。

2. 产品设计图是指生产企业为确定产品的构成、成分、规格和各项应达到的技术经济指标而设计的图纸及其说明，其中包括设计任务书、技术设计和工作图设

计及其说明。

著作权法保护工程设计、产品设计图纸及其说明,只是指以印刷、复印、翻拍等复制形式使用图纸及其说明,不包括按照工程设计、产品设计图纸及其说明进行施工、生产产品。

3. 地图是指运用符号和地图制图原则表示地面上各种自然和社会现象的图案。地图是一种特殊的作品,它往往涉及外交关系、国家行政管理,具有政治性,未经审批一律严禁出版或再版。

4. 示意图是指用简单的线条或符号来表示某种内容较复杂的事物原理或具体轮廓而绘成的略图。比如,人造卫星运行图、人体针灸穴位图等。

(二) 模型作品

是指为展示、试验或者观测等用途根据物体的形状和结构,按照一定比例制成的立体作品。比如,人体模型、建筑模型等。

八、计算机软件

计算机软件,是指计算机程序及其文档。计算机软件的具体保护办法由国务院另行规定。

九、法律、行政法规规定的其他作品

依法禁止出版、传播的作品,不受著作权法保护。著作权人行使著作权,不得违反宪法和法律,不得损害公共利益。

我国国务院著作权行政管理部门(目前是国家版权局)主管全国的著作权管理工作,各省、自治区、直辖市人民政府的著作权行政管理部门主管本行政区域的著作权管理工作。

第二节　著作权的内容

著作权的内容,是指著作权人享有的权利和承担的义务。著作权人包括作者及其他按照著作权法享有著作权的公民、法人或者其他组织。著作权在我国及其他一些国家与地区的著作权法都包括人身权和财产权。

一、著作权人的人身权利

著作权人的人身权包括发表权、署名权、修改权及保护作品完整权。

(一) 发表权

是指作者决定作品是否公之于众,还包括决定以何种形式发表以及在何时、何地发表的权利。它是著作权中的首要权利,因为作者将作品创作完成后,如不行使其发表权,其他人身权与财产权都无法实现。有的国家把发表权既作为人身权又作为财产权,因为发表权与作品的使用密切相关。

作者生前未发表的作品,如果未明确表示在其死后也不发表,那么,在作者死后 50 年内,其发表权可由继承人或受遗赠人行使。没有继承人又无人受遗赠的,则由作品原件的合法所有人行使。

(二) 署名权

是指作者表明自己作者的身份,在作品上注明其姓名或名称的权利。作者有权署名,也有权不署名。作者有权决定在自己的作品上署真名、笔名、别名、化名,并有权禁止其他任何未直接参加创作的人在作品上署名。

署名权不得转让、继承,不仅生前而且死后署名权也永久保护。

(三) 修改权

是指作者有对其作品进行修改或者授权他人进行修改的权利。作品发表后,作者有权根据自己的意思对作品进行修改。

按著作权法规定,报社、期刊社可以对投稿作品作文字性修改、删节,无须征得作者同意。这是指只能在法定范围内对作品作文字性修改、删节,而不能改变作品的基本内容和形式。

(四) 保护作品完整权

是指作者保护其作品的内容、观点、形式等不受歪曲、篡改的权利。作者有权保护其作品不被他人丑化,不被他人作违背其意志的篡改,以保护作者的名誉声望,维护作品的纯洁性。

作者死之后,其著作权中的署名权、修改权和保护作品完整权,由作者的继承人或者受遗赠人保护。

著作权无人继承又无人受遗赠的,其署名权、修改权和保护作品完整权,由著作权行政管理部门保护及管理使用。

二、著作权中的财产权利

(一)复制权

是指以印刷、复印、拓印、录音、录像、翻录、翻拍等方式将作品制作一份或者多份的权利。复制权是著作财产权中最基本的权能。作者行使著作权集中地体现在行使复制权上。因为只有复制才能使作品广泛传播和使用。

(二)发行权

是指以出售或者赠与方式向公众提供作品的原件或者复制件的权利。发行不仅是作品传播的方式,也是实现作品经济价值的途径。在实际中是作者将自己作品的出版发行权转让给出版社,作者本人并不办理发行,但仍是著作权中的一项独立的权能。

(三)出租权

是指有偿许可他人临时使用电影作品和以类似摄制电影的方法创作的作品;作为计算机软件的权利,计算机软件不是出租的主要标的的除外。

以上三类项目实际上是指音像作品和计算机软件两大类。为有效保护著作权人的合法权益和使用者能合法方便并廉价的使用,在使用者有需要时,著作权人可采取与使用者签订有偿许可临时使用合同的办法,由使用者向著作权人及其代理商承租,交付约定的租金,即可合法使用。

如果出租的是一台装有计算机程序的计算机,计算机是出租的主要标的,其中装载的计算机程序不是出租的主要标的。这样,其计算机程序就没有出租权,也即著作权人不能收取租金。

(四)展览权

是指公开陈列美术作品、摄影作品的原件或者复制件的权利。展览的目的是为了让不特定的多数人观赏,如果仅是供亲友或本单位内部少数人欣赏,则不构成展览。展览的作品可以是已发表的或未发表的。

(五)表演权

是指公开表演作品,以及用各种手段公开播送作品的表演的权利。表演权也就是指著作权人享有表演其作品的权利。著作权人可以自行表演其作品,也可以授权他人表演其作品。

表演权也称公演权、上演权,其内容包括演出权、演奏权、放映权,是指以声音、表情、动作等创造性地公开再现其作品的权利。表演方式多种多样,以演唱、朗诵、舞蹈、戏剧、演奏等各种形式进行的演出都是表演。表演权与表演者权不同，前者是著作权人所享有的权利，体现为作者的著作权；后者是指表演者就其表演形象、活动等所享有的权利，是与著作权有关的权利。

（六）放映权

是指通过放映机、幻灯机等技术设备公开再现美术、摄影、电影和以类似摄制电影的方法创作的作品等的权利。

电影著作权归电影制片人享有，但组成电影作品的各有关部分，比如，导演、编剧、作曲、作词、摄影等作者享有署名、依约取得报酬的权利。作为电影、电视、录像制品的剧本、音乐等可以单独使用的部分，则分别归各有关部分的作者享有。

（七）广播权

是指以无线方式公开广播或者传播作品，以有线传播或者转播的方式向公众传播广播的作品，以及通过扩音器或者其他传送符号、声音、图像的类似工具向公众传播广播作品的权利。也就是著作权人有权禁止或许可他人将其作品通过广播形式进行传播。

广播权适用于文学作品、戏剧、曲艺作品、音乐作品、电影、电视作品等。

（八）信息网络传播权

是指以有线或者无线方式向公众提供作品，使公众可以在其个人选定的时间和地点获得作品的权利。

信息网络传播权的保护办法由国务院另行规定。

（九）摄制权

是指以摄制电影或者以类似摄制电影的方法将作品固定在载体上的权利，摄制权即影视片制片权。著作权人可以自行摄制，也可授权他人进行摄制。

（十）改编权

是指改变作品，创作出具有独创性的新作品的权利。改编权是演绎权的一种，演绎权包括改编权、翻译权、整理权、注释权和编辑权等。

改编是在不改变作品的基本思想内容的前提下，改变作品的表现形式。比如，将小说改编为电视剧本。改编权是著作权人的权利，他可以自行改编作品，也可以授权他人改编作品。

（十一）翻译权

是指将作品从一种语言文字转换成另一种语言文字的权利。著作权人享有自行翻译其作品和允许他人翻译其作品的权利。翻译主要是针对文字作品，如将某一种文字作品译成外国文字和国内其他民族的文字。翻译的对象也可以是口头作品。任何人要翻译作品,都应事先取得著作权人许可并付酬。

译者在翻译过程中付出一定的创造性劳动,因此,译者对翻译作品也享有著作权。翻译作品著作权的行使不得侵犯原作著作权人的权利。

(十二) 汇编权

是指将作品或者作品的片段通过选择或者编排,汇集成新作品的权利。它包括注释、整理和编辑等方法。比如,字典、辞书、文集、年鉴、百科全书等。著作权人可以自己行使汇编权,也可以授权他人将自己的作品单独或与其他著作权人的作品汇编成册。所编原作可能是在汇编作品中才第一次发表的,也可能在汇编作品之前已经发表过。有些汇编作品是由一些不享有著作权的作品或材料组成的,如法律汇编、火车、飞机时刻表等。

(十三) 应当由著作权人享有的其他权利

这是指著作权人的权利完全列举比较困难,而且著作权是随社会经济的发展而发展变化的。因此,只要是应当由著作权人享有权利,都应受到著作权法的保护。著作权法上没有列举的,并不表明作者没有这些权利。比如,修改前的著作权法没有规定作者的信息网络传播权,也并不妨碍司法机关受理网络侵权纠纷,保护作者的信息网络传播权。

第三节 著作权的归属

著作权的归属,是指著作权归谁所有。具体分为以下八种情况:

1. 著作权属于作者。著作权基于作品的创作而产生,作品又是作者创作的,因此,在一般情况下,著作权的原始归属属于作者。著作权法另有规定的除外,这是指著作权中具有经济利益的非人身专属权,可以被继承、遗赠、赠与,著作权中这种权利也可以依法由作者以外的人行使。比如,稿费。作者是公民的,著作权即属于该公民。由法人或者其他组织主持,代表法人或者其他组织意志创作,并由法人或者其他组织承担责任的作品,法人或者其他组织视为作者。这是因为法人或其他组织的成员在本单位主持下进行创作,是按照本单位的整体意志行事的,并不一定反映执笔者的意志;有些高科技作品,如电子计算机软件;有些由单位出面组织的集体攻关科研项目和某些大规模著作。比如,大百科全书等。

如无相反证明,在作品上署名的公民、法人或者其组织为作者。

2. 改编、翻译、注释、整理已有作品而产生的作品,其著作权由改编、翻译、注释、整理人享有,但行使著作权时不得侵犯原作品的著作权。

3. 两人以上合作创作的作品，著作权由合作作者共同享有。没有参加创作的人，不能成为合作作者。比如，有的权威人士或单位领导对书稿看都没有看，也没有过任何创意，却署上他的名字。合作作品可以分割使用的，作者对各自创作的部分可以单独享有著作权，但行使著作权时不得侵犯合作作品整体的著作权。

由于合作者有共同的创作意愿，目标一致，否则，不能成为合作作品。比如，未经创作乐曲人的同意，将其乐曲填上歌词。仅是提供物质条件或辅助劳动的人不能称为合作者。

对于可以分割的合作作品，比如，一本合作教材中某篇某章由某人所写，是可以单独使用的，则作者可将这一部分从整体中分离出来单独使用。不可分割使用的合作作品，是不能单独使用的作品，比如，一部电影作品。

4. 汇编若干作品、作品的片段或者不构成作品的数据或者其他材料，对其内容的选择或者编排体现独创性的作品，为汇编作品，其著作权由汇编人享有，但行使著作权时，不得侵犯原作品的著作权。我国曾产生像吴楚材、吴调侯所汇编的《古文观止》这样具有深远影响的作品，汇编者没有从事作品创作，但因为他们以自己的创造性劳动在无数的古代散文中选取若干具有代表性的优秀作品，给后世读者留下了一种学习文言散文的读物，其价值不亚于一个作者的一部优秀创作。

汇编作品作为一个整体，由汇编人享有著作权。汇编人汇编有著作权的作品，应当经过原作品著作权人的许可，并支付报酬，并应当尊重原作品著作权人的人身权。

5. 电影作品和以类似摄制电影的方法创作的作品的著作权由制片者享有，但编剧、导演、摄影、作词、作曲等作者享有署名权，并有权按照与制片者签订的合同获得报酬。

电影作品和以类似摄制电影的方法创作的作品中的剧本、音乐等可以单独使用的作品的作者有权单独行使其著作权。

6. 公民为完成法人或者其他组织工作任务所创作的作品是职务作品，著作权由作者享有，但法人或者其他组织有权在其业务范围内优先使用。作品完成两年内，未经单位同意，作者不得许可第三人以与单位使用的相同方式使用该作品。如经单位同意，作者许可第三人以与单位使用的相同方式使用作品所获报酬，由作者与单位按约定的比例分配。

有下列情形之一的职务作品，作者享有署名权，著作权的其他权利由法人或者其他组织享有，法人或者其他组织可以给予作者奖励：

(1) 主要是利用法人或者其他组织的物质技术条件创作，并由法人或者其他

组织承担责任的工程设计图、产品设计图、地图、计算机软件等职务作品;

(2) 法律、行政法规规定或者合同约定著作权由法人或者其他组织享有的职务作品。

7. 受委托创作的作品,著作权的归属由委托人和受托人通过合同约定。合同未作明确约定或者没有订立合同的,著作权属于受托人。这里的著作权,既包括财产权,也包括人身权。

委托创作很多情况是委托创作肖像。比如,照片、画像或者雕塑等。这涉及作品所有权与肖像权的问题。受托人如拥有委托创作作品的著作权,但受托人在行使著作权时,可能侵犯委托人的肖像权。因此,有些国家规定,凡与委托人肖像有关的委托作品,著作权均归委托人。另一些国家则规定这类作品的著作权仍归受托人,但委托人的肖像权受其他法律(如民法)保护。我国发生纠纷较多的是照相馆擅自将他人肖像置于橱窗而引起纠纷。我国著作权法规定:没有订立合同的,著作权属于受托人。一般人照相都不订合同,因此肖像的著作权归属照相馆。但照相馆擅自将他人肖像置于橱窗或以其他方式公之于众,按民法的规定,属于侵犯委托人的肖像权的行为。对此,两个法律的规定确实有存在矛盾之处。本书作者认为没有订立合同的著作权应归属于委托人。

8. 美术等作品原件所有权的转移,不可视为作品著作权的转移,但美术作品原件的展览权由原件所有人(即原件的受让人)享有。其他作品如摄影作品、手稿等,原件所有权转移,展览权并不转移,作者仍然拥有展览权。

著作权属于公民的,公民死亡后,著作权中的财产权在著作权法规定的保护期内,依照继承法的规定转移。

著作权属于法人或者其他组织的,法人或者其他组织变更、终止后,著作权中的财产权在著作权法规定的保护期内,由承受其权利义务的法人或者其他组织享有;没有承受其权利义务的法人或者其他组织的,由国家享有。

作者身份不明的作品,由作品原件所有人行使除署名权以外的著作权。作者身份确定后,由作者或者其继承人行使著作权。

合作作者之一死亡后其对合作作品享有的财产权利无人继承又无人受遗赠的,由其他合作者享有。

作者死亡后,其著作权中的署名权、修改权和保护作品完整权由作者的继承人或者受遗赠人保护。著作权无人继承又无人受遗赠的,其署名权、修改权和保护作品完整权由著作权行政管理部门保护。

作者死亡后,如发生侵犯作者人身权的情况,作者的继承人可以通过法律规定的程序保护作者的人身权。著作权行政管理部门也有权主动予以制裁。

第四节 著作权的保护期间

著作权的保护期，是指著作权人对作品享有法律保护的期限。其中分为人身权利的保护期间与财产权利的保护期间。

一、著作权中人身权利的保护期间

著作权中人身权利的保护期间，是指作者创作出作品后即产生的，与人身密不可分的权利保护期限。作者的署名权、修改权、保护作品完整权的保护期不受限制。对这些人身权利永远受法律保护，没有时间的限制。

二、著作权中财产权利的保护期间

著作权中财产权利保护期间，是指著作权中的财产权利受到法律保护的期间。在著作权法规定的保护期间内，著作权人对作品享有规定的财产权利，保护期间届满，作品进入公有领域，他人可以自由地使用该作品，著作权人的财产权利丧失。我国著作权法规定：公民的作品，其发表权、复制权、发行权、出租权、展览权、表演权、放映权、广播权、信息网络传播权、摄制权、改编权、翻译权、汇编权及应当由著作权人享有的其他权利的权利保护期为作者终生及其死亡后50年，截止作者死亡后第50年的12月31日；作者身份不明的作品，其著作权中的财产权利的保护期截止于作品首次发表后第50年的12月31日。作者身份确定后适用前述规定；如果是合作作品，截止最后死亡的作者死亡后第50年的12月31日。

法人或者其他组织的作品、著作权（署名权除外）由法人或者其他组织享有的职务作品，其发表权、复制权、发行权、出租权、展览权、表演权、放映权、广播权、信息网络传播权、摄制权、改编权、翻译权、汇编权及应当由著作权人享有的其他权利的权利保护期为50年，截止于作品首次发表后第50年的12月31日，但作品自创作完成后50年内未发表的，著作权法不再保护。

电影作品和类似摄制电影的方法创作的作品、摄影作品，其发表权、复制权、发行权、出租权、展览权、表演权、放映权、广播权、信息网络传播权、摄制权、改编权、翻译权、汇编权及应当由著作权人享有的其他权利的权利保护期为50年，截止于作品首次发表后第 50 年的 12 月 31 日，但作品自创作完成后 50 年内未发表的，著作权法不再保护。

以上规定保护期的意义在于，既要对著作权人有较充分的时间的保护，以鼓励创作；又要促使作品在社会上得以更广泛的传播，丰富社会大众的文化生活，推动科学技术事业的发展。

第五节　著作权中行使财产权利的限制

著作权法规定，在下列情况下使用作品，可以不经著作权人许可，不向其支付报酬，但应当指明作者姓名、作品名称，并且不得侵犯著作权人依照著作权法享有的其他权利：

1. 为个人学习、研究或者欣赏，使用他人已经发表的作品；

2. 为介绍、评论某一作品或者说明某一问题，在作品中适当引用他人已经发表的作品；

3. 为报道时事新闻，在报纸、期刊、广播电台、电视台等媒体中不可避免地再现或者引用已经发表的作品；

4. 报纸、期刊、广播电台、电视台等媒体刊登或者播放其他报纸、期刊、广播电台、电视台等媒体已经发表的关于政治、经济、宗教问题的时事性文章，但作者声明不许刊登、播放的除外；

5. 报纸、期刊、广播电台、电视台等媒体刊登或者播放在公众集会上发表的讲话，但作者声明不许刊登、播放的除外；

6. 为学校课堂教学或者科学研究，翻译或者少量复制已经发表的作品，供教学或者科研人员使用，但不得出版发行。

这里所讲的“课堂教学”一词是有严格限制的，考研辅导班、托福、GRE 培训班等以营利为目的的教学不属于“课堂教学”；“少量复制”主要指复制作品的份数，而不是指被复制的作品的本身的比例。至于多少算“少量”，只能视具体情况而定；

7. 国家机关为执行公务在合理范围内使用已经发表的作品；

8. 图书馆、档案馆、纪念馆、博物馆、美术馆等为陈列或者保存版本的需要，复制本馆收藏的作品；

9. 免费表演已经发表的作品，该表演未向公众收取费用，也未向表演者支付报酬。比如，国庆节、“五一”国际劳动节等组织本校学生、教师或企业职工进行演出。“免费表演”不包括某些文艺团体和演员为扶助残疾人、捐助给“希望工程”等所进行的义务演出。由于义务演出要向公众收费，这些费用，既包括演员的演出费也包括作品的使用费。只不过是演员把自己应得的演出费贡献给有关单位；

10. 对设置或者陈列在室外公共场所的艺术作品进行临摹、绘画、摄影、录像；

11. 将中国公民、法人或者其他组织已经发表的以汉语言文字创作的作品翻译成少数民族语言文字作品在国内出版发行；

12. 将已经发表的作品改成盲文出版。

以上规定不仅规定了著作权人的权利受到的限制，同时规定适用于对出版者、表演者、录音录像制作者、广播电台、电视台的权利的限制。

为实施九年制义务教育和国家教育规划而编写出版教科书，除作者事先声明不许使用的外，可以不经著作权人许可，在教科书中汇编已经发表的作品片段或者短小的文字作品、音乐作品或者单幅的美术作品、摄影作品，但应当按照规定支付报酬，指明作者姓名、作品名称，并且不得侵犯著作权人依照著作权法享有的其他权利。前述规定适用于对出版者、表演者、录音录像制作者、广播电台、电视台的权利的限制。这是属于法定许可。

著作权法对著作权的权利限制，指的是在一定情况下使用作品，可以不经著作权人同意，不向其支付报酬，即“合理使用”。“合理使用”是针对使用人而言，“权利的限制”是相对于著作权人而言。

第六节　著作权许可使用和转让合同

著作权中的人身权是属于作者专有，原则上不能转让。著作权中的财产权是作为一种无体财产，是可以流转的。流转的方式有两种：权利的许可使用及权利的转让。流转是通过合同实现的。

一、许可使用合同

著作权法规定，使用他人作品应当同著作权人订立许可使用合同，著作权法中规定可以不经许可的除外。这是指“合理使用”和“法定许可”。许可使用合同包括下列主要内容：

1. 许可使用的权利种类。

2. 许可使用的权利，是指专有使用权或者非专有使用权。专有使用权，是指著作权人只授权某人使用其作品，从而使用人取得对该作品的专有使用权，著作权人不得将该作品在授权使用期限内再授权给第三人使用。比如,图书出版社与作者订立合同,享有该作者某一作品10年的专有出版权。在这10年内,出版社有权禁止他人出版该作品。专有使用权的合同没有约定或者约定不明的,视为被许可人有权排除包括著作权人在内的任何人以同样的方式使用作品;除合同另有约定外,被许可人许可第三人行使同一权利,必须取得著作权人的许可。非专有使用权是在一定期限内著作权人授权某人使用作品后,还可以将该作品另授权第三人使用。比如,摄影家将自己所摄作品交由某摄影展览会展览,摄影家可随时将照片取回或换到另外的摄影展览会展览,该摄影展览会并不享有专有展览权。

3. 许可使用的地域范围、期间。许可使用的地域范围,是指作品复制发行范围、播放范围等。比如,著作权人只同意出版社在中国出版发行其作品,则出版社就不能去国外出版发行,也不能将其在中国出版的作品输出到国外去。许可使用的期间,是指被许可使用的著作权在时间上的效力。

4. 付酬标准和办法。付酬标准,是确定付酬多少的问题;付酬办法,是确定怎样付酬的问题。比如,出版图书,每千字多少元,出版发行时一次付清,还是按每本图书的定价,作者提成多少,然后按已售出图书的册数计算报酬,也即是版税制。

5. 违约责任。

6. 双方认为需要约定的其他内容。

二、转 让 合 同

转让合同,是指转让复制、发行、出租、展览、表演、放映、广播、信息网络传播、摄制、改编、翻译、汇编等权,以及由著作权人享有的其他权利,应当订立书面合同。

权利转让合同是著作权人在法定的范围内,按照自己的意愿将其所拥有的著作权全部或一部分权利转移给他人所有的法律行为。这是著作权主体的变更,著作权一旦转让后,著作权人自己就失去了相应的著作权。

权利转让合同包括下列主要内容:

1. 作品的名称;
2. 转让的权利种类、地域范围;
3. 转让价金;
4. 交付转让价金的日期和方式;
5. 违约责任;
6. 双方认为需要约定的其他内容。

出版者、表演者、录音录像制作者、广播电台、电视台等依照著作权法有关规定使用他人作品的，不得侵犯作者的署名权、修改权、保护作品完整权和获得报酬的权利。这是指通过签订著作权许可使用合同或者转让合同取得的使用权，也包括“合理使用”或者“法定许可”取得的使用权。

第七节　邻　接　权

邻接权，又称作品的传播权，是指与著作权相邻近的权利。邻接权是在传播作品中产生的权利。作品创作出来后，需要在公众中传播，传播者在传播作品过程中有创造性劳动，这种劳动应受到法律保护。传播者传播作品而产生的权利被称之为著作权的邻接权。邻接权与著作权密切相关，但又是独立于著作权的一种权利。

著作权法规定的与著作权有关的权益包括图书报刊出版者、表演者、录音录像制作者及广播电台、电视台因传播作品而产生的权利。著作权保护的是作者的智力创造，而邻接权是侧重保护传播作品过程中投入的劳动和资金。

一、图书、报刊的出版

图书出版者出版图书应当和著作权人订立出版合同，并支付报酬。

图书出版者对著作权人交付出版的作品，按照合同约定享有的专有出版权受法律保护，他人不得出版该作品。

著作权人应当按照合同约定期限交付作品。图书出版者应当按照合同约定的出版质量、期限出版图书。图书出版者不按照合同约定期限出版，应当依照著作权法的有关规定承担民事责任。

图书出版者重印、再版作品的，应当通知著作权人，并支付报酬。图书脱销后，图书出版者拒绝重印、再版的，著作权人有权终止合同。

著作权人向报社、期刊投稿的，自稿件发出之日起15日内未收到报社通知决定刊登的，或者自稿件发出之日起30日内未收到期刊社通知决定刊登的，可以将同一作品向其他报社、期刊社投稿。双方另有约定的除外。

作品刊登后，除著作权人声明不得转载、摘编的外，其他报刊可以转载或者作为文摘、资料刊登，但应当按照规定向著作权人支付报酬。

图书出版者经作者许可，可以对作品修改、删节。报社、期刊社可以对作品作文字性修改、删节。对内容的修改，应当经作者许可。

出版改编、翻译、注释、整理、汇编已有作品而产生的作品，即演绎作品，应当取得演绎作品的著作权人的同意，还要取得原作品的著作权人的许可，并都要对他们支付报酬。

图书出版者在出版演绎作品时，应当同原著作权人及改编、翻译等演绎作品的著作权人分别订立合同。

出版者有权许可或者禁止他人使用其出版的图书、期刊的版式设计。版式设计，是指对印刷品的版面格式的设计，包括对版心、排式、用字、行距、标点等版面布局因素的安排。版式设计是出版者在编辑加工作品时完成的劳动成果。被出版的作品是否受到著作权保护并不影响版式设计权的成立。

出版者对其版式设计享有专有使用权。版式设计权的保护期为10年，截止于使用该版式设计的图书、期刊首次出版后的第10年的12月31日。

二、表　　演

表演，是指演奏乐曲、上演剧本、朗诵诗词等直接或借助技术设备以声音、表情、动作公开再现作品的行为。

表演者，是指演员、歌唱家、舞蹈家和以表演、歌唱、演说、朗诵、演奏或别的方式表演文学艺术作品的其他人员。表演者包括自然人的表演者及演出单位，即剧团、歌舞团等法人及其他非法人组织。

使用他人作品演出，表演者(演员、演出单位)应当取得著作权人许可，并支付报酬。演出组织者组织演出，由该组织者取得著作权人许可，并支付报酬。

使用改编、翻译、注释、整理已有的作品而产生的作品进行演出，应当取得改编、翻译、注释、整理作品的著作权人和原作品的著作权人许可，并支付报酬。

表演者在表演作品时，除对作品著作权人应尽的财务义务外，还需尊重作品作者的人身权。表演者应当尊重作者的署名权，在表演中忠实地再现作品，不得歪曲篡改作品。如果由于演出的需要，要修改作品，必须征求著作权人的意见，不得擅自修改。

表演者对其表演享有下列权利：

1. 表明表演者身份。表演者有权要求在其现场表演及载有其表演的影片、唱片等音像制品上载明其姓名，表明其身份。表演者也可要求不署其姓名；

2. 保护表演形象不受歪曲。这是表演者维护其表演完整性的权利。比如，表演者摄制的电影或电视片，其他任何人不得作歪曲性改编，使其失去原有的表现风格和形象，特别是用特技丑化其形象本身；

3. 许可他人从现场直播和公开传送其现场表演，并获得报酬；

4. 许可他人录音录像，并获得报酬；

5. 许可他人复制、发行录有其表演的录音录像制品，并获得报酬；

6. 许可他人通过信息网络向公众传播其表演，并获得报酬。

被许可以上述第 3 项至第 6 项规定的方式使用作品，还应当取得著作权人许可，并支付报酬。

上述第 1 项和第 2 项是表演者享有的人身权利，它的保护期不受限制；第 3 项至第 6 项是表演者享有的财产权利，它的保护期为 50 年，截止于该表演发生后第 50 年的 12 月 31 日。

三、录 音 录 像

录音制品，是指任何对表演的声音和其他声音的录制品，也就是任何凭听觉可感知的对表演的声音和其他声音的固定。录音制品制作者，指首次将表演的声音或其他声音固定下来的自然人、法人和其他组织。录音制品的载体一般是唱片、磁带及激光唱盘等。

录像制品，是指电影作品和以类似摄制电影的方法创作的作品以外的任何有伴音或者无伴音的连续相关形象、图像的录制品。录像制品制作者，指制作录像制品的自然人、法人和其他组织。录像制品不包括：以剧本为基础，经过导演、摄影、音乐、演员等多方面共同创造性劳动制作完成的录像片及 MTV 片等；由电影作品制成的录像带。这是对电影作品的复制，只是把胶卷/片转变为磁带的载体转化，而不能认为是录像制品。

录音录像制作者使用他人作品制作录音录像制品，应当取得著作权人许可，并支付报酬。

录音录像制作者使用改编、翻译、注释、整理已有作品而产生的作品，应当取得改编、翻译、注释、整理作品的著作权人和原作品著作权人许可，并支付报酬。

录音制作者使用他人已经合法录制为录音制品的音乐作品制作录音作品，可以不经著作权人许可，但应当按照规定支付报酬；著作权人声明不许使用的不得使用。

录音录像制作者制作录音录像制品，应当同表演者订立合同，并支付报酬。

录音录像制作者对其制作的录音录像制品，享有许可他人复制、发行、出租、通过信息网络向公众传播并获得报酬的权利;权利的保护期为50年,截止于该制品首次制作完成后第50年的12月31日。

被许可人复制发行、通过信息网络向公众传播录音录像制品,还应当取得著作权人、表演者许可,并支付报酬。

四、广播电台、电视台播放

播放,是指供公众接收的声音或接收图像和声音的有线或无线传播。

广播电台、电视台播放他人未发表的作品,应当取得著作权人许可,并支付报酬;播放他人已发表的作品,可以不经著作权人许可,但应当支付报酬。

广播电台、电视台播放已经出版的录音制品,可以不经著作权人许可,但应当支付报酬。当事人另有约定的除外。

广播电台、电视台有权禁止未经其许可的下列行为:

1. 将其播放的广播、电视转播;
2. 将其播放的广播、电视录制在音像载体上以及复制音像载体。

上述规定的权利的保护期为50年,截止于该广播、电视首次播放后第50年的12月31日。

电视台播放他人的电影作品和以类似摄制电影的方法创作的作品、录像制品,应当取得制片者或者录像制作者许可,并支付报酬;播放他人的录像制品,还应当取得著作权人许可,并支付报酬。

第八节 法律责任

侵犯著作权、邻接权,违反著作权合同、邻接权合同,应当承担相应的法律责任。法律责任包括民事责任、行政责任和刑事责任。

1. 有下列侵权行为的,应当根据情况,承担停止侵害、消除影响、赔礼道歉、赔偿损失等民事责任:

(1) 未经著作权人许可,发表其作品的;

(2) 未经合作者许可,将与他人合作创作的作品当作自己单独创作的作品发表的;

(3) 没有参加创作,为谋取个人名利,在他人作品上署名的;

(4) 歪曲、篡改他人作品的;

(5) 剽窃他人作品的；

(6) 未经著作权人许可，以展览、摄制电影和以类似摄制电影的方法使用作品，或者以改编、翻译、注释等方式使用作品的，著作权法另有规定的除外(见本章第五节)；

(7) 使用他人作品，应当支付报酬而未支付的；

(8) 未经电影作品和以类似摄制电影的方法创作的作品、计算机软件、录音录像制品的著作权人或者与著作权有关的权利人许可，出租其作品或者录音录像制品的，著作权法另有规定的除外(见本章第七节)；

(9) 未经出版者许可，使用其出版的图书、期刊的版式设计的；

(10) 未经表演者许可，从现场直播或者公开传送其现场表演，或者录制其表演的；

(11) 其他侵犯著作权以及与著作权有关的权益的行为。比如，职务作品的著作权归作者的，在作品完成二年内，作者未经单位同意，许可第三人以与单位使用的相同的方式使用该作品，就构成了对单位优先使用权的侵犯等。

2. 有下列侵权行为的，应当根据情况，承担停止侵害、消除影响、赔礼道歉、赔偿损失等民事责任；同时损害公共利益的，可以由著作权行政管理部门责令停止侵权行为，没收违法所得，没收、销毁侵权复制品，并可处以罚款；情节严重的，著作权行政管理部门还可以没收主要用于制作侵权复制品的材料、工具、设备等；构成犯罪的，依法追究刑事责任：

(1) 未经著作权人许可，复制、发行、表演、放映、广播、汇编、通过信息网络向公众传播其作品的，著作权法另有规定的除外(见本章第五节)；

(2) 出版他人享有专有出版权的图书的；

(3) 未经表演者许可，复制、发行录有其表演的录音录像制品，或者通过信息网络向公众传播其表演的，著作权法另有规定的除外(见本章第七节)；

(4) 未经录音录像制作者许可，复制、发行、通过信息网络向公众传播其制作的录音录像制品的，著作权法另有规定的除外(见本章第七节)；

(5) 未经许可，播放或者复制广播、电视的，著作权法另有规定的除外(见本章第七节)；

(6) 未经著作权人或者与著作权有关的权利人许可，故意避开或者破坏权利人为其作品、录音录像制品等采取的保护著作权或者与著作权有关的权利的技术措施的。比如，破坏著作权人对其作品采取加密等技术手段保护其著作权。但法律、行政法规另有规定的除外。比如，公安机关、国家安全机关为了侦查刑事案件

的需要,可以不经许可,破坏著作权人对其作品采取的技术措施;

(7) 未经著作权人或者与著作权有关的权利人许可,故意删除或者改变作品、录音录像制品等的权利管理电子信息的,法律、行政法规另有规定的除外。

著作权管理信息在保护著作中正在发挥越来越重要的作用,但同时,利用数字处理技术,很容易对作品的管理信息进行删除、改变,甚至伪造管理信息,给著作权的管理和作品的使用造成混乱,严重侵犯损害相关权利人的财产权利与精神权利;

(8) 制作、出售假冒他人署名的作品的。

3. 侵犯著作权或者与著作权有关的权利的,侵权人应当按照权利人的实际损失给予赔偿;实际损失难以计算的,可以按照侵权人的违法所得给予赔偿。赔偿数额还应当包括权利人为制止侵权行为所支付的合理开支。权利人的实际损失或者侵权人的违法所得不能确定的,由人民法院根据侵权行为的情节,判决给予50万元以下的赔偿。这里主要是规定侵犯著作权的财产权利而带来的赔偿问题。我国《著作权法实施条例》规定有著作权法第48条所列侵权行为,同时损害社会公共利益,非法经营额5万元以上的,著作权行政管理部门可处非法经营额1倍以上5倍以下的罚款;没有非法经营额或者非法经营额5万元以下的,著作权行政管理部门根据情节轻重,可处25万元以下的罚款。至于侵犯著作权中的人身权利所引起的金钱赔偿的标准没有规定,只能根据侵害人的过错程度;侵害的手段、场合、行为方式;侵权行为所造成的后果;侵权人的获利情况;侵权人承担责任的经济能力;受诉法院所在地平均生活水平等情况由主审法官予以裁定。这是著作权法需要加以规定的问题。

4. 著作权人或者与著作权有关的权利人有证据证明他人正在实施或即将实施侵犯其权利的行为,如不及时制止将会使其合法权益受到难以弥补的损害的,可以在起诉前向人民法院申请采取责令停止有关行为和财产保全的措施。

这是指权利人在起诉前申请法院采取临时(执法)措施。人民法院处理申请临时措施的程序是按照《民事诉讼法》的有关规定:申请人必须提供担保;人民法院接受申请后,必须在48小时内作出裁定;裁定采取保全措施的,应当立即开始执行,财产保全限于请求范围,或者与本案有关的财物。财产保全采取查封、扣押、冻结或者法律规定的其他方法;申请人在人民法院采取临时措施后,应当在15日内向人民法院提起诉讼,否则,人民法院应当解除所采取的临时措施;被申请人提供担保的,人民法院应当解除禁止令和财产保全;申请有错误的,申请人应当赔偿被申请人因被责令停止有关行为和财产保全所受的财产损失;当事人对采取临时措施的裁定不服的,可以申请复议一次。复议期间,不停止裁定的执行。

5. 为制止侵权行为，在证据可能灭失或者以后难以取得的情况下，著作权人或者与著作权有关的权利人可以在起诉前向人民法院申请保全证据。人民法院接受申请后，必须在 48 小时内作出裁定；裁定保全措施的，应当立即开始执行。人民法院可以责令申请人提供担保，申请人不能提供担保的，驳回申请。申请人在人民法院采取保全措施后 15 日内不起诉的，人民法院应当解除保全措施。

对证据保全的方法主要有以下三种：

(1) 对证人证言的保全，法院可以制作证人证言笔录或录音。比如，证人重病有死亡可能；

(2) 对物证或现场的保全，法院可以进行勘验、制作勘验笔录、绘画、拍照、摄像等；

(3) 对有可能被毁灭的书证、物证、视听资料等，法院可采取查封、扣押等措施。

6. 人民法院审理案件，对于侵犯著作权或者与著作权有关的权利的，可以没收违法所得、侵权复制品以及进行违法活动的财物。

人民法院必须优先、完整地使受害的权利人的损失得到充分地赔偿，然后才可以追缴侵权人的违法所得。没收侵权复制品，应当予以销毁；对没收的用于制作侵权复制品的材料、工具、设备等，应予以拍卖，将拍卖所得上缴国库。

7. 复制品的出版者、制作者不能证明其出版、制作有合法授权的，复制品的发行者或者电影作品或者以类似摄制电影的方法创作的作品、计算机软件、录音录像制品的复制品的出租者不能证明其发行、出租的复制品有合法来源的，应当承担法律责任。这是关于由于过错推定而承担法律责任。比如，甲将乙未发表的一篇文章，以不正当的手段得到后，用假名交丙报社登载。作者找到报社，报社认为是甲的错误，而以自己没有过错为由，拒绝承担责任。但因甲署的是假名，而且已不知去向，这种情况下报社应该承担过错责任。

8. 当事人不履行合同义务或者履行合同义务不符合约定条件的应当依照"民法"、"合同法"等有关法律规定承担民事责任。

9. 著作权纠纷可以调解，也可以根据当事人达成书面仲裁协议或者著作权合同中的仲裁条款，向仲裁机构申请仲裁。当事人没有书面仲裁协议，也没有在著作权合同中订立仲裁条款的，可以直接向人民法院起诉。

10. 当事人对行政处罚不服的，可以自收到行政处罚决定书之日起 3 个月内向人民法院起诉，期满不起诉又不履行的，著作权行政管理部门可以申请人民法院强制执行。

第十六章　反不正当竞争法

第一节　反不正当竞争法的概念与作用

一、反不正当竞争法的概念

反不正当竞争法是为了制止现实经济生活中的不正当竞争行为及促进社会经济发展的需要而制定的法律。

不正当竞争，是指经营者违背反不正当竞争法的规定，损害其他经营者的合法权益，扰乱社会经济秩序的行为。经营者是指从事商品经营或者营利性服务的法人、其他经济组织和个人。

建立社会主义市场经济需要保证竞争机制的正常运行，而做到这一点必须首先确立大家共同遵守的竞争规则以实现公平竞争，这就要制定反不正当竞争法。所谓竞争，是指两个或两个以上的市场主体在其经营活动的范围内，向同一需求者提供同种或类似的商品或劳务，或者接受同一供给者的同种或类似的商品或劳务的行为及状态。由于多个同一行业的市场主体需要与同一的对象进行业务活动，因而在这些同一行业的多个市场主体之间必然要发生竞争行为和存在竞争状态。

竞争是市场经济最重要的运行机制，它的基本作用在于最大限度地调动经营者的积极性，并给经营者造成可能失败的压力，促使经营者不断完善管理，不断开发和采用新技术、新工艺等手段，降低成本，提高产品和服务质量，向市场提供质优价廉的产品和服务，以满足广大消费者的需求。同时，通过无情的优胜劣汰，使社会资源得到合理的配置，并使经济活动充满活力，健康发展，最终使社会经济得到快速增长，从而给消费者和全社会带来最大的福利。

二、反不正当竞争法的作用

竞争的机制既有满足消费者需求，促进生产发展的积极的一面，又有其消极的一面,即由于利益的驱动,往往使一些经营者采取不正当的手段来获取竞争优势,而不惜损害其他经营者和消费者的利益。比如,假冒他人的注册商标,采取虚假的、令人误解的表示或诋毁、贬低其他企业的商业信誉、商品声誉的手段,达到挤垮竞争对手的目的等等。如果不对这些行为加以严格规范和制止,就会造成对交易秩序的严重破坏,影响竞争机制正常发挥作用,从而影响市场经济健康发展。这种不正当竞争行为都是伴随着市场经济中的竞争而存在的。只要有竞争,就必然有不正当竞争行为,这是由竞争机制和利益动机所决定的。因此,许多国家都制定了反不正当竞争法,只不过名称或形式各有不同。其目的都是为了制止不正当竞争,保护正当的公平竞争。有些国家制定了专项的反不正当竞争法,比如,德国和日本;有些国家是在综合性的竞争法律群体中规定反不正当竞争的内容,比如,美国的《谢尔曼反托拉斯法》、《联邦贸易委员会法》、《克莱顿反托拉斯法》;有些国家是在民法典中规范不正当竞争行为,比如,法国。在制定专门反不正当竞争法的德国和日本,还有一些配套立法,如德国除了《反不正当竞争法》外,还有《馈赠法》、《折扣法》、《标价法》;日本除了《不正当竞争防止法》外,还有《禁止垄断法》、《不当赠品及不当表示防止法》等等。在国际领域内,反不正当竞争的法律制度也在不断地发展。比如,《保护工业产权巴黎公约》、《关贸总协定》、《欧洲经济共同体条约》等,都有对不正当竞争行为的法律规定。

我国随着经济的发展和企业之间竞争的加剧,开始出现了大量不正当竞争行为,在各种不正当竞争行为中,尤以制造销售假冒商品、制作发布虚假广告、抽奖式有奖销售、商业贿赂等行为更为突出。有的只要发现某种商品有名,就不择手段地仿冒那种商品,从制造销售假冒烟、酒、服装,发展到假冒电器、药品、农药、化肥、种子。有的为了促销以巨额奖金搞抽奖式有奖销售,甚至以欺骗手段谎称有奖,实际却无奖或安排内定人员中奖。这些行为不仅直接损害了广大经营者和消费者的利益,而且也严重影响了工农业生产和整个社会的经济秩序。有些假冒商品甚至已流到国外,不仅影响了外贸出口,而且损害了国家形象。如果不对这些行为进行严厉的制裁,必然影响到社会主义市场经济体制的建立。

竞争的这种副作用是竞争自身所无法克服的,必须通过法律的形式,以国家强制力来排除危害竞争的行为。因此,反不正当竞争法在维护市场经济体制方面,主要有以下三方面的作用:

(一) 保障竞争机制正常地发挥作用,保护公平竞争

反不正当竞争法律制度在促进和保障竞争的积极作用的同时,对竞争中产生

的消极作用,如限制、排斥竞争、违反商业道德的各种不正当行为一概予以制止与惩罚。法律保障经营者在市场经济活动中公平地竞争。经营者无论规模大小,经济实力强弱,都应当凭产品或服务的质量、价格等进行公平竞争。只有公平竞争,才是合理的竞争。采取损人利己的不正当竞争方式,必然破坏竞争规则,导致竞争机制的紊乱和失调,最终形成市场经济的混乱。因此,反不正当竞争法的目的是鼓励正当的经营者通过自己的努力,以最少的投入取得最大的经济效益,保证社会生产力持续稳定地发展。

(二) 维护市场秩序,规范市场行为

只有建立公平交易的秩序,竞争才能发挥其积极的作用。因为市场交易的主体、手段、对象是多种多样的,因此市场行为也必然是纷繁复杂的。交易者只有遵守共同的交易规则,才能使竞争达到预期目的。反不正当竞争法具体规定什么是不正当竞争,哪些行为是不正当竞争行为,这就为经营者的活动设立了行为标准,交易者就可以根据这些标准来决定自己的交易行为。同时对合法行为给予保护和鼓励,对违法行为予以制止和惩罚,这样才能建立和维护以公平竞争为核心的市场经济秩序。正如体育比赛,如果没有共同遵守的比赛规则,那么就不可能成为比赛了。所以,反不正当竞争法是促进市场经济健康发展的前提。

(三) 保护经营者和消费者的合法权益

不正当竞争行为既损害其他经营者的合法权益,同时又对消费者的权益造成损害。比如,冒用名牌商品特有的名称、包装、装潢,就是窃取了名牌商品的竞争优势,将他人应得的化为已有。同时,消费者也会上当受骗,使购买行为违背自己的真实意志,甚至还可能造成其他更大的严重损失,比如,给消费者的身心健康造成危害。因此,反不正当竞争法通过对不正当竞争行为的制止和惩处,不仅保护了正当经营者的合法权益,而且也起到了保护消费者权益的重要作用。

第二节　市场交易的基本原则

我国反不正当竞争法规定,经营者在市场交易中,应当遵循自愿、平等、公平、诚实信用的原则,遵守公认的商业道德。这是对市场交易基本原则的规定,其主要作用在于为经营者从事各种具体的正当的市场交易活动提供最基本的依据,同时也为执法机关衡量各种具体的市场交易活动是否正当提供最基本的标准。

一、自 愿 原 则

自愿原则，是指经营者在不违反法律规定的范围内可以独立自主地从事市场交易活动，也就是可以根据自己的意愿，设立、变更和终止经济法律关系。当事人在从事市场交易活动所作的意思表示，应当是自主、自愿、自由地反映他自己的真实意志，任何个人、单位都无权干涉他人自主决定交易对象、内容和方式。根据这一原则，经营者以欺骗、强制的手段从事交易，或者利用自己的经济优势迫使对方接受不合理交易条件的行为，都属于不正当竞争行为。另外，政府及其所属部门滥用行政权力，迫使经营者违反其内心的意愿所作的行为，也是违反自愿原则，比如，限定经营者购买其指定企业的产品。

二、平 等 原 则

平等原则，是指经营者在合法的范围内从事市场交易活动，都具有平等的法律地位，任何单位或个人都不能凭借经济优势或依法具有的独占的经济地位排挤其他经营者的公平竞争，也不能凭借行政权力限定他人的商品交易行为。

平等原则还包括，社会主义市场对所有经营者都是平等开放，任何组织或个人不得以任何形式进行分割和封锁。比如，有的地方政府或其所属部门运用行政权力，限制商品流通的做法也是违反平等原则的。

三、公 平 原 则

公平原则，是指经营者在市场交易活动中都应受到公正的待遇。其具体表现是：

1. 在市场交易关系中，交易双方的权利义务都是平等的，任何一方不能只享受权利而不承担义务，也不能在权利和义务上显失公平。

2. 所有经营者在交易手段的利用和交易机会的获得等方面，都应享有同等的权利。反对采取任何非法的或不道德的手段，以获取竞争优势的行为。比如，利用贿赂、回扣推销商品；不正当地获取、利用他人商业秘密等不公平竞争行为。

3. 经营者的正常经营活动和其他合法权益不受任何不正当行为妨害。比如，诋毁竞争对手的商业信誉以及政府机关利用行政权力限制经营者正当竞争活动等行为。

四、诚实信用原则

诚实信用原则,是指经营者在市场交易中应该保持善意、诚实、恪守信用,严格履行义务。反对任何欺诈性的交易行为,比如,虚假广告、假冒他人注册商标,以及对商品的质量、性能、产地等作虚假表示,使消费者产生误解的行为。

五、遵守公认的商业道德

除以上四个基本原则外,还必须遵守公认的商业道德。

公认的商业道德,是指在长期的市场交易活动中形成的,为社会所普遍承认和遵守的商事行为准则。前面自愿、平等、公平、诚实信用的原则,是法律化了的商业道德,但它们的内涵毕竟有一定的限度,不可能完全包括所有的商业道德,特别是不能完全包括某些行业内所有的行为准则。因此,为了更全面地确定判断市场交易行为公正性的准则,我国反不正当竞争法又规定必须遵守公认的商业道德的惯例。比如,经营者不应采用不正当的手段吸引竞争对手的客户,挖对手的墙脚;经营者应当尊重客户的生活习惯和宗教信仰等。遵守公认的商业道德这一惯例,对于发挥商业道德的规范作用,具有十分重要的意义。

不正当竞争行为违反自愿、平等、公平、诚实信用原则以及公认的商业道德。这些行为在市场竞争中不仅会损害公共利益,而且也直接损害竞争对手以及其他市场主体的利益,并在一定范围内也会侵害消费者的利益。因而,不正当竞争行为是破坏市场秩序的违法行为。

在合理竞争中,所谓公平竞争,是指市场主体参加竞争的机会是均等的,进行竞争的条件和环境是同一的,竞争的地位是平等的,国家和法律对待所有的市场主体都是公正的,一视同仁的。要实现公平竞争,即公正、平等的竞争,就必须反对垄断,反对行政干预,让市场主体在合法的范围内独立、自由地进行竞争。

第三节 不正当竞争行为

我国反不正当竞争法规定的不正当竞争行为,是指违反本法规定,损害其他经营者的合法权益,扰乱社会经济秩序的行为。我国反不正当竞争法与其他任何一个国家的反不正当竞争法一样，不可能将所有的不正当竞争行为都一一列举，这主要是因为在现实经济生活中，不正当竞争行为的表现形式是复杂多样的，而且随着经济的发展变化，还会不断出现新的不正当竞争行为。因此，我国反不正当竞争法只是列举各国反不正当竞争法中普遍予以禁止的、典型的不正当竞争行为以及我国现实经济生活中表现突出、危害严重，必须予以禁止的不正当竞争行为。

一、假冒或仿冒行为

这是指经营者违背诚实信用的原则，从事欺骗性的交易行为，牟取非法利益。经营者在市场交易中采取这类不正当竞争行为主要包括以下四类情况：

（一）假冒他人的注册商标

商标是区别商品的标记。商标注册人对已经注册的商标享有法律保护的专用权，未经其许可，任何人都不得在同一种商品、同一种服务或者类似商品、类似服务上使用与其注册商标相同或近似的商标。假冒他人注册商标的行为，不仅侵害商标注册人的商标专用权，也损害消费者的利益，危害社会主义市场经济秩序。因此，反不正当竞争法从维护市场竞争秩序出发，确立市场竞争规则，从规范竞争行为的角度对此作了规定。

（二）擅自使用知名商品特有的名称、包装、装潢，或者使用与知名商品近似的名称、包装、装潢，造成和他人的知名商品相混淆，使购买者误认为是该知名商品

商品的名称、包装、装潢是商品的外表特征，是区别其他商品的重要标志，同时也在一定程度上反映经营者的商业信誉和商品声誉。经营者在市场竞争中通过自己的智力劳动，努力创造知名商品，要花费相当大的人力、财力和物力，包括研究、开发技术、设备、产品，建设基础设施，进行广告宣传，开展公关活动等等。知名商品的名称、包装、装潢本身就是特定的知识产权。擅自使用他人知名商品特有的名称、包装、装潢，或者模仿他人知名商品特有的名称、包装、装潢，在市场上产生混淆，造成误认、误购的，都是侵犯他人特定的知识产权，属于危害竞争秩序的不正当竞争行为。

这一不正当竞争行为的构成要件是：

1. 名称、包装、装潢必须为知名商品所特有的。所谓知名商品，是指在相关大众中有一定知名度的商品。判断商品是否为知名商品，不以全社会任何人对该商品是否知道为必要，而应以该商品在相关的市场领域中是否有较高的知名度为依据。这里相关大众或相关市场领域是与该商品有可能发生销售、购买、使用、管理等关系的单位和个人。比如,知名的日常用品应在一般的消费者中有较高的知名度,因为它的交易、使用对象是一般公众。而有特定交易对象的商品,如专用仪器就不能在一般的社会公众中考察其知名度,而应当在可能购买、销售,或特定使用该商品的单位或人员中考察它的知名度。一般说,商品长久并广泛行销、使用,在其相关领域广为人知并有较好的信誉,可以认定为知名商品。认定知名商品,应当考虑该商品的销售时间、销售区域、销售额和销售对象,进行任何宣传的持续时间、程度和地域范围,作为知名商品受保护的情况等因素,进行综合判断。原告应当对其商品的市场知名度负举证责任。

所谓特有的名称、包装、装潢,是指经营者为自己生产的商品独创的有显著性的名称、包装、装潢,也是该商品与其他商品相区别的标志,并与该商品的品牌形象联系在一起。对它的仿冒也才能在市场上产生混淆的问题。如果某商品的知名度已较高,但其商品名称、包装、装潢不是经营者独创的,而是使用了本商品的通用名称、图形、型号,或者直接表示商品的质量、主要原料、功能、用途、重量、数量以及其他特点,或者含有地名,他人因客观叙述商品而正当使用的,不构成不正当竞争行为。

2. 对他人知名商品特有的名称、包装、装潢,擅自作相同的使用,致使与他人知名商品发生混淆。这是指商品名称、包装、装潢的文字、图形、记号、外观形状及其排列组合与他人知名商品的名称、包装、装潢完全相同。另外,是使用与知名商品近似的名称、包装、装潢,即作相近似的使用,造成与他人知名商品相混淆,使购买者发生误认。近似是指对知名商品的名称、包装、装潢作无碍大体的改变,沿袭其主要部分。主要部分是指商品名称、包装、装潢中最显著、最醒目、最易引起购买者注意的部分。判断是否作近似使用,须分析在客观上是否会使购买者施以普通的注意力而发生混淆、误认而认定。但不能以专家的注意结论作为衡量是否近似使用的标准。

(三) 擅自使用他人的企业名称或者姓名,引人误认为是他人的商品

企业名称或者姓名是经营者的营业标志,是显示经营者的营业或服务活动的外在特征。企业名称或者姓名体现了经营者通过付出精力和资本所获得的无形财产。保护企业名称或者姓名,是保护附于企业名称或者姓名中的商业信誉。这里的企业名称或者姓名,包括了各种所有制形式的企业的名称,各种组织形式的企业的名称,同时也包括了个体工商户和从事生产经营活动的事业单位的名称。其中姓名还包括无名称字号的个体工商户、个人合伙的投资者在市场交易中使用的自己的姓名。

企业登记主管机关依法登记注册的企业名称，以及在中国境内进行商业使用的外国（地区）企业名称，应当认定为反不正当竞争法中规定的“企业名称”。具有一定的市场知名度、为相关公众所知悉的企业名称中的字号，可以认定为反不正当竞争法中规定的“企业名称”。在商品经营中使用的自然人的姓名，以及具有一定的市场知名度、为相关公众所知悉的自然人的笔名、艺名等，可以认定为反不正当竞争法中规定的“姓名”。

（四）在商品上伪造或冒用认证标志、名优标志等质量标志，伪造产地，对商品质量作引人误解的虚假表示

这类不正当竞争行为与前三项行为不同，它并不侵犯哪个特定经营者的知识产权，它或者虚构事实，或者隐瞒事实真相，是对商品的质量、信誉作引人误解的虚假表示，以进行欺诈性交易行为。这类不正当竞争行为包括三种情况：

1. 在商品上伪造或者冒用认证标志、名优标志等质量标志。认证标志是质量认证机构准许经其认证产品质量合格的企业在产品或者其包装上使用的质量标志。产品质量认证是国家监督管理产品质量的一项法律制度。未实行产品质量认证制度的产品，经营者在产品或其包装上编造认证标志，或者未向产品质量认证机构申请认证，或者虽申请但经认证不合格的产品，经营者擅自使用认证标志等行为，都属于伪造或者冒用认证标志。

名优标志是经国际或国内有关机构或社会组织评定为名优产品而发给经营者的一种质量荣誉标志。凡没有组织评比名优产品；或者虽组织评比名优产品，但经营者未参加或参加而没有被评为名优产品的；或者被取消名优产品称号的，经营者擅自编造、使用名优标志，以及级别低的名优产品冒用级别高的名优标志的，都属于伪造或者冒用名优标志的不正当竞争行为。

2. 伪造产地。商品的产地是指商品的加工、制造或商品生产者的所在地。有些商品的品质常与其产地的地理气候特点、技术优势、地区信誉等联系在一起。有的商品因其产地独特的地理气候特点而获得市场优势；有的商品因其产地普遍较好的技术优势而获得市场优势；有的商品因其产地有普遍较好的商业信誉而获得市场优势。因而有的经营者为提高其商品的声誉，隐匿其商品真实产地，在商品上标注虚假产地。经营者的这些行为，即是伪造产地的不正当竞争行为。

3. 对商品质量作引人误解的虚假表示。这是指对反映商品质量的各种因素不作标注或作不真实的标注，使消费者无法了解商品的真实情况，从而发生误认、误购的不正当竞争行为。这种不正当竞争行为包括：在商品或其包装上依法应当标明的内容或者依商品的特点和使用要求应当标明或说明的内容，未予标明或说明,比如,产品质量检验合格证明、生产厂厂名和厂址等;或者在商品或其包装上对商品的质量、制作成分、性能、用途、生产者、有效期限等作不真实的标注,欺骗、误导消费者和用户购买。

二、商业贿赂行为

商业贿赂,是指经营者在商品交易活动中,为获得交易机会,特别是获得相对于竞争对手的优势,通过秘密给财物或者其他报酬等不正当手段收买客户的负责人、雇员、合伙人、代理人和政府有关部门工作人员等能够影响市场交易的有关人员的行为。商业贿赂行为具有以下特征:

1. 商业贿赂的主体是从事商品交易的经营者,既可以是卖方,也可以是买方;

2. 商业贿赂是经营者主观上出自故意和自愿而进行的行为,不是故意的过失行为不可能构成商业贿赂,受到胁迫而进行的行为属于遭受勒索,也不构成商业贿赂;

3. 商业贿赂是通过秘密方式进行的,向有关人员支付的款项或提供的优惠,既不向有关人员的领导或其他人员报告,又违反国家有关财务、会计及廉政等方面的法律规定;

4. 商业贿赂的形式除了金钱回扣外,还包括提供出国考察、免费旅游或度假、房屋装修、高档宴席、色情服务、赠送昂贵礼品,以及解决子女或亲属入学、就业等多种方式。

商业贿赂是商品经济发展过程中的一种社会现象。在市场经济发达国家,商业贿赂现象也是存在的,大量被揭露出来的政治丑闻往往与商业贿赂有关。但是他们的法制建设比较健全,虽然存在商业贿赂行为,但一旦被揭露出来,处罚也是相当严厉的。我国随着市场经济的发展,市场竞争也随之日趋激烈,在这种情况下商业贿赂也大量出现,特别是由于市场立法滞后,市场竞争规则不健全,管理漏洞多,因此利用商业贿赂进行不正当竞争的问题更为突出。商业贿赂严重危害社会主义市场经济秩序,它从根本上否定了公平竞争,阻碍了市场机能的正常发挥,从而影响了社会资源的合理分配和技术、物质的进步。同时,由于商业贿赂的存在,给企业的业务人员和国家机关工作人员中饱私囊、贪污受贿提供了土壤,损害了国家、集体的利益,腐蚀了干部队伍,败坏了社会风气,因此,我国反不正当竞争法明确禁止商业贿赂行为。

我国反不正当竞争法明确规定,在账外暗中给予对方单位或者个人回扣的,以行贿论处；对方单位或者个人在账外暗中收受回扣的，以受贿论处。这里规定的回扣，是指经营者为了不正当获取利益、优惠条件而直接地或间接地向缔约方或有关方面及其工作人员暗中提供的金钱或有价证券。它具有以下几个基本特征：

1. 回扣发生在交易双方当事人之间，形式上可以由卖方支付，也可以由买方支付；

2. 回扣是在账外暗中支付的；

3. 回扣的形式是支付酬金，包括货币和有价证券。买方支付的货款中的一部分返回或者买方在应付价款之外附加的费用，支付方和收受方都不入账。

4. 回扣的目的为了获取不正当利益，比如高价出售商品，推销伪劣产品，引诱对方签订交易合同等。

我国反不正当竞争法规定，经营者销售或者购买商品，可以以明示方式给对方折扣，可以给中间人佣金；经营者给对方折扣、给中间人佣金的，必须如实入账，接受折扣、佣金的经营者必须如实入账。

折扣也就是价格折扣，又称让利，是指在商品购销活动中，卖方在所成交的价款上给买方以一定比例的减让而返还给对方一种交易上的优惠。折扣是卖方以明示方式对买方进行的让利，是“明扣”而不是“暗扣”，并且计入会计账簿。所谓明示方式是指用合同直接订明，公开进行。折扣只发生在交易双方当事人之间，即折扣只能给交易相对人，不能给其经办人或代理人。在国外，折扣属于商业惯例中的一种手段，并有相应的法律规范进行调整。因此，正常的商业折扣在我国也是属于合法行为。

佣金，是指商业活动中的一种劳务报酬。在市场交易活动中，具有独立地位的中间商、代理商等在商业活动中为他人提供服务，介绍、撮合交易或代买、代卖商品所得到的报酬。它可以是买方给付，也可以是卖方给付，也可以是买卖双方给付。佣金一般是事先通过协议按照成交额的百分比计算，也有事前并无协议，而按照商业惯例办理。许多国家在法律中规定，独立的中间人赚取佣金是法律允许的。不是依法处于独立地位的中间人，如公务人员、交易双方的雇员、中间商的雇员等不能接受佣金。佣金是以明示方式进行，并且必须入账。

三、引人误解的虚假宣传

我国反不正当竞争法第9条明确规定，经营者不得利用广告或者其他方法，对商品的质量、制作成分、性能、用途、生产者、有效期限、产地等作引人误解的虚假宣传；广告的经营者不得在明知或者应知的情况下，代理、设计、制作、发布虚假广告。

广告及其他商品宣传形式，既是商品经营者进行商品促销的重要手段，又是广大消费者、用户进行商品选择所凭借的重要依据。引人误解的虚假宣传，必然造成消费者及用户不能正确地选择所需商品，而且某些经营者通过引人误解的虚假宣传吸引消费者，必然会造成其他诚实的经营者失去客户，竞争就难以公平。因此，对引人误解的虚假宣传必须加以禁止。

经营者具有下列行为之一，足以造成相关公众误解的，可以认定为反不正当竞争法中规定的引人误解的虚假宣传行为：

1. 对商品作片面的宣传或者对比的；

2. 将科学上未定论的观点、现象等当作定论的事实用于商品宣传的；

3. 以歧义性语言或者其他引人误解的方式进行商品宣传的。

以明显的夸张方式宣传商品，不足以造成相关公众误解的，不属于引人误解的虚假宣传行为。

所谓“引人误解的虚假宣传”包括虚假宣传与引人误解的宣传。虚假宣传是指商品宣传的内容与商品的真实情况不符。比如，将国产商品宣传为进口商品；将治疗感冒的药宣传为治疗癌症的药；谎称获奖产品，实际上并未获奖等。而引人误解的宣传则是指可能使宣传对象或受宣传影响的人对商品的真实情况产生错误的理解，从而影响其购买决策的商品宣传。一般情况下，虚假宣传必然导致误解，但引人误解的宣传从表面上看是真实的宣传，但却可能产生引人误解的后果。比如，某家具店广告标示展销“意大利聚酯漆家具”，很多消费者理解为是意大利进口家具，而实际上只是用意大利进口漆涂的家具。

我国反不正当竞争法不仅规定经营者不得作引人误解的虚假广告，同时对广告的经营者也规定了相关的义务，即广告的经营者不得在明知或者应知的情况下，代理、设计、制作、发布虚假广告。

四、侵犯商业秘密行为

商业秘密，是指不为公众所知悉、能为权利人带来经济利益，具有实用性并经权利人采取保密措施的技术信息和经营信息。商业秘密不仅包括那些凭技能或经验产生的，在实际中尤其是工业中适用的技术信息，比如，技术秘密、工艺流程、设计图纸、化学配方等，而且包括那些具有秘密性质的经营管理方法及经营信息，比如，管理方法、产销策略、货源情报、客户名单等，甚至在与国外的企业相比时，即使某些技术上落后很多，但仍不能让对方获悉，比别人落后程度的多少本身也是一条非常重要的商业秘密。

商业秘密包括技术信息和经营信息，但并不是所有的技术信息和经营信息都是商业秘密。能够成为商业秘密的技术信息和经营信息，必须具备以下三个条件：

1. 秘密性。这些信息不为所属领域的相关人员普遍知悉和容易获得，应当认定为反不正当竞争法中规定的“不为公众所知悉”。秘密性是商业秘密的本质特征。能成为商业秘密的先决条件之一就是要将其作为秘密管理。如果本单位外第三人不作任何努力即可接触到其秘密，以及本单位内部成员都可自由得到秘密资料，当然不应该认为该企业已经对秘密进行了“管理”。如果企业自身都没有将秘密信息进行妥善管理，更谈不上寻求法律上的保护。1996 年上海 A 厂状告上海 B 公司以高薪、高职等手段，挖去他们掌握某项商业秘密的职工，而且使用了这项商业秘密，侵犯了他们的权益。但法院经过调查后认为，《反不正当竞争法》规定了商业秘密是指不为公众所知悉，并经权利人采取保密措施的技术信息和经营信息。而原告 A 厂没有任何证据证明其对这些信息采取过相应的保密措施并处于保密状态，因此，这些信息不属于法律保护的商业秘密，指控被告侵犯商业秘密不能成立。由此可见，不“加密”的“商业秘密”是不受法律保护的。

2. 实用性。这些信息具有现实的或者潜在的商业价值，能够为权利人带来竞争优势，从而能为权利人带来实际的或潜在的经济利益。凡是没有经济价值的技术信息和经营信息，即使不为公众所知，也不是商业秘密。

3. 保密性。权利人必须为这些信息采取了适当的保密措施。经营者是否采取保密措施，不仅是某项信息能否成为商业秘密的条件，也是寻求法律保护的前提。权利人为防止信息泄露所采取的与其商业价值等具体情况相适应的合理保护措施，则应当认定为反不正当竞争法中规定的“保密措施”。

商业秘密都是其权利人投入了一定的时间、资金或精力而得来的，因此是一种特殊的知识产权，将侵犯商业秘密行为作为一种不正当竞争行为予以禁止，也是对我国知识产权保护法律制度的有效补充。

侵犯商业秘密的不正当竞争行为有以下三种情况：

1. 以盗窃、利诱、胁迫或其他不正当手段获取权利人的商业秘密。盗窃商业秘密，既包括内部人员也包括外部人员盗窃权利人的商业秘密；以利诱手段获取权利人的商业秘密，是指行为人通过向掌握商业秘密的人员提供财物或其他优待条件,诱使其向行为人提供权利人的商业秘密;以胁迫手段获取权利人的商业秘密,是指行为人通过威胁,强迫掌握商业秘密的有关人员,而从其处获取权利人的商业秘密;以其他不正当手段获取权利人的商业秘密,比如,通过虚假陈述所谓“洽谈业务”、“合作开发”、“合资经营”等活动骗取权利人的商业秘密。

2. 披露、使用或允许他人使用上述手段获取的权利人的商业秘密。以这些手段获取的权利人的商业秘密,都是不正当手段。因此,获取者再向第三人披露、自己使用或允许第三人使用这些以不正当手段获取的商业秘密,也是不正当的,应当予以禁止。

3. 违反约定或者违反权利人有关保守商业秘密的要求,披露、使用或者允许他人使用其所掌握的商业秘密。这是指合法掌握商业秘密的人,违反了与权利人的约定或权利人保密的要求,向他人泄露、自己使用或者允许他人使用权利人的商业秘密。如果权利人与合法掌握商业秘密的人没有保守商业秘密的约定,或者权利人没有提出保守秘密的要求,则掌握商业秘密的人作上述行为,不构成侵犯商业秘密行为。

4. 第三人明知或者应知以上违法行为,获取、使用或者披露他人的商业秘密,视为侵犯商业秘密。这是指直接侵犯商业秘密行为人以外的人,在明明知道或应当知道其所获取、使用或披露的他人的商业秘密,是通过不正当手段获取的情况下而仍然获取、使用或者向外披露这些商业秘密,也构成侵犯商业秘密行为。

通过自行开发研制或者反向工程方式获得的商业秘密,不认定为反不正当竞争法中规定的侵犯商业秘密行为。

反向工程,是指通过技术手段对从公开渠道取得的产品进行拆卸、测绘、分析等而获得该产品的有关技术信息。当事人以不正当手段知悉了他人的商业秘密之后,又以反向工程为由主张获取行为合法的,应予以否定。

五、经营者以排挤竞争对手为目的,以低于成本的价格销售商品

经营者为了排挤竞争对手,以低于成本的价格销售商品的行为,其主要的特征是:

1. 行为主体是处于卖方地位的经营者;
2. 经营者是以低于成本的价格销售商品;
3. 经营者进行销售行为时在主观上是故意的,其目的是为了排挤竞争对手。

在有些情况下,经营者以低于成本的价格销售商品的行为,目的不是为了排挤

竞争对手，而是为了解决自己的一些困难，则在法律上不能将其列为不正当竞争行为。比如，降价销售鲜活商品，其中包括新鲜水果、蔬菜、活鱼及活虾等商品；处理有效期限即将到期的商品或其他积压的商品；季节性降价，如过了季节的服装；因清偿债务、转产、歇业降价销售商品。

六、经营者销售商品违背购买者的意愿，搭售商品或者附加其他不合理的条件

搭售商品或附加其他不合理的条件，是指经营者利用其经济优势，违背购买者的意愿，在销售一种商品或提供一种服务时，要求购买者以购买另一种商品或接受另一种服务为条件，或者对商品或服务的价格、销售对象、地区等进行不合理的限制。

搭售或附加不合理条件的行为必须在违背购买者的意愿的情况下才是被禁止的。如果购买者自愿接受经营者的附加条件，那么这些附加条件就不属于不正当竞争行为，而是当事人之间的协议。至于附加的条件是否合理，衡量的标准主要是“平等、自愿、公平竞争”的原则。运用这个标准的时候，要结合当事人的动机、目的、市场地位、商品特性、所属市场结构等作全面的分析判断。

七、不正当的有奖销售行为

有奖销售，是指经营者以提供奖品或奖金的手段推销商品的行为，主要包括附赠品和抽奖两种形式。对于附赠式的有奖销售，许多国家均予认可，但对所赠物品的价值大小等方面予以限制。对于抽奖式的有奖销售，有的国家明确禁止；有的国家则是有条件地允可。一般来说，有奖销售作为经营者的一种促销手段，可以促进商品流通，并带来一定的经济利益。这种促销手段对于市场竞争秩序有着双重影响：符合惯例和商业道德且限定在一定范围内的有奖销售，可以起到活跃市场，促进竞争的积极作用；超过一定范围或采取不正当手段进行有奖销售，则会造成对竞争秩序的破坏，损害消费者的利益。反不正当竞争法并不全部否定有奖销售，而只是禁止以下三种形式的有奖销售行为：

（一）欺骗性的有奖销售行为

欺骗性的有奖销售行为，是指经营者采用谎称有奖或者故意让内定人员中奖的欺骗方式进行有奖销售。前者是经营者谎称有奖，实则无奖；后者是虽然有奖，但故意让内定人员中奖，其内定人员可能是经营者本身，也可能是其亲友或其他特

定的消费者。其性质与谎称有奖无异。

(二) 利用有奖销售的手段推销质次价高商品的行为

这种有奖销售的特点是名为有奖销售,实为变相涨价,推销质次商品,以欺骗消费者。所推销的商品是否属于质次价高,以消费者的公认和有关主管机关的认定为准。

(三) 巨奖销售行为

依照我国反不正当竞争法规定,抽奖式的有奖销售,最高奖金额超过5000元的行为,即为巨奖销售行为。法律所以这样规定,是因为巨奖销售引发消费者的暴利心理,使消费者不顾商品的质量、价格和需要而购买商品,妨碍了市场机能的正常发挥。但由于抽奖式的有奖销售作为一种促销手段,对于活跃商品流通,搞活企业有一定的积极作用,所以应该允许这种行为在一定范围内存在,超过这一范围则予以禁止。因此,法律规定,禁止最高奖金额超过5000元的抽奖式有奖销售行为。

八、经营者捏造、散布虚伪事实,损害竞争对手的商业信誉、商品声誉的行为

经营者捏造、散布虚伪事实,损害竞争对手的商业信誉、商品声誉,是商业诽谤。商业诽谤是为许多国家反不正当竞争法所禁止的一种不正当竞争行为。它是指经营者自己或利用他人,通过捏造、散布虚伪事实等不正当手段,对竞争对手的商业信誉、商品声誉进行恶意的诋毁、贬低,以削弱其市场竞争能力,并为自己谋取不正当利益的行为。商业诽谤是侵害公民、法人或其他经济组织名誉权和荣誉权行为的一种商业化表现形式。商业信誉和商品声誉是从商业角度对经营者的能力和品德,对其商品品质的积极的社会评价。它是通过经营者参与市场竞争的连续性活动而逐渐形成的,经营者需要经过大量的市场研究、技术开发、广告宣传、公关活动、讲究职业道德、价格合理、质量精良及优良服务等等去建立自己良好的商业信誉和商品声誉。商业信誉和商品声誉是经营者在市场竞争中赢得优势地位的资本和支柱,人们往往直接根据商品声誉选择商品,使商品声誉有了相对的独立性和特殊性。对经营者商业信誉和商品声誉的任何诋毁或贬低,都可能给该经营者的正常经营活动造成不利的影响,甚至可能使其遭受严重的经济损失。比如,失去交易伙伴和消费者,损失大量的利润和市场竞争优势地位。

九、投标、招标中的不正当竞争行为

我国反不正当竞争法第15条规定，投标者不得串通投标，抬高标价或者压低标价；投标者和招标者不得相互勾结，以排挤竞争对手的公平竞争。

为了有效地制止招标、投标活动中的不正当竞争行为，确保招标、投标活动的公平竞争性，法律规定了招标、投标活动中的两种不正当竞争行为：

1. 投标者之间串通投标，抬高标价或压低标价的行为。参加投标的经营者彼此之间，就投标报价及其他投标条件互相通气，以避免相互间竞争，或协议轮流在类似项目中中标，损害招标者的利益。

2. 招标者与投标者相互勾结，以排挤竞争对手的公平竞争的行为。这是指招标者与特定投标者在招标、投标活动中，以不正当手段从事私下交易，使公开招标、投标流于形式，共同损害其他投标者的利益的行为。比如，招标者故意向某一特定投标者泄露其标底的行为；投标者通过贿赂手段，在公开开标之前，从招标者处获取其他投标者报价或其他投标条件的行为；招标者允许不符合投标资格的投标者参加投标，并让其中标的行为；招标者在审查、评比标书时，对不同的投标者实施差别对待的行为等。

十、公用企业或其他依法具有独占地位的经营者实施限制竞争行为

我国反不正当竞争法第6条规定，公用企业或者其他依法具有独占地位的经营者，不得限定他人购买其指定的经营者的商品，以排挤其他经营者的公平竞争。这类不正当竞争行为的主体分为两类：

1. 公用事业。这是指其商品或服务涉及城乡人民群众基本的物质生活需要的一些行业。比如，电力、自来水、煤气、通讯、公共交通等领域。这些领域的商品或服务是生产、生活最基本的要素，任何人也离不开的。

2. 其他依法具有独占地位的经营者。这是指在特定的市场上，一个经营者处于没有竞争对手的状态，或取得了压倒性和排除竞争的能力，也指两个以上经营者不进行价格竞争，在它们对外的关系上具有了上述地位和能力。判定一个经营者是否在特定市场占有独占地位，这应由反垄断法加以解决。从目前的情况来看，由国务院作出的规范性文件来规定某一特定领域或某一特定产品只能由某一企业或

少数几个企业生产经营的,该企业就具有了独占的地位。但是,像我国的烟草专卖制度,是属于行业性垄断,不属于反不正当竞争法中所指的独占。

反不正当竞争法并不是对企业独占的禁止,而是禁止公用企业或依法具有独占地位的经营者利用本身特殊优势地位和身份,实施限制他人竞争的行为。这种限制竞争的行为表现为:限定他人购买其指定的经营者的商品,这往往是因为与被指定的经营者有某种利益上的关系。比如,被指定产品的经营者是其下属企业,或能从被指定的企业中得到某种好处,而且由于被指定的经营者的商品是用户和消费者所必需的。比如,煤气公司提供煤气,在安装煤气管道时,强制用户和消费者必须购买某工厂生产的燃气具,否则不予安装等。

由于这类行为限制了用户和消费者的自由选择权,使生产同种商品的其他经营者完全被排斥在这一特定的市场之外,妨碍了市场公平竞争,因此应依法禁止。

十一、滥用行政权力限制竞争行为

我国反不正当竞争法第 7 条规定,政府及其所属部门不得滥用行政权力,限定他人购买其指定的经营者的商品,限制其他经营者正当的经营活动;政府及其所属部门不得滥用行政权力,限制外地商品进入本地市场,或者本地商品流向外地市场。

滥用行政权力限制竞争行为的主体不是经营者,而是政府机关,包括政府及其所属部门。这种行为的客体,是指在市场上自主经营的经营者的商品,而不是政府及其所属部门的管理活动。比如,政府及所属部门明文规定或公开要求他人购买自己指定的经营者的产品。这是一种滥用行政权力,限制其他经营者的不正当竞争。然而,如果是专营、专卖品,政府或其职能部门所作的销售限定就是合法行使职权,不属于滥用行政权力限制竞争的行动。

限制外地商品进入本地市场或者本地商品流向外地市场的行为又称为地区封锁。这类行为从狭隘的地方利益出发,采取不合理的甚至违法的行政手段,制造障碍,限制、封锁地区之间的贸易往来,割裂地区之间的资源、技术等经济联系。比如,明确规定在行政辖区内不得销售某种外地商品,或者在辖区边界或交通要道建关设卡,阻碍外地商品进入;明确规定在辖区内销售某种外地商品必须履行特别批准手续,并加以人为的刁难;利用税收、收费权力,不合理地增加经销外地商品企业的负担。限制本地商品流向外地市场,比如,限制、阻碍某些原材料或重要农产品、某种技术输往外地。

滥用行政权力限制竞争行为，阻碍市场竞争机制正常地发挥经济调节作用，以致阻碍全国统一市场的形成，而且使市场自身的运行规则屈从于行政干预，影响经济健康发展，还易产生权钱交易、官商勾结等腐败现象。

国外一般的竞争立法，只限于规范经营者的行为。我国反不正当竞争法将政府及其所属部门的行为列入调整的范围，这是我国反不正当竞争立法的特点之一，是从中国的国情出发，解决中国实际问题，将滥用行政权力限制竞争行为定性为不正当竞争行为。

当事人指称他人侵犯其商业秘密的，应当对其拥有的商业秘密符合法定条件、对方当事人的信息与其商业秘密相同或者实质相同以及对方当事人采取不正当手段的事实负举证责任。

因侵权行为导致商业秘密已为公众所知悉的，应当根据该项商业秘密的商业价值确定损害赔偿额。商业秘密的商业价值，根据其研究开发成本、实施该项商业秘密的收益、可得利益、可保持竞争优势的时间等因素确定。

第四节　对不正当竞争行为的监督检查

对以上不正当竞争行为的监督检查，我国反不正当竞争法第3条第2款规定，县级以上人民政府工商行政管理部门对不正当竞争行为进行监督检查；法律、行政法规规定由其他部门监督检查的，依照其规定。

监督检查机关获取不正当竞争行为信息及线索的渠道或途径主要包括以下几个方面：

1. 日常监督管理中发现的；
2. 群众举报；
3. 受害人申请；
4. 上级机关交办或有关部门移送。

监督检查部门在监督检查不正当竞争行为时，有权行使下列职权：

1. 按照规定程序询问被检查的经营者、利害关系人、证明人，并要求提供证明材料或者与不正当竞争行为有关的其他资料；
2. 查询、复制与不正当竞争行为有关的协议、账册、单据、文件、记录、业务函电和其他资料；
3. 检查与反不正当竞争法第5条关于经营者不得采取假冒或仿冒的不正当竞争行为有关的财物，必要时可以责令被检查的经营者说明该商品的来源和数量，暂停销售,听候检查,不得转移、隐匿、销毁该财物。

监督检查部门工作人员监督检查不正当行为时,应当出示证件。监督检查部门在监督检查不正当竞争行为时,被检查的经营者、利害关系人和证明人应当如实提供有关资料或者情况。

第五节 法律责任

我国反不正当竞争法规定了各种不正当竞争行为以及与不正当竞争行为有关的违法行为的法律责任。不正当竞争行为的法律责任,主要包括民事责任、行政责任和刑事责任。

民事责任主要突出了保护合法经营者受到实际损害时得以补偿;行政责任主要包括责令停止违法行为、责令改正、消除影响、没收违法所得、罚款,以及吊销营业执照等形式。此外,还规定对与不正当竞争行为有关的国家机关工作人员违法行为的行政处分。刑事责任在反不正当竞争法中只作了原则规定,要确定具体的刑事责任,适用刑法的有关规定。

根据反不正当竞争法第 4 章规定,经营者违反该法规定应当承担相应的法律责任,有以下几种情况:

1. 给被侵害者造成损害的,应当承担损害赔偿责任,被侵害的经营者的损失难以计算的,赔偿额为侵权人在侵权期间因侵权所获得的利润;并应当承担被侵害的经营者因调查该经营者侵害其合法权益的不正当竞争行为所支付的合理费用。

被侵害的经营者的合法权益受到不正当竞争行为损害的,可以向人民法院提起诉讼。

2. 经营者假冒他人的注册商标,擅自使用他人的企业名称或者姓名,伪造或者冒用认证标志、名优标志等质量标志,伪造产地,对商品质量作引人误解的虚假表示的,依照《中华人民共和国商标法》、《中华人民共和国产品质量法》的规定处罚。

经营者擅自使用知名商品特有的名称、包装、装潢,或者使用与知名商品近似的名称、包装、装潢,造成和他人的知名商品相混淆,使购买者误认为是该知名商品的,监督检查部门应当责令停止违法行为,没收违法所得,可以根据情节处以违法所得 1 倍以上 3 倍以下的罚款;情节严重的,可以吊销营业执照;销售伪劣商品,构成犯罪的,依法追究刑事责任。

3. 经营者采用财物或者其他手段进行贿赂以销售或者购买商品,构成犯罪的,依法追究刑事责任;不构成犯罪的,监督检查部门可以根据情节处以 1 万元以上 20 万元以下的罚款，有违法所得的，予以没收。

4. 公用企业或者其他依法具有独占地位的经营者，限定他人购买其指定的经营者的商品，以排挤其他经营者的公平竞争的，省级或者设区的市的监督检查部门应当责令停止违法行为，可以根据情节处以 5 万元以上 20 万元以下的罚款。被指定的经营者借此销售质次价高商品或者滥收费用的，监督检查部门应当没收违法所得，可以根据情节处以违法所得 1 倍以上 3 倍以下的罚款。

5. 经营者利用广告或者其他方法，对商品作虚假宣传，监督检查部门应当责令停止违法行为，消除影响，可以根据情节处以 1 万元以上 20 万元以下的罚款。

广告的经营者在明知或者应知的情况下，代理、设计、制作、发布虚假广告的，监督检查部门应当责令停止违法行为，没收违法所得，并依法处以罚款。

6. 侵犯商业秘密的，监督检查部门应当责令停止违法行为，可以根据情节处以 1 万元以上 20 万元以下的罚款。

7. 经营者违法进行有奖销售，监督检查部门应当责令停止违法行为，可以根据情节处以 1 万元以上 10 万元以下的罚款。

8. 投标者串通投标，抬高标价或者压低标价；投标者和招标者相互勾结，以排挤竞争对手公平竞争的，其中标无效，监督检查部门可以根据情节处以 1 万元以上 20 万元以下的罚款。

9. 经营者有违反被责令暂停销售，不得转移、隐匿、销毁与不正当竞争行为有关财物的行为的，监督检查部门可以根据情节处以被销售、转移、隐匿、销毁财物的价款的 1 倍以上 3 倍以下的罚款。

当事人对监督检查部门作出的处罚决定不服的，可以自收到处罚决定之日起 15 日内，向上一级主管机关申请复议；对复议决定不服的，可以自收到复议决定书之日起 1 5 日内，向人民法院提起诉讼；也可以直接向人民法院提起诉讼。

政府及其所属部门违法限定他人购买其指定的经营者的商品，限制其他经营者正当的经营活动，或者限制商品在地区之间正常流通的，由上级机关责令其改正；情节严重的，由同级或者上级机关对直接责任人员给予行政处分。被指定的经营者借此销售质次价高商品或者滥收费用的，监督检查部门应当没收违法所得，可以根据情节处以违法所得 1 倍以上 3 倍以下的罚款。

监督检查不正当竞争行为的国家机关工作人员滥用职权、玩忽职守，构成犯罪的，依法追究刑事责任；不构成犯罪的，给予行政处分。

监督检查不正当竞争行为的国家机关工作人员徇私舞弊，对明知有违反反不正当竞争法规定构成犯罪的经营者故意包庇不使他受追诉的，依法追究刑事责任。

第十七章　消费者权益保护法

第一节　消费者权益保护法的概念

消费者权益保护法，是调整因保障消费者的物质、文化消费权益过程中发生的经济关系的法律规范的总称。消费者权益保护法的调整对象，即是在保护消费者权益过程中发生的经济关系。要了解消费者权益保护法的调整对象，必须明确消费者、消费者权益与经营者的概念。

一、消费者的涵义

各国关于消费者的定义，有不同的规定，国际标准化组织消费者政策委员会在1978年召开的第一届年会上，将“消费者”定义为：为个人目的购买或使用商品和服务的个体社会成员。泰国的消费者保护法规定，所谓消费者，是指买主和从生产经营者那里接受服务的人，包括为了购进商品和享受服务而接受事业者的提议和说明的人。韩国的消费者保护法将“消费者”定义为“将事业者提供的物品及劳务使用或利用于消费生活者或总统令规定者”。所谓“总统令规定者”界定为：“为了生产活动而使用或利用事业者提供的物品或劳务者。”国外立法中给消费者下的定义在表述上各有不同，但基本的法律特征是相同的。大多数国家立法都将消费者界定为公民个人。消费者区别于制造商、批发商和零售商，它包括购买、使用、维护以及处理产品和服务的个人。这也就区别于政府或其他组织体。我国消费者权益保护法规定保护的主体是消费者，但并未直接明确消费者的定义，而是在第二条中将“为生活消费需要购买、使用商品或者接受服务”的行为界定为消费者的消费行为。依此规定，本法所称的消费者即指为生活消费需要而购买、使用商品或者接受服务的公民个人和单位。这一定义与其他国家对消费者所下的定义相比，除在表述和主体范围上有所差别外，其他内涵特征是基本相似的。

二、经营者的涵义

经营者是向消费者提供其生产、销售的商品或者提供服务的公民、法人或其他经济组织，是以营利为目的从事生产经营活动并与消费者相对应的另一方当事人。

国外有关保护消费者权益的立法，在规定消费者概念的同时，也都对经营者的概念作了规定。比如，韩国的消费者保护法规定："事业者系指制造(包括加工及包装)、进口、销售物品或提供劳务者。"泰国消费者保护法规定："所谓'事业者'，是指卖主、为了出卖而制造商品或者进行生产的人、为了在王国之内出卖而进口商品的人、为了再出卖而购进商品的人，以及提供劳务的人，并且包括从事宣传业务的人。"我国及这些国家对经营者定义的表述虽略有不同，但本质特征大体一致。经营者包括生产者、销售者和服务者。经营者提供商品或服务是以营利为目的，也就是说经营者向消费者提供的商品和服务是有偿的，不是以有偿方式提供商品和服务的单位和个人不是经营者。这里的营利并非指在经营上一定有盈余，只要是有偿提供商品和服务，不论其结果是否盈利，都是以营利为目的的经营活动。

三、消费者权益保护法调整的范围

消费者权益保护法调整的范围，即是指消费者为生活消费需要购买、使用商品或者接受服务，其权益受消费者权益保护法保护。消费者权益保护法规定的消费者是进行生活消费的公民个人和单位，公民个人和单位在不同的法律关系中所处的地位是不同的，但当他们为满足物质和文化生活消费需要而购买、使用商品或者接受服务时，他们才处于消费者的地位，才受消费者权益保护法调整。因此，消费者权益保护法的调整范围为公民个人和单位为生活消费需要购买、使用商品或者接受服务与经营者所发生的经济关系。

另外，我国消费者权益保护法还规定了该法的特殊适用情况，即"农民购买、使用直接用于农业生产的生产资料，参照本法执行"。生产消费本不属于消费者权益保护法的调整范围，但将农业生产消费纳入消费者权益保护法调整，是将农业生产消费作为一种例外情形予以特殊适用。

四、消费者权益保护法的基本原则

消费者权益保护法的基本原则,一般说来应主要包括以下几个方面:一是尊重和保障人权原则;二是保障社会经济秩序原则;三是依法进行交易的原则。

我国消费者权益保护法规定,经营者与消费者进行交易,应当遵循自愿、平等、公平、诚实信用的原则;国家采取措施,保障消费者依法行使权利,维护消费者的合法权益;国家鼓励、支持一切组织和个人对损害消费者合法权益的行为进行社会监督;大众传播媒介应当做好维护消费者合法权益的宣传,对损害消费者合法权益的行为进行舆论监督。

第二节 消费者的权利

消费者的权利,一般认为是美国总统约翰·肯尼迪最早提出的,他于 1962 年 3 月向国会提出著名的保护消费者利益的特别国情咨文中,首先提出了消费者的四项权利:一是获得商品的安全保障的权利;二是获得正确的商品信息资料的权利;三是对商品有自由选择的权利;四是有提出消费者意见的权利。这四项权利提出后,逐渐为各国所广泛接受并在实践中加以发展,并且在“肯尼迪四权论”的基础上,各国又相继增加了获得合理赔偿的权利,获得有益于健康的环境的权利和享受教育的权利,以作为上述消费者四项基本权利的补充。

消费者权利作为一种基本人权,是生存权的重要组成部分。由于消费者权利是人类在生活消费中应享有的权利,因此法律必须予以保障,以使消费者的基本人权法定化。

我国消费者权益保护法规定了消费者九项权利。

一、保障安全权

我国消费者权益保护法规定,消费者在购买、使用商品和接受服务时享有人身、财产安全不受损害的权利。

保障安全权是消费者最基本的权利。由于消费者获得商品和服务是用于生活消费,因此,商品和服务必须绝对安全可靠,保证商品和服务的质量不会损害消费者的生命与健康。消费者依法有权要求经营者提供的商品和服务必须符合保障人身、财产安全的要求。如果这方面存在问题，轻则使消费者产生某种疾病，或者身体某一部位受到伤害，重则造成财产毁损或者导致残疾甚至死亡。因此，商品和服务是否符合保障人身、财产安全的要求，是消费者最为关心的问题。所谓商品和服务符合保障人身、财产安全的要求包括：商品和服务有国家标准、行业标准的，必须符合该标准（比如，食品、药品、家用电器等）；商品和服务没有国家标准、行业标准的，必须符合社会普遍公认的安全、卫生要求，这主要适用于服务和某些新研制开发的商品。

除了人身和财产安全外，信息安全也是消费者的一项重要权利。我国消费者权益保护法规定，消费者在购买、使用商品和接受服务时，享有个人信息依法得到保护的权利。

经营者收集、使用消费者个人信息，应当遵循合法、正当、必要的原则，明示收集、使用信息的目的、方式和范围，并经消费者同意。经营者收集、使用消费者个人信息，应当公开其收集、使用规则，不得违反法律、法规的规定和双方的约定收集、使用信息。

经营者及其工作人员对收集的消费者个人信息必须严格保密，不得泄露、出售或者非法向他人提供。经营者应当采取技术措施和其他必要措施，确保信息安全，防止消费者个人信息泄露、丢失。在发生或者可能发生信息泄露、丢失的情况时，应当立即采取补救措施。

经营者未经消费者同意或者请求，或者消费者明确表示拒绝的，不得向其发送商业性信息。

二、知悉真情权

我国消费者权益保护法规定，消费者享有知悉其购买、使用的商品或者接受的服务的真实情况的权利。简称为知情权，也就是说消费者在购买、使用商品或者接受服务时，有权对商品和服务的有关真实情况进行全面和充分的了解。比如，要求经营者提供商品的价格、产地、生产者、用途、性能、规格、等级、主要成分、生产日期、有效期限、检验合格证明、使用方法说明书、售后服务，或者服务的内容、规格、费用等有关情况。

对消费者来说，知情权是消费活动中必不可少的，它是消费者决定购买某种商品，接受某项服务的前提。比如，在利用广告宣传商品和服务时，制作发布虚假或引人误解的广告，使消费者在难辨真伪的情况下做出错误的选择，消费者根据广告所买的商品与广告的宣传完全不同,这种行为即侵犯了消费者的知情权。

三、自主选择权

我国消费者权益保护法规定,消费者享有自主选择商品或者服务的权利。这就是说,消费者有权根据自己的消费需求、意向和兴趣,自主选择自己满意的商品或服务。

在消费领域中,由于每一个消费者的心理偏好以及习惯不同,对商品和服务的要求也不同。比如,有人喜欢买茄克衫,有人喜欢买西服,即使是同样的茄克衫,有人喜欢甲厂生产的,有人则喜欢乙厂生产的。自主选择权主要包括以下几个方面:

1. 自主选择提供商品或者服务的经营者;
2. 自主选择商品品种或者服务方式;
3. 自主决定购买或者不购买任何一种商品,接受或者不接受任何一项服务;
4. 在自主选择商品或服务时,有权进行比较、鉴别和挑选。

此外,消费者还有权选择购买商品或者接受服务的场所;有权根据商品或者服务的不同情况,选择商品的商标、产地、价格等事项,以及服务的名称、内容、费用等事项,等等。

消费者自主选择商品和服务的行为必须是合法行为。自主选择权是相对的,它必须依照法律,遵守社会公德,不得侵害国家、集体和他人的合法权益。比如,在批发商店,消费者就不能任意主张自主选择权,强求经营者零售其商品。否则,其行为即构成不合法行为。

四、公平交易权

我国消费者权益保护法规定,消费者享有公平交易的权利。消费者与经营者在消费法律关系中的法律地位是平等的,他们之间进行交易都享有公平交易的权利。但消费者购买商品或者接受服务,往往由于多种因素的影响而处于弱者地位,因此更需要突出强调其公平交易权,以便从法律上给予特别保护,这才符合自愿、平等、公平、诚实信用的交易原则。消费者在购买商品或者接受服务时,其公平交易权表现在以下两个方面:

1. 有权获得质量保障、价格合理、计量正确等公平交易条件;
2. 有权拒绝经营者的强制交易行为。强制交易行为的特征是违背消费者的意愿,比如,旅馆强拉旅客入住;出售某种紧俏商品时强迫搭售滞销商品。

五、依法求偿权

我国消费者权益保护法规定，消费者因购买、使用商品或者接受服务受到人身、财产损害的，享有依法获得赔偿的权利。简称为求偿权。

享有求偿权的主体是因购买、使用商品或者接受服务而受到人身、财产损害的消费者，具体包括商品的购买、使用者；服务的接受者及第三人。第三人是指除商品的购买者、使用者或者服务的接受者之外的，因为偶然原因而在事故发生现场受到损害的其他人。

六、依法结社权

我国消费者权益保护法规定，消费者享有依法成立维护自身合法权益的社会团体的权利。

在消费领域中，消费者大多是分散的个人，经营者大多是有组织的法人，消费者在议价力量、承受能力等方面无法与拥有雄厚经济实力的经营者相抗衡。另外，随着科学技术的发展，商品和服务日趋复杂化，交易方式日趋多样化，消费者越来越难以掌握商品和服务的有关知识，在很大程度上依靠经营者的介绍和说明，这就容易使消费者被虚假的广告、说明书和标签所欺骗。因此，赋予消费者以结社权，它使得消费者能够从分散、弱小走向集中和强大，并通过集体的力量来改变自己的弱势地位，以与实力雄厚的经营者相抗衡，维护自身的合法权益。

七、受教获知权

我国消费者权益保护法规定，消费者享有获得有关消费和消费者权益保护方面知识的权利。这一权利包括两方面的内容：

1. 获得有关消费方面的知识。主要包括有关消费观的基本知识；有关商品和服务的基本知识；有关市场的基本知识。这是保障正确、适宜的消费所不可缺少的基础理论储备。

2. 获得有关消费者权益保护方面的知识。主要包括有关消费者权益保护的法律、行政法规和政策，以及保护机构和争议解决途径等方面的知识，如果缺少这方面的知识，消费者的合法权益就不能得到充分、有效的保障。

除社会各方面尽可能地创造机会,开辟多种途径帮助消费者获得有关知识外,消费者本身还应当为获得有关知识做出积极的努力,也就是消费者应当努力掌握所需商品或者服务的知识和使用技能,正确使用商品,提高自我保护能力。

八、维护尊严权

我国消费者权益保护法规定,消费者在购买、使用商品和接受服务时,享有其人格尊严、民族风俗习惯得到尊重的权利。尊重消费者的人格尊严和民族风俗习惯,是尊重和保障人权的重要内容,也是社会文明进步的表现。

九、监督批评权

我国消费者权益保护法规定,消费者享有对商品和服务以及保护消费者权益工作进行监督的权利。

消费者对商品和服务的质量、价格、计量、侵权行为等问题以及保护消费者权益工作,有向有关经营者或机构提出批评、建议或进行检举、控告的权利。消费者有权检举、控告侵害消费者权益的行为和国家机关及其工作人员在保护消费者权益工作中的违法失职行为,有权对保护消费者权益工作提出批评、建议。

消费者购买、使用某种商品或接受某种服务时,当然可以提出批评、建议或进行检举、控告,没有进行某种消费的也可以提出批评、建议或进行检举、控告。另外,消费者行使监督权应当是善意的,不能无理取闹,恶意诽谤,不能以行使权利为由做出违法的事情。

第三节 经营者的义务

在消费法律关系中,经营者是与消费者相对应的主体。消费者所享有的权利,从一定意义上讲也就是经营者的义务,因为消费者的权利在一定程度上是通过经营者的义务来实现的。

一、依照法定或约定履行义务

经营者向消费者提供商品或者服务,应当依照《中华人民共和国产品质量法》

和其他有关法律、法规的规定履行义务。其他法律、法规包括《民法通则》、《经济合同法》、《反不正当竞争法》、《商标法》、《计量法》等等。

经营者和消费者有约定的，应当按照约定履行义务，但双方的约定不得违背法律、法规的规定。

二、接受消费者监督的义务

经营者应当听取消费者对其提供的商品或者服务的意见，接受消费者的监督。听取消费者意见本身也是接受消费者监督的一种表现形式。对待消费者的监督，应该从思想上真正重视起来，而不是走过场，搞形式。因此，从法律上加以规定，对于改善消费者的地位是有益的。

三、保障人身和财产安全的义务

经营者应当保证其提供的商品或者服务符合保障人身、财产安全的要求。对可能危及人身、财产安全的商品和服务，应当向消费者做出真实的说明和明确的警示，并说明和标明正确使用商品或者接受服务的方法以及防止危害发生的方法。在众多的生活消费品中，对人身、财产安全具有潜在危险的，主要包括食品、药品、化妆品、烟草制品、家用电器等。另外，有的服务也对人身、财产安全具有潜在危险，比如，医疗、美容等。

经营者发现其提供的商品或者服务存在缺陷，有危及人身、财产安全危险的，应当立即向有关行政部门报告和告知消费者，并采取停止销售、警示、召回、无害化处理、销毁、停止生产或者服务等措施。采取召回措施的，经营者应当承担消费者因商品被召回支出的必要费用。比如，电热水器设计不合理，接上电源后会引发漏电现象。

宾馆、商场、餐馆、银行、机场、车站、港口、影剧院等经营场所的经营者，应当对消费者尽到安全保障义务。

四、提供商品和服务真实信息的义务

经营者应当向消费者提供有关商品或者服务的真实信息，不得作引人误解的虚假宣传，否则即构成侵犯消费者权益的行为和不正当竞争行为。

经营者对消费者就其提供的商品或者服务的质量和使用方法等问题提出的询问,应当做出真实、明确的答复,以保障消费者的知悉真情权。

商店提供商品和服务应当明码标价。

五、标明真实名称和标记的义务

经营者应当标明其真实名称和标记,租赁他人柜台或者场地的经营者,应当标明其真实名称和标记。真实名称包括:企业名称、个体工商户以及从事经营活动的事业单位和科技性社会团体的名称。另外,没有字号的个体工商户以及个人合法的投资者在市场交易中使用的个人姓名,也视为企业名称。标记是指一些企业在营业活动中使用的本企业的特殊标识,比如,中国银行的行徽等。

经营者不得使用未经核准登记的企业名称;不得擅自改动使用经核准登记的企业名称;不得假冒他人的企业名称和他人特有的营业标记;也不得仿冒,即使用与他人企业名称或营业标记相近似的并足以造成消费者误认的企业名称或营业标记。租赁他人柜台或场地的经营者,应当以自己的真实名称和标记从事经营活动,而不能以出租者的名称或标记从事经营活动。

采用网络、电视、电话、邮购等方式提供商品或者服务的经营者,以及提供证券、保险、银行等金融服务的经营者,应当向消费者提供经营地址、联系方式、商品或者服务的数量和质量、价款或者费用、履行期限和方式、安全注意事项和风险警示、售后服务、民事责任等信息。

六、出具购货凭证或者服务单据的义务

经营者提供商品或者服务,应当按照国家有关规定或者商业惯例向消费者出具购货凭证或者服务单据;消费者索要购货凭证或者服务单据的,经营者必须出具。

购货凭证和服务单据的形式是多种多样的,比如,发票、购货证、服务卡、价格单、保修证等,都是商品的销售者或服务的提供者在合同履行后,出具证明合同履行的购货凭证或者服务单据。这为双方日后可能发生的消费者权益争议的处理,提供了一个基本的依据,有利于保护消费者的权益。

七、保证商品或者服务质量的义务

经营者应当保证在正常使用商品或者接受服务的情况下，其提供的商品或者服务应当具有的质量、性能、用途和有效期限，但消费者在购买该商品或者接受该服务前已经知道其存在瑕疵且存在该瑕疵不影响法律的强制性规定的除外。

判断商品或服务是否具有应当具有的质量、性能、用途和有效期限，需要根据商品或服务的不同类型来具体确定什么是正常情况。比如，有些商品的使用并不需要使用者具有专门的知识，这类商品的正常情况根据大多数普通人的使用来判断就可以了，而有些商品的使用必须要求使用者具有专门的知识，这时的正常情况就要根据具有专门知识的使用者的使用来判断。另外，要看使用商品或者接受服务的方式，比如，某一化妆品明确指出只有在晚间使用，才能起到美容的效果，如果照此使用，则属正常情况。

经营者以广告、产品说明、实物样品或者其他方式表明商品或者服务的质量状况的，应当保证其提供的商品或者服务的实际质量与表明的质量状况相符。经营者采用这类方式表明质量状况，实际上是就商品或者服务的质量向消费者提出的明示担保条件，因而要保证商品或者服务的实际质量与表明的质量状况相符。

八、履行“三包”或者其他责任的义务

经营者提供商品或者服务，按照国家规定或者与消费者的约定，承担包修、包换、包退或者其他责任的，应当按照国家规定或者约定履行，不得故意拖延或者无理拒绝。其他责任是指停止侵害、恢复原状、消除影响、赔偿损失等。

九、不得以格式合同等方式排除或限制消费者权利的义务

经营者在经营活动中使用格式条款的，应当以显著方式提请消费者注意商品或者服务的数量和质量、价款或者费用、履行期限和方式、安全注意事项和风险警示、售后服务、民事责任等与消费者有重大利害关系的内容，并按照消费者的要求予以说明。

经营者不得以格式合同、通知、声明、店堂告示等方式做出对消费者不公平、不合理的规定或者减轻、免除其损害消费者合法权益应当承担的民事责任。格式合

同、通知、声明、店堂告示等含有前述所列内容的,其内容无效。

格式合同又称定型化合同或者标准化合同,这种合同是经营者为与消费者订立合同而单方拟定的合同条款。消费者只有接受合同与否的自由,而无参与决定合同内容的权利。格式合同所指向的是不特定多数的消费者,并非单个的消费者,而且格式合同一经制定,可以在相当长的期限内使用,具有固定性和连续性。

通知、声明、店堂告示等方式,是指经营者采用明示手段,向消费者告知其有关经营情况,比如,商品售出概不退换等。

经营者采用格式合同、通知、声明、店堂告示等方式规范合同条款,法律并不加以禁止。但消费者权益保护法规定,格式合同等方式不得做出对消费者不公平、不合理的规定,及不得减轻、免除其损害消费者合法权益应当承担的民事责任。否则,格式合同等方式的内容,没有法律效力。

十、不得侵犯消费者人格权的义务

经营者不得对消费者进行侮辱、诽谤,不得搜查消费者的身体及其携带的物品,不得侵犯消费者的人身自由。

消费者作为消费法律关系的主体,依法享有人格权。经营者应当尊重消费者的人格权,不得侵犯;若有侵犯,情节严重者,要受到法律的严厉制裁。

第四节　国家与社会对消费者合法权益的保护

一、国家对消费者合法权益的保护

根据我国消费者权益保护法的具体规定,国家对消费者合法权益的保护主要体现在以下三个方面:

(一) 立法的保护

立法是国家充分有效地保护消费者合法权益的基础和依据。国家制定有关消费者权益的法律、法规和政策时,应当听取消费者的意见和要求。

(二) 行政保护

各级人民政府应当加强领导,组织、协调、督促有关行政部门做好保护消费者合法权益的工作。各级人民政府应当加强监督,预防危害消费者人身、财产安全行为的发生,及时制止危害消费者人身、财产安全的行为。

各级人民政府工商行政管理部门和其他有关行政部门应当依照法律、法规的规定，在各自的职责范围内，采取措施，保护消费者的合法权益。有关行政部门在各自的职责范围内，应当定期或者不定期对经营者提供的商品和服务进行抽查检验，并及时向社会公布抽查检验结果。发现并认定经营者提供的商品或者服务存在缺陷，有危及人身、财产安全危险的，应当立即责令经营者采取停止销售、警示、召回、无害化处理、销毁、停止生产或者服务等措施。另外，有关行政部门应当听取消费者及其社会团体对经营者交易行为、商品和服务质量问题的意见，及时调查处理。

（三）司法保护

这主要是指国家公安机关、检察机关、审判机关承担国家对消费者权益进行司法保护的职责。其职责的履行主要有两个方面：一是公安、检察、审判机关应依法惩处经营者在提供商品和服务中侵害消费者合法权益的违法犯罪行为；二是审判机关应采取措施，方便消费者提起诉讼，并依法及时审理消费者权益争议案件。人民法院对符合法律规定起诉条件的消费者的起诉，必须受理，依法在 7 日内立案，并通知有关当事人。

二、社会对消费者合法权益的保护

保护消费者的合法权益是全社会的共同责任，在国际上消费者组织的出现和发展则有力地推动了消费者运动的兴起和发展。在保护消费者合法权益方面，各种消费者组织起着非常重要的作用。因此，国家鼓励、支持一切组织和个人对损害消费者合法权益的行为进行社会监督。

消费者协会和其他消费者组织是依法成立的，对商品和服务进行社会监督、保护消费者合法权益的社会组织。消费者协会履行下列公益性职责：

1. 向消费者提供消费信息和咨询服务，提高消费者维护自身合法权益的能力，引导文明、健康、节约资源和保护环境的消费方式；

2. 参与制定有关消费者权益的法律、法规、规章和强制性标准；

3. 参与有关行政部门对商品和服务的监督、检查；

4. 就有关消费者合法权益的问题，向有关行政部门反映、查询，提出建议；

5. 受理消费者的投诉，并对投诉事项进行调查、调解；

6. 投诉事项涉及商品和服务质量问题的，可以提请鉴定部门鉴定，鉴定部门应当告知鉴定结论；

7. 就损害消费者合法权益的行为,支持受损害的消费者提起诉讼;

8. 对损害消费者合法权益的行为,通过大众传播媒介予以揭露、批评。

各级人民政府对消费者协会履行职责应当予以必要的经费等支持,以上八项职能的主体只能是消费者协会而不包括其他消费者组织。

消费者协会应当认真履行保护消费者合法权益的职责,听取消费者的意见和建议,接受社会监督。依法成立的其他消费者组织依照法律、法规及其章程的规定,开展保护消费者合法权益的活动。消费者组织不得从事商品经营和营利性服务,不得以牟利为目的,向社会推荐商品和服务。

第五节　争议的解决与法律责任

一、争议的解决

(一) 争议的解决途径

消费者权益争议,是指在消费领域中,消费者与经营者之间因权利义务关系而产生的矛盾纠纷。根据我国消费者权益保护法的规定,消费者和经营者发生消费者权益争议的,可通过下列途径解决:

1. 与经营者协商和解;
2. 请求消费者协会调解;
3. 向有关行政部门申诉;
4. 根据与经营者达成的仲裁协议提请仲裁机构仲裁;
5. 向人民法院提起诉讼。

(二) 消费者求偿主体的法律规定

1. 消费者在购买、使用商品时,其合法权益受到损害的,可以向销售者要求赔偿。销售者赔偿后,属于生产者的责任或者属于向销售者提供商品的其他销售者责任的,销售者有权向生产者或者其他销售者追偿。

2. 消费者或者其他受害人因商品缺陷造成人身、财产损害的,可以向销售者要求赔偿,也可以向生产者要求赔偿。属于生产者责任的,销售者赔偿后,有权向生产者追偿。属于销售者责任的,生产者赔偿后,有权向销售者追偿。

3. 消费者在接受服务时,其合法权益受到损害的,可以向服务者要求赔偿。

4. 消费者在购买、使用商品或者接受服务时,其合法权益受到损害,因原企业分立、合并的,可以向变更后承担其权利义务的企业要求赔偿。

5. 使用他人营业执照的违法经营者提供商品或者服务，损害消费者合法权益的，消费者可以向其要求赔偿，也可以向营业执照的持有人要求赔偿。

6. 消费者在展销会、租赁柜台购买商品或者接受服务，其合法权益受到损害的，可以向销售者或者服务者要求赔偿。展销会结束或者柜台租赁期满后，也可以向展销会的举办者、柜台的出租者要求赔偿。展销会的举办者、柜台的出租者赔偿后，有权向销售者或者服务者追偿。

7. 消费者因经营者利用虚假广告或者其他虚假宣传方式提供商品或者服务，其合法权益受到损害的，可以向经营者要求赔偿。广告的经营者、发布者发布虚假广告的，消费者可以请求行政主管部门予以惩处。广告的经营者不能提供经营者的真实名称、地址和有效联系方式的，应当承担赔偿责任。广告经营者、发布者设计、制作、发布关系消费者生命健康商品或者服务的虚假广告，造成消费者损害的，应当与提供该商品或者服务的经营者承担连带责任。社会团体或者其他组织、个人在关系消费者生命健康商品或者服务的虚假广告或者其他虚假宣传中向消费者推荐商品或者服务，造成消费者损害的，应当与提供该商品或者服务的经营者承担连带责任。这里所称的广告经营者，是指从事代理、设计、制作、发布广告业务(包括专营、兼营、临时经营)的法人、其他组织或个人。

8. 消费者通过网络交易平台购买商品或者接受服务，其合法权益受到损害的，可以向销售者或者服务者要求赔偿。网络交易平台提供者不能提供销售者或者服务者的真实名称、地址和有效联系方式的，消费者也可以向网络交易平台提供者要求赔偿；网络交易平台提供者做出更有利于消费者的承诺的，应当履行承诺。网络交易平台提供者赔偿后，有权向销售者或者服务者追偿。网络交易平台提供者明知或者应知销售者或者服务者利用其平台侵害消费者合法权益，未采取必要措施的，依法与该销售者或者服务者承担连带责任。

9. 消费者向有关行政部门投诉的，该部门应当自收到投诉之日起七个工作日内，予以处理并告知消费者；对侵害众多消费者合法权益的行为，中国消费者协会以及在省、自治区、直辖市设立的消费者协会，可以向人民法院提起诉讼。

二、法 律 责 任

(一) 侵犯消费者合法权益的行为

经营者提供商品或者服务有下列情形之一的，应依法承担相应的民事责任：

1. 商品存在缺陷的；

2. 不具备商品应当具备的使用性能而出售时未作说明的;

3. 不符合在商品或者其包装上注明采用的商品标准的;

4. 不符合商品说明、实物样品等方式表明的质量状况的;

5. 生产国家明令淘汰的商品或者销售失效、变质的商品的;

6. 销售的商品数量不足的;

7. 服务的内容和费用违反约定的;

8. 对消费者提出的修理、重作、更换、退货、补足商品数量、退还货款和服务费用或者赔偿损失的要求,故意拖延或者无理拒绝的;

9. 法律、法规规定的其他损害消费者权益的情形。

按照消费者权益保护法的规定,经营者在提供商品或服务时有上述行为的,应首先按照消费者权益保护法承担民事责任,该法没有特别规定的,则应当按照产品质量法和其他有关法律、法规的规定承担民事责任。

(二) 侵犯消费者合法权益行为的民事责任

按照消费者权益保护法的规定,经营者对消费者未尽到安全保障义务,造成消费者损害的,应当承担侵权责任。经营者违反本法规定,应当承担民事赔偿责任和缴纳罚款、罚金,其财产不足以同时支付的,先承担民事赔偿责任。

1. 人身损害的民事责任

(1) 经营者提供商品或者服务,造成消费者或者其他受害人人身伤害的,应当支付医疗费、治疗期间的护理费、因误工减少的收入等费用;造成残疾的,还应当支付残疾者生活自助具费、生活补助费、残疾赔偿金以及由其扶养的人所必需的生活费等费用。

(2) 经营者提供商品或者服务,造成消费者或者其他受害人死亡的,应当支付丧葬费、死亡赔偿金以及由死者生前扶养的人所必需的生活费等费用。

(3) 经营者提供商品或者服务时侵害消费者的人格尊严或人身自由的或者侵害消费者个人信息依法得到保护的权利的,应当停止侵害、恢复名誉、消除影响、赔礼道歉,并赔偿损失。

(4) 经营者有侮辱诽谤、搜查身体、侵犯人身自由等侵害消费者或者其他受害人人身权益的行为,造成严重精神损害的,受害人可以要求精神损害赔偿。

2. 财产损害的民事责任

(1) 经营者提供商品或者服务,造成消费者财产损害的,应当按照消费者的要求,以修理、重作、更换、退货、补足商品数量、退还货款和服务费用或者赔偿损失等方式承担民事责任。消费者与经营者另有约定的,按照约定履行。

（2）经营者提供的商品或者服务不符合质量要求的，消费者可以依照国家规定、当事人约定退货，或者要求经营者履行更换、修理等义务。没有国家规定和当事人约定的，消费者可以自收到商品之日起七日内退货；七日后符合法定解除合同条件的，消费者可以及时退货，不符合法定解除合同条件的，可以要求经营者履行更换、修理等义务。

（3）经营者采用网络、电视、电话、邮购等方式销售商品，消费者有权自收到商品之日起七日内退货，且无需说明理由，但下列商品除外：消费者定做的；鲜活易腐的；在线下载或者消费者拆封的音像制品、计算机软件等数字化商品；交付的报纸、期刊。此外，其他根据商品性质并经消费者在购买时确认不宜退货的商品，不适用无理由退货。消费者退货的商品应当完好。经营者应当自收到退回商品之日起七日内返还消费者支付的商品价款。退回商品的运费由消费者承担；经营者和消费者另有约定的，按照约定。

（4）经营者以预收款方式提供商品或者服务的，应当按照约定提供；未按照约定提供的，应当按照消费者的要求履行约定或者退回预付款，并应当承担预付款的利息、消费者必须支付的合理费用。

（5）依法经有关行政部门认定为不合格的商品，消费者要求退货的，经营者应当负责退货。

（6）经营者提供商品或者服务有欺诈行为的，应当按照消费者的要求增加赔偿其受到的损失，增加赔偿的金额为消费者购买商品的价款或者接受服务费用的三倍；增加赔偿的金额不足五百元的，为五百元。法律另有规定的，依照其规定。

（7）经营者明知商品或者服务存在缺陷，仍然向消费者提供，造成消费者或者其他受害人死亡或者健康严重损害的，受害人有权要求经营者依照相关法律规定赔偿损失，并有权要求所受损失二倍以下的惩罚性赔偿。

（三）侵犯消费者合法权益行为的行政责任

根据我国消费者权益保护法的相关规定，经营者有下列情形之一，若产品质量法和其他有关法律、法规对处罚机关和处罚方式有规定，则依照这些法律、法规的规定执行；若上述法律、法规未作规定，则由工商行政管理部门责令改正，可以根据情节单处或者并处警告、没收违法所得、处以违法所得 1 倍以上 10 倍以下的罚款；没有违法所得的，处以 50 万元以下的罚款，情节严重的，责令停业整顿，吊销营业执照：

1. 生产、销售的商品不符合保障人身、财产安全要求的；

2. 在商品中掺杂、掺假，以假充真，以次充好，或者以不合格商品冒充合格商

品的;

3. 生产国家明令淘汰的商品或者销售失效、变质的商品的;

4. 伪造商品的产地,伪造或者冒用他人的厂名、厂址,篡改生产日期,伪造或者冒用认证标志、名优标志等质量标志的;

5. 销售的商品应当检验、检疫而未检验、检疫或者伪造检验、检疫结果的;

6. 对商品或者服务作引人误解的虚假宣传的;

7. 拒绝或者拖延有关行政部门责令对缺陷商品或者服务采取停止销售、警示、召回、无害化处理、销毁、停止生产或者服务等措施的;

8. 对消费者提出的修理、重作、更换、退货、补足商品数量、退还货款和服务费用或者赔偿损失的要求,故意拖延或者无理拒绝的;

9. 侵害消费者人格尊严或者侵犯消费者人身自由的,或者侵害消费者个人信息依法得到保护权利的;

10. 法律、法规规定的对损害消费者权益应当予以处罚的其他情形。

经营者有前款规定情形的,除依照法律、法规规定予以处罚外,处罚机关应当记入信用档案,向社会公布。经营者对行政处罚决定不服的,可以依法申请行政复议或者提起行政诉讼。

(四) 侵犯消费者合法权益行为的刑事责任

根据我国消费者权益保护法的有关规定,追究刑事责任的情况主要包括以下几种:

1. 经营者提供商品或者服务,造成消费者或者其他受害人人身伤害,构成犯罪的,依法追究刑事责任。

经营者提供商品或者服务,造成消费者或者其他受害人死亡,构成犯罪的,依法追究刑事责任。

2. 以暴力、威胁等方法阻碍有关行政部门工作人员依法执行职务的,依法追究刑事责任;拒绝、阻碍有关行政部门工作人员依法执行职务,未使用暴力、威胁方法的,由公安机关依照《中华人民共和国治安管理处罚条例》的规定处罚。

3. 国家机关工作人员玩忽职守或者包庇经营者侵害消费者合法权益的行为,由其所在单位或者上级机关给予行政处分;情节严重,构成犯罪的,依法追究刑事责任。

第十八章　海　商　法

第一节　海商法的概念

一、什么是海商法

海商法，是指调整海上运输和船舶的法律关系的总称。海上运输有着与陆路运输和航空运输不同特点的风险，因此必须明确和处理海上运输中发生的各种法律关系。比如，船舶的登记、船员的资格、地位和职责、海上货物运输合同、由船舶碰撞而发生的赔偿责任及其他关系、共同海损、海上保险合同等。维护海上航行安全，以利发展海上运输，促进航海贸易，维护有关各方面的合法权益，必须制订海商法。

在国际贸易中，国际航行涉及两个或两个以上的国家，国与国之间的法律往往不一致，以致发生了船货纠纷之后，就可能引起法律冲突。甲国认为合法，乙国认为不合法，反之乙国认为合法，甲国认为不合法，使得船货双方无所适从，影响国际贸易和航运。为了解决这些困难，各国政府认为有必要统一国际航运和贸易的法律，从19世纪下半叶起，各国缔结了一系列有关航海贸易的国际公约，有些国家还把这些公约提交立法机关批准，作为国内法的一部分，这样就统一了各国的航运和贸易的法律，使海商法在相当大的程度上成为国际性的法律。我国也于1992年11月公布了《中华人民共和国海商法》，并自1993年7月1日起施行。

航海贸易中的法律关系很复杂，简单来讲，就是用船舶把货物或旅客，从一个地方经过海路运送到另一个地方。这里就包含着一系列的法律关系。比如，用什么样的船舶运送；怎样才算合格的船员；他们的职责是什么；货物运输中，托运人和承运人的权利和义务是什么；在运输过程中发生海损事故如何处理等等。

二、海商法的主要内容

海商法的主要内容包括以下三个方面：

1. 海上运输企业组织法。这部分包括对船舶、船舶所有人和船员的规定。

2. 海上运输法。它包括客运和货运的法规,这是海商法最主要的内容。海上运输法主要是关于运输合同的规定,比如,租船合同、提单、客运合同和拖带合同等都是它的适用对象。

海商法对运输合同所设置的条款,主要是对合同双方的权利和义务、责任和豁免作出原则性的规定。

3. 损害赔偿法。它包括船舶碰撞、海上救助、共同海损和海上保险这 4 种制度。海商法中有关损害赔偿的规定是特殊的规定,它只适用海上运输,而陆路运输和航空运输基本上没有类似的规定。

第二节　船舶航行权和沿岸国管辖权

一、船　　舶

(一) 船舶的定义

船舶是用于水上航行的工具。由于有关海上运输的法律关系都与船舶发生关系,所以明确什么是船舶,对于确定海商法的适用范围有着重要意义。

船舶包括的范围很广,凡是能在水上航行的工具,无论船舶的大小或船体的构造怎样(是钢板、木料或水泥制造的),具有船舶形状并能在水上航行的工具,均可称为船舶。船舶可包括舢板、木船、帆船、水翼船、气垫船、钢壳的机动船。在钢壳的机动船范围内,又有军舰、公务船、商船、渔船以及其他各种船舶。

海商法中所说的船舶,是指除军事舰艇以外的任何海船和海上浮动装置,但主要是指在海上运输货物和旅客的商船。所谓商船,是指以船舶为工具装载客货,负承运的责任,并将客货由一地运往他地或由一国运往他国的船舶。我国海商法规定,本法所称船舶是指海船和其他海上移动式装置,但是用于军事的、政府公务的船舶和 20 总吨以下的小型船舶除外。

在商船中,按其商业用途,可分为客船、货船和客货船。只限于专门搭客的船舶或兼运少量货物的船舶称为客船;只限于专门承运货物的船舶或兼搭客位不满 12 人的船舶称为货船;既承运货物又搭乘旅客超过 12 人以上的船舶称为客货船。

货船又分为固体货船、冷藏货船和液体货船等。固体货船所载的货物都是固体的干货,比如钢铁、粮食、矿石、木料、化肥等,因此又称干货船。冷藏货船是具有冷藏设备的船舶,载运鲜肉、鱼、蛋等。液体货船主要用于载运散装油类,比如原油、汽油、柴油等，这类船又叫油槽船。货船还有杂货船、散装货船、集装箱货船和汽车载货开上开下的货船。

货船主要是用来载运大宗货物，哪里有货就驶往哪里去运，何时有货就在需要的时候去运，没有一定的班期，没有固定的航线，这种船有时称为不定期船。

客船或客货船除搭载旅客外，也具有载运相当数量货物的设备。它所载运的一般都是价值较高的货物，比如棉布、丝绸、服装、烟酒、科学仪器之类；有的客货船亦备有冷藏舱。这类船舶都固定地按期在一定的航线上行驶，所以又称班期船。

一般说来，各国的海商法都不把内河船包括在其适用范围之内，只有当内河船在海上航行时，或在与海船发生碰撞或发生救助行为时，才适用海商法。

船舶本来是可移动的财产，是产权的对象，然而人们往往把它比作一个自然人，因为船舶的法律地位与自然人有相似之处。比如，船舶有名字，这个名字是专指的；船舶有住所，这就是船籍港；船舶还有国籍。另外，船舶还有船龄和吨位。因此，人们能对它起诉，即通常在英美法律中的“对物诉讼”，即在诉讼中，首先不是把船舶所有人，而是把船舶本身作为诉讼的当事一方。当然，船舶毕竟不是权利的主体，也不是法人，把船舶看作法人的观点，原因之一是为了在法律程序上的方便。

（二）船舶的登记

为了加强对船舶的监督管理，取得在海上的航行权，凡属中华人民共和国国家所有、集体所有和个人所有的船舶，除军事和公安舰船外，都必须向船舶登记机关登记；未经登记的，不得对抗第三人。船舶登记后，由船舶登记机关发给中华人民共和国船舶国籍证书。在国外取得的船舶，由驻在该国的中国使、领馆签发中华人民共和国临时船舶国籍证书。船舶的国籍证书也是船舶的所有权证书。船舶自领有中华人民共和国船舶国籍证书或临时船舶国籍证书之日起，就取得悬挂中国国旗航行权。

船舶登记的港口就是船籍港。船籍港由船舶所有人自己选择，一经选定，这个登记港就是船籍港。

船舶所有权的取得、转让和消灭，必须向船舶登记机关登记；未经登记的，不得对抗第三人。

二、船　　员

（一）船员的任免和职别

船员的工作场所是船舶，因此只有在船上工作的人员才能算是船员。至于为船舶服务的其他工作人员,比如,当船舶到达港口时由港务部门指派的理货人员,以及各行业单位的工作人员,虽然其工作专对船舶,但都不能算为船员。

船员包括高级船员和一般船员。高级船员是指船长、驾驶员、轮机长、轮机员、电机员、报务员、业务员和船医;一般船员是指其他在船上服务的人员,如水手长、木匠、电工、舵工、水手、机匠、生火长、加油员及生火员等。

从事国际航行的船舶的中国籍船员,必须持有中华人民共和国港务监督机构颁发的海员证和有关证书。

船上的业务虽然多种多样,但是以操作分工不同,基本上分为驾驶、轮机和事务三个部分,以船长为三部分的总负责人。驾驶部分以船长为首负责驾驶,并配备大副、二副、三副、水手长、舵工和水手,协助船长驾驶船舶和其他有关的船艺操作;轮机部分以轮机长为首,另配大管轮、二管轮、三管轮和木工、火工、电工,负责轮机操作和维修工作;事务部分以事务长为首,处理船上各项事务,并配备厨师、勤杂工、医务人员和其他各种专业人员。另外,每一艘船舶都设有报务员,负责收发电报与天气预报。

船舶应当按照不低于船员最低定额标准配备合格船员。各类船舶配备船员的最低定额标准由港务监督规定,一般必须配备日夜三班制的合格船员。

船长、轮机长、驾驶员、轮机员和报务员,必须经港务监督考试合格并取得船员适任证书,才可担任相应的职务。

(二) 船长的责任

船舶在海上航行,船长是驾驶船舶和管理船舶的主要负责人。

船长的主要职责有下列几种:

1. 船长受国家的信托,负责对船舶的管理和驾驶。船长在职权范围内所发布的命令,船员、旅客及其他在船人员均应当执行。船长对于船舶以及在船人员、文件、邮件、货物及其他财产,应当采取必要措施,防止遭受任何损害。

2. 任何在船人员如有危害船舶或者船上的生命、财产安全的违法犯罪活动的,船长有权将他禁闭,或者采取其他必要措施,并防止其隐匿、毁灭、伪造证据。

船长采取前列措施,应当制作案情报告书,由船长和2名以上在船人员签字,连同人犯送交有关当局处理。

3. 船长应将船上发生的出生或者死亡事件记入航海日志,并在2名证人的参加下制作证明书。死亡证明书应附有死者的遗物清单;如有遗嘱,船长应当予以证明。死亡证明书和遗嘱由船长负责保管,并且送交家属或者有关方面。

船舶在公海上航行时发生人员死亡时,如果距离下一停靠港航行较长,尸体无法保管,或者为了保持船上卫生,防止疫病发生,船长可以按照航海惯例为死者举行海葬,并在死亡证明书上予以注明。

4. 船舶发生海上事故，危及船上人员及财产的安全，船长应组织船员和其他在船人员尽力施救，并可电请他船或附近港口机关前来抢救，在船舶的沉没、毁灭已不可避免的情况下，船长可以作出弃船的决定；但是，除紧急情况外，应当报经船舶所有人同意。弃船的时候，船长必须采取一切措施，首先让旅客安全离船，然后安排船员离船，船长自己应当最后离船。船长在离船以前，应该指挥船员尽力抢救航海日志、轮机日志、油类记录簿、无线电台日志、本航次使用过的海图、文件、贵重物件、邮件和现金等。

船长管理船舶和驾驶船舶的责任,不因引航员引领船舶而解除。

船长在航行中死亡或者因故不能执行职务时,应由驾驶员中职务最高者暂行代理船长职务,但在下一个港口开航前,船舶所有人应指派新船长接任。

三、沿岸国的管辖权

船舶在海上航行,因航行区域不同,所受到法律管辖也不同。船舶在公海上航行,只要它不破坏公海秩序,则只受船旗国的法律管辖。当船舶驶入另一个国家的领海或管辖区域时,就应遵守那里的法律规章。如果船舶违反了所在国的利益,就要受到该国法律的惩罚。比如,船舶所驶入的港口,首先应该是沿岸国准予开放的国际通商港口;在驶向港口时,必须由沿岸国引航员引领才能驶入,沿途亦必须遵守该国引航章程的规定;它的卫生状况必须受到该国检疫机关的检查,然后才能上下旅客,装卸货物;它的货物必须接受海关的检查,它的船员和旅客必须接受边防公安机关的检查;如果发生海损事故,应接受港务监督的调查和处理;如果违章或者造成损失事故,还可以受到扣留处分,只有提供了相当保证后才能得以放行。

船舶在他国内海和港湾发生了民事和刑事案件,应受沿岸国的管辖。沿岸国在它的领域内,依法行使它的民事和刑事管辖权,不因为驶入外籍船舶而受到限制。外国船舶通过别国的领海时,也必须服从沿岸国所制订的治安和航行及其他方面的法律和规定。因为外国船舶通过别国的领海,是以不损害该国的主权和领海秩序的“无害通过”为条件的。如果有违反这些法律和规定的行为,沿岸国当然可以管辖。但是在实践中,只是在案情严重,特别是损害了沿岸国的安全时,沿岸国才行使这种管辖权。如果案情对外部不发生影响或影响不大,沿岸国一般不予干预,但这并不意味放弃对外国船舶的民事和刑事管辖权。

按照国际法准则,对于外国国有的船舶,如外国国家所有的军舰、公务船、巡逻舰、供应舰,以及商船,该项民事和刑事管辖权可以豁免。如我国国家所有的商船在国外行驶的时候,应该享受国际间对于国有船舶的待遇,如果在营运中发生有关民事或刑事的类似争执,国有商船不应受到扣留或者拘捕的处分。

第三节　海上货物运输合同

一、海上货物运输合同的意义

海上运输,包括海上货物运输和海上旅客运输。海上运输特别是海上货物运输合同,是海商法中最主要的内容,其他有关规定许多都是围绕着它们而制定的。比如,海商法中有关船舶的规定,船员的培训,航行权的取得,都是为了安全有效地实现海上运输的目的。为了避免、减少海损事故的损失,在海商法内规定了海上救助如何报酬、有关碰撞及其他类别的损失应如何负担等等。

海上货物运输合同,是指承运人负责将货物经海路由一港运至另一港,而由托运人支付约定运费的合同。承运人,是指他本人或者委托他人以本人的名义与托运人订立海上货物运输合同的人。"实际承运人",是指接受承运人委托,从事货物运输或者部分运输的人,包括接受转委托从事此项运输的其他人。托运人,是指他本人或者委托他人为本人与承运人订立海上货物运输合同的人;也包括本人或者委托他人以本人名义或者委托他人为本人将货交给与海上货物运输合同有关的承运人的人。

海上货物运输合同也是双方当事人根据法律规范的要求,希望发生或变更经济法律关系的协议。它对于海商法任意性的条文(即可以改变的条文)起着变更和代替作用。比如,法律条文规定运费应在卸货港交付货物的时候给付,但是订约人可以用合同的方式改变它,而规定运费必须在起运港当货物交运的时候给付。

用合同方式所变更的法律条文只限于法律许可改变的任意性条文,如果法律条文是强制性的,任何合同不得予以变更。

二、承运人与托运人的责任

承运人与托运人双方的法律关系,也就是对于货物运送的权利与义务。

(一) 承运人的责任

承运人对集装箱装运的货物的责任期间,是指从装货港接收货物时起至卸货港交付货物时止,货物处于承运人掌管之下的全部期间。承运人对非集装箱装运的货物的责任期间,是指从货物装上船时起至卸下船时止,货物处于承运人掌管之下的全部期间。在承运人的责任期间,货物发生灭失或者损坏,除法律另有规定外,承运人应当负赔偿责任。前面的规定,不影响承运人就非集装箱装运的货物在装船前和卸船后所承担的责任达成任何协议。

1. 提供船舶并保证适航

在运输合同中,如果已经约定以特定的船舶进行运输时,承运人必须以适合于该合同规定的船舶提供给作为对方的托运人。如果未经对方同意而变更船舶,则认为未履行合同。

承运人提供的船舶必须适航,负有保证在开航前和开航当时使船舶适于安全航行的义务。所谓适航,就是在船舶方面,它的构造、坚固性、装备,对于海上的一般风险具有航海安全能力;在船员方面,须配足适当人数和具有技术职称的人员;开航前必须备足燃料和给养。承运人亦必须使货舱、冷藏舱、冷气舱和其他载货处所适于并能安全收受、载运和保管货物。如果应当尽的注意而没有尽到,致货物遭受损失时,承运人应当负责。比如,某船有冷藏舱设备,因而接受鲜肉的运输,但是在受装前,冷藏舱设备失灵,不能保持应有的冷度,结果鲜肉变质,遭受损失,承运人应负冷藏舱不宜于接受、保管、运输的不适航状态的责任。

船舶应该处于适航状态,并不是说船舶在所有地点,随时随地都必须处于适航状态。如果船舶在开航前和在开航时承运人及时地使它处于适航状态,那就满足了适航状态的要求。开航后,如因海损事故,承运人虽已尽谨慎处理之责,但仍失去航海安全能力,则承运人不负这个不具有适航状态的责任。

如果船舶存在潜在的缺陷,比如机器某部件有气孔,不易发现,这种缺陷有时可以因一般的使用和震动发生裂痕,使船舶在大海航行中处于危险境地,承运人也不负担船舶没有具备适航能力的责任。

船舶是否适航,托运人或其他有关方面的举证责任是,要证明损害的发生是由于船舶不适航引起的;与此相反,船方的举证责任是必须证明他在履行适航义务时,已经做到谨慎处理而没有过错。

2. 安全运输货物

承运人对货物的收受、操作、装载、搬移、积载、运输、保管、卸载、交付,都必须尽到谨慎处理的责任,尽到应有的注意,务使货物在目的地交货时的状态和在起运地受装时的状态相同。如果承运人应有的注意没有尽到,以致货物受到了损坏或灭失,承运人应当负责。

承运人有收受所交运的货物的义务,但货物必须合乎合同的要求,并在适当的时间交运。对违反法令或不合乎合同装运的货物,船长随时都可将货物卸下。如有给予船舶或其他货物以危害的危险时,可将该货物抛弃。另外,托运人未在装货时间内将运输必需的单据(港口、海关、卫生和其他主管当局规定的有关货物文件)交给船长,则不发生收货义务。由于送交不及时、不完备或者不正确而引起的损失,包括承运人遭受的损失,应由托运人负责赔偿。

承运人在原则上负有收受货物义务的同时,应及时地把货物全部装船、积载。

货物在受装时应谨慎接受,比如,所受装的是面粉,则不可用铁钩使包装遭受损失,致使面粉外漏;堆放时,不可与易腐、易受潮或有气味的货物混装在一起。比如,面粉和茶叶是怕熏染的货物,因此面粉和松节油不能堆放在同一舱内,否则面粉吸收松节油气味后在价值方面就受到损失。这种损失是由于堆放不当所致,应由船方负责赔偿。茶叶不能和牛皮堆放在一个舱内,因为茶叶特性灵敏,容易吸收皮革气味,没有人肯饮带有皮革味道的茶叶,虽然表面上看来茶叶没有损失,实际上茶叶已失去饮料的作用,应认为全部损失。此项损失完全由于堆放不当所造成,船方应负赔偿责任。

承运人只有按照同托运人签订的书面协议或者符合国际航运惯例或有关法规,才可以在舱面上或甲板驳上装载货物。货物由于装载在舱面上或甲板驳上而遭受的灭失或损坏,由托运人负责。承运人如果擅自将货物装在舱面上或甲板驳上,则应对该项货物由此而遭受的灭失或损坏,负赔偿责任。

在租船合同的情况下,从船长发出装货准备就绪通知书开始,在合同规定的装货时间内,船舶有停泊等待装货的义务。装货时间根据约定或习惯确定,但海商法中一般都对装货时间的起算和计算方法设置规定。

如果租船人在装货时间内未装完货物,除有支付滞期费的义务外,在法律上常有如下规定:船长可不予装货,立即开航;必须支付运输的金额及其他附加费用;租船人在装货时间内未进行装货时,承认可以解除合同。

货物的灭失、损坏或者迟延交付是由于承运人或者承运人的受雇人、代理人的不能免除赔偿责任的原因和其他原因共同造成的,承运人仅在其不能免除赔偿责任的范围内负赔偿责任;但是,承运人对其他原因造成的灭失、损坏或者迟延交付应当负举证责任。

货物灭失的赔偿额,按照货物的实际价值计算;货物损坏的赔偿额,按照货物受损前后实际价值的差额或者货物的修复费用计算。货物的实际价值，按照货物装船时的价值加保险费加运费计算。

承运人将货物运输或者部分运输委托给实际承运人履行的，承运人仍然应当依法对全部运输负责。但合同可约定，货物在指定的实际承运人掌管期间发生的灭失、损坏或者迟延交付，承运人不负赔偿责任。

对承运人责任的规定，适用于实际承运人。承运人与实际承运人都负有赔偿责任的，应在此项责任范围内负连带责任。

在责任期间货物发生的灭失或者损坏是由于下列原因之一造成的，承运人不负赔偿责任：

（1）船长、船员、引航员或者承运人的其他受雇人在驾驶船舶或者管理船舶中的过失；

（2）火灾，但是由于承运人本人过失所造成的除外；

（3）天灾，海上或者其他可航水域的危险或者意外事故；

（4）战争或者武装冲突；

（5）政府或者主管部门的行为、检疫限制或者司法扣押；

（6）罢工、停工或者劳动受到限制；

（7）在海上救助或者企图救助人命或者财产；

（8）托运人、货物所有人或者他们代理人的行为；

（9）货物的自然特性或者固有缺陷；

（10）货物包装不良或者标志欠缺、不清；

（11）经谨慎处理仍未发现的船舶潜在缺陷；

（12）非由于承运人或者承运人的受雇人、代理人的过失造成的其他原因。

（二）托运人的责任

托运人托运货物，应当妥善包装，并向承运人保证货物装船时所提供的货物的品名、标志、包数或者件数、重量或者体积的正确性；由于包装不良或者上述资料不正确，对承运人造成损失的，托运人应当负赔偿责任。

托运人应当及时向港口、海关、检疫、检验和其他主管机关办理货物运输所需的各项手续，并将已办理各项手续的单证送交承运人；因办理各项手续的有关单证送交不及时、不完备或者不正确，使承运人的利益受到损害的，托运人应当负赔偿责任。

托运人托运危险货物，应当依照有关海上危险货物运输的规定，妥善包装，作出危险品标志和标签，并将其正式名称和性质以及应当采取的预防危害措施书面通知承运人;托运人未通知或者通知有误的,承运人可以在任何时间、任何地点根据情况需要将货物卸下、销毁或者使之不能为害,而不负赔偿责任。托运人对承运人因运输此类货物所受到的损害,应当负赔偿责任。

承运人即使知道危险货物的性质并已同意装运的,仍然可以在该项货物对于船舶、人员或者其他货物构成实际危险时,将货物卸下、销毁或者使之不能为害,而不负赔偿责任。

托运人应当按照约定向承运人支付运费。托运人与承运人可以约定运费由收货人支付;但是,此项约定应当在运输单证中载明。

(三) 提单

1. 提单的概念

提单,是指用以证明海上货物运输合同和货物已经由承运人接收或者装船,以及承运人保证据以交付货物的单证。提单是承运人在接受或装载货物以后,应托运人的要求,由承运人、船长或承运人的代理人签发的货运单据。

提单内容应包括下列各项:

(1) 货物的品名、标志、包数或者件数、重量或者体积,以及运输危险货物时对危险性质的说明;

(2) 承运人的名称和主营业所;

(3) 船舶名称;

(4) 托运人的名称;

(5) 收货人的名称;

(6) 装货港和在装货港接收货物的日期;

(7) 卸货港;

(8) 多式联运提单增列接收货物地点和交付货物地点;

(9) 提单的签发日期、地点和份数;

(10) 运费的支付;

(11) 承运人或者其代表的签字。

2. 提单的法律特征

(1) 提单是海上货物运输合同的证明。提单是证明海上货物运输合同的一种单据,其本身并不是运输合同。运输合同在货物装船前已经存在,虽然没有经过双方书面订立,因为在零散货物的运输中,承运人不可能与为数众多的托运人签订运输合同,所以都采用定型的条款,并把它印刷在提单背面。由于提单上载明了各项重要条件,所以它实际上起着运输合同的作用。根据提单的货物运输,除托运和承运双方外，还有收货人一方，如果这个收货人是给付货物代价的第三者，他就是提单的持有人。提单在这种关系上，就是承运人与提单持有人之间的唯一的证明文件，也就是他们之间的合同。

(2) 提单是证明货物由承运人装载的单据。在一般情况下，货物未实际装船而签发的提单是无效的。如果货物装船以前，承运人已应托运人的要求签发了收货待运提单或其他物权凭证，托运人应将收货待运提单或其他物权凭证退还承运人，以换取已装船提单；承运人亦可在收货待运提单或其他物权凭证上加注承运船舶的船名和装船日期，经过如此加注的收货待运提单或者其他物权凭证，应视为已装船提单。

(3) 提单是承运人保证凭以交付货物的物权凭证。由于提单代表着提单项下所记载的货物本身，出示提单才能提取货物，所以提单持有人必须凭提单才能向承运人或船长请求交付货物，而船方也必须按提单所记载的货物交给收货人。因此，提单具有物权、债权凭证的性质，因而提单也是一种有价证券，它可以在市场上自由流通。但对于特种货物，比如，古董、金银、现钞以及个人包裹，托运人得请承运人签发不可以转让或流通的提单。此种提单必须批注“不可流通”或“不可转让”的字样。

提单的使用，一般均在海上运送货物时，指定由某一船舶负责承运。如果装货港和目的港不能由一艘轮船承运时，得在指定的港口由另外一艘船转运。比如，两艘海轮承运，或者江船与海船交接，或者目的港在内地必须经过陆运才能到达时，得使用联运提单。此种联运提单专指水陆联运，其中包括船舶与汽车联运或者船舶与火车联运。

如果承运人有合理根据怀疑所载货物与托运人提供并载入提单的有关货物品名、标志、包数、件数、重量及体积不符，与实际接收的货物不符，或者没有适当的方法核对提单记载的，则承运人有权在提单上批注，列明不符之处怀疑的根据或没有适当的检验办法。

3. 提单分为记名提单、指示提单和不记名提单三种。这三种提单都是为了确定什么人在目的港是收货人，以便凭提单向承运人或者船长要求交货。

(1) 记名提单。发货人在提单内指明某一特定的企业单位或某一个特定的人为收货人，除了这个特定的企业单位或者这个特定人以外，他人不得提货。这种提单一般不得转让，没有流通性。如果因债务关系必须转移时，要经过法定程序，由收货人在提单上背书后，才能转让。

(2) 指示提单。根据提单载明的指示人(托运人、收货人或银行)交付货物，在提单内没有填写收货人的姓名。这种提单可以由任何第一个收到提单的人在提单上背书自行提货,也可背书后转让他人。

指示提单的另一种是在收货人空白栏内,填写"收货人的指示"。这种指示提单收货人不能自行提货,仅由收货人背书转让,由收货人指示的人提货。

(3) 不记名提单。发货人在提单内没有指名收货人,货物在目的港交付提单持有人。不记名提单到达任何人手中,均可背书提货,也可不背书转让。因此提单所有人就是提货人。

指示提单也可以以空白背书转让,比如,收货人在背书转让时仅签背书,而没有指出提单受让人的名称。这样,实际上就把这个指示提单变成不记名提单,任何持有人都可凭这个空白背书的提单向船长要求提货。

不记名提单凭交付即可转让,手续虽然简便,但是如果发生遗失或者盗窃情节,以致到了善意地付出代价的第三者手中,极易引起纠纷。

指示提单凭记名背书即可转移,手续也不复杂,同时又保护了收货人的权利,即使发生遗失或者盗窃情况,也不致任何人仅凭提单即可向船长要求提货。

(四) 货物交付

承运人向收货人交付货物时,收货人未将货物灭失或者损坏的情况书面通知承运人的,此项交付视为承运人已经按照运输单证的记载交付以及货物状况良好的初步证据。货物灭失或者损坏的情况非显而易见的,在货物交付的次日起连续7日内,集装箱货物交付的次日起连续15日内,收货人未提交书面通知的,也视为承运人已将货物按提单的记载交付。

承运人自向收货人交付货物的次日起60日内,未收到收货人就货物因迟延交付造成经济损失而提交的书面通知的,不负赔偿责任。在卸货港无人提取货物或者收货人迟延、拒绝提取货物的,船长可以将货物卸在仓库或者其他适当场所,由此产生的费用和风险由收货人承担。应当向承运人支付的各种费用没有付清,又没有提供适当担保的,承运人可以在合理限度内留置其货物。留置的货物,自船舶抵达卸货港的次日起满60日无人提取的,承运人可以申请法院裁定拍卖。拍卖所得价款,用于清偿保管、拍卖货物的费用和运费以及应当向承运人支付的其他有关费用;不足的金额,承运人有权向托运人追偿;剩余的金额,退还托运人;无法退还或自拍卖之日起满1年无人领取的,上缴国库。

(五) 合同的解除

船舶在装货港开航前,托运人可以要求解除合同。但是,除合同另有约定外,托运人应当向承运人支付约定运费的一半;货物已经装船的,应当负担装货、卸货和其他与此有关的费用。

船舶在装货港开航前，因不可抗力或者其他不能归责于承运人和托运人的原因致使合同不能履行的，双方均可解除合同，并互相不负赔偿责任。比如，船舶或者货物因为军事行动，有被捕获或者劫夺的危险；装货港或者卸货港被宣布封锁，船舶不能进出等。除合同另有约定外，运费已经支付的，承运人应当将运费退还给托运人；货物已经装船的，托运人应当承担装卸费用；已经签发提单的，托运人应当将提单退还承运人。

因不可抗力或者其他不能归责于承运人和托运人的原因致使船舶不能在合同约定的目的港卸货的，比如，由于战争、封锁、禁运、罢工等，除合同另有约定外，船长有权将货物在目的港邻近的安全港口或者地点卸载，视为已经履行合同。

船长决定将货物卸载的，应当考虑托运人或者收货人的利益，并及时通知托运人或者收货人。

第四节　船舶租用合同

船舶租用合同，包括定期租船合同、光船租赁合同和航次租船合同。

一、定期租船合同

定期租船合同，是指船舶出租人向承租人提供约定的由出租人配备船员的船舶，由承租人在约定期间内按照约定的用途使用并支付租金的合同。定期租船合同的内容，主要包括出租人和承租人的名称、船名、船籍、船级、吨位、容积、船速、燃料消耗、航区、用途、租船期间、交船和还船的时间和地点以及条件、租金及其支付，以及其他有关事项。

出租人不按照合同约定的时间交付船舶，或所交付的船舶不适航，承租人有权解除合同，对因此而受到损失，出租人应负赔偿责任。承租人应当保证船舶在约定航区内的安全港口或者地点之间从事约定的海上运输，承租人违反此规定的，出租人有权解除合同，并有权要求赔偿因此遭受的损失。承租人有权就船舶营运向船长发出指示，但是不得违反定期租船合同的约定。

承租人可以将租用的船舶转租，但是应当将转租的情况及时通知出租人。租用的船舶转租后，原租船合同约定的权利和义务不改变。船舶所有人转让已经租出船舶的所有权，定期租船合同约定的当事人的权利和义务不受影响，但是应当及时通知承租人。船舶所有权转让后,原租船合同由受让人和承租人继续履行。承租人未按照合同约定支付租金的,出租人有权解除合同,并有权要求赔偿因此遭受的损失。承租人未向出租人支付租金或者合同约定的其他款项的,出租人对船上属于承租人的货物和财产以及转租船舶的收入有留置权。

二、光船租赁合同

光船租赁合同,是指船舶出租人向承租人提供不配备船员的船舶,在约定的期间内由承租人占有、使用和营运,并向出租人支付租金的合同。光船租赁期间,承租人负责船舶的保养与维修。

在光船租赁期间,未经出租人书面同意,承租人不得转让合同的权利和义务或者以光船租赁的方式将船舶进行转租。未经承租人事先同意,出租人不得在光船租赁期间对船舶设定抵押权,否则致使承租人遭受损失的,应当负赔偿责任。承租人未按照合同约定的时间支付租金连续超过 7 日的,出租人有权解除合同,并要求赔偿因此遭受的损失。

光船租赁合同,船舶的出租人和承租人的权利和义务,在合同中规定。

在国际租船市场上制订有各种统一的租船契约格式,每一种格式都有印就的固定条款,并通常以一个符号来代替,以便在国际租船市场上不能当面签订租船合同的时候,使用符号经电报往来签订之。

属于租用船舶方式的运输合同,都是大宗货物的运输。比如,煤、盐、粮、糖、矿砂、木材、化肥等货物,数量可以占用船舶的全部或者部分,都是先订立合同,然后才开始装船起运。在实际中,采取这种方式的运输,一般都是租用船舶的全部,租用部分舱位或者指定舱位的运输是比较少见的。

三、航次租船合同

航次租船合同,是指船舶出租人向承租人提供船舶的部分舱位装运约定的货物,从一港运至另一港,由承租人支付约定运费的合同。出租人应当提供约定的船舶;经承租人同意,可以更换船舶。但是,提供的船舶或者更换的船舶不符合合同约定的,承租人有权拒绝或者解除合同。因出租人过失未提供约定的船舶或延误提供船舶致使承租人遭受损失的,出租人应当负赔偿责任。

承租人可以将其租用的船舶转租;转租后,原合同约定的权利和义务不受影响。承租人应当提供约定的货物；经出租人同意，可以更换货物。但是，更换货物对出租人不利的，出租人有权拒绝或者解除合同。因未提供约定的货物致使出租人遭受损失的，承租人应当负赔偿责任。

第五节　共同海损

一、共同海损的概念

共同海损，是指在海上运输中，同一航程的船舶、货物以及其他财产遭遇自然灾害、意外事故或其他特殊情况，为了避免共同危险，故意采取合理措施所引起的特殊牺牲和支付的额外费用。这就是说，船舶遭遇自然灾害、意外事故或其他特殊情况，如不及时采取某种特殊措施，船舶和货物就有灭失或者已经遭受的损失将扩大到全损的危险。为了避免这种共同危险，有时不惜使货物遭受水损而尽力引入海水灌舱灭火，有时将船舶有意驶上浅滩使之搁浅，以避免沉没，或船舶搁浅后企图脱险，船长命令船员抛货以减轻船载使船舶能自行浮起；或船舶中途遇到暴风大浪，随时有全船覆没的危险，为了避免船舶沉没，船长命令船员抛弃一部分货物，以转危为安。以上所受的牺牲就是共同海损牺牲。

船舶因发生意外、牺牲或者其他特殊情况而损坏时，为了安全完成本航程，驶入避难港口、避难地点或者驶回装货港口、装货地点进行必要的修理，在该港口或者地点额外停留期间所支付的港口费，船员工资、给养，船舶所消耗的燃料、物料，为修理而卸载、储存、重装或者搬移船上货物、燃料、物料以及其他财产所造成的损失、支付的费用，应列入共同海损。

共同海损应当由受益各方按照他们各自被救的财产价值比例分摊。

共同海损行为，是一种特殊措施，是在正常航行中所不能做的事情，但为了共同的安全和利益，船长可以做正常情况下不能做的事情。

共同海损通常由船方宣布，因为海难发生后，马上采取措施的是船方，为了脱离危险采取措施引起的各项费用开支亦是由船方预先垫付的，如果不宣布共同海损，损失的责任可能由船方独自承担。如宣布共同海损，事后又得到确认，货方就同船方共同分摊损失。

除了应计算特殊牺牲的货物价值或特殊费用的数目外，还应计算那些被保全的财产的价值，然后才可以算出每一项受益的财产，并对被牺牲的财产或者对支付的费用进行分摊。这样的计算工作，叫作海损理算，所作成的海损理算报告叫海损理算书。一般按照航程终止地,也就是货物目的港的财产价值为计算标准。因为只有在船舶和货物到达目的港时,才可以确定损失究竟是多少,被保存的财产究竟价值多少。

如果某一方对这个理算书不满,可以提出异议,向法院或仲裁机构提请审理。

共同海损和海上保险不同,共同海损与船舶、货物是否订立海上保险合同无关。共同海损所依据的是海上运输合同,而不是海上保险合同。

二、共同海损的成立要件

共同海损成立的要件,有以下四项:

(一) 船舶和货物必须处于共同危险状态

危险必须是威胁着船舶和货物的共同安全。如果所面临的危险不是威胁着共同的安全,而是仅限于船舶或者货物的安全,即使发生了有意而合理的牺牲,这个牺牲不能算为共同海损。比如,船舶所载运的是肉类,在运输途中,一部分肉类发生腐坏现象,如不采取措施将已腐坏的肉类消灭,即可能影响到全部肉类,因而采取措施,将已腐坏的肉类抛弃于海,结果尚存的肉类得以保存下来,运至目的地。肉类抛弃的损失,仅是为了货物的安全,而不是由于腐坏威胁到船舶和其他货物的共同安全,所以这种损失不算作共同海损。

共同危险不是对未来可能发生的危险的臆测,而必须是实际存在的。就是说,船长在采取合理措施时,应有实际危险存在。由于船长考虑欠周,臆测会发生危险而采取措施,但实际上并没有共同的危险存在,他应负过失责任。比如,船舶在航行中,船长认为舱内载货有着火现象,为了船货安全起见,引水入舱企图灭火,实际并未起火,由此货物受到海水损失。这就不是共同海损行为所造成的共同海损,应由船方负责赔偿。

不论危险发生的原因是什么,即使危险的发生是由于船长或他人的过失所致,也不妨碍共同海损的成立。但是,利害关系人可以向过失方请求损害赔偿。

共同的危险虽然必须是确实的,但不一定是限于急迫的。共同海损的行为并不限于危险达到如此严重的程度,即不采取特殊牺牲和费用,船舶和货物就有立即遭到覆没的危险。比如,当船舶在航行中因某部分机器损坏,失去了控制能力,当时天气良好,没有被冲击触礁的危险,但是天气可能随时变化,危险确属存在,如不采取挽救措施随时可能发生共同危险,导致全船覆没。在这种情况下,船长发出呼救讯号,被来船拖带至安全港口,付出了救助费,这种费用应该算作共同海损。这项救助行为并非必须待到天气已经恶劣，船舶已遭狂风巨浪的冲击、随时可能触到礁石沉没的情况下才采取。

另外，船长为了维护船货安全，所采取的措施时间既不能过早，也不能过迟。比如，当船舶遭遇大风浪危及船舶的安全时，应该开舱抛货减轻船载，如果采取抛货措施过早，可能因危险并不严重而造成不应有的损失；如果采取抛货措施过晚，则来不及抢救船舶的沉没，抛货措施也就无法进行。如何选择适当的时间应根据当时危险的情况，船长就要运用经验和智慧正确地采取措施。

（二）措施必须是特殊的

特殊的措施就是指挽救船舶和货物的措施是不平常的，不是预料的，这个牺牲或费用的损失是意外的。这项措施是否特殊，应以是否属于承运人应尽义务范围以外的加以判断。比如，船舶在航行中，为了避免风暴而加大航速，因此多用了燃料，由于从风暴中脱险是承运人航行中应尽的义务，所以不能算作共同海损。但如果船舶搁浅，为了脱浅开动机器超过了使用负荷量受到损失，则是共同海损，应由船货双方负担。

（三）措施必须是有意的和合理的

共同海损的措施必须是有意作出的，并且是合理的。比如，船舶发生火灾，根据当时情况，为了灭火必须自动搁浅引水灭火。由于搁浅、引水所发生的船舶和货物的损失，乃是有意的，应该认作共同海损。但如因船长的过失或风浪所致的搁浅，不能作为共同海损，而是单独海损。又如当船舶遭遇到共同的危险而必须减轻载重量抛弃部分货物，所需抛弃的当然是较重的货物，这是合理的措施，所有因此发生的损失应认为共同海损。但是，如果所抛弃的是体积小、重量轻、价值高的货物，这种抛弃就是不合理的。不合理行为所造成的损失，应由负有责任的一方负担，不能作为共同海损。

一般情况下，共同海损的措施应由船长下达命令，但船长因故不能执行职务，他的代理人或其他负有全船安危责任的人也可作出有意而合理的措施，作为共同海损。

（四）措施必须获得效果

除了具备上述三项条件，如果船舶和货物仍遭受了全损，便失去了分摊共同海损的财产，共同海损仍不能成立。只要船舶和货物二者之一没有全部灭失，就不会妨碍共同海损的成立。

第六节 单 独 海 损

一、单独海损的原因

单独海损,是指在海上运输中,凡因自然或意外事故直接导致的,不能列入共同海损的船舶或货物的损失。船舶在海洋、港湾航行或停泊中,因发生海事所招致的损失,是指触礁、搁浅、失踪、碰撞、失火、浪损、风灾、漏水或机件损坏等海事而造成的船舶或货物所遭受的损失。比如,某船装有布匹与生丝,在航行中布匹起火燃烧,当即灌水施救,以致生丝受水渍损坏。布匹着火为单独海损,生丝着水则为共同海损。由于前者因意外事故所造成,后者为救护全部船货而受的损害。

造成单独海损的原因主要是以下几种:

1. 由于不可抗力的自然灾害及不可预料的意外事故形成的船舶或货物的损失。比如,由于风浪驱逐的原因,以致船舶搁浅,船底受损伤漏水,损及一部分货物。

2. 由于人们过失的结果所造成的各种损害和损失。比如,船长、船员、引水人员在驾驶或船舶管理中的过失而致船舶搁浅。这种搁浅并非船长等人所作的有意的牺牲,更不是为了挽救船货的共同安全。

3. 为了单方面的安全(船舶或货物)采取措施所造成的损失或支付的费用。比如,船舶满载货物1万吨,其中1千吨冷藏货物,船舶在航行途中冷藏机发生故障。此项设施与船舶及其他货物不发生共同利害关系。为修理机器进出港口所花的费用,不能认为是共同海损。

4. 由于物质的自然特性起变化的结果形成的损失等等。

单独海损与共同海损在概念上虽然较易区别,但每遇具体事故时,要明显地判断两者的区别就往往不很容易。比如,当载货船舶遭遇沉没的危险而有意搁浅时,想要区别搁浅的损害(共同海损)和搁浅前水线以下的损害是相当困难的。所以,每当载货船舶脱险并宣布共同海损时,都必须进行一系列的检验和鉴定工作,才能区别开来。另外,以下几种单独海损易与共同海损混淆:

1. 间接损失。由于海损事故或共同海损措施造成的航程时间延长,使船舶、货物遭受损失。比如,船期损失、行市损失及其他间接损失。这不能作为共同海损。

2. 不符合航海习惯的货物损失。有的货物应装在舱内,但由于货主的书面请求而装在舱面，如粮食、糖、水泥等，因而遭到共同海损时，不得享受共同海损的补偿。

3. 谎报货物的损失。不以真实名称托运的货物，遭受牺牲由货主自行负担。但是如果这些货物获救，应和其他被救财产一样，分摊共同海损。

4. 牺牲原已丧失价值的财产的损失。船舶在航行中遇险，为了避免船舶和货物的危险，抛弃已自燃的货物或已遭受海难破坏的船舶附件。

5. 浮动状态搞坏船机的损失。船舶在浮动状态因过度使用船机致使损坏的损失，是单独海损。这是因为在浮动状态中船舶与风浪进行搏斗，以确保船货安全，这是船方的责任。

二、单独海损的损害负担

单独海损的损害负担按照一般民事损害赔偿的原则处理。如果是由于自然灾害或其他不可抗力造成的，其损失由船舶所有人或货主自行负担；如果是他人的侵权行为造成的，则可向责任方请求损害赔偿。如果船舶或货物签订了保险合同，由于自然灾害和其他不可抗力所致的损失，则由保险公司代替船舶所有人或货主承担其损失。

第七节　海上保险合同

海上保险合同，是指保险人对于保险标的遭受约定的有关航海事故（自然灾害或意外事故）所引起的损失或责任负责赔偿，而由被保险人支付保险费的合同。

海上保险根据可保利益种类的不同，区别下列各项作为海上保险的标的：

1. 船舶、货物；

2. 船舶租金、运费、船员的工资和其他报酬、货物运费、货物到达目的地的预期利润、旅客票款、船舶和货物的增值、保险费；

3. 船舶所有人或者其他利害关系人因海损或其他事故造成的或根据合同应负的对第三者的赔偿责任；

4. 海洋资源开发、勘探的各项设备、利益和责任；

5. 其他有关航海的财产和利益；

6. 保险人承保的赔偿责任（再保险）。

以上各种保险，主要是船舶保险与货物保险。

一、船 舶 保 险

船舶保险主要是指营运中的船舶保险,有定期保险和航程保险两种。前者保险人的责任期限最长为1年,但在该期限终了时,如船舶尚在航行途中,可以预先约定延长保险期限,延长的期限原则上至该航程终了时止。后者是以一个航程或几个航程为标准计算保险期限。

(一)船舶保险的责任范围

不同的险别,保险公司的责任范围不同。船舶保险主要有以下两类:

1. 全损险。船舶全损险的责任范围是由于下列原因造成被保险船舶的全部损失,保险公司负责赔偿:

(1) 自然灾害或意外事故;

(2) 船壳和船舶机件的隐蔽缺陷;

(3) 船长、船员、引水员或修理人员的过失。

全部损失是指船舶由于上述原因引起的全部灭失,如触礁、碰撞致使船舶沉没等。如造成船舶局部损坏,则称为部分损失。部分损失不包括在全损险的责任范围内,保险公司不予赔偿。但是,船舶在投保了全损险的条件下,还可加保各项附加险,如系加保附加险责任范围内的损失,保险公司也应按照规定给予赔偿。

船舶全部损失有两种含义:一种是实际全损,即遭受航海事故以后,船舶完全毁损或者受到严重损坏,不能恢复原状或者原有效用,或者不能再归被保险人所有;另一种是推定全损,即船舶遭受航海事故后,认为实际全损已不能避免,或者恢复的费用、施救的费用或者上述两项费用的总和超过保险价值。船舶失踪也可视为推定全损。船舶失踪,是指从得到船舶最后消息的地点到目的地所需的合理时间内,船舶没有到达目的地,也没有得到它的消息。但是,构成失踪必须有一定的最低期限。我国海商法规定,船舶在合理时间内未从被获知最后消息的地点抵达目的地,除合同另有约定外,满2个月后仍没获知其消息的,为船舶失踪。推定全损是海上保险中常用的一种赔偿办法。

被保险船舶如果遭受全部损失(包括实际全损或推定全损),保险公司赔偿的数额都以保险金额为限。但在确定全损之前,被保险人为施救和采取紧急措施而支付的费用,保险公司也一并赔偿。当船舶构成推定全损时,被保险人可以要求按全部损失赔偿,也可以要求按部分损失赔偿。被保险人要求按全部损失赔偿时,应向保险人委付保险标的。委付即指委弃而交付之,也就是指被保险人以保险标的物之一切权利转移于保险人，而请求支付全部保险金额的权利。保险人可以接受委付，也可以不接受委付，但应在合理的时间内将此项决定通知被保险人。委付不得附带任何条件；委付一经保险人接受，便不得撤回，保险人就取得了被保险标的的一切权益，保险标的的所有权转移给保险人。因此保险标的剩余利益如超过保险金额时，超过部分归保险人享有。比如，被保险船舶保险公司赔 1000 万美元，现将船卖掉 1100 万美元，那也归保险公司所有。

2. 综合险。除上述全损险保险公司需要赔偿全部损失外，即使是部分损失也负责赔偿。部分损失的赔偿以航程为单位，并扣除保险单内规定的免赔额后计算。此外，由于全损险中三项原因而引起的下列责任和费用，保险公司也负责赔偿：共同海损分摊共同海损理算费用；碰撞责任（被保险人对碰撞财产的所有人应负责赔偿的损失）；救助费用；向第三者追偿的费用，比如，为了确定责任有分歧时支付的诉讼费用；为确定保险责任范围内的损失而支付的检验、估价、出卖的合理费用等。

保险船舶在约定的保险期内遭受几次事故所造成的损失，即使损失赔偿金额的总和超过保险金额，保险人也应当赔偿。这与一般的财产保险有所不同。但对发生部分损失未经修理又发生全部损失的，保险人只赔偿全部损失。

免赔额的规定是为了减少船方和保险人之间处理小额赔款案件的手续。在保险中有两种免赔额：一种是“相对免赔额”，即规定损失额在约定的数额以下。比如，50000 美元，保险人不予赔偿。但损失超过约定的数额，比如 50001 美元，保险人就如数赔偿，即赔 50001 美元；另一种是“绝对免赔额”，即船舶发生部分损失的数额在绝对免赔额以内的，保险公司不予赔偿，在超过免赔额以上时，保险公司在扣除了免赔额以后再赔付。比如，绝对免赔额为 100000 美元，发生的损失为 100001 美元，保险公司只赔 1 美元。对全部损失、共同海损分摊、救助费用等的赔付，都不扣免赔额。

保险公司承保的险别除规定的以外，还可以根据投保人的要求，协商加保各种附加险。

（二）船舶保险的除外责任

对于保险船舶的下列损失，保险人不负赔偿责任：

1. 船舶开航时不适航所造成的损失，但是在船舶定期保险中被保险人不知道的除外。

2. 船舶自然磨损或者锈蚀。

3. 没有按照国家有关规定，装载爆炸性、剧毒性、放射性或者自燃性的危险品所造成的损失。

另外,对于被保险人故意造成的损失,保险人不负赔偿责任。

未经保险人同意,船舶保险合同从船舶转让时失效。船舶在航次中转让,保险合同可以继续有效,到该航次终了时终止。

二、货 物 保 险

(一) 货物保险的责任范围

1. 全损险。这是指只保全损,即被保险货物在运输途中由于遭受暴风雨、雷电、流冰、海啸、地震、洪水等自然灾害或由于运输工具搁浅、触礁、沉没、碰撞、失火和爆炸,以及装卸过程中整件货物落海等意外事故造成的全部损失,保险公司负责赔偿。对于上述事故引起的共同海损的牺牲、分摊和救助费用,保险公司也负责赔偿责任。全损险对部分损失不负责任。

2. 基本险。保险公司除了赔偿全部损失外,对部分损失也负责赔偿。

3. 综合险。它除了包括上述全损险和基本险的责任外,保险公司对于被保险货物在运输中由于外来原因造成的短少、渗漏、碰损、破碎、钩损、雨淋、生锈、受潮、受热、发霉、串味、玷污等全部或部分损失也负责赔偿。

被保险货物在投保了上述三种险别之一以后,还可以与保险公司协商加保附加险。但是,如果未投保上述三种险别之一者,不能单独投保其他附加险。

(二) 货物保险的除外责任

除保险合同另有约定者外,对由于下列原因之一造成保险货物的损失,保险人不负赔偿责任:

1. 货物本身的缺陷、自然损耗或者其他自然特性;

2. 货物包装不适当;

3. 航行延滞、交货延滞或者行市变化的损失。

另外,货物保险对托运人、收货人故意造成的损失,保险人也不负赔偿责任。

货物保险合同在货物转让时,由被保险人背书以后,同时转让给受让人,被保险人的权利义务都随同转让,不必事先通知保险人。货物发生损失时,保险单持有人只需凭保险单及其他必要证明,向保险人证明保险权益后即可领取赔款。

货物转让以前没有支付的保险费,被保险人或者受让人负连带支付责任。

第八节 时 效

我国海商法规定，就海上货物运输向承运人要求赔偿的请求权，时效期间为1年，自承运人交付或者应当交付货物之日起计算；在时效期间内或者时效期间届满后，被认定为负有责任的人向第三人提起追偿请求的，时效期间为90日，自追偿请求人解决原赔偿请求之日起或者收到受理对其本人提起诉讼的法院的起诉状副本之日起计算。

有关航次租船合同的请求权，时效期间为2年，自知道或者应当知道权利被侵害之日起计算。

海上旅客运输，向承运人要求赔偿的请求权，时效期间为2年。但因运送期间内的伤害而导致旅客离船后死亡的，自旅客死亡之日起计算，但是此期限自离船之日起不得超过3年。

有关共同海损分摊的请求权，时效期间为1年，自理算结束之日起计算。

有关海难救助的请求权，时效期间为2年，自救助作业终止之日起计算。

我国海商法还规定了涉外关系的法律适用。

第十九章　侵权责任法

第一节　侵权责任的概念与意义

公民、法人及非法人组织的合法民事权益受法律保护，任何组织和个人不得侵犯。保护公民、法人及非法人组织的合法民事权益，是我国的侵权责任法的核心问题。

侵害民事权益应当承担侵权责任。民事权益，包括生命权、健康权、姓名权、名誉权、荣誉权、肖像权、隐私权、婚姻自主权、监护权、所有权、用益物权、担保物权、著作权、专利权、商标专用权、发现权、股权、继承权等人身、财产权益。

侵权人因同一行为应当承担侵权责任和行政责任、刑事责任，侵权人的财产不足以支付的，先承担侵权责任。

法律规定侵权损害人承担侵权责任，是使公民、法人及非法人组织被侵害的权利得到恢复或赔偿，以达到保护公民、法人及非法人组织合法权益的目的。同时，也可以使侵权人受到应有的教育，并教育他人自觉遵守法律，尊重别人权益，这对预防侵权行为的发生有重要作用。

第二节　侵权责任的法律特征

侵权责任反映侵害方与受害方之间的债的关系，它有以下两个法律特征：

一、侵权责任与行政、刑事责任不同

任何违法行为都要受到法律制裁，承担一定的法律责任，但侵权责任与因触犯行政法规及刑法而负的责任不同。侵权责任是侵害人对造成他人损害而必须承担的一种补偿性的责任。行政、刑事制裁中也有经济制裁，这是由于行为人违反行政法规或触犯刑法，对其处以强制性的惩罚。这种惩罚是由主管行政机关

或司法机关强制性作出，当事人之间无权自行协商加以改变。而侵权责任，双方当事人可以自愿协商，采取一定的方式处理解决。侵权责任的赔偿原则是等价赔偿，而行政、刑事责任所给予的经济制裁既可大于被侵害的损失，也可小于被侵害的损失。侵权责任赔偿的款项是给被侵害者，行政、刑事罚款则归国家所有。

二、侵权责任与违反合同所产生的责任不同

侵权责任是制裁侵害他人所有权和人身权的违法行为，而违反合同所侵犯的是债权人的债权。虽然两者行为都是承担责任，但它们各有自己的特点：首先违反合同的民事责任，是在双方当事人所订立的合同的基础上发生的，违约一方补偿由于违反合同所造成另一方的损失，实际是他所承担合同债务的继续。侵权责任的当事人双方，是从造成损害之时起才发生权利义务关系，事先并无债权债务关系的存在。其次，侵权责任必须有损害事实与违法行为为前提，而违反合同的民事责任则不一定有损害事实，只要有违约行为即应承担责任。最后，这两种责任所适用的法律也是不同的，处理违反合同的民事责任时，应根据民法及各单行法规中对违反合同责任的规定，而处理侵权责任时，应根据侵权责任法等中对侵权责任的规定。被侵权人有权请求侵权人承担侵权责任。

第三节 构成侵权责任的条件

侵权责任既然是一种法律制裁，则它的构成必须具备以下三个条件：

一、行为的违法性

行为人的行为必须违法。根据法律规定，只有在行为人的行为违反了法律规定，造成他人损害时，行为人才承担法律责任。如果行为人的行为不违法，就谈不上侵权责任问题。

违法行为有两种不同的表现形式：一种是作为的违法行为；另一种是不作为的违法行为。

作为的违法行为是指法律所禁止做的，而行为人却做了的行为。比如，法律禁止损坏公共财产，行为人违反法律的规定，损坏了公共财产，就是作为的违法行为。

不作为的违法行为是指法律规定行为人应该履行某种义务而没有履行。比如,有的保卫人员不负责任,而没有发觉国家的财产被盗窃,这就是不作为的违法行为。又如法律规定每个公民都应赡养自己的父母而某人不赡养。

在一般情况下,侵害他人的权利或合法利益的行为总是违法的。但是,有些行为在表面看起来是"侵害"了他人的权利,而行为本身却仍然是合法的,因而不构成侵权责任。这有以下两种情况:

(一) 正当防卫行为

为了防止公共利益、他人或者本人的人身和其他合法权益遭受非法侵害,法律允许权利人或第三人在合法权益受到非法侵害时,行使必要的防卫权利,以对非法侵害者予以必要的反击,排除违法行为可能造成的损害,这就是正当防卫。对正当防卫造成的损害,行使防卫权利人不负赔偿责任。比如,小偷某甲正当行窃时,被某乙发现,某甲想逃跑,用石块向某乙头部砸去,某乙为了防止侵害,也用石块反击,结果将某甲砸伤。在这种情况下,某乙的行为就是正当防卫。为了使公共利益、本人或者他人的人身和其他权利免受正在进行的不法侵害而采取的正当防卫行为,不负刑事责任。因正当防卫造成损害的,也不承担民事责任。正当防卫行为应当受到法律保护,是人民群众同犯罪分子作斗争的一种必要手段。那些敢于同犯罪分子作斗争,甚至为此不惜献出生命的人,永远受到人民的尊敬。

正当防卫是公民的一项合法权利。这种权利是通过采用给侵害者造成某种损害的方法,来防止公共利益、本人或他人的人身和其他权利遭受不法侵害。因此,这种权利的行使,必须符合一定的条件才能认为是合法的。如果离开了一定的合法条件,任意滥用,不仅达不到正当防卫的目的,而且有可能给社会带来危害。

正当防卫的实施必须符合下列条件:

1. 必须是针对不法侵害行为。这也就是说,只有当国家、集体及公民的合法权益受到不法侵害时,比如,遭遇行凶杀人、抢劫、强奸妇女、放火、流氓活动等等,受害者本人或其他任何公民才有权实施正当防卫,以制止不法侵害结果的发生。如果没有侵害行为的存在,就无所谓正当防卫。

2. 必须是对正在进行的非法侵害行为。这里所说的正在进行的非法侵害行为,主要指两种情况:一是实际存在的侵害,而不是主观想象或者推测的侵害。所谓主观想象或推测的侵害是指非法侵害行为并不存在,只是由于防卫人主观上误认为发生了某种不法侵害行为。比如,甲乙两人在互相开玩笑,互相扭打,丙以为甲在殴打乙,立即上前把甲打倒在地,这叫假想防卫,是要负法律责任的;二是已经着手实行或者直接面临的侵害，而不是尚未开始或者已经结束了的侵害。所谓尚未开始的侵害，是指不法侵害还处在预备阶段，还不存在侵害的直接威胁。比如，甲听说乙将要纠集一些人来打他，甲就立即去打乙。这叫提前防卫，是要负法律责任的。在这种情况下，为了避免侵害的发生，可以采取必要预防措施（如及时检举揭发，加强戒备等），但是不能实行正当防卫。因为不法侵害还只处在预备阶段，不是直接面临的威胁，不存在实施正当防卫的条件。所谓已经结束了的侵害，是指未实行到底而中止的或者已经实行完了的侵害行为。对于这种侵害行为之所以不能实行正当防卫，是因为正当防卫的目的是为了阻止和抵抗正在进行的不法侵害的发生。既然这种侵害行为已经发生，或者未实行到底而中止，说明制止不法侵害的机会已经过去，因此也就没有必要再实行正当防卫。比如，甲正要举拳打乙，丙从后面把甲抱住，这时乙已经不存在直接威胁，而乙、丙再将甲打伤，不能认为是正当防卫，而是报复行为，也要负法律责任的。

3. 防卫行为不能超过必要的限度。如果超过了必要限度叫“防卫过当”，防卫过当的行为人仍应承担相应的法律责任。比如，甲偷窃乙的3件衬衫，而乙把甲打成重伤。因此防卫行为必须和侵害行为相适应。所谓相适应，当然不是要求两者完全相等，而是指防卫行为与侵害行为所造成的损害从轻重、大小等方面来衡量大体上相适应。一般说，用比较轻的手段就可以阻止住对方的侵害，就不应当采取过重的手段，给侵害者造成不必要的过重的损害。当然，防卫人往往是处于非法侵害的紧迫情况下被迫采取反击行动的。比如，甲遇暴徒乙持刀向他抢劫，甲与乙搏斗，最后致乙死亡。因此，对防卫人限制过严是不适宜的，这不利于鼓励和支持人民群众同犯罪行为作斗争。

正当防卫超过必要的限度，造成不应有的损害的，应当承担适当的民、刑事责任。根据不同的情况，有的可减免民、刑事责任。

4. 防卫必须是针对不法侵害者本人实行，给他造成一定的损害以阻止他的侵害行为，而不能对没有实施侵害行为的其他人实行防卫。比如，甲欲杀乙，乙可以对甲实行防卫，但不能去伤害与杀乙无关的甲的家属。否则损害了无辜者的合法利益，乙必须负法律责任。

（二）紧急避险行为

这是指行为人在遇到某种危险的情况下，为了防止公共利益、本人或他人的人身和其他权利遭受损害，不得已而采取的侵犯法律所保护的公共利益或者他人利益的行为。比如，为了扑灭火灾而动用附近居民家的财物，并因此使居民受到损害。又如，一艘货轮在航行途中突然遇到暴风巨浪袭击，如不立即采取措施，减轻货船载重量,随时可能翻船沉没。为了避免全船沉没,船长不得已下令把一部分货物抛到海里。

紧急避险行为的主要特点在于:第一,从客观方面来看,这种行为虽然给国家和人民的利益造成了一定的损害。但是,它的最后结果却是保护了国家和人民的某种更大的利益。因此,它实际上是一种对社会有益的行为;第二,从主观方面来看,行为人实施侵害国家和人民利益的行为,是出于不得已的情况,其目的是为了保护更大利益,也就是说,行为人主观上没有犯罪的动机。因此,紧急避险行为是一种合法行为。紧急避险也不负刑事责任,我国刑法规定,为了使公共利益、本人或者他人的人身和其他权利免受正在发生的危险,不得已采取紧急避险行为,不负刑事责任。

因紧急避险造成损害的,由引起险情发生的人承担民事责任,紧急避险人不承担民事责任;如果危险是由自然原因引起的,紧急避险人采取的措施又无不当,则紧急避险人也不承担民事责任。受害人要求补偿的,可以责令受益人适当补偿。但是,紧急避险采取措施不当或者超过必要的限度,造成不应有的损害的,紧急避险人应当承担民事责任。

紧急避险不能超过必要的限度,这是指紧急避险所引起的损害必须比所避免的损害要轻。这两种利益都是受法律保护的,如果保全的利益与损害的利益相等或小于损害的利益时,紧急避险就失去了实际意义,而成为对社会有害的行为。究竟两种利益何者为重,何者为轻很难划定一个统一的尺度,这要从实际出发,对具体情况进行全面分析。比如,为了防止某着火房屋的火势蔓延而拆毁其旁边的房屋,这种行为是紧急避险,因此造成的损害,行为人不负赔偿责任。如果着火房屋的火势并不大,或完全有时间可以扑灭,但仍然去拆毁其旁边的房屋,则属于紧急避险超过必要限度,行为人必须承担法律责任。

紧急避险如避免本人的危险,不适用于职务上、业务上有特定责任的人。比如,消防人员不能藉口避免自己被烧死而拒绝去扑灭火灾。因为借口避免自己的危险而逃避履行自己应尽的职责,是法律所不容许的。

二、违法行为人要有过错

我国民法通则规定,公民、法人及非法人组织由于过错侵害国家的、集体的财产,侵害他人财产、人身的,应当承担民事责任。这就是说,行为人必须在主观上对自己的行为及其所致的损害有过错才负侵权赔偿的责任。过错是指行为人实施违法行为时的一种心理状态。过错包括故意和过失。

故意，是指行为人预见其行为的结果，并希望其发生或放任该结果到来的心理状态。比如，某人明知其行为将侵害他人的权利而仍有意为之，或听任损害发生。故意造成他人损害的行为人，不仅要负民事责任，而且还要负刑事责任。比如，某人故意放火烧毁他人的房屋，不仅在民事上要负损害赔偿责任，在刑事上也要给予应得的惩罚。我国刑法规定，明知自己的行为会发生危害社会的结果，并且希望或者放任这种结果发生，因而构成犯罪的，是故意犯罪。

过失，是指行为人对其行为可能使他人造成损害的结果，应预见或能预见而竟没预见，或者虽然已经预见，而轻信其结果不会发生。比如，两人开玩笑互相打闹，一个人由于不小心，一拳打中另一个人的太阳穴，致人死亡。这是由于行为人应当预见到自己的行为可能发生他人死亡的结果，因为疏忽大意而没有预见，以致造成他人死亡。又如，行为人已经预见到自己的行为可能发生他人死亡的结果，但因为过于自信，轻信能够避免，以致造成他人死亡的结果。比如，某人是个射手，一天他拿着猎枪到城外去打野狗，看见护城河边有一条狗正在跑，离狗的右前方十几米有一个人站着。他自以为射击技术高明，不会打着人，就开枪打狗，结果没有打着狗，却把人打死了。

在过失的情况下，行为人对于损害结果既不是希望其发生，也不是放任其到来，而是主观地以为损害不会发生。

衡量行为人是否有过失，应以行为人是否应注意、能注意而不注意为依据。但由于时间、地点、条件的不同，客观环境不断发展变化，人们应注意和能注意的标准也在变化，所以应注意和能注意标准应根据具体时间、地点、条件来决定，不能作主观抽象的理解。对于业务性质不同、技术水平不同的人，应注意和能注意的程度，就应有不同的要求，不能一视同仁。比如，某矿的爆破工把装雷管的铝盒误认为是其他人的饭盒，放在火炉上烘烤，结果引起爆炸，造成重大损失。作为一个爆破工，对于铝盒可能装有雷管是应当有预见的，但是他竟没有预见，而引起了严重后果，应负过失责任。因此，根据法律规定推定行为人有过错，行为人不能证明自己没有过错的，应当承担侵权责任。行为人损害他人民事权益，不论行为人有无过错，法律规定应当承担侵权责任的，依照其规定。

在一般情况下，行为人只对自己的过错行为负责。因此，由于不可抗力而造成的损害，行为人不负侵权赔偿责任。我国民法通则规定，因不可抗力不能履行合同或者造成他人损害的，不承担民事责任，法律另有规定的除外。不可抗力是指不能预见、不能避免并不能克服的客观情况，也就是指在一定条件下，人力所无法抗拒的强制力,比如,天灾、战争等。这种事件的发生在主观上是不能预料的,在客观上是无法预防的。对因这种自然或人为的作用而造成的损害,行为人虽然尽到了自己应尽的责任,而仍未能避免造成他人损害时,不构成侵权责任,因为行为人主观上没有过错。比如,某人赶着马车在公路上正常行走,突然有一辆消防车急驰而过,马因消防车的警笛声受惊,在公路上乱跑乱撞,马车工尽管采取了各种措施也制止不住,致将某行人轧死。这一死亡事故就是在不能抗拒的情况下造成的意外事件。因此,马车工对某行人的死亡既不负刑事责任,也不负侵权责任。

不可抗力是相对的,不是绝对的。在此时、此地、此人看来是不可抗拒的,但对他时、他地、他人来说是可以抗拒的。比如,在深山区里的医院,医生正在给病人动手术时突然停电,以致影响了手术,损害了病人,这是不可抗力。但在大城市的大医院中,医院应该事先作好准备,备好发电机以防停电。否则就不能以不可抗力免除责任。

行为人主观上的过错是构成侵权责任的条件之一,所以在通常情况下,行为人只对自己的过错行为负责,但是在以下几种情况下,可以根据行为人过错的大小确定他的赔偿责任,有时甚至可以减轻或者免除他的赔偿责任:

(一) 混合过错

这是指损害结果的发生,不仅侵权人有过错,而且受害人也有过错。比如,甲乙两人吵架,甲回屋后,乙过去把门踢坏,闯入屋内,结果甲把乙打伤。混合过错是侵权人与受害人双方对于损害的发生都有责任。因此,双方所负责任的大小应该按他们各自的过错程度来确定,同时决定各自应负担的赔偿数额。

(二) 共同过错

这是指两个以上的人共同实施侵权行为的,比如,教唆、帮助他人实施侵权行为人为共同侵权人,应当承担连带侵权责任。共同侵权人,除各个侵权人对受害人的实际损失负连带责任外,在他们的内部,应根据各个侵权人的过错按比例分担。难以确定责任大小的,平均承担赔偿责任。支出超出自己赔偿数额的连带责任人,有权向其他连带责任人追偿。

二人以上分别实施危及他人人身、财产安全的行为,其中一人或者数人的行为造成他人损害,能够确定具体侵权人的,由侵权人承担责任;不能确定具体侵权人的,行为人承担连带责任。比如,甲乙丙三人去郊外树林中用气枪打鸟,他们明知该树林中有人走动结果打伤了行人。如能确定是乙的枪打中的,由乙承担责任;如不能确定是谁的枪打中的,由甲乙丙承担连带责任。

构成共同过错必须有如下几个条件：

1. 两个以上的行为人在主观上有共同致人损害的意思联系，即有共同的过错。比如，甲乙丙合谋打丁，甲去探听丁的行动，乙去找棍子，丙去打丁；

2. 两个以上的行为人在主观上事前虽然没有意思联络，但他们的行为在客观上都是造成损害结果的原因。比如，两辆汽车都违章驾驶相撞，伤及行人。

教唆、帮助无民事行为能力人实施侵权行为的人，为侵权人，应当承担侵权责任。教唆、帮助限制民事行为能力人实施侵权行为的人，为共同侵权人，应当承担主要侵权责任。

（三）受害人过错

这是指损害的发生主要是由于受害人一方的故意或重大过失引起的，而侵权人一方只有轻微的过失或没有任何过错。比如，骑车人超抢汽车前方猛拐弯，被汽车撞死。这种情况可免除汽车司机的法律责任。

（四）当事人对造成损害都没有过错

这是指造成损害的原因不是由于当事人一方或双方的过错，也不是法律特殊规定的无过错责任，又不是属于不可抗力。比如，某老人在一商店门前晒太阳，突然屋檐上的一堆冰凌因融化而掉下，砸伤老人的头部。老人受伤的原因难以说清，老人与商店都没有过错；法律对此也无特殊规定，也很难说是不可抗力。像这类损害，我国民法通则规定，当事人对造成损害都没有过错的，可以根据实际情况，由当事人分担民事责任。这是根据公平的原则来确立的，商店应适当赔偿老人。

当事人对造成损害均无过错，但一方在为对方的利益或者共同利益进行活动的过程中受到损害的，可以责令对方或者受益人给予一定的经济补偿。比如，甲在帮乙盖房时不慎受伤，乙应适当给甲一定的经济补偿。

三、违法行为与损害事实间的因果关系

某人对某个损害要承担侵权责任，就必须确定该损害结果与某人的违法行为之间有因果关系。否则，某人的行为就不构成侵权责任，也就不承担赔偿责任。

法律上的因果关系是指人的危害社会的行为与危害结果之间的一种内在的必然联系。一个人只能对自己行为所造成的危害结果负责任。因此，当某种危害社会的结果已经发生，要使行为人对这一结果负责，就必须查明这一结果是由该人的行为所造成的，即确定行为人的行为与危害结果之间存在着法律上要求的因果关

系。比如,某甲用石块猛击某乙的头部,某乙受重伤。某乙的伤是由某甲打击所造成的。显然,某甲的行为(原因)与某乙的受伤(结果)之间存在着因果关系。但是,在某些条件下,由于在行为人的行为与危害结果之间掺杂着其他因素,要划清引起危害产生的真正原因往往比较复杂。因此,在研究违法行为与损害事实之间的因果关系时,应注意以下几个问题:

(一) 因果关系是客观存在的

因果关系是各种社会现象和自然现象之间不以人们的意志为转移的一种客观联系。所以,因果关系是客观存在的,不以行为人的主观愿望为转移的。也就是说,不管行为人主观上对某一危害结果的发生愿意与否,预见与否,都不影响因果关系的存在。我们在考察侵权行为与损害结果之间的因果关系时,就必须从事件发生的实际出发,实事求是地进行调查研究,掌握事件的全面情况,然后才能对因果关系是否存在作出正确的结论。否则,如果离开了客观事物本身的规律性,以个人意志作为标准,主观地肯定或否定因果关系的存在,就极可能使不应该负法律责任的人承担了法律责任,应该负法律责任的人反而没有承担法律责任。比如,某甲与某乙争吵,某甲由于一时气愤打了某乙一拳,当即被群众劝开,某乙当时未发生任何症状。3 天后,某乙突然晕倒,经急救无效死亡。从表面看,某乙的死亡是在被某甲打了一拳之后,但是,仅仅根据这个事实,还不能判定某甲要对某乙的死亡负法律责任,因为某乙的死亡,既可能是由于某甲的行为所造成,也可能是由于与某甲毫无关系的其他原因所造成。后经勘验,查明某乙患有心脏病,因心肌梗塞而引起死亡。因此,不能认为某甲的行为与某乙死亡结果之间存在因果关系。某甲不能对某乙的死亡结果负责。

(二) 原因和条件必须区分开

社会现象和自然现象之间的联系是千头万绪、多种多样的,其中有的是内在联系,有的只是外表联系;有的是必然联系,有的则是偶然联系;有的是直接联系,有的则是间接联系等等。违法行为与损害结果之间,必须是一种内在的、必然的、合乎规律的联系。这就是说,某人所实施的行为对于某一损害结果的发生,起着直接的或者决定的作用。

如果某人的行为在事件发生的具体条件下,不是必然地不可避免地要发生这种危害结果,而是由于与另一原因偶然地联系在一起,以致发生这一损害结果的,那末尽管这个人的行为表面上与所发生的损害结果之间有着某种联系,也不能认为有法律上的因果关系。行为与结果之间不存在这种必然的因果关系,就不能使行为人对这一结果负法律责任。比如,某甲殴打某乙,使某乙受了轻伤,在医院治疗过程中,由于医生某丙的疏忽大意,用未经消毒的纱布来包扎伤口,致使某乙因败血症而死亡。在这一案例中,很明显,某乙的死亡是由医生某丙的疏忽大意行为直接引起的。某丙的行为与某乙的死亡两者之间存在着必然的因果关系。当然某甲的行为与某乙的死亡也不是毫无关系的,如果某乙不被某甲殴伤,就不会去医院医治,因而也就不会引起败血症。但是,在事件发生时的具体条件下,如果没有某丙的行为参与其间,是不可能造成某乙死亡这一危害结果的。在这种情况下,某甲的行为只是引起某乙死亡的条件,而不是某乙死亡的原因。某乙死亡的原因,是某丙的行为。所以,某甲只能对某乙的伤害负责,而不能对某乙的死亡负责。因此,当我们分析某一具体案例的因果关系时,必须详细了解事件发生的全面情况,分清哪些是造成危害结果的原因;哪些是造成危害结果的条件。原因对结果的发生起决定性的作用;条件只是与结果的发生有联系,但不起决定性作用。只有这样,才能正确解决法律责任问题,否则,如果把原因和条件混同起来,或者把每个条件都当成原因,那就会扩大法律责任的范围,造成错判。同样,如果把原因当成条件,就会使本来应该负法律责任的人逃避责任。

(三)区别主要原因与次要原因

原因和结果之间的联系,往往是错综复杂的。有时一个行为可能产生几个损害结果;有时一个危害结果可能是由几个人的行为所引起的,即多因一果。

在多因一果的情况下,一定要区分主要原因和次要原因。主要原因是对结果发生起决定作用的因素,次要原因是起次要作用的因素。分清主次的目的,是为了确定行为人相应的法律责任。比如,某甲骂某乙,某丙路过,某丙以为骂他,就打了某甲一拳,某丙的朋友某丁也过来抓住某甲。某甲急了就捡起石块砸在某丙头上,伤害了神经,造成残废。甲、丙、丁都有因果关系,但某甲的行为是造成某丙残废的主要原因,丙、丁是次要原因。因此,他们三人所负的法律责任也应不同。

总之,确认违法行为与损害事实之间的因果联系,是以唯物辩证法的因果联系的原理为理论基础的,同时要结合侵权责任法规定具体运用,不能作抽象的解释。

行为人的违法行为如果具备上述三个条件,就要负侵权赔偿责任。

第四节 侵权责任的特殊规定

侵权损害他人人身、财产就要承担赔偿的责任,但在下列几种情况下,法律有特殊的规定:

一、特殊的责任主体造成的损害

无民事行为能力人、限制民事行为能力人造成他人损害的，由监护人承担侵权责任。监护人如果能够证明自己已经尽到了监护的责任，则可以适当减轻他的侵权责任。

有财产的无民事行为能力人、限制民事行为能力人造成他人损害的，从本人财产中支付赔偿费用。不足部分，由监护人赔偿。

完全民事行为能力人，一时处于不能控制自己行为或者不能辨认自己行为后果的状态中造成损害，有过错的，应当承担侵权责任；没有过错的，根据行为人的经济状况对受害人适当补偿。比如，某人睡觉时梦游去砸坏他人的财产。但因酗酒、滥用麻醉精神药品等使自己处于上述状态造成他人损害的，仍应负侵权责任。

无民事行为能力人或者限制民事行为能力人在幼儿园、学校或者其他教育机构学习、生活期间受到人身损害的，应由所在单位承担责任，但所在单位能够证明尽到教育、管理职责的，不承担责任。如由所在单位以外的人员损害的，由侵权人承担侵权责任。

用人单位的工作人员因执行工作任务造成他人损害的，由用人单位承担侵权责任。

劳务派遣期间，被派遣的工作人员因执行工作任务造成他人损害的，由接受劳务派遣的用工单位承担侵权责任；劳务派遣单位有过错的，承担相应的补充责任。

个人之间形成劳务关系，提供劳务一方因劳务造成他人损害的，由接受劳务一方承担侵权责任。提供劳务一方因劳务自己受到损害的，根据双方各自的过错承担相应的责任。

网络用户、网络服务提供者利用网络侵害他人民事权益的，应当承担侵权责任。网络服务提供者知道网络用户利用其网络服务侵害他人民事权益，未采取必要措施的，与该网络用户承担连带责任。

宾馆、商场、银行、车站、娱乐场所等公共场所的管理人或者群众性活动的组织者，未尽到安全保障义务，造成他人损害的，应当承担侵权责任。因第三人的行为造成他人损害的，由第三人承担侵权责任；管理人或者组织者未尽到安全保障义务的，承担相应的补充责任。

二、产 品 责 任

因产品存在缺陷造成他人损害的，生产者应当承担侵权责任；因销售者的过错使产品存在缺陷，造成他人损害的，销售者应当承担侵权责任。比如，药房把过期的药品出售。销售者不能指明缺陷产品的生产者也不能指明缺陷产品的供货者的，销售者应当承担侵权责任。因产品存在缺陷造成损害的，受害人可以向产品的生产者请求赔偿，也可以向产品的销售者请求赔偿。如果产品缺陷由生产者造成的，销售者赔偿后，有权向生产者追偿。如果是由于销售者的过错使产品存在缺陷的，生产者赔偿后，有权向销售者追偿。

因运输者、仓储者等第三人的过错使产品存在缺陷，造成他人损害的，产品的生产者、销售者赔偿后，有权向第三人追偿。

明知产品存在缺陷仍然生产、销售，造成他人死亡或者健康严重损害的，被侵权人有权请求相应的惩罚性赔偿。

三、机动车交通事故责任

机动车发生交通事故造成损害的，依照道路交通安全法的有关规定承担赔偿责任。

因租赁、借用等情形，机动车所有人与使用人不是同一人时，发生交通事故后属于该机动车一方责任的，由保险公司在机动车强制保险责任限额范围内予以赔偿。不足部分，由机动车使用人承担赔偿责任。机动车所有人对损害的发生有过错的，承担相应的赔偿责任。比如，把有问题的机动车出租给使用人而并不告知。

当事人之间已经以买卖等方式转让并交付机动车但未办理所有权转移登记，发生交通事故后属于该机动车一方责任的，由保险公司在机动车强制保险责任限额范围内予以赔偿。不足部分，由受让人承担赔偿责任。

机动车驾驶人发生交通事故后逃逸，该机动车参加强制保险的，由保险公司在机动车强制保险责任限额范围内予以赔偿；机动车不明或者该机动车未参加强制保险，需要支付被侵权人人身伤亡的抢救、丧葬等费用的，由道路交通事故社会救助基金垫付。道路交通事故社会救助基金垫付后，其管理机构有权向交通事故责任人追偿。

四、医疗损害责任

患者在诊疗活动中受到损害,医疗机构及其医务人员有过错的,由医疗机构承担赔偿责任。

医务人员在诊疗活动中应当向患者说明病情和医疗措施。需要实施手术、特殊检查、特殊治疗的,医务人员应当及时向患者说明医疗风险、替代医疗方案等情况,并取得其书面同意;不宜向患者说明的,应当向患者的近亲属说明,并取得其书面同意。医务人员未尽到前述义务,造成患者损害的,医疗机构应当承担赔偿责任。

因抢救生命垂危的患者等紧急情况,不能取得患者或者其近亲属意见的,经医疗机构负责人或者授权的负责人批准,可以立即实施相应的医疗措施。

医务人员在诊疗活动中未尽到与当时的医疗水平相应的诊疗义务,造成患者损害的,医疗机构应当承担赔偿责任。另外,患者有损害,因下列情形之一的,推定医疗机构有过错:

(1) 违反法律、行政法规、规章以及其他有关诊疗规范的规定;

(2) 隐匿或者拒绝提供与纠纷有关的病历资料;

(3) 伪造、篡改或者销毁病历资料。

患者有损害,因下列情形之一的,医疗机构不承担赔偿责任:

(1) 患者或者其近亲属不配合医疗机构进行符合诊疗规范的诊疗;

(2) 医务人员在抢救生命垂危的患者等紧急情况下已经尽到合理诊疗义务;

(3) 限于当时的医疗水平难以诊疗。

医疗机构及其医务人员应当对患者的隐私保密。泄露患者隐私或者未经患者同意公开其病历资料,造成患者损害的,应当承担侵权责任。

医疗机构及其医务人员的合法权益受法律保护。干扰医疗秩序,妨害医务人员工作、生活的,应当依法承担法律责任。

五、环境污染责任

违反国家保护环境防止污染的规定,污染环境造成他人损害的,应当承担侵权责任。因污染环境发生纠纷,污染者应当就法律规定的不承担责任或者减轻责任的情形及其行为与损害之间不存在因果关系承担举证责任。两个以上污染者污染环境,污染者承担责任的大小根据污染物的种类、排放量等因素确定。

因第三人的过错污染环境造成损害的，被侵权人可以向污染者请求赔偿，也可以向第三人请求赔偿。污染者赔偿后，有权向第三人追偿。

六、高度危险责任

从事高度危险作业造成他人损害的，应当承担侵权责任。比如，高空、高压、易燃、易爆、剧毒、放射性、高速运输工具等业务对周围环境有高度危险的作业造成他人损害的，占有人或者使用人应当承担侵权责任。但能够证明损害是因受害人故意或者不可抗力造成的，不承担责任。被侵权人对损害的发生有重大过失的，可以减轻占有人或者使用人的责任。

遗失、抛弃高度危险物造成他人损害的，由所有人承担侵权责任。所有人将高度危险物交由他人管理的，由管理人承担侵权责任；所有人有过错的，与管理人承担连带责任。

七、饲养动物损害责任

饲养的动物造成他人损害的，动物饲养人或者管理人应当承担侵权责任，但能够证明损害是因被侵权人故意或者重大过失造成的，可以不承担或者减轻责任。

违反管理规定，未对动物采取安全措施造成他人损害的，动物饲养人或者管理人应当承担侵权责任。

遗弃、逃逸的动物在遗弃、逃逸期间造成他人损害的，由原动物饲养人或者管理人承担侵权责任。

因第三人的过错致使动物造成他人损害的，被侵权人可以向动物饲养人或者管理人请求赔偿，也可以向第三人请求赔偿。动物饲养人或者管理人赔偿后，有权向第三人追偿。

八、物件损害责任

建筑物、构筑物或者其他设施倒塌造成他人损害的，由建设单位与施工单位承担连带责任。建设单位、施工单位赔偿后，有其他责任人的，有权向其他责任人追偿。

从建筑物中抛掷物品或者从建筑物上坠落的物品造成他人损害，难以确定具体侵权人的，除能够证明自己不是侵权人的外，由可能加害的建筑物使用人给予补偿。堆放物倒塌造成他人损害，堆放人不能证明自己没有过错的，应当承担侵权责任。在公共道路上堆放、倾倒、遗撒(应撤而没有撤去的)妨碍通行的物品造成他人损害的，有关单位或者个人应当承担侵权责任。

在公共场所或者道路上挖坑、修缮安装地下设施等，没有设置明显标志和采取安全措施造成他人损害的，施工人应当承担侵权责任。

第五节　承担侵权责任的赔偿原则与方式

一、赔偿的原则

1. 财产损失全部赔偿。侵害国家、集体或者他人的财产，根据行为人对其违法行为所造成的财产损害的大小，承担全部赔偿责任。这样规定的目的，一方面是为了制裁违法行为；另一方面是补偿受害人的损失。不能以行为人的过错程度来确定赔偿数目，而应根据损失多少赔多少的原则来确定赔偿原则。否则，多赔会给受害人造成不当收入；少赔又会使受害人的损失得不到全部补偿。

2. 侵害公民身体造成伤害的，应当赔偿医疗费、护理费、交通费等为治疗和康复支出的合理费用，以及因误工减少的收入(包括工资、奖金等)。造成残疾的，还应当赔偿残疾生活辅助具费和残疾赔偿金。造成死亡的，还应当赔偿丧葬费和死亡赔偿金。

同一侵权行为造成多人死亡的，可以以相同数额确定死亡赔偿金。

被侵权人死亡的，其近亲属有权请求侵权人承担侵权责任。被侵权人为单位，该单位分立、合并的，承继权利的单位有权请求侵权人承担侵权责任。

侵害他人财产的，财产损失按照损失发生时的市场价格或者其他方式计算。侵害他人人身权益造成财产损失的，按照被侵权人因此受到的损失赔偿。

3. 公民的姓名权、肖像权、名誉权、荣誉权、人身自由权、贞操权和法人的名称权、名誉权、荣誉权等受到侵害，公民或法人要求赔偿损失的，人民法院可以根据侵权人的过错程度、侵权行为的具体情节、后果和影响确定其赔偿责任。侵害他人的姓名权、名称权、肖像权、名誉权、荣誉权等而获利的，侵权人除应适当赔偿受害人的损失外，其非法所得应当予以收缴。

侵权人损害赔偿责任的范围，包括受害人的直接损失与间接损失，后者是指可能得到利益的损失。比如，营业上的损失。

另外，法律还规定精神损害赔偿，这是由于侵权人的行为使受害人不仅在物质上受到损害，而且在精神上还因此而产生极大的痛苦。比如，侵权人毁损他人的家传珍品。有的侵害他人的名誉权，使受害人遭受精神损害。精神损害赔偿的数额根据两个原则：一是损害程度。这是指受害人的痛苦程度；二是侵权行为的过错程度。一般确定侵权责任与侵权行为人的过错程度无关，但确定精神损害赔偿需要考虑过错程度，主要是因为过错程度(指侵权的手段、情节等)与精神损害程度有密切联系。

4. 考虑当事人经济状况。赔偿责任虽具有法律上的强制力，但法律的强制力并不能改变当事人的经济状况。因此，法院在认定行为人的赔偿责任后，确定赔偿数额时，还必须考虑侵权人的经济状况。如果侵权人的经济状况较好，有赔偿能力，应全部赔偿；如果侵权人经济状况确实不好，全部赔偿后将使其本人及家属的生活陷于极度困难，或者根本没有全部赔偿的能力，则根据侵权人的经济状况，可适当减免，必要时通过社会救济或组织负担来帮助解决。因为侵权责任主要是一种财产责任，如果行为人没有财产或者财产很少，无力负担这种责任，对他施以财产制裁在事实上是不可能的，这一原则正是从实际出发。

考虑侵权人的经济状况，只是对全部赔偿原则的补充，决不能因此而否定全部赔偿原则，把有能力赔偿的人也减免了。

5. 共同致人损害承担连带责任。如果是几个侵权人共同造成他人损害时，他们之间承担连带的赔偿责任，以保证受害人受到的损失能够得到全部补偿。否则，当其中一人或数人无力赔偿时，受害人的损失就得不到全部补偿。

连带赔偿责任和每个侵权人应负赔偿的数额是两个不同的问题。每个侵权人赔偿数额的多少，是根据他们责任大小确定的；连带赔偿责任是在共同侵权人中某一个或几个无力赔偿时，由其他侵权人代为赔偿的法律规定。

二、承担侵权责任的方式

承担侵权责任的方式主要有：(1)停止侵害；(2)排除妨碍；(3)消除危险；(4)返还财产；(5)恢复原状；(6)赔偿损失；(7)赔礼道歉；(8)消除影响，恢复名誉。以上承担侵权责任的方式根据具体情况，可以单独适用，也可以合并适用。比如，损坏他人的财产应当恢复原状，不能恢复原状的应折价赔偿。修复后贬值的，还应赔偿差价或另购相同种类质量相当的实物赔偿。人民法院审理民事案件，除适用上述规定外，还可以予以训诫、责令具结悔过、收缴进行非法活动的财物和非法所得，并可以依照法律规定处以罚款、拘留。

公民、法人及非法人组织的合法权益受到侵犯，除了侵权责任法要加以保护外,民法、刑法、行政法等其他法律也要予以保护。比如,斗殴受伤,根据不同情况,有的可以采取赔礼道歉、赔偿损失的民事方式;有的应当给以拘留的治安管理处罚;构成犯罪应当依法追究刑事责任。又如,对他人进行诽谤,损害他人名誉的,根据不同的情况,有的可以采取赔礼道歉、恢复名誉、赔偿损失的民事方式;情况严重构成诽谤罪的,应当依法追究刑事责任。不能因为承担了侵权责任,就代替行政、刑事处分。对承担侵权责任的公民、法人及非法人组织需要追究行政责任的,应当追究行政责任;构成犯罪的,对公民、法人及非法人组织的法定代表人应当依法追究刑事责任。

第二十章　继　承　法

第一节　财产继承的概念

继承法，是指把死亡的公民财产按照法律的规定，转移给有权接受这种财产的人所有的法律制度。公民死亡时遗留的个人合法财产叫遗产，死者叫被继承人，接受遗产的人叫继承人，依法接受遗产的权利叫继承权。

公民死亡时遗留的个人合法财产，包括：

(1)公民的收入；(2)公民的房屋、储蓄和生活用品；(3)公民的林木、牲畜和家禽；(4)公民的文物、图书资料；(5)法律允许公民所有的生产资料；(6)公民的著作权、专利权中的财产权利；(7)公民的其他合法财产。

第二节　法 定 继 承

法定继承，是指被继承人生前没有立下遗嘱或遗嘱无效，由法律规定继承人的范围、继承顺序以及遗产分配原则等进行继承的法律制度。

一、法定继承人的范围

法定继承人的范围，是指什么人可以当继承人的问题。继承权是以一定的人身关系为前提的，生者和死者之间具有血缘关系和婚姻关系是确定法定继承人范围的主要依据。这就是说，法律规定与死者有一定亲属关系的人得为继承人。但是，不是死者所有的亲属都能继承其遗产。从实际情况和历史传统出发，继承死者遗产的亲属限定在实现家庭经济职能必不可少的范围内。

根据法律规定，死者的下列亲属可以作为死者遗产的继承人：

(一) 配偶

这是指被继承人死亡时和他有夫妻关系的人。我国婚姻法规定，夫妻有相互继承遗产的权利。这种继承权是基于婚姻的效力而产生的,是以夫妻的人身关系为前提的。如果在被继承人死亡前已经离婚,或者不为法律所承认的“同居”或“姘居”者,都不能被认为是被继承人的配偶,无权作为死者的继承人。夫妻一方死亡后,另一方再婚的,有权处分所继承的财产,任何人不得干涉。这也是关系到寡妇再嫁的财产问题。

(二) 子女

子女是被继承人的晚辈直系血亲,有当然继承其父母遗产的权利。父母和子女有相互继承遗产的权利。可以作为死者遗产继承人的子女,除婚生子女外,也包括非婚生子女。婚姻法规定,非婚生子女享有与婚生子女同等的权利,任何人不得加以危害和歧视。确认非婚生子女享有与婚生子女同等的继承权,是完全应该的,因为父母“婚姻关系”的不合法,不应该因此而损害子女的利益。

养子女与养父母之间的关系与亲生父母子女间的关系完全相同,因而养子女与亲生子女一样,有权继承养父母的遗产,这是完全合理的。婚姻法规定,国家保护合法的收养关系,养父母和养子女间的权利和义务,适用本法对父母子女关系的有关规定。但养子女不能再继承亲生父母的遗产,这也是完全合理的。婚姻法规定,养子女和生父母间的权利和义务,因收养关系的成立而消除。养子女既然已为人收养,他已经与亲生父母断绝了亲子女间的权利义务关系,自然不应再继承其亲生父母的遗产。但如果被收养人对养父母尽了赡养义务,同时又对亲生父母扶养较多的,则除了继承养父母的遗产外,还可分得亲生父母适当的遗产。

继子女,即前夫或前妻的孩子,如与继父或继母间有相互扶养关系,则有权继承继父母的遗产;如与继父或继母间没有相互扶养关系,则不能继承继父母的遗产。婚姻法规定,继父或继母和受其抚养教育的继子女间的权利和义务,适用本法对父母关系的有关规定。

凡与继父或继母有相互扶养关系的继子女,不仅可继承继父或继母的遗产,而且他们同时也可继承其生父或生母的遗产。婚姻法规定,父母与子女间的关系,不因父母离婚而消除;离婚后,子女无论由父方或母方抚养,仍是父母双方的子女,父母对于子女仍有抚养和教育的权利和义务。因此,继子女在一定条件下有可能继承继父或继母和生父或生母的双份遗产。继子女与继父或继母间没有相互扶养关系的,则相互不能继承。

女儿(包括非婚生女、养女、继女)与儿子有平等的继承权,不能因为出嫁而剥夺她们的继承权。

丧失配偶的儿媳或女婿,如果他们和公婆或岳父母仍然有相互扶养的关系,那就互有继承权利。我国继承法规定，丧偶儿媳对公、婆，丧偶女婿对岳父、岳母，尽了主要赡养义务的，作为第一顺序继承人。而儿媳、女婿一般都无继承公婆和岳父母遗产的权利。

子女列入法定继承人的范围，各国法律对此都没有不同。但各国对非婚生子女、养子女、继子女的继承权则规定不一。有的国家规定非婚生子女没有继承权，有的国家规定有继承权，但继承份额比婚生子女少。

（三）父母（包括养父母和有相互扶养关系的继父或继母）

父母是被继承人的长辈直系血亲，根据婚姻法关于父母子女有相互继承遗产权利的规定，父母均可作为其子女的继承人。养子女的亲生父母对该子女的遗产没有继承权。

（四）兄弟姐妹

兄弟姐妹是被继承人最近的旁系血亲，他们有相互继承遗产的权利。这里所指的兄弟姐妹既包括同父母的兄弟姐妹，也包括同父异母或同母异父的半血缘关系的兄弟姐妹。兄弟姐妹不仅在亲属关系中比较密切，而且也互相负有一定的扶养义务，特别是父母死亡，未成年的弟妹一般是靠兄姐抚养教育长大。婚姻法规定，有负担能力的兄、姐，对于父母已经死亡或父母无力抚养的未成年的弟、妹，有抚养的义务。

因收养关系形成的兄弟姐妹，如养子女和亲生子女之间的关系，由于养子女已不能再继承原全血缘兄弟姐妹的遗产，因此他们与形成扶养关系的继兄弟姐妹间一样有继承权。我国继承法规定，兄弟姐妹应包括同父母的兄弟姐妹、同父异母或者同母异父的兄弟姐妹、养兄弟姐妹、有扶养关系的继兄弟姐妹。

（五）祖父母（包括外祖父母）

祖父母与孙子女、外祖父母与外孙子女，是除父母子女外的最近的直系亲属。把祖父母、外祖父母列入法定继承人的范围是很重要的。因为祖父母与孙子女、外祖父母与外孙子女之间的关系是很密切的，他们相互抚养、赡养的情况比较普遍。承认祖父母对其孙子女及外祖父母对其外孙子女遗产的继承权，符合我国人民养老育幼的传统美德。

二、法定继承的顺序

法定继承的顺序，是指法定继承人继承遗产的先后次序。在被继承人死亡时，并不是所有列入法定继承人范围的亲属都同时有权继承遗产。法律是根据继承人与被继承人血缘关系的远近、共同生活的密切程度以及他们在经济上相互依赖程度来确定继承遗产的先后次序。

法定继承人应按下列顺序依次继承：

第一顺序：配偶、子女(包括非婚生子女、养子女和有抚养关系的继子女)、父母(包括养父母和有抚养关系的继父母)。

第二顺序：兄弟姐妹、祖父母(包括外祖父母)。

在上述继承顺序中，没有第一顺序继承人或者第一顺序继承人全部放弃或者丧失继承权的时候，第二顺序继承人才能继承。

这样确定继承顺序的意义是为了避免法定继承人之间因继承遗产而发生纷争。

夫妻在婚姻关系存续期间所得的共同所有的财产,除有约定的以外,如果分割遗产,应当先将配偶所有的一半分出,其余的为被继承人的遗产,然后再由同一顺序继承人对遗产进行分配。

对继承人以外的依靠被继承人抚养的缺乏劳动能力又没有生活来源的人,或者继承人以外的对被继承人扶养较多的人,可以分给他们适当的遗产。

三、代位继承与转继承

(一) 代位继承

被继承人的子女先于被继承人死亡或者被宣告死亡,被继承人子女的晚辈直系亲属可以代位继承。一般是指孙子女或外孙子女有权代替其父母继承祖父母或外祖父母的遗产。

关于代位继承应注意以下两个问题：

1. 代位继承权限于被继承人的晚辈直系血亲,被继承人的旁系血亲没有继承权。比如,叔父死亡,侄子不能代替叔父继承祖父母的遗产。代位继承也不包括直系长辈直系血亲,如祖父母、外祖父母等。

2. 代位继承人不止 1 人时,可共同分配其父母应继承份额,不得每人以独立的身份与其他继承人平分遗产。这就是说,代位继承人只能继承他们父母有权继承的遗产份额,而不能与他们的伯、叔、姑、舅、姨等平均地分配遗产。

(二) 转继承

转继承是继承人死于被继承人之后,继承人本来是已经取得了继承权,但由于某种特殊原因而未能实际分得遗产,这时继承人又死亡,他的应得份额应由其全部法定继承人再行继承，而并不限于他的直系晚辈亲属。比如，甲有子乙与丙，甲于1976年死亡。当时乙丙都活着已取得继承权，但因财产在“文化大革命”中被查抄尚未发还，无法继承。1980年子乙死亡，乙应得的那部分遗产就不能仅由乙的子女所得，而应由乙的全部法定继承人继承。如乙的妻子、母亲、子女等。

转继承实际上是先后发生的两次继承：第一次子乙继承父甲的一部分遗产；第二次乙的全部法定继承人又继承乙的遗产。两次继承都是法定继承，只是第一次继承因财产被查抄而未能实行，而第二次是乙的法定继承人继承乙的遗产，但表面上好像是乙的子女直接继承了祖父甲的遗产。如果把转继承误作为代位继承，就会排斥直系晚辈亲属以外的其他法定继承人的继承权。如上例，如只许乙的子女“代位继承”甲的遗产，就等于排斥了乙妻、乙母对乙遗产的合法继承权。

（三）转继承与代位继承的区别

1. 转继承的继承人死于被继承人之后，而代位继承的继承人死于被继承人之前；

2. 转继承的继承人不限于直系晚辈亲属，继承人的所有法定继承人都可再次继承，而代位继承的继承人只限于直系晚辈亲属。

四、分配遗产的原则

在同一顺序的继承人中，如果有两个或两个以上的人时，即在同一顺序的继承人中，有配偶、有子女1人或数人，各继承人继承财产的份额一般应当均等，但有以下情况的可以不均等：(1)先应照顾对生活有特殊困难的缺乏劳动能力的继承人。这主要是指老幼病残的人可以多分；(2)对被继承人尽了主要扶养义务或者与被继承人共同生活的继承人，分配遗产时可以多分。共同生活的多分，必须是在生活上照顾被继承人较多的；(3)有扶养能力和有扶养条件的继承人，不尽扶养义务的，分配遗产时应当不分或者少分；(4)继承人协商同意的，也可以不均等。

遗产在家庭共有财产之中的，遗产分割时，应当先分出他人的财产。

总之，我国法律规定财产继承实行权利与义务相一致、男女平等和养老育幼照顾病残的原则。继承人之间应当发扬互让互助、和睦团结的精神。遗产分割的时间、办法和份额，由继承人协商确定；协商不成的，可以由人民调解委员会调解或者向人民法院起诉，政府不予干预。

继承权纠纷提起诉讼的期限为2年，自继承人知道或者应当知道其权利被侵犯之日起计算。但是，自继承开始之日起超过20年的，不得再提起诉讼。

对尚未出生的胎儿,在分配遗产中也应保留其应该分得的份额。胎儿出生时是死体的,保留的份额按照法定继承办理。出生胎儿如果是双胎或多胎,应当仍按照继承一份的原则处理,将来由他们之间再分,现在这份遗产由其母亲代管。

第三节 遗嘱继承

一、遗嘱继承的概念

财产继承按照法定方式进行,但如果被继承人有遗嘱,依照遗嘱方式进行。遗嘱是被继承人在生前留下口头或书面遗言,对其死亡后的遗产作出预先的处分。按照遗嘱的内容来处理遗产,就叫遗嘱继承。

遗嘱继承和法定继承不同,遗嘱继承可以不受血缘、姻亲、抚养关系和法定继承顺序、继承份额等因素的限制,仅凭被继承人生前的个人意志,在不违反法律规定的范围内处分其财产。

立遗嘱人必须具有行为能力,无行为能力或行为能力受限制的人所立遗嘱无效。但是,在立遗嘱后丧失行为能力或限制行为能力时,并不能影响遗嘱的法律效力。

遗嘱人可以经公证机关办理公证遗嘱,也可以用自书或者代书的方式立遗嘱。自书遗嘱应当由遗嘱人亲笔书写,注明年、月、日,并签名。代书遗嘱应当由 2 个以上见证人在场见证,由其中 1 人代书,注明年、月、日,并由代书人、其他见证人和遗嘱人签名或者按指印。由遗嘱人所在单位或者住所地基层人民政府派人代书的,应当加盖公章。无行为能力人、限制行为能力人;继承人、受遗赠人;与继承人、受遗赠人有利害关系的人,不能作为遗嘱见证人。

遗嘱必须是遗嘱人的真实意思,因受胁迫、欺骗所立的遗嘱和伪造的遗嘱一律无效。遗嘱被篡改的,篡改的内容无效。

遗嘱的内容如违背国家的法律、法令、公共利益和社会主义道德准则,所立遗嘱全部或部分无效。遗嘱由遗嘱指定的人执行;遗嘱没有指定执行人或者指定的人不能执行的,由法定继承人执行;没有法定继承人或者法定继承人不能执行的,由遗嘱人生前所在单位或者住所地的基层人民政府执行。

二、遗嘱继承人的范围

被继承人可以用遗嘱的方式，将自己财产的全部或一部分遗留给法定继承人中1人、数人或者法定继承人以外的任何人，也可以遗赠给国家、集体或其他社会团体。这就是说，被继承人用遗嘱指定继承人时，不受法定继承的限制。

被继承人以遗嘱处分财产时，不得取消或者减少法定继承人中未成年人、需要赡养的父母、无劳动能力又没有生活来源的继承人以及胎儿应得的继承份额，这叫特留份。如果在遗嘱中没有给这些人保留相当数量的财产份额，应该根据具体情况，宣布遗嘱全部或部分无效。这样就保障了未成年人、无劳动能力人及胎儿的法定继承人利益。这里所指的未成年人及无劳动能力的人，是指在被继承人死亡时的情况，不是指立遗嘱时的未成年人和无劳动能力的人。因为立遗嘱时的未成年人和无劳动能力的人，在被继承人死亡时，有的可能已变为成年人和有劳动能力的人，他们已能够独立生活，就没有必要给他们保留一定数量的财产。

如死者生前考虑到自己的子女等亲属均有独立生活的能力，他可以立遗嘱将个人财产的一部或者全部赠给国家、集体或法定继承人以外的人。遗赠由遗赠人指定的人执行；遗赠人没有指定执行人或者指定人不能执行的，由继承人执行；没有继承人或者继承人不能执行的，由遗赠人所在单位或者居住地基层组织或者公证机关执行。遗赠人如有债务，遗赠执行人应当先清偿遗赠人依法应当缴纳的税款和债务，然后将遗赠财产交给遗赠受领人。

被继承人在遗嘱中不仅可以指定他所愿意的继承人继承全部或一部分遗产，同时他还有权按照自己的意志将自己的财产在他所指定的继承人之间进行分配。

有下列情形之一的，遗产中有关部分按照法定继承办理：

1. 遗嘱继承人放弃继承或受遗赠人放弃受遗赠的；
2. 遗嘱继承人丧失继承权的；
3. 遗嘱继承人、受遗赠人先于遗嘱人死亡的；
4. 遗嘱无效部分所涉及的遗产；
5. 遗嘱未处分的遗产。

三、遗嘱的形式、变更和撤销

遗嘱有书面遗嘱和口头遗嘱两种形式。这两种遗嘱形式都具有同等的法律效力。

书面遗嘱应当由遗嘱人亲自书写,应由哪些人继承哪些遗产等内容要写得明确具体,以免日后使人对遗嘱的内容发生误解或分歧。以录音形式立的遗嘱,应当有两个以上见证人在场见证。

遗嘱人在生命垂危或者其他紧急情况下,不能以其他方式立遗嘱的,可以立口头遗嘱。口头遗嘱应当有2个以上见证人在场,并由见证人作书面或者口头证明。危急情况解除后,遗嘱人能够用书面或者录音形式立遗嘱的,所立的口头遗嘱无效。

不论是书面遗嘱或口头遗嘱最好由公证机关加以公证,以减少或避免日后可能发生的纠纷。但由于我国的经济文化发展不平衡,许多人又没有按法律要求或规定立遗嘱的习惯,所以要求公民立遗嘱时一律必须采用书面形式并进行公证,在目前看来显然是不可能完全做到的。因此,对一些没有经过公证或者不是以遗嘱形式出现,而实际上具有遗嘱性质的行为,只要是遗嘱人的真实意志的体现,具体明确,符合法律,并且是可以执行的,司法机关一般都承认其具有遗嘱效力。

立有数份遗嘱,内容相抵触的,以最后的遗嘱为准。

遗嘱人立遗嘱后,由于感情或情况的变化,或认为自己原来所立的遗嘱有不妥之处,都可以改变或撤销原来的遗嘱。但变更或撤销原来的遗嘱,必须按原立遗嘱的方式、程序进行,或者在新遗嘱中声明撤销原遗嘱或者变更原遗嘱的内容。如未按以上规定,立有数份遗嘱的,都无效。

撤销遗嘱后,如被继承人未立新遗嘱,则遗产按法定方式继承。

自书、代书、录音、口头遗嘱,不得撤销、变更公证遗嘱。

第四节 “五保户”、“孤寡户”遗产和无人继承遗产的处理

一、“五保户”、“孤寡户”遗产的处理

“五保户”一般无儿无女,不存在家庭成员之间的扶养问题,其生养死葬都是由集体组织承担。因此,“五保户”的遗产,用于丧葬后尚有剩余,除清偿死者生前的债务外,应归集体组织所有。“五保户”的亲友近邻对死者生前有过一定扶助的,可以从遗产中适当给予照顾。如果“五保户”的生活一部分由已出嫁的女儿赡养,一部分由集体组织负责,则有遗嘱的按遗嘱处理,没有遗嘱的由其女儿继承一部分,

其余的归集体组织所有。

依靠国家供养的城镇"孤寡户",他的遗产归国家所有。

生前由国家或集体负责生活的烈属,遗产不能按"五保户"、"孤寡户"遗产处理,仍由其合法继承人继承。

二、无人继承遗产的处理

无人继承的遗产,是指死者没有法定继承人,又没有立遗嘱;或者全部继承人放弃或者丧失继承权的时候,其遗产便成为无人继承的绝产。无人继承的遗产归国家所有;如果死者是集体组织成员,遗产归所在集体组织所有。

居住在中华人民共和国境内的无国籍人死后遗产无人继承的,也收归国有或集体组织所有。

第五节 财产继承权的接受、放弃和剥夺

一、继承权的接受和放弃

财产继承权的接受,是指继承人在被继承人死亡或者宣告死亡后,在一定期限内同意接受遗产的表示。一般只要继承人不提出放弃继承权或者事实上参加对遗产的管理与分配,都可以认为是接受继承权的表示。

继承的地点,一般是指死者生前的住所所在地。在死者住所不明等特殊情况下,也可以是主要遗产所在地。

为了保护继承人的利益,使遗产不受损失,继承开始后,知道被继承人死亡的继承人,应当及时通知其他继承人和遗嘱执行人。

继承人中无人知道被继承人死亡或者知道被继承人死亡而不能通知的,由被继承人生前所在单位或者住所地的居民委员会、村民委员会负责通知。

接受继承的人,不仅继承了被继承人遗产的所有权和债权,而且也同时继承了被继承人依法应当缴纳的税款及所负的债务。死者生前个人应缴纳的税款及所欠债务的清偿,应以他的遗产的实际价值为限,超过部分继承人不负偿还责任,如果继承人自愿偿还的不在此限。继承人有好几个时,应由各继承人按其所继承财产的份额,按比例分担被继承人的税款及债务。

死者的继承人没有劳动能力又无生活来源,在缴纳税款及清偿债务的时候,应

当优先保证他们必不可少的生活条件。

被继承人为了全家生活所欠的债务,不属于被继承人的个人债务,应由全家分担。如果继承人对被继承人生前应尽扶养义务而没有尽,以致被继承人被迫欠债,这样的债不以被继承人的遗产为限,应由继承人负责清偿。被继承人的债务必须是合法的,如因赌博等而产生的非法债务,继承人不负偿还的责任。

死者应当缴纳的税款和债务超过遗产价值的,不得执行遗赠;已经执行的,可以要求受遗赠人返还受遗赠的财产。受遗赠人对死者生前应缴的税款及债务不承担任何义务。

遗产归国家或者集体组织所有的,死者税款及债务由接收单位在所得遗产的实际价值范围内负责清偿。

被继承人生前和保险公司签订的人身保险合同,并在合同中已明确指定受益人的,当被继承人死亡时,其保险金归属于指定的受益人,不能作为遗产,也不得用来偿还死者生前所欠的债务。

发给死者家属的抚恤金,属于死者家属的财产,不是遗产。发给伤、残者本人的抚恤金,属于伤、残者本人的财产。如伤、残者因医治无效死亡,此财产属于遗产范围。

财产继承的放弃,是指继承人表示不接受遗产。继承人放弃继承权的,应当在继承开始后至遗产处理前作出放弃继承的表示;没有表示的,推定为接受继承。

受遗赠人应当在知道受遗赠后2个月内,作出接受或者放弃受遗赠的表示;到期没有表示的,视为放弃受遗赠。由于特殊原因,受遗赠人到期不能作出表示的,人民法院可以酌情延长表示期限。

用口头形式表示接受或放弃继承、遗赠,必须向人民法院、公证机关或被继承人、遗赠人所在单位提出,并作成书面记录存证,以免将来引起纠纷,无法查证。

二、财产继承权的剥夺

继承人有下列行为之一的,丧失继承权:

1. 故意杀害被继承人的;
2. 为争夺遗产而杀害其他继承人的;
3. 遗弃被继承人的,或者虐待被继承人情节严重的;
4. 伪造、篡改或者销毁遗嘱,情节严重的。

法定继承人因犯其他罪被判处徒刑，除有上述行为外，不影响他享有继承权。他的应继承份额应当保留，由他的代理人或者有关机关代为保管。因犯罪被判处徒刑或死刑的人死亡后，他的遗产也应当按照继承法的规定处理。

第二十一章　仲裁与民事审判

第一节　仲　　裁

一、仲裁的概念

仲裁，是指双方当事人对某一事件或问题发生争议时，提请第三者对争议的事实从中调停，并由第三者作出对双方当事人都具有约束力的裁决。这种解决争议的方式就称仲裁，也可称公断。仲裁是一种解决民事经济纠纷的重要方式。

仲裁作为一种法律制度，是指法律关系当事人在争议发生前或发生后进行协议，授权第三人为公断人，对争议进行裁量，并自愿执行裁判的争议解决制度。

公民、法人和其他组织之间因经济合同发生纠纷或其他财产权益发生纠纷，为了保护当事人的合法权益，由仲裁机关为解决当事人双方的争议而作出裁决。

实行仲裁制度，有利于当事人的团结及巩固发展双方的经济协作关系。这是因为由仲裁机关通过仲裁解决争议，比通过法院审判解决争议更容易为双方当事人所接受，感情不易发生裂痕。另外，用仲裁方式解决经济争议，手续比较方便，程序比较简单，方法比较灵活，能够更及时解决经济纠纷。

下列纠纷不能仲裁：

(一)婚姻、收养、监护、扶养、继承纠纷；

(二)依法应当由行政机关处理的行政争议；

(三)劳动争议和农业集体经济组织内部的农业承包合同纠纷。

二、仲裁的原则

平等主体的公民、法人和其他组织之间发生的合同纠纷和其他财产权益纠纷，当事人应及时协商解决。协商不成时，任何一方均可向国家规定的仲裁机关申请仲裁，也可以直接向人民法院起诉。当事人采用仲裁方式解决纠纷应当遵循以下原则：

（一）自愿原则。仲裁实行自愿原则。当事人采用仲裁方式解决纠纷，应当双方自愿，达成仲裁协议。没有仲裁协议，一方申请仲裁的，仲裁委员会不予受理。当事人达成仲裁协议，一方向人民法院起诉的，人民法院不予受理，但仲裁协议无效的除外。

（二）以事实为依据，以法律为准绳。仲裁机关对受理的经济纠纷案件，应当在搞清事实的基础上，按照法律公平合理地解决纠纷，以使裁决具有法律效力，从而经济活动也才能顺利地、有秩序地进行。

（三）仲裁独立原则。仲裁机关的仲裁依法独立进行，不受行政机关、社会团体和个人的干涉。当事人各方在适用法律上一律平等，而不能以权代法，徇私枉法。

（四）一裁终局制。仲裁实行一裁终局的制度。裁决作出后，当事人就同一纠纷再申请仲裁或者向人民法院起诉的，仲裁委员会或者人民法院不予受理。裁决被人民法院依法裁定撤销或者不予执行的，当事人就该纠纷可以根据双方重新达成的仲裁协议申请仲裁，也可以向人民法院起诉。

仲裁委员会应当由当事人协议选定。仲裁不实行级别管辖和地域管辖。

三、仲裁机关和仲裁协议

（一）仲裁机关

目前我国对经济合同纠纷和其他财产权益纠纷的仲裁机关有仲裁委员会和仲裁协会。

1. 仲裁委员会。

设立仲裁委员会，应当经省、自治区、直辖市的司法行政部门登记。仲裁委员会不按行政区划层层设立，由设立仲裁委员会的市人民政府组织有关部门和商会统一组建。

仲裁委员会应当具备下列条件：

（1）有自己的名称、住所和章程；

（2）有必要的财产；

（3）有该委员会的组成人员；

（4）有聘任的仲裁员。

仲裁委员会的章程应当依照仲裁法制定。

仲裁委员会由主任 1 人、副主任 2 至 4 人和委员 7 至 11 人组成。仲裁委员会的主任、副主任和委员由法律、经济贸易专家和有实际工作经验的人员担任。仲裁委员会的组成人员中，法律、经济贸易专家不得少于2/3。仲裁委员会应当从公道正派的人员中聘任仲裁员。仲裁员应当符合下列条件之一：

(1) 从事仲裁工作满8年的；

(2) 从事律师工作满8年的；

(3) 曾任审判员满8年的；

(4) 从事法律研究、教学工作并具有高级职称的；

(5) 具有法律知识、从事经济贸易等专业工作并具有高级职称或者具有同等专业水平的。

仲裁委员会独立于行政机关，与行政机关没有隶属关系。仲裁委员会之间也没有隶属关系。

2. 仲裁协会。

中国仲裁协会是社会团体法人。仲裁委员会是中国仲裁协会的会员。中国仲裁协会的章程由全国会员大会制定。中国仲裁协会是仲裁委员会的自律性组织，根据章程对仲裁委员会及其组成人员、仲裁员的违纪行为进行监督。

中国仲裁协会依照我国的仲裁法和民事诉讼法的有关规定制定仲裁规则。

(二) 仲裁协议

仲裁协议，是指合同中订立的仲裁条款和以其他书面方式在纠纷发生前或者纠纷发生后达成的请求仲裁的协议。

仲裁协议应当具有下列内容：

1. 请求仲裁的意思表示；

2. 仲裁事项；

3. 选定的仲裁委员会。

有下列情形之一的，仲裁协议无效：

1. 约定的仲裁事项超出法律规定的仲裁范围的；

2. 无民事行为能力人或者限制民事行为能力人订立的仲裁协议；

3. 一方采取胁迫手段，迫使对方订立仲裁协议的。

仲裁协议对仲裁事项或者仲裁委员会没有约定或者约定不明确的，当事人可以补充协议；达不成补充协议的，仲裁协议无效。

仲裁协议独立存在，合同的变更、解除、终止或者无效，不影响仲裁协议的效力。仲裁庭有权确认合同的效力。

当事人对仲裁协议的效力有异议的，可以请求仲裁委员会作出决定或者请求人民法院作出裁定。一方请求仲裁委员会作出裁定，另一方请求人民法院作出裁定的，由人民法院裁定。当事人对仲裁协议的效力有异议，应当在仲裁庭首次开庭前提出。

四、仲裁程序

(一) 申请和受理

当事人申请仲裁应当符合下列条件：

1. 有仲裁协议；

2. 有具体的仲裁请求和事实理由；

3. 属于仲裁委员会的受理范围。

当事人申请仲裁，应当向仲裁委员会递交仲裁协议、仲裁申请书及副本。仲裁申请书应当载明下列事项：

1. 当事人的姓名、性别、年龄、职业、工作单位和住所，法人或者其他组织的名称、住所和法定代表人或者主要负责人的姓名、职务；

2. 仲裁请求和所根据的事实、理由；

3. 证据和证据来源、证人姓名和住所。

申请书的内容必须明确、真实，否则会给仲裁机关的仲裁带来困难。如果当事人说了假话，提供伪证，则要负法律责任。

当事人提出仲裁申请时，应当按照仲裁委员会制定的收费标准，预交案件受理费和案件处理费。当事人预交案件费用有困难的，由当事人提出申请，经仲裁委员会批准，可以缓交。当事人不预交案件费用，又不提出缓交申请的，视为撤回仲裁申请。

当事人、法定代理人可以委托律师和其他代理人进行仲裁活动。委托律师和其他代理人进行仲裁活动的，应当向仲裁委员会提交授权委托书。

仲裁委员会收到仲裁申请书之日起 5 日内，认为符合受理条件的，应当受理并通知当事人；认为不符合受理条件的，应当书面通知当事人不予受理，并说明理由。

仲裁委员会受理仲裁申请后，应当在仲裁规则规定的期限内将仲裁规则和仲裁员名册送达申请人，并将仲裁申请书副本和仲裁规则、仲裁员名册送达被申请人。被申请人收到仲裁申请书副本后，应当在仲裁规则规定的期限内将答辩书副本送达申请人。被申请人未提交答辩书的，不影响仲裁程序进行。

申请人可以放弃或者变更仲裁请求，被申请人可以承认或反驳仲裁请求。被申请人如有反请求,最迟应当自收到仲裁申请书副本之日起按仲裁规则规定的期限内,以书面形式提交仲裁委员会。逾期提交的,由仲裁庭决定是否受理。反请求的其他要求依照仲裁规则对仲裁申请的规定。

仲裁委员会应当在收到被申请人提出反请求申请书之日起5日内,将反请求申请书副本送达申请人。申请人应当自收到反请求书副本之日起在仲裁规则规定的期限内向仲裁委员会提交书面答辩。申请人未提交答辩的,不影响仲裁程序的进行。

申请人变更仲裁请求,或被申请人变更反请求,应当提出书面申请,由仲裁庭决定是否接受。仲裁庭决定接受的,另一方当事人应当自收到变更仲裁请求申请书,或变更反请求申请书之日起,按仲裁规则规定的期限内就变更的请求事项向仲裁委员会提交书面答辩。

当事人达成仲裁协议,一方向人民法院起诉未声明有仲裁协议,人民法院受理后,另一方在首次开庭前提交仲裁协议的,人民法院应当驳回起诉,但仲裁协议无效的除外;另一方在首次开庭前,未对人民法院受理该案提出异议的,视为放弃仲裁协议,人民法院应当继续审理。

在仲裁机关处理案件的过程中,一方当事人因另一方当事人的行为或者其他原因,可能使裁决不能执行或者难以执行的,可以申请财产保全,以避免造成更严重的财产损失,或者为了防止一方当事人转移、变卖财产,影响裁决的执行。当事人申请财产保全的,仲裁委员会应当将当事人的申请提交被申请人的住所地或者财产所在地的人民法院裁定。

保全措施限于申请仲裁的范围或者与本案有关的财物。保全措施可以采取中止合同的履行,如果只是部分合同内容有争议,就只中止这一部分的履行,没有争议的部分应继续履行;查封和扣押货物,变卖不易保存的货物并保存价款;责令被申请人提供担保;法律允许的其他方法。

申请有错误的,申请人应当赔偿被申请人因财产保全所遭受的损失。

在证据可能灭失或者以后难以取得的情况下,当事人可以申请证据保全。当事人申请证据保全的,仲裁委员会应当将当事人的申请提交证据所在地的基层人民法院裁定。

当事人可以委托律师和其他代理人进行仲裁活动。委托代理人进行仲裁活动的,应当向仲裁委员会提交授权委托书。授权委托书应当记明委托事项和权限。

(二)仲裁庭的组成

仲裁庭可以由3名仲裁员或者1名仲裁员组成。由3名仲裁员组成的,设首席仲裁员。当事人约定由3名仲裁员组成仲裁庭的，应当各自在仲裁委员会仲裁员名册中选定或者各自委托仲裁委员会主任指定1名仲裁员，第三名仲裁员由当事人共同选定或者共同委托仲裁委员会主任指定。第三名仲裁员是首席仲裁员。当事人约定由1名仲裁员成立仲裁庭的，应当由当事人共同选定或者共同委托仲裁委员会主任指定仲裁员。

当事人没有在仲裁规则规定的期限内约定仲裁庭的组成方式或者选定仲裁员的，由仲裁委员会主任指定。

仲裁庭组成后，仲裁委员会应当将仲裁庭的组成情况书面通知当事人。

仲裁员有下列情形之一的，应当自行向仲裁委员会披露并请求回避，当事人也有权提出回避申请：

1. 是本案当事人或者当事人、代理人的近亲属；

2. 与本案有利害关系；

3. 与本案当事人或其代理人有其他关系，可能影响公正仲裁的。比如，对于承办的案件事先提供过咨询的、现任当事人的法律顾问或代理人，或者曾任当事人的法律顾问且离任不满两年的、与当事人或其代理人在同一单位工作，或者曾在同一单位工作且离开不满两年的、为本案当事人推荐、介绍代理人、担任过本案或与本案有关联的案件的证人、鉴定人、勘验人、辩护人、诉讼代理人的以及其他可能影响公正仲裁的事项；

4. 私自会见当事人或其代理人，或者接受当事人或其代理人的请客送礼的。

当事人对被选定或者被指定的仲裁员的公正性和独立性产生具有正当理由的怀疑时，可以书面向仲裁委员会提出要求该仲裁员回避的请求，但应当说明提出回避请求所依据的具体事实和理由，并举证。

对仲裁员的回避请求应当在首次开庭前以书面形式提出。回避事由在首次开庭后知道的，可以在最后一次开庭终结前提出。仲裁员是否回避，由仲裁委员会主任决定；仲裁委员会主任担任仲裁员时，由仲裁委员会集体决定。

当事人在获知仲裁庭组成情况后聘请的代理人与仲裁员有前述规定回避情形的，视为该当事人放弃就此提出回避的权利，但不影响另一方当事人就此提出回避的权利。

仲裁员因回避或者其他原因不能履行职责的。比如，因出差、出国不能承办仲裁案件的；因患病休息不能从事仲裁工作的；依法应当回避等，应当依照《仲裁法》规定重新选定或者指定仲裁员。因回避而重新选定或者指定仲裁员后，当事人可以请求已进行的仲裁程序重新进行，是否准许，由仲裁庭决定；仲裁庭也可以自行决定已进行的仲裁程序是否重新进行。

仲裁员私自会见当事人或其代理人,或者接受当事人或其代理人请客送礼,情节严重的,或者在仲裁案件时有索贿受贿,徇私舞弊,枉法裁决行为的,应当依法承担法律责任,仲裁委员会有权终止该仲裁员职责。

(三)开庭和裁决

1. 开庭

仲裁应当开庭进行。当事人协议或申请不开庭的,或者征得当事人双方同意,仲裁庭认为不必要开庭审理的,仲裁庭可以根据仲裁申请书、答辩书以及其他材料作出裁决。

当事人协议公开的,可以公开进行,但涉及国家秘密的除外。不公开审理的案件,双方当事人及其仲裁代理人、证人、仲裁员、仲裁庭咨询的专家和指定的鉴定人、仲裁委员会的有关人员,均不得对外界透露案件实体和程序进行的情况。

两个或两个以上的仲裁案件,其仲裁标的为同一种类或者有关联的,经一方当事人申请并征得其他当事人同意后,可以申请合并审理,是否合并审理,由仲裁庭决定。仲裁庭组成人员不同的,则不可合并审理。

仲裁委员会应当在仲裁规则规定的期限内将开庭日期通知双方当事人。当事人经过协商,并由仲裁庭同意,可以提前开庭。当事人有正当理由的,也可在开庭前一定时期内(由仲裁规则规定)请求延期开庭;是否延期,由仲裁庭决定。

申请人经书面通知,无正当理由不到庭或者未经仲裁庭许可中途退庭的,可以视为撤回仲裁申请。被申请人经书面通知,无正当理由不到庭或者未经仲裁庭许可中途退庭的,仲裁庭可以进行缺席审理和作出缺席裁决。

当事人对自己的主张承担举证责任。当事人未能在规定的期限提出证据,或者虽提出证据但不能证明其主张的,承担不能举证的法律后果。书证应当提交原件。物证应当提交原物。提交原件或者原物确有困难的,可以提交复制品、照片、副本、节录本。提交外文书证,应当附有中文译本。

仲裁庭认为必要时,可以自行调查事实、收集证据。仲裁庭自行调查事实、收集证据时,认为有必要通知双方当事人到场的,应当及时通知双方当事人。经通知后,一方或双方当事人未到场的,仲裁庭自行调查事实和收集证据的行为不受影响。

仲裁庭自行收集的证据应当送交当事人。当事人可以对仲裁庭自行收集的证据提出质证意见。

仲裁庭认为需要鉴定的,可以交由当事人约定的鉴定部门或者专家鉴定,也可以由仲裁庭指定的鉴定部门或者专家鉴定。双方当事人可以对专家报告和鉴定报告提出意见。仲裁庭认为必要或者根据当事人的请求，应当通知鉴定人参加开庭。当事人经仲裁庭许可，可以向鉴定人提问。证据由仲裁庭认定；专家报告和鉴定报告，由仲裁庭决定是否采纳。

证据应当在开庭时出示，当事人可以质证。在证据可能灭失或者以后难以取得的情况下，当事人可以申请证据保全。当事人申请证据保全的，仲裁委员会应当将当事人的申请提交证据所在地的基层人民法院。

当事人在仲裁过程中有权进行辩论。辩论终结时，首席仲裁员或者独任仲裁员应当征询当事人的最后意见。

仲裁庭应当将开庭情况记入笔录。当事人和其他仲裁参与人认为对自己陈述的记录有遗漏或者差错的，有权申请补正。如果不予补正，应当记录该申请。笔录由仲裁员、记录人员、当事人和其他仲裁参与人签名或者盖章。

2. 和解与调解

当事人申请仲裁后，可以自行和解；达成和解协议的，可以请求仲裁庭根据和解协议作出裁决书，也可以撤回仲裁申请。当事人达成和解协议，撤回仲裁申请后反悔的，可以根据仲裁协议申请仲裁。

仲裁庭在作出裁决前，可以先行调解。当事人自愿调解的，仲裁庭应当调解，调解不成的，应当及时作出裁决。

调解达成协议的，仲裁庭应当制作调解书，或者根据协议的结果制作裁决书。调解书与裁决书具有同等法律效力。

调解书应当写明仲裁请求和当事人协议的结果。调解书由仲裁员签名，加盖仲裁委员会印章，送达双方当事人。调解书经双方当事人签收后，即发生法律效力。在调解书签收前当事人反悔的，仲裁庭应当及时作出裁决。

3. 裁决

裁决应当按照多数仲裁员的意见作出，少数仲裁员的不同意见可以记入笔录。仲裁庭不能形成多数意见时，裁决应当按照首席仲裁员的意见作出。仲裁庭应当在仲裁庭组成后，按仲裁规则规定的时间内作出仲裁裁决(北京仲裁委员会仲裁规则规定为4个月)。

裁决书应当写明仲裁请求、争议事实、裁决理由、裁决结果、仲裁费用的负担和裁决日期。当事人协议不愿写明争议事实和裁决理由的，可以不写。裁决书由仲裁员签名，加盖仲裁委员会印章。对裁决持不同意见的仲裁员，可以签名，也可以不签名。但应当通过书面方式向仲裁庭表明自己的意见及理由。

仲裁庭仲裁纠纷时，其中一部分事实已经清楚，可以就该部分先行裁决。

对裁决书中的文字、计算错误或者仲裁庭已经裁决但在裁决书中遗漏的事项，仲裁庭应当补正；当事人自收到裁决书之日起30日内，可以请求仲裁庭补正。

裁决书自作出之日起发生法律效力。仲裁裁决是终局裁决，对双方当事人均有约束力。

五、申请撤销裁决

当事人提出证据证明裁决有下列情形之一的，可以向仲裁委员会所在地的中级人民法院申请撤销裁决：

1. 没有仲裁协议的；
2. 裁决的事项不属于仲裁协议的范围或者仲裁委员会无权仲裁的；
3. 仲裁庭的组成或者仲裁程序违反法定程序的；
4. 裁决所根据的证据是伪造的；
5. 对方当事人隐瞒了足以影响公正裁决的证据的；
6. 仲裁员在仲裁该案时有索贿受贿，徇私舞弊，枉法裁决行为的。

人民法院经组成合议庭审查核实裁决有上述情形之一的，应当裁定撤销。

当事人申请撤销裁决的，应当自收到裁决书之日起6个月内提出。人民法院应当在受理撤销裁决申请之日起2个月内作出撤销裁决或者驳回申请的裁定。

人民法院受理撤销裁决的申请后，认为可以由仲裁庭重新仲裁的，通知仲裁庭在一定期限内重新仲裁，并裁定中止撤销程序。重新仲裁限于违反上述4、5两款，同时要求人民法院应当在通知中说明要求重新仲裁的具体理由。仲裁庭拒绝重新仲裁的，人民法院应当裁定恢复撤销程序。

人民法院审理申请仲裁裁决案件，必须严格撤销仲裁裁决的标准：一是严把审查关，如不以仲裁法第58条和民事诉讼法第260条规定事由申请撤销仲裁裁决的，人民法院不予支持；二是解决超裁问题。规定仲裁裁决部分超裁，超裁部分与其他部分可分的，人民法院可以仅撤销仲裁裁决的超裁部分，而不必撤销全部裁决；三是规定违反法定程序的范围，是指违反仲裁法规定的仲裁程序和当事人选择的仲裁规则可能影响案件正确裁决的情形。

六、执　行

当事人应当在仲裁裁决书确定的期限内履行裁决。未确定履行期限的，当事人应当立即履行裁决。一方当事人不履行裁决的，另一方当事人可以依照民事诉讼法的有关规定向人民法院申请执行，受申请的人民法院应当执行。

当事人申请执行仲裁裁决案件，由被执行人住所地或者被执行的财产所在地的中级人民法院管辖。

一方当事人申请执行裁决，另一方当事人申请撤销裁决的，人民法院应当裁定中止执行。

人民法院裁定撤销裁决的，应当裁定终结执行。撤销裁决的申请被裁定驳回的，人民法院应当裁定恢复执行。

法律对仲裁时效有规定的，适用该规定。法律对仲裁时效没有规定的，适用诉讼时效的规定。

当事人向人民法院申请撤销仲裁裁决被驳回后，又在执行程序中以相同理由提出不予执行抗辩的，人民法院不予支持。

第二节 涉外仲裁

一、涉外仲裁的概念

涉外仲裁，是指中国的公民、法人或其他经济组织与外国的公民、法人和其他经济组织间在经济交往中发生合同纠纷和其他财产权益纠纷时，根据双方当事人依据合同中的仲裁条款或者争议发生后达成的书面仲裁协议，自愿提交中国仲裁机构或者其他仲裁机构仲裁，从而解决双方经济争议的一种法律形式。

我国仲裁法规定，涉外经济贸易、运输和海事中发生的纠纷仲裁适用该法有关规定。

我国《中国国际经济贸易仲裁委员会仲裁规则》规定，以仲裁的方式，独立、公正地解决契约性或非契约性的经济贸易等争议。争议包括：

（一）国际的或涉外的争议；

（二）涉及香港特别行政区、澳门特别行政区或台湾地区的争议；

（三）外商投资企业相互之间以及外商投资企业与中国法人、自然人及/或经济组织之间的争议；

（四）涉及中国法人、自然人及/或其他经济组织利用外国的、国际组织的或香港特别行政区、澳门特别行政区、台湾地区的资金、技术或服务进行项目融资、招标投标、工程建筑等活动的争议；

(五)中华人民共和国法律、行政法规特别规定或特别授权由仲裁委员会受理的争议;

(六)当事人协议由仲裁委员会仲裁的其他国国内争议。除我国《仲裁法》规定不能仲裁或另行规定的争议(见本章第一节)。

二、涉外仲裁适用的法律

处理涉外经济争议,适用哪一国家的法律,是一个很重要的问题,因为合同当事人属于不同的国家,如果按不同国家的法律处理争议,往往会得出不同的结果,与当事人有密切的利害关系。比如,我国一家贸易公司与一家美国公司在日本签订了一项对我国进口的合同,购买该美国公司存放在法国的一批货物,这样一个涉外经济合同,主体分属于中、美两国,其订立地和履行地又牵涉到日、法两国,实际上牵涉到四个国家。而各国的法律又可能有所不同,那么,如果出现合同争议,就会涉及应该适用哪个国家的法律问题,即所谓合同的准据法,包括对合同是否成立、合同成立的时间、合同内容的解释、合同的履行、违约责任等问题所适用的法律。

当事人在订立合同时或者发生争议后,对于合同所适用的法律已有选择的,仲裁机构或法院在审理该项合同纠纷案件时,应以当事人选择的法律为依据。当事人选择的法律,可以是中国法,也可以是港澳地区的法律或者外国法,也可以选择适用某项国际公约或国际惯例。国外大多数国家允许当事人选择处理合同争议所适用的法律,但是当事人的选择必须是经双方协商一致和明示的,并且不能违反法律的基本原则和社会公共利益。

当事人在订立合同时或者发生争议后,对于合同所适用的法律未作选择的,仲裁机构或人民法院受理案件后,应当允许当事人在开庭审理以前作出选择。如果当事人仍不能协商一致作出选择,仲裁机构或人民法院应当适用与合同有最密切联系的国家的法律。这是指合同缔约地法、履行地法、合同标的物所在地法,以及仲裁地法和有管辖权的法院所在地法等。具体适用哪个国家的法律,则视合同争议的具体情况而定。

由于选择适用法律问题与当事人双方有着直接的利害关系,就这个问题达成协议,有时相当困难,而达不成协议的情况是经常发生的。比如,国际贸易中,卖方出售货物或者出让技术的目的是获取利润,如果他们选择的适用法律适当,那么在这笔买卖中他们的利润就有了可靠的法律保障。因卖方在与买方洽谈合同时,总要详细了解买方国家的有关法律。如果买方国家的法律对他们不利或者规定不明确时，一定会选用他们熟悉的国际条约或国际惯例作为合同的适用法律。买方为了避免吃亏上当，在签约前往往要根据卖方国家的法律规定，了解卖方是否具备法定的权利能力和行为能力，即调查卖方的资信情况。买方根据本国的法律要求和国际惯例，往往在合同中要求明确规定解决合同争议所适用的法律。

对于在中国境内履行的中外合资经营企业合同、中外合作经营企业合同、中外合作勘探开发自然资源合同，必须适用中国法律，当事人协议选择适用外国法律的合同条款或书面仲裁条款无效。这是因为这三种合同都是根据中国法律在中国成立的，企业都设在中国境内并在中国境内进行基本的生产经营活动。有的外方当事人不愿适用中国法律而适用第三国法律，应予以解释并拒绝这种要求。

三、仲裁协议

仲裁协议，是指双方当事人表示愿意把他们之间的争议交付仲裁裁决的一种书面协议。它是仲裁机构或仲裁员受理争议案件的依据。

仲裁协议有两种形式：一种是由双方当事人在争议发生之前订立的，表示愿意把将来可能发生的争议提交仲裁解决的协议，这种协议一般都包含在主合同内，作为合同的一项条款，通常称之为仲裁条款；另一种是由双方当事人在争议发生之后订立的，表示同意把已经发生的争议交付仲裁解决的协议。这是独立于合同的一个协议，通常称之为提交仲裁协议。这两种仲裁协议的形式，具有同等的法律效力。

双方当事人订立了书面仲裁协议（包括合同中订有仲裁条款），他们就不能把有关争议的案件提交法院处理，如果任何一方违反仲裁协议，把他们之间的争议向法院提起诉讼，法院不应受理。如果法院受理了，则对方可根据仲裁协议要求法院停止司法诉讼程序，把有关争议案件交由协议中的仲裁机关审理。

对仲裁协议及/或仲裁案件管辖权的抗辩，应当在仲裁庭首次开庭前提出；对书面审理的案件的管辖权的抗辩，应当在第一次实体答辩前提出。对仲裁协议及/或仲裁案件管辖权提出抗辩不影响按仲裁程序进行审理。

四、仲裁地点

仲裁地点是仲裁协议的主要内容。它与仲裁所适用的程序法以及按照哪一国的冲突法规则来确定合同的实体法都有密切的关系。按一些国家的法律，凡属程序方面的问题，原则上适用审判地法，也就是在哪个国家仲裁，就要适用哪个国家的仲裁程序规则。至于确定双方当事人的权利、义务的实体法,除双方当事人在合同中已作出明确规定外,仲裁员一般也要按照仲裁地国家的法律冲突规则来确定合同所应适用的准据法。

五、仲裁机构

当事人双方协商一致,可以选择任何仲裁机构。国际经济仲裁有两种做法:一种是在常设的仲裁机构进行仲裁。比如,瑞典斯德哥尔摩商会仲裁院及伦敦国际仲裁院等;另一种是临时仲裁庭,即不要常设仲裁机构主持,直接由双方当事人指定的仲裁员自行组成仲裁庭进行仲裁。这种仲裁庭,案件处理完毕即自动解散。国际经济纠纷案绝大部分是在常设的仲裁机构主持下进行仲裁的。

我国目前有两家涉外仲裁机构:中国国际经济贸易仲裁委员会(对外又称中国国际商会仲裁院)和中国海事仲裁委员会。

涉外仲裁委员会可以从具有法律、经济贸易、科学技术等专门知识的外籍人士中聘任仲裁员。

六、仲裁规则

仲裁规则,是指仲裁机构在受理、审理案件过程中所遵循和适用的程序法。它包括如何提出仲裁申请、如何进行答辩、如何指定仲裁员、怎样进行仲裁审理、如何作出仲裁裁决等内容。仲裁规则的作用主要是为当事人、仲裁员提供一套进行仲裁的行为准则,以便在仲裁时有所遵循。

仲裁规则是由各国的仲裁机构自行制定的。在国际上,除了各国仲裁机构制定的仲裁规则以外,还有一些国际性和地区性的仲裁规则,如联合国国际贸易法委员会仲裁规则、国际商会商事仲裁规则等。

我国《仲裁法》规定,涉外仲裁规则可以由中国国际商会依照《仲裁法》和《民事诉讼法》的有关规定制定。比如,我国有《中国国际经济贸易仲裁委员会仲裁规则》,或称《中国国际商会仲裁院仲裁规则》。

仲裁规则与仲裁机构是有密切联系的。一般来说,仲裁条款规定在哪个仲裁机构仲裁,就按哪个机构制定的仲裁规则办理。但是,有些国家也允许双方当事人任意选择他们认为合适的仲裁规则。比如,仲裁条款规定,在某个国家的仲裁机构进行仲裁时,可以不采用该仲裁机构制定的仲裁规则,而采用其他国家的仲裁机构或国际组织所制定的仲裁规则，但以不违反仲裁地国家仲裁法中强制性规定为限。比如，我国的《中国国际经济贸易仲裁委员会仲裁规则》规定，凡当事人同意将争议提交仲裁委员会仲裁的，均视为同意按照本仲裁规则进行仲裁。但当事人另有约定且仲裁委员会同意的，从其约定。

七、仲裁裁决的效力

仲裁裁决是终局的，对双方当事人均有约束力。任何一方当事人均不得向法院起诉，也不得向其他机构提出变更仲裁裁决的请求。

各国法律对仲裁裁决的上诉程序都有一定的限制。有些国家原则上不允许对仲裁裁决提起上诉，有些国家虽然允许当事人上诉，但法院一般只审查程序，而不审查实体，即是审查仲裁裁决在法律手续上是否完备，而不审查仲裁裁决在认定事实或适用法律方面是否正确。有些国家的仲裁法规定，如法院发现有下列情况之一的，有权撤销仲裁裁决：

1. 仲裁裁决缺乏有效的仲裁协议作为依据；
2. 仲裁员行为不当(即未按仲裁程序行事)或越权作出裁决；
3. 交付仲裁裁决的事项是属于法律规定不得提交仲裁处理的问题；
4. 仲裁裁决违反该国的公共秩序；
5. 仲裁程序不当或仲裁裁决不符合法定的要求。

为了明确仲裁裁决的效力，避免引起复杂的上诉程序，双方当事人在订立仲裁条款时，一般都明确规定：仲裁裁决是终局的裁决，对双方当事人都有拘束力，任何一方都不得向法院提起上诉要求予以更改。

仲裁费用，一般都规定由败诉一方负担，或按仲裁裁决办理。

八、涉外仲裁裁决的执行

涉外仲裁裁决作出后，当事人应当依照仲裁裁决书写明的期限自动履行；仲裁裁决书未写明期限的，应当立即履行。如果逾期不执行，一方当事人可以向有关机构申请依法强制执行。

《中国国际经济贸易仲裁委员会》仲裁规则规定：一方当事人不履行的，另一方当事人可以根据中国法律的规定，向中国法院申请执行；或者根据 1958 年《承认执行外国仲裁裁决公约》或中国缔结或参加的其他国际条约，向外国有管辖权的法院申请执行。

我国于1986年正式加入了在联合国支持下，在纽约缔结的《承认执行外国仲裁裁决公约》，简称《纽约公约》。《纽约公约》的主要内容包括以下五个方面：

(一)缔约国应该互相承认和执行对方国家所作出的仲裁裁决，并规定在承认和执行对方国家的仲裁裁决时，不应该在实质上比承认和执行本国的仲裁裁决提出更为麻烦的条件或征收更高的费用。

(二)申请承认和执行裁决的一方当事人，应提供经过适当证明的仲裁裁决的正本或副本，以及仲裁协议的正本或经过适当证明的副本，必要时还应附具译本。

(三)凡外国仲裁裁决有下列情况之一者，被请求执行的机关可依被诉人的请求，拒绝予以承认和执行：

1. 被诉人证明仲裁协议的当事人无行为能力，或根据仲裁协议选定的准据法，或根据作出裁决国家的法律，该项仲裁协议是无效的；

2. 被诉人没有得到关于指定仲裁员或进行仲裁程序的适当通知，或者由于其他原因而不能对案件提出意见；

3. 裁决的事项超出仲裁协议所规定的范围；

4. 仲裁庭的组成或仲裁程序与双方当事人的协议不相符合，或者在双方当事人无协议时，与仲裁地国家的法律不相符合；

5. 仲裁裁决对当事人尚未发生拘束力，或者裁决已被仲裁地国家的有关当局撤销或停止执行。所谓裁决对当事人尚未发生拘束力是指裁决尚能提起异议或上诉，或正在对裁决的有效性进行诉讼。

(四)如果被请求承认和执行仲裁裁决的国家的有关当局认为，按照该国法律，裁决中的争议事项不适合以仲裁方式处理，或者认为裁决的内容违反该国的公共秩序，也可以拒绝予以执行。

(五)公约允许各缔约国在参加该公约时可以发表声明，提出若干保留条件，如声明在承认和执行外国仲裁裁决时，须以互惠为条件，即只承认和执行缔约国所作出的裁决，对非缔约国所作出的裁决可不按公约的规定办理；并可声明仅对根据本国法律属于商事关系所引起的争议适用该公约的规定，对于非商事争议的裁决则不在此限。

我国民事诉讼法规定，对中华人民共和国涉外仲裁机构作出的裁决，被申请人提出证据证明仲裁裁决有下列情形之一的，经人民法院组成合议庭审查核实，裁定不予执行：

(一)当事人在合同中没有订有仲裁条款或者事后没有达成书面仲裁协议的；

(二)被申请人没有得到指定仲裁员或者进行仲裁程序的通知,或者由于其他不属于被申请人负责的原因未能陈述意见的;

(三)仲裁庭的组成或者仲裁的程序与仲裁规则不符的;

(四)裁决的事项不属于仲裁协议的范围或者仲裁机构无权仲裁的。

第三节　民 事 审 判

一、民事审判的概念

民事审判,是指司法机关对民事纠纷案件依法进行审理和判决的活动。我国依法行使国家经济审判权的专门机关,是按照我国人民法院组织法建立起来的各级人民法院和专门人民法院。后者有海事法院、铁路运输法院等。审理民事纠纷案件所适用的法律,在实体法方面是我国国内法,在某些涉外经济纠纷案件中也可以根据我国法律的规定适用外国法律和我国缔结或参加的国际条约、国际惯例。在程序法方面,依照我国《民事诉讼法》的有关规定,属于中华人民共和国人民法院专属管辖的案件,当事人不得用书面协议选择其他国家法院管辖。诉讼所依据的主要是《中华人民共和国民事诉讼法》的有关规定。民事诉讼法的任务,是保护当事人行使诉讼权利,保证人民法院查明事实,分清是非,正确适用法律,及时审理民事案件,确认民事权利义务关系,制裁民事违法行为,保护当事人的合法权益。维护社会秩序,经济秩序,促进企业管理的改进和完善,从而保障社会主义建设事业顺利进行。

二、民事审判机构的收案范围

(一) 经济审判庭的收案范围

我国《民事诉讼法》规定:人民法院受理公民之间、法人之间、其他组织之间以及他们相互之间因财产关系和人身关系提起的民事诉讼,具体包括:侵权、买卖、借贷、财产租赁、继承、离婚、赡养及扶养等纠纷。

民事审判机构中经济审判庭的收案范围包括:

1. 经济合同纠纷案。公民、法人和其他组织之间各类经济合同纠纷案件、经济损害赔偿纠纷案件、知识产权纠纷案件、企业破产纠纷案件、股票、债券、票据纠纷案件,以及其他经济纠纷案件,由人民法院的经济审判庭予以受理。

2. 涉外经济纠纷案。经济审判庭受理的涉外经济纠纷案件主要包括以下

几类:

(1) 国内一方同外商在经济、贸易、运输和海事中发生的纠纷,向人民法院起诉的案件;

(2) 外商在我国从事投资经营活动,在税务、劳务等方面对我国主管部门的处理有异议,依法向人民法院起诉的案件;

(3) 外国企业、组织之间在我国领域内发生的经济、贸易、运输和海事纠纷,向人民法院起诉的案件;

(4) 外国企业、组织之间在我国领域外发生的经济贸易、运输和海事纠纷,当事人按照书面协议向我国人民法院起诉的案件。

涉外海事纠纷案件的审理,由海事法院受理。此外,涉及港澳的经济纠纷案件,包括两个部分:一是涉及在港澳的外国人及其企业、组织的经济纠纷案件;另一是涉及港澳同胞及其企业、组织的经济纠纷案件。前者属于涉外案件;后者不属于涉外案件。但鉴于目前港澳的特殊情况,在审理程序上,有些可以参照民事诉讼法有关涉外诉讼程序的规定办理。

涉外经济纠纷,当事人在合同中订有仲裁条款或事后达成书面仲裁协议,提交我国涉外仲裁机构或者其他仲裁机构仲裁的,当事人不得向人民法院起诉。

经济审判庭不受理经济犯罪案件。经济犯罪案件一律由刑事审判庭审理。至于在处理经济纠纷案件中发现的违法行为,可以一并处理;不便直接处理的,可以转交有关部门处理;对已构成犯罪或有犯罪嫌疑的,移送公安、检察机关侦查、起诉,不能单纯处理经济纠纷。

(二) 海事法院的收案范围

海事法院与普通中级人民法院同级,受理国内和涉外的第一审海事案件和海商案件。对海事法院的判决或裁定不服的上诉案件,由该海事法院所在地的高级人民法院受理。海事法院的收案范围包括国内企业、组织、公民之间,中国企业、组织、公民同外国企业、组织、公民之间,外国企业、组织、公民之间,依法应当由我国法院管辖的船舶碰撞损害赔偿,海上货物运输,海上打捞、救助,共同海损等海事、海商案件。

三、民事审判机构的管辖与诉讼费用

(一) 民事审判庭的管辖

1. 级别管辖

级别管辖是指人民法院系统内部上下级人民法院在管辖上的分工,即确定各级人民法院受理第一审民事案件的范围和权限。在我国，有四级人民法院：基层人民法院、中级人民法院、高级人民法院和最高人民法院。级别管辖是要确定，哪些案件由哪级人民法院作为一审法院。

基层人民法院管辖第一审民事案件。但《民事诉讼法》另有规定的除外，即除此以外，其余的民事案件都由基层人民法院管辖。

中级人民法院管辖下列第一审民事案件：

（1）重大涉外案件；

（2）在本辖区有重大影响的案件；

（3）最高人民法院确定由中级人民法院管辖的案件。

重大涉外案件，主要是指案情较复杂，影响面大，涉及当事人重大经济利益的具有涉外因素的案件。

在本辖区有重大影响的案件，主要是指案件本身涉及面或处理结果产生的影响可能在中级人民法院的辖区范围内产生影响的案件。

最高人民法院确定由中级人民法院管辖的案件，比如，专利纠纷案件；海事和海商案件由海事法院（相当于中级人民法院）专门管辖。海事法院收案的范围包括国内企业、组织、公民之间，中国企业、组织、公民同外国企业组织、公民之间、外国企业、组织、公民之间，依法应当由我国法院管辖的船舶碰撞损害赔偿，海上货物运输，海上打捞、救助，共同海损等海事、海商案件。

高级人民法院管辖在本辖区有重大影响的第一审民事案件。

最高人民法院管辖下列第一审民事案件：

（1）在全国有重大影响的案件；

（2）认为应当由本院审理的案件。

2. 地域管辖

地域管辖是指根据人民法院的辖区和民事案件的隶属关系，确定同级的不同区域的人民法院受理第一审民事案件的分工和权限。

我国《民事诉讼法》规定：对公民提起的民事诉讼，由被告住所地人民法院管辖；被告住所地与经常居住地不一致的，由经常居住地人民法院管辖。对法人或者其他组织提起的民事诉讼，由被告住所地人民法院管辖。同一诉讼的几个被告住所地、经常居住地在两个以上人民法院辖区的，各该人民法院都有管辖权。

以上是“原告就被告”是一般地域管辖的原则，它只适用于一般性的诉讼。为了全面地保护当事人的合法利益，我国《民事诉讼法》又规定了以下诉讼由原告所在地人民法院管辖。这是对一般地域管辖的例外：

(1) 对不在中华人民共和国领域居住的人提起的有关身份关系的诉讼。比如,婚姻关系、收养关系发生的诉讼等。这是指被告在国外,确定由原告所在地法院管辖,既符合国际惯例,也有利于维护我国公民的合法权益;

(2) 对下落不明或者宣告失踪的人提起有关身份关系的诉讼;

(3) 对被劳动教养的人提起的诉讼;

(4) 对被监禁的人提起的诉讼。

另外还有一些特殊情况的诉讼,由原告所在地法院管辖,可参阅《最高人民法院关于适用(中华人民共和国民事诉讼法)若干问题的意见》第8点至第16点。

除以上一般地域管辖以外,还有特殊的地域管辖。特殊地域管辖,是以引起民事法律关系发生、变更、消灭的法律事实所在地与法院辖区之间的关系为标准而确定的管辖。我国《民事诉讼法》规定的特殊地域管辖有下列几种情况:

(1) 因合同纠纷提起的诉讼,如果合同没有实际履行,当事人双方住所地又都不在合同约定的履行地的,应由被告住所地人民法院管辖;

(2) 合同双方当事人可以在书面合同中协议选择被告住所地、合同履行地、合同签订地、原告住所地、标的物所在地人民法院管辖,但不得违反民事诉讼法中对级别管辖和专属管辖的规定;

(3) 因保险合同纠纷提起的诉讼,由被告住所地或者保险标的物所在地人民法院管辖;

(4) 因票据纠纷提起的诉讼,由票据支付地或者被告住所地人民法院管辖;

(5) 因铁路、公路、水上、航空运输和联合运输合同纠纷提起的诉讼,由运输始发地、目的地或者被告住所地人民法院管辖;

(6) 因侵权行为提起的诉讼,由侵权行为地或者被告住所地人民法院管辖;

(7) 因铁路、公路、水上和航空事故请求损害赔偿提起的诉讼,由事故发生地或者车辆、船舶最先到达地、航空器最先降落地或者被告住所地人民法院管辖;

(8) 因船舶碰撞或者其他海事损害事故请求损害赔偿提起诉讼,由碰撞发生地、碰撞船舶最先到达地、加害船舶被扣留地或者被告住所地人民法院管辖;

(9) 因海难救助费用提起的诉讼,由救助地或者被救助船舶最先到达地人民法院管辖;

(10) 因共同海损提起的诉讼,由船舶最先到达地、共同海损理算地或者航程终止地的人民法院管辖。

3. 专属管辖

专属管辖是指法律对某些具有特殊性的案件,强制性规定只能由特定的人民法院管辖。

我国《民事诉讼法》规定属于专属管辖的诉讼包括：

(1) 因不动产纠纷提起的诉讼，由不动产所在地人民法院管辖；

(2) 因港口作业中发生纠纷提起的诉讼，由港口所在地人民法院管辖；

(3) 因继承遗产纠纷提起的诉讼，由被继承人死亡时住所地或者主要遗产所在地人民法院管辖。

两个以上人民法院都有管辖权的诉讼，原告可以向其中一个人民法院起诉；原告向两个以上有管辖权的人民法院起诉的，由最先立案的人民法院管辖。

(二) 诉讼费用

参加诉讼活动的当事人，应依法交纳一定的诉讼费用。其中包括：1. 案件受理费。因案件情况不同，案件受理费的征收标准和办法也有所不同，依照我国最高人民法院制定的《人民法院诉讼收费办法》的规定交纳；2. 其他诉讼费用。这些费用主要是：勘验、鉴定、公告、翻译费；证人、鉴定人、翻译人员出庭的交通费、住宿费、生活费和误工补贴费；采取诉讼保全措施的申请费和实际支出的费用；执行判决、裁定或者调解书所实际支出的费用。人民法院认为应当由当事人负担的其他诉讼费用。

诉讼费用由有过错的当事人负担，也就是败诉的当事人，但有时，当事人部分败诉部分胜诉的，即各有胜负，因而由人民法院决定双方分担。经人民法院调解达成协议的案件，诉讼费用的负担由双方当事人协商解决。

诉讼费用由原告预交。被告提出反诉的，应预交反诉的诉讼费。申请执行费由申请人预交。如原告应在接到法院的预交诉讼费用通知的次日起 7 日内交费；反诉案件应在提出反诉的同时交费。预交确有困难的，可在预交期内向法院申请缓交。在预交期内既不预交，也不提出缓交申请的，按撤诉处理。

四、民事诉讼当事人和法定代表人

民事诉讼当事人，是指因与他人发生民事纠纷，而以自己名义参加诉讼，并受法院裁判约束的利害关系人。我国《民事诉讼法》规定："公民、法人和其他组织可以作为民事诉讼的当事人。法人由其法定代表人进行诉讼。其他组织由其主要负责人进行诉讼。"当事人享有法定的诉讼权利：委托代理人，提出回避申请，收集、提供证据，进行辩论，请求调解，提起上诉，申请执行等。

法定代表人必须是企业事业单位、机关、团体以及其他经济组织的正职负责人。

没有正职负责人的,由主持工作的副职负责人担任法定代表人。设有董事会的法人,以董事长为法定代表人;没有董事长的法人,经董事会授权的负责人可作为法人的法定代表人。

不具备法人资格的其他组织,以其主要负责人为代表人。法定代表人除了可以委托律师外,还可以委托人民法院允许的其他人担任诉讼代理人。其他诉讼主体,也可以委托诉讼代理人。委托他人代为诉讼,必须向人民法院提交由委托人签名或者盖章的授权委托书,授权委托书必须说明委托事项和权限。诉讼代理人的权限如果变更或者解除,当事人应当及时书面告知人民法院,并由人民法院通知对方当事人。

个体工商户、个人合伙或私营企业挂靠集体企业,并以集体企业的名义从事生产经营活动的,在诉讼中,该个体工商户、个人合伙或私营企业与其挂靠的集体企业为共同诉讼人。

个人合伙的全体合伙人,在诉讼中为共同诉讼人。全体合伙人可以推选代表人;被推选的代表人应由全体合伙人出具推选书。

第四节 民事审判程序

审判程序,是指人民法院在处理案件过程中所必须遵循的规则和制度。有了审判程序,对法院来说,审理案件的做法就有了依据,能有效地保证审判活动正确、合法、及时地进行。对诉讼当事人来说,也有所遵循,明确自己在诉讼活动中的地位、权利、义务以及如何维护自己的合法权益。

一、两审终审制

人民法院审判案件,实行两审终审制。就是地方各级人民法院第一审案件的判决和裁定,当事人可以按照法定程序向上一级人民法院上诉,由上级人民法院进行上诉审,即第二审。

地方各级人民法院第一审案件的判决和裁定,如果在上诉期间内当事人不上诉,就是发生法律效力的判决和裁定;中级、高级和最高人民法院审判的第二审案件的判决和裁定,最高人民法院审判的第一审案件的判决和裁定,都是终审的判决和裁定,也就是发生法律效力的判决和裁定。

履行发生法律效力的判决和裁定(包括发生法律效力的调解协议),是当事人的法定诉讼义务之一。

二、审判程序

（一）第一审普通程序

1. 起诉和受理。原告起诉必须符合法定的四项条件：

（1）原告是与本案有直接利害关系的公民、法人和其他组织；

（2）有明确的被告；

（3）有具体的诉讼请求和事实、理由；

（4）属于人民法院受理民事诉讼的范围和受诉人民法院管辖。

原告起诉应当向人民法院递交起诉状。起诉状应当记明下列事项：

（1）当事人的姓名、性别、年龄、民族、职业、工作单位和住所，法人或者其他组织的名称、住所和法定代表人或者主要负责人的姓名、职务；

（2）诉讼请求和所根据的事实与理由；

（3）证据和证据来源、证人姓名和住所。

起诉状还应按照被告人数提出副本。书写起诉状确有困难的，可以口头起诉，由人民法院记入笔录，并告知对方当事人。

人民法院收到起诉状或口头起诉后，经审查认为符合起诉条件的，应当在 7 日内立案，并通知当事人；认为不符合起诉条件的，应当在 7 日内裁定不予受理，原告对裁定不服的，可以提起上诉。

人民法院应当在立案之日起 5 日内，将起诉状副本发送被告，被告在收到之日起 15 日内提出答辩状。被告提出答辩状的，人民法院应当在收到之日起 5 日内，将答辩状副本发送原告；被告不提出答辩状的，不影响人民法院审理。

2. 调解。凡是能调解的经济纠纷案件，人民法院经济庭根据当事人自愿的原则，在事实清楚的基础上，分清是非，进行调解，促使当事人相互谅解，达成协议。

调解达成协议的，人民法院应当制作调解书。调解书应当写明诉讼请求、案件的事实和调解结果，由审判人员、书记员署名，并加盖人民法院印章，送达双方当事人调解书经双方当事人签收后，即具有法律效力。调解未达成协议，或者调解书送达前一方翻悔的，人民法院应当及时判决。

3. 开庭审理。民事案件的审理，除涉及国家秘密、个人隐私或者法律另有规定的以外，应当公开进行。开庭审理时，由审判长核对当事人，宣布审判人员、书记员名单，告知当事人有关的诉讼权利义务，询问当事人是否提出回避申请。

在庭审过程中,主要是进行法庭调查和法庭辩论。法庭调查按照下列顺序进行:

(1) 当事人陈述;

(2) 告知证人的权利义务,证人作证,宣读未到庭的证人证言;

(3) 出示书证、物证和视听资料;

(4) 宣读鉴定结论;

(5) 宣读勘验笔录。

当事人在法庭上可以提出新的证据。当事人经法庭许可,可以向证人、鉴定人、勘验人发问。当事人要求重新进行调查、鉴定或者勘验的,是否准许,由人民法院决定。

法庭辩论按下列顺序进行:

(1) 原告及其诉讼代理人发言;

(2) 被告及其诉讼代理人答辩;

(3) 第三人及其诉讼代理人发言或者答辩;

(4) 互相辩论。

法庭辩论终结,由审判长按照原告、被告、第三人的先后顺序征询各方最后意见。

法庭辩论终结,应当依法作出判决,判决前能够调解的,还可以进行调解;调解不成的,应当及时作出判决。判决书应当写明如下内容:

(1) 案由、诉讼请求、争议的事实和理由;

(2) 判决认定的事实、理由和适用的法律依据;

(3) 判决结果和诉讼费用的负担;

(4) 上诉期间和上诉的法院。

人民法院宣告判决一律公开进行;当庭宣判的,应当在10日内发送判决书;定期宣判的,宣判后立即发给判决书。

4. 财产保全。人民法院对于可能因当事人一方的行为或者其他原因,使判决不能执行或者难以执行的案件,可以根据对方当事人的申请作出财产保全的裁定。当事人没有提出申请的,人民法院在必要时也可以裁定采取财产保全措施。人民法院采取财产保全措施,可以责令申请人提供担保;申请人不提供担保的,驳回申请。

财产保全限于诉讼请求的范围,或者与本案有关的财物。财产保全采取查封、扣押、冻结或者法律规定的其他方法。被申请人提供担保的,人民法院应当解除财产保全。申请有错误的,申请人应当赔偿被申请人因财产保全所遭受的损失。

（二）简易程序

基层人民法院和它派出的法庭审理事实清楚、权利义务关系明确、争议不大的简单的民事纠纷案件，适用简易程序。简易程序实际上是简化了的第一审程序。简易程序的特点：

1. 原告可以口头起诉；

2. 当事人双方可以同时到基层人民法院或者它派出的法庭请求解决纠纷；

3. 基层人民法院或者它派出的法庭可以当即审理，也可以另定日期审理，并用简便方式随时传唤当事人、证人；

4. 实行独任审判，即由一名审判员单独进行审判。

按简易程序审理的案件，审理中发现并不是简单的案件，可以改用第一审普通程序。

起诉时被告下落不明的案件，不得运用简易程序审理。

（三）第二审程序

当事人不服地方人民法院第一审判决或裁定的，有权在判决书送达之日起15日内，在裁定书送达之日起10日内，向上一级人民法院提起上诉。

上诉状应当包括当事人的姓名、法人的名称及其法定代表人的姓名或者其他组织的名称及其主要负责人的姓名；原审人民法院名称、案件的编号和案由；上诉的请求和理由。

上诉状应当通过原审人民法院提出，并按照对方当事人或者代表人的人数提出副本。

第二审人民法院对上诉案件，应当组成合议庭开庭审理。经过阅卷和调查，询问当事人，在事实核对清楚后，合议庭认为不需要开庭审理的，也可以径行判决、裁定。

第二审人民法院审理上诉案件，可以在本法院进行，也可以到案件发生地或者原审人民法院所在地进行。

第二审人民法院对上诉案件，经过审理，按照下列情形分别处理：

1. 原判决认定事实清楚，适用法律正确的，判决驳回上诉，维持原判决；

2. 原判决适用法律错误的，依法改判；

3. 原判决认定事实错误，或者原判决认定事实不清，证据不足，裁定撤销原判决，发回原审人民法院重审，或者查清事实后改判；

4. 原判决违反法定程序，可能影响案件正确判决的，裁定撤销原判决，发回原审人民法院重审。

人民法院审理对判决的上诉案件，应当在第二审立案之日起3个月内审结。

有特殊情况需要延长的,由本院院长批准;对裁定的上诉案件,应当在第二审立案之日起30日内作出终审裁定。

当事人对重审案件的判决、裁定,可以上诉。

(四) 审判监督程序

当事人对已经发生法律效力的判决、裁定,认为有错误的,可以向上一级人民法院申请再审,但不停止判决、裁定的执行。当事人申请再审,应当在判决、裁定发生法律效力后2年内提出;2年后据以作出原判决、裁定的法律文书被撤销或者变更,以及发现审判人员在审理该案件时有贪污受贿、徇私舞弊、枉法裁判行为的,自知道或者应当知道之日起3个月内提出。

当事人的申请符合下列情形之一的,人民法院应当再审:

1. 有新的证据,足以推翻原判决、裁定的;
2. 原判决、裁定认定的基本事实缺乏证据证明;
3. 原判决、裁定认定事实的主要证据是伪造的;
4. 原判决、裁定认定事实的主要证据未经质证的;
5. 对审理案件需要的证据,当事人因客观原因不能自行收集,书面申请人民法院调查收集,人民法院未调查收集的;
6. 原判决、裁定适用法律确有错误的;
7. 违反法律规定,管辖错误的;
8. 审判组织的组成不合法或者依法应当回避的审判人员没有回避的;
9. 无诉讼行为能力人未经法定代理人代为诉讼或者应当参加诉讼的当事人,因不能归责于本人或者其诉讼代理人的事由,未参加诉讼的;
10. 违反法律规定人,剥夺当事人辩论权利的;
11. 未经传票传唤,缺席判决的;
12. 原判决、裁定遗漏或者超出诉讼请求的;
13. 据以作出原判决、裁定的法律文书被撤销或者变更的。

对违反法定程序可能影响案件正确判决、裁定的情形,或者审判人员在审理该案件时有贪污受贿、徇私舞弊、枉法裁判行为的,人民法院应当再审。

人民法院应当自收到再审申请书之日起3个月内审查,符合上列规定情形之一的,裁定再审;不符合的裁定驳回申请,有特殊情况需要延长的,由本院院长批准。

(五) 执行程序

发生法律效力的民事判决、裁定以及刑事判决、裁定中的财产部分,由第一审人民法院或者与第一审人民法院同级的被执行的财产所在地人民法院执行。法律规定由人民法院执行的其他法律文书，由被执行人住所地或者被执行的财产所在地人民法院执行。

当事人、利害关系人认为执行行为违反法律规定的，可以向负责执行的人民法院提出书面异议。人民法院应当自收到书面异议之日起 15 日内审查，理由成立的，裁定撤销或者改正；理由不成立的，裁定驳回。当事人、利害关系人对裁定不服的，可以自裁定送达之日起 10 日内向上一级人民法院申请复议。

人民法院自收到申请执行书之日起超过 6 个月未执行的，申请执行人可以向上一级人民法院申请执行。上一级人民法院经审查，可以责令原人民法院在一定期限内执行，也可以决定由本院执行或者指令其他人民法院执行。

因当事人申请裁定的案件由中级人民法院以上的人民法院审理。最高人民法院、高级人民法院裁定再审的案件，由本院再审或者交其他人民法院再审，也可以交原审人民法院再审。

最高人民检察院对各级人民法院已经发生法律效力的判决裁定，上级人民检察院对下级人民法院已经发生法律效力的判决、裁定，发现有上述规定情形之一的，应提出抗诉。地方各级人民检察院对同级人民法院已经发生法律效力的判决、裁定，发现有上述规定情形之一的，应当提请上级人民检察院向同级人民法院提出抗诉。

发生法律效力的民事判决、裁定，以及刑事判决、裁定中的财产部分，由第一审人民法院执行。

申请执行的期限，双方或者一方当事人是公民的为 1 年，双方是法人或者其他组织的为 6 个月。从法律文书规定履行期间的最后一日起计算。

申请执行的期间为 2 年。申请执行时效的中止、中断，适用法律有关诉讼时效中止、中断的规定。被执行人不履行法律文书确定的义务，并有可能隐匿、转移财产的，执行员可以立即采取以下强制措施：

1. 人民法院有权向银行、非银行金融机构和其他有储蓄业务的单位查询被执行人的存款情况，有权冻结、划拨被执行人的存款；

2. 人民法院有权扣留、提取被执行人应当履行义务部分的收入，但应当保留被执行人及其所扶养家属的生活必需费用；

3. 人民法院有权查封、扣押、冻结、拍卖、变卖被执行人应当履行义务部分的财产，但应当保留被执行人及其所扶养家属的生活必需品；

4. 被执行人不履行法律文书确定的义务，并隐匿财产的，人民法院有权发出

搜查令,对被执行人及其住所或者隐匿地进行搜查;

5. 强制迁出房屋或者强制退出土地,由院长签发公告,责令被执行人在指定期间履行。被执行人逾期不履行的,由执行员强制执行。强制迁出的房屋中被撤出的财物,由人民法院派人运至指定处所,交给被执行人。被执行人因拒绝接收而造成的损失,由被执行人承担;

6. 被执行人未按判决、裁定和其他法律文书指定的期间履行给付金钱义务的,应当加倍支付迟延履行期间的债务利息;

7. 被执行人不履行法律文书确定的义务的,人民法院可以对其采取或者通知有关单位协助采取限制出境、在征信系统记录、通过媒体公布不履行义务信息以及法律规定的其他措施。

三、涉外民事诉讼程序

涉外民事诉讼程序，是指当事人一方或双方是外国人、无国籍人、外国企业或组织，或者当事人之间民事法律关系的设立、变更、终止的法律事实发生在外国，或者诉讼标的物在外国的民事案件，即涉外民事案件所适用的民事诉讼程序。在中华人民共和国领域内进行涉外民事诉讼，适用我国涉外民事诉讼程序的特别规定。如特别规定中没有规定的，要适用我国民事诉讼法的一般规定。

我国缔结或者参加的国际条约与我国民事诉讼法有不同规定的,适用该国际条约的规定,但我国声明保留的条款除外。我国和外国法院都有管辖权的案件,一方当事人向外国法院起诉,而另一方当事人向中华人民共和国人民法院起诉,人民法院可予受理。判决后,外国法院申请或者当事人请求人民法院承认和执行外国法院对本案作出的判决、裁定的,不予准许;但双方共同参加或者签订的国际条约另有规定的除外。当然以不违反我国法律的基本原则及不违反我国国家主权、安全和社会公共利益的原则为前提。

外国人、无国籍人、外国企业和组织在人民法院起诉、应诉,需要委托律师代理诉讼的,必须委托我国的律师。涉外民事诉讼中的外籍当事人,可以委托本国人为诉讼代理人,也可以委托本国律师以非律师身份担任诉讼代理人;外国驻华使、领官员受本国公民的委托,可以以个人名义担任诉讼代理人,但在诉讼中不享有外交特权和豁免权。

涉外民事案件在适用实体法时,比一般民事案件的情况要复杂,根据国际私法中冲突规范确定适用的准据法,就可能会出现适用外国法的情况。

附　　录

最高人民法院

关于适用《中华人民共和国民事诉讼法》执行程序若干问题的解释

法释〔2008〕13 号

为了依法及时有效地执行生效法律文书，维护当事人的合法权益，根据 2007 年 10 月修改后的《中华人民共和国民事诉讼法》(以下简称民事诉讼法)，结合人民法院执行工作实际，对执行程序中适用法律的若干问题作出如下解释：

第一条　申请执行人向被执行的财产所在地人民法院申请执行的，应当提供该人民法院辖区有可供执行财产的证明材料。

第二条　对两个以上人民法院都有管辖权的执行案件，人民法院在立案前发现其他有管辖权的人民法院已经立案的，不得重复立案。

立案后发现其他有管辖权的人民法院已经立案的，应当撤销案件；已经采取执行措施的，应当将控制的财产交先立案的执行法院处理。

第三条　人民法院受理执行申请后，当事人对管辖权有异议的，应当自收到执行通知书之日起 10 日内提出。

人民法院对当事人提出的异议，应当审查。异议成立的，应当撤销执行案件，并告知当事人向有管辖权的人民法院申请执行；异议不成立的，裁定驳回。当事人对裁定不服的，可以向上一级人民法院申请复议。

管辖权异议审查和复议期间，不停止执行。

第四条　对人民法院采取财产保全措施的案件，申请执行人向采取保全措施的人民法院以外的其他有管辖权的人民法院申请执行的，采取保全措施的人民法院应当将保全的财产交执行法院处理。

第五条 执行过程中，当事人、利害关系人认为执行法院的执行行为违反法律规定的，可以依照民事诉讼法第二百零二条的规定提出异议。

执行法院审查处理执行异议，应当自收到书面异议之日起15日内作出裁定。

第六条 当事人、利害关系人依照民事诉讼法第二百零二条规定申请复议的，应当采取书面形式。

第七条 当事人、利害关系人申请复议的书面材料，可以通过执行法院转交，也可以直接向执行法院的上一级人民法院提交。

执行法院收到复议申请后，应当在5日内将复议所需的案卷材料报送上一级人民法院；上一级人民法院收到复议申请后，应当通知执行法院在5日内报送复议所需的案卷材料。

第八条 上一级人民法院对当事人、利害关系人的复议申请，应当组成合议庭进行审查。

第九条 当事人、利害关系人依照民事诉讼法第二百零二条规定申请复议的，上一级人民法院应当自收到复议申请之日起30日内审查完毕，并作出裁定。有特殊情况需要延长的，经本院院长批准，可以延长，延长的期限不得超过30日。

第十条 执行异议审查和复议期间，不停止执行。

被执行人、利害关系人提供充分、有效的担保请求停止相应处分措施的，人民法院可以准许；申请执行人提供充分、有效的担保请求继续执行的，应当继续执行。

第十一条 依照民事诉讼法第二百零三条的规定，有下列情形之一的，上一级人民法院可以根据申请执行人的申请，责令执行法院限期执行或者变更执行法院：

(一) 债权人申请执行时被执行人有可供执行的财产，执行法院自收到申请执行书之日起超过6个月对该财产未执行完结的；

(二) 执行过程中发现被执行人可供执行的财产，执行法院自发现财产之日起超过6个月对该财产未执行完结的；

(三) 对法律文书确定的行为义务的执行，执行法院自收到申请执行书之日起超过6个月未依法采取相应执行措施的；

(四) 其他有条件执行超过6个月未执行的。

第十二条 上一级人民法院依照民事诉讼法第二百零三条规定责令执行法院限期执行的，应当向其发出督促执行令，并将有关情况书面通知申请执行人。

上一级人民法院决定由本院执行或者指令本辖区其他人民法院执行的，应当作出裁定,送达当事人并通知有关人民法院。

第十三条　上一级人民法院责令执行法院限期执行,执行法院在指定期间内无正当理由仍未执行完结的,上一级人民法院应当裁定由本院执行或者指令本辖区其他人民法院执行。

第十四条　民事诉讼法第二百零三条规定的6个月期间,不应当计算执行中的公告期间、鉴定评估期间、管辖争议处理期间、执行争议协调期间、暂缓执行期间以及中止执行期间。

第十五条　案外人对执行标的主张所有权或者有其他足以阻止执行标的转让、交付的实体权利的,可以依照民事诉讼法第二百零四条的规定,向执行法院提出异议。

第十六条　案外人异议审查期间,人民法院不得对执行标的进行处分。

案外人向人民法院提供充分、有效的担保请求解除对异议标的的查封、扣押、冻结的,人民法院可以准许;申请执行人提供充分、有效的担保请求继续执行的,应当继续执行。

因案外人提供担保解除查封、扣押、冻结有错误,致使该标的无法执行的,人民法院可以直接执行担保财产;申请执行人提供担保请求继续执行有错误,给对方造成损失的,应当予以赔偿。

第十七条　案外人依照民事诉讼法第二百零四条规定提起诉讼,对执行标的主张实体权利,并请求对执行标的停止执行的,应当以申请执行人为被告;被执行人反对案外人对执行标的所主张的实体权利的,应当以申请执行人和被执行人为共同被告。

第十八条　案外人依照民事诉讼法第二百零四条规定提起诉讼的,由执行法院管辖。

第十九条　案外人依照民事诉讼法第二百零四条规定提起诉讼的,执行法院应当依照诉讼程序审理。经审理,理由不成立的,判决驳回其诉讼请求;理由成立的,根据案外人的诉讼请求作出相应的裁判。

第二十条　案外人依照民事诉讼法第二百零四条规定提起诉讼的,诉讼期间,不停止执行。

案外人的诉讼请求确有理由或者提供充分、有效的担保请求停止执行的,可以裁定停止对执行标的进行处分;申请执行人提供充分、有效的担保请求继续执行的,应当继续执行。

案外人请求停止执行、请求解除查封、扣押、冻结或者申请执行人请求继续执行有错误,给对方造成损失的,应当予以赔偿。

第二十一条 申请执行人依照民事诉讼法第二百零四条规定提起诉讼,请求对执行标的许可执行的,应当以案外人为被告;被执行人反对申请执行人请求的,应当以案外人和被执行人为共同被告。

第二十二条 申请执行人依照民事诉讼法第二百零四条规定提起诉讼的,由执行法院管辖。

第二十三条 人民法院依照民事诉讼法第二百零四条规定裁定对异议标的中止执行后,申请执行人自裁定送达之日起 15 日内未提起诉讼的,人民法院应当裁定解除已经采取的执行措施。

第二十四条 申请执行人依照民事诉讼法第二百零四条规定提起诉讼的,执行法院应当依照诉讼程序审理。经审理,理由不成立的,判决驳回其诉讼请求;理由成立的,根据申请执行人的诉讼请求作出相应的裁判。

第二十五条 多个债权人对同一被执行人申请执行或者对执行财产申请参与分配的,执行法院应当制作财产分配方案,并送达各债权人和被执行人。债权人或者被执行人对分配方案有异议的,应当自收到分配方案之日起 15 日内向执行法院提出书面异议。

第二十六条 债权人或者被执行人对分配方案提出书面异议的,执行法院应当通知未提出异议的债权人或被执行人。

未提出异议的债权人、被执行人收到通知之日起 15 日内未提出反对意见的,执行法院依异议人的意见对分配方案审查修正后进行分配;提出反对意见的,应当通知异议人。异议人可以自收到通知之日起 15 日内,以提出反对意见的债权人、被执行人为被告,向执行法院提起诉讼;异议人逾期未提起诉讼的,执行法院依原分配方案进行分配。

诉讼期间进行分配的,执行法院应当将与争议债权数额相应的款项予以提存。

第二十七条 在申请执行时效期间的最后 6 个月内,因不可抗力或者其他障碍不能行使请求权的,申请执行时效中止。从中止时效的原因消除之日起,申请执行时效期间继续计算。

第二十八条 申请执行时效因申请执行、当事人双方达成和解协议、当事人一方提出履行要求或者同意履行义务而中断。从中断时起,申请执行时效期间重新计算。

第二十九条 生效法律文书规定债务人负有不作为义务的,申请执行时效期间从债务人违反不作为义务之日起计算。

第三十条　执行员依照民事诉讼法第二百一十六条规定立即采取强制执行措施的，可以同时或者自采取强制执行措施之日起3日内发送执行通知书。

第三十一条　人民法院依照民事诉讼法第二百一十七条规定责令被执行人报告财产情况的，应当向其发出报告财产令。报告财产令中应当写明报告财产的范围、报告财产的期间、拒绝报告或者虚假报告的法律后果等内容。

第三十二条　被执行人依照民事诉讼法第二百一十七条的规定，应当书面报告下列财产情况：

（一）收入、银行存款、现金、有价证券；

（二）土地使用权、房屋等不动产；

（三）交通运输工具、机器设备、产品、原材料等动产；

（四）债权、股权、投资权益、基金、知识产权等财产性权利；

（五）其他应当报告的财产。

被执行人自收到执行通知之日前1年至当前财产发生变动的，应当对该变动情况进行报告。

被执行人在报告财产期间履行全部债务的，人民法院应当裁定终结报告程序。

第三十三条　被执行人报告财产后，其财产情况发生变动，影响申请执行人债权实现的，应当自财产变动之日起10日内向人民法院补充报告。

第三十四条　对被执行人报告的财产情况，申请执行人请求查询的，人民法院应当准许。申请执行人对查询的被执行人财产情况，应当保密。

第三十五条　对被执行人报告的财产情况，执行法院可以依申请执行人的申请或者依职权调查核实。

第三十六条　依照民事诉讼法第二百三十一条规定对被执行人限制出境的，应当由申请执行人向执行法院提出书面申请；必要时，执行法院可以依职权决定。

第三十七条　被执行人为单位的，可以对其法定代表人、主要负责人或者影响债务履行的直接责任人员限制出境。

被执行人为无民事行为能力人或者限制民事行为能力人的，可以对其法定代理人限制出境。

第三十八条　在限制出境期间，被执行人履行法律文书确定的全部债务的，执行法院应当及时解除限制出境措施；被执行人提供充分、有效的担保或者申请执行人同意的，可以解除限制出境措施。

第三十九条　依照民事诉讼法第二百三十一条的规定，执行法院可以依职权或者依申请执行人的申请，将被执行人不履行法律文书确定义务的信息，通过报纸、广播、电视、互联网等媒体公布。

媒体公布的有关费用,由被执行人负担;申请执行人申请在媒体公布的,应当垫付有关费用。

第四十条 本解释施行前本院公布的司法解释与本解释不一致的,以本解释为准。

中华人民共和国涉外民事关系法律适用法

(2010年10月28日第十一届全国人大常委会第十七次会议通过)

第一章 一 般 规 定

第一条 为了明确涉外民事关系的法律适用,合理解决涉外民事争议,维护当事人的合法权益,制定本法。

第二条 涉外民事关系适用的法律,依照本法确定。其他法律对涉外民事关系法律适用另有特别规定的,依照其规定。

本法和其他法律对涉外民事关系法律适用没有规定的,适用与该涉外民事关系有最密切联系的法律。

第三条 当事人依照法律规定可以明示选择涉外民事关系适用的法律。

第四条 中华人民共和国法律对涉外民事关系有强制性规定的,直接适用该强制性规定。

第五条 外国法律的适用将损害中华人民共和国社会公共利益的,适用中华人民共和国法律。

第六条 涉外民事关系适用外国法律,该国不同区域实施不同法律的,适用与该涉外民事关系有最密切联系区域的法律。

第七条 诉讼时效,适用相关涉外民事关系应当适用的法律。

第八条 涉外民事关系的定性,适用法院地法律。

第九条 涉外民事关系适用的外国法律,不包括该国的法律适用法。

第十条 涉外民事关系适用的外国法律,由人民法院、仲裁机构或者行政机关查明。当事人选择适用外国法律的,应当提供该国法律。

不能查明外国法律或者该国法律没有规定的,适用中华人民共和国法律。

第二章　民事主体

第十一条　自然人的民事权利能力，适用经常居所地法律。

第十二条　自然人的民事行为能力，适用经常居所地法律。

自然人从事民事活动，依照经常居所地法律为无民事行为能力，依照行为地法律为有民事行为能力的，适用行为地法律，但涉及婚姻家庭、继承的除外。

第十三条　宣告失踪或者宣告死亡，适用自然人经常居所地法律。

第十四条　法人及其分支机构的民事权利能力、民事行为能力、组织机构、股东权利义务等事项，适用登记地法律。

法人的主营业地与登记地不一致的，可以适用主营业地法律。法人的经常居所地，为其主营业地。

第十五条　人格权的内容，适用权利人经常居所地法律。

第十六条　代理适用代理行为地法律，但被代理人与代理人的民事关系，适用代理关系发生地法律。

当事人可以协议选择委托代理适用的法律。

第十七条　当事人可以协议选择信托适用的法律。当事人没有选择的，适用信托财产所在地法律或者信托关系发生地法律。

第十八条　当事人可以协议选择仲裁协议适用的法律。当事人没有选择的，适用仲裁机构所在地法律或者仲裁地法律。

第十九条　依照本法适用国籍国法律，自然人具有两个以上国籍的，适用有经常居所的国籍国法律；在所有国籍国均无经常居所的，适用与其有最密切联系的国籍国法律。自然人无国籍或者国籍不明的，适用其经常居所地法律。

第二十条　依照本法适用经常居所地法律，自然人经常居所地不明的，适用其现在居所地法律。

第三章　婚姻家庭

第二十一条　结婚条件，适用当事人共同经常居所地法律；没有共同经常居所地的，适用共同国籍国法律；没有共同国籍，在一方当事人经常居所地或者国籍国缔结婚姻的，适用婚姻缔结地法律。

第二十二条　结婚手续，符合婚姻缔结地法律、一方当事人经常居所地法律或者国籍国法律的,均为有效。

第二十三条 夫妻人身关系,适用共同经常居所地法律;没有共同经常居所地的,适用共同国籍国法律。

第二十四条 夫妻财产关系,当事人可以协议选择适用一方当事人经常居所地法律、国籍国法律或者主要财产所在地法律。当事人没有选择的,适用共同经常居所地法律;没有共同经常居所地的,适用共同国籍国法律。

第二十五条 父母子女人身、财产关系,适用共同经常居所地法律;没有共同经常居所地的,适用一方当事人经常居所地法律或者国籍国法律中有利于保护弱者权益的法律。

第二十六条 协议离婚,当事人可以协议选择适用一方当事人经常居所地法律或者国籍国法律。当事人没有选择的,适用共同经常居所地法律;没有共同经常居所地的,适用共同国籍国法律;没有共同国籍的,适用办理离婚手续机构所在地法律。

第二十七条 诉讼离婚,适用法院地法律。

第二十八条 收养的条件和手续,适用收养人和被收养人经常居所地法律。收养的效力,适用收养时收养人经常居所地法律。收养关系的解除,适用收养时被收养人经常居所地法律或者法院地法律。

第二十九条 扶养,适用一方当事人经常居所地法律、国籍国法律或者主要财产所在地法律中有利于保护被扶养人权益的法律。

第三十条 监护,适用一方当事人经常居所地法律或者国籍国法律中有利于保护被监护人权益的法律。

第四章 继 承

第三十一条 法定继承,适用被继承人死亡时经常居所地法律,但不动产法定继承,适用不动产所在地法律。

第三十二条 遗嘱方式,符合遗嘱人立遗嘱时或者死亡时经常居所地法律、国籍国法律或者遗嘱行为地法律的,遗嘱均为成立。

第三十三条 遗嘱效力,适用遗嘱人立遗嘱时或者死亡时经常居所地法律或者国籍国法律。

第三十四条 遗产管理等事项,适用遗产所在地法律。

第三十五条 无人继承遗产的归属,适用被继承人死亡时遗产所在地法律。

第五章 物 权

第三十六条 不动产物权，适用不动产所在地法律。

第三十七条 当事人可以协议选择动产物权适用的法律。当事人没有选择的，适用法律事实发生时动产所在地法律。

第三十八条 当事人可以协议选择运输中动产物权发生变更适用的法律。当事人没有选择的，适用运输目的地法律。

第三十九条 有价证券，适用有价证券权利实现地法律或者其他与该有价证券有最密切联系的法律。

第四十条 权利质权，适用质权设立地法律。

第六章 债 权

第四十一条 当事人可以协议选择合同适用的法律。当事人没有选择的，适用履行义务最能体现该合同特征的一方当事人经常居所地法律或者其他与该合同有最密切联系的法律。

第四十二条 消费者合同，适用消费者经常居所地法律；消费者选择适用商品、服务提供地法律或者经营者在消费者经常居所地没有从事相关经营活动的，适用商品、服务提供地法律。

第四十三条 劳动合同，适用劳动者工作地法律；难以确定劳动者工作地的，适用用人单位主营业地法律。劳务派遣，可以适用劳务派出地法律。

第四十四条 侵权责任，适用侵权行为地法律，但当事人有共同经常居所地的，适用共同经常居所地法律。侵权行为发生后，当事人协议选择适用法律的，按照其协议。

第四十五条 产品责任，适用被侵权人经常居所地法律；被侵权人选择适用侵权人主营业地法律、损害发生地法律的，或者侵权人在被侵权人经常居所地没有从事相关经营活动的，适用侵权人主营业地法律或者损害发生地法律。

第四十六条 通过网络或者采用其他方式侵害姓名权、肖像权、名誉权、隐私权等人格权的，适用被侵权人经常居所地法律。

第四十七条 不当得利、无因管理，适用当事人协议选择适用的法律。当事人没有选择的，适用当事人共同经常居所地法律；没有共同经常居所地的，适用不当得利、无因管理发生地法律。

第七章 知识产权

第四十八条 知识产权的归属和内容,适用被请求保护地法律。

第四十九条 当事人可以协议选择知识产权转让和许可使用适用的法律。当事人没有选择的,适用本法对合同的有关规定。

第五十条 知识产权的侵权责任,适用被请求保护地法律,当事人也可以在侵权行为发生后协议选择适用法院地法律。

第八章 附则

第五十一条 《中华人民共和国民法通则》第一百四十六条、第一百四十七条,《中华人民共和国继承法》第三十六条,与本法的规定不一致的,适用本法。

第五十二条 本法自 2011 年 4 月 1 日起施行。

图书在版编目（CIP）数据

经济法（民商法）/ 高程德著．—16版．—上海：
上海人民出版社，2015
ISBN 978－7－208－12823－1

Ⅰ．①经…　Ⅱ．①高…　Ⅲ．①民法－中国－高等学校－教材②商法－中国－高等学校－教材　Ⅳ．①D923

中国版本图书馆CIP数据核字（2015）第032542号

责任编辑　鲍　静
封面设计　傅惟本

经济法（民商法）
（第16版）
高程德　著

出　版　上海人民出版社
　　　　（200001　上海福建中路193号）
发　行　上海人民出版社发行中心
印　刷　常熟市新骅印刷有限公司印刷
开　本　720×1000　1/16
印　张　28.5
插　页　4
字　数　499,000
版　次　2015年2月第16版
印　次　2019年2月第4次印刷
ISBN 978－7－208－12823－1/D·2639
定　价　68.00元